珍藏本
纪念版

汉译世界学术名著丛书

人类的由来

下册

〔英〕达尔文 著

潘光旦 胡寿文 译

2017年·北京

目　次

第十三章　鸟类的第二性征…………………………………… 555

性的差别——战斗的法则——特殊的武器——发声器官——器乐——求爱用的古怪动作与舞蹈——各种装饰，经久的和季节性的——一年一度或两度的换毛——雄鸟的各种装饰的展示。

第十四章　鸟类的第二性征——续…………………………… 618

雌鸟所发挥的挑拣作用——求爱时期的长短——未结成配偶的鸟——心理品质和审美能力——雌鸟对特定的雄鸟所表示的喜爱或厌恶——鸟类的变异性——有时变异突然发生——关于变异的一些法则——眼斑纹的形成——性状有显著程度不同的级别——孔雀、百眼雉与白梢尾蜂鸟的例子。

第十五章　鸟类的第二性征——续…………………………… 680

论何以某些种鸟只有雄性颜色鲜艳，而另一些则两性都鲜艳——就各种不同的结构和羽色的鲜艳论性限遗传——鸟巢的营构与羽色的关系——为“婚礼”而生成的羽毛临冬脱换。

第十六章　鸟类的第二性征——续完………………………… 710

未成熟时的羽毛与两性成年时的羽毛的特性有关——六类例子——关于亲缘近密或有代表性的各个鸟种的雄鸟之间所表现出的性征方面的差别——雌鸟具有雄鸟的一些性状——幼鸟的羽毛与成年鸟冬夏两季羽毛的关系——论世间鸟类的美丽有所增加——保护色——颜色显眼的一些鸟种——禽鸟懂得领会

新奇——鸟类四章总述。

第十七章 哺乳类的第二性征…………………………………… 763

战斗的法则——只是公兽有特殊的进攻用的武器——母兽所以没有武器的原因——两性都备有武器，但首先取得的还是公兽——这类武器的其他用途——武器的高度重要性 ——公兽的体型更为高大——自卫的手段——论四足类动物，即兽类，无论公母，在求偶时都有爱挑选的表示。

第十八章 哺乳类的第二性征——续……………………………… 800

嗓音——海豹类的一些突出的性征性的特点——臭气——毛的发展——毛色和肤色——有背常例的母兽比公兽更为盛装的例子——颜色与一些装饰由性选择而来——为了保护而取得的颜色——为两性所共有的颜色也往往来自性选择——关于四足类动物身上的一些斑点、条纹在成年后的消失——关于四手类动物，即猿猴类的颜色与装饰——哺乳类总述。

第三篇 性选择与人类的关系，并结论

第十九章 人类的第二性征……………………………………… 841

男女之间的差别——这一类的差别以及两性所共有的某些性状，是怎样来的——战斗的法则——心理能力方面的一些差别，与嗓音——论姿色之美对决定人类婚姻的影响——野蛮人对装饰手段的注意——野蛮人心目中的女子美——夸大本种族每一个独特之点的倾向。

第二十章 人类的第二性征——续…………………………………… 884

关于不同种族的不同审美标准对女子的长期持续的选择所产生的影响——关于文明和野蛮种族中干扰性选择的一些因素——原始时代对性选择的若干有利条件——关于性选择在人类中的活动方式——关于野蛮部落中的女子所拥有的挑选丈夫的某些权力——体毛的缺乏，与胡髭的发展——皮肤的颜色——

两章总述。

第二十一章　全书总述与结论…………………………………… 915

主要结论：人类是从某种低级类型传下来的——发展的方式——人类的谱系——种种理智的与道德的能力——性选择——结束语。

补论　性选择与猿猴的关系…………………………………… 937

潘、胡译《人类的由来》书后 …………………………………… 944

译名对照表…………………………………………………… 953

第十三章　鸟类的第二性征

性的差别——战斗的法则——特殊的武器——发声器官——器乐——求爱用的古怪动作与舞蹈——各种装饰，经久的和季节性的——一年一度或两度的换毛——雄鸟的各种装饰的展示。

在鸟类一纲中间，种种第二性征要比其他各个动物的纲更为繁变、更为显著，但这里面看来倒并不牵涉到任何更为重大的结构上的改动。因此，我准备对这个题目作比较详尽的处理。为了彼此进行战斗，有些鸟种的雄鸟备有特殊的武器，但这种例子比较少见。他们用极其多种多样的声乐和器乐来魅惑雌鸟。他们的装饰品也是各式各样的，有种种不同的冠、垂肉、隆起、角、气囊、顶结、羽毛、光秃的羽干、特别长的翎羽，从身体的各个部分生长出来，大都很有几分美观。喙、头部光秃而无羽的皮肤和一些主要的羽翎往往有鲜艳夺目的颜色。有的雄鸟在进行求爱的时候，或则在地面上，或则在半空中，能做蹁跹的舞蹈，或耍些奇形怪状的把戏。至少在有一个例子里，雄鸟还会发放一种麝香般的臭气，这在我们看来大概也是用来迷惑或激发雌鸟的春情的，因为那位出色的观察家腊姆西（甲 544）先生① 在谈到澳洲的麝凫（musk-duck，即乙 118）的时候，说，“雄凫在夏天几个月里所放出的臭气是他们这一

性所独有的，且只限于繁殖的季节里有，也有常年有的。至于雌凫，即便在繁育的季节里，我从来没有打到过一只带任何麝香味的。”在交配的季节里，雄鸟的这种臭气是异常强烈的，人们在看到这种鸟以前很久，就可以远远闻到它而辨认出来。[②]总的来说，在一切动物之中，看来鸟类是最懂得审美的，人类当然不在此限，而它们的鉴赏能力和我们人的也很相近似。这一点，从我们对鸟的鸣声的欣赏，从我们的妇女，文明社会的也罢，野蛮民族的也罢，都喜欢借鸟羽来做头饰，以及爱用各种有色的宝石，而此种宝石的光彩未必比某些鸟种的垂肉和不长羽毛的一些光皮肤更见得鲜艳——从这些，就足以得到说明。不过，在人类，经过文化的熏陶之后，美的感觉显然是远为错综复杂的一种心理反应，而且是和各种理智的观念联系了起来的。

在进而处理我们在这里所更为特别关注的性的特征之前，我不妨先简单地提一提显然是依存于不同的生活习惯的某些两性之间的差别；因为这一类的差别，尽管在动物界的低等的几个纲里比较普通，在高等的若干纲有如鸟类里则是少见的，用不着太多的话就可以交代过去。归在同一个属（乙 404）而分布在胡安费南德兹岛（Juan Fernandez，在东太平洋，近智利——译者）上的两批不同的蜂鸟以前一直被看做两个不同的种，而现在，据古耳德先生对我说，我们知道它们实在是一个种的雌雄两性，而两性之间在喙的形式上也略微有些差别。在另一个蜂鸟属（乙 461）里，雄鸟的喙在边上做锯齿状，而喙尖如钩子一般，和雌鸟的不一样。在新西兰的称为异喙属（乙 653）的蜂鸟，我们在上文已经看到过，由于啄食方式不同的关系，雌雄鸟的喙在形式上有着比此更大的差别。在金碛鹨或金翅雀(goldfinch,即乙 175)中间,我们也观察到大致相同的情况,因为介·威尔(甲 693)先生确凿地告诉我,捕鸟的人可以辨别雌雄鸟,而其根据是雄鸟的喙略微长一些。有人往往看到成群的雄的金翅雀以起绒草(此种草的果球上布满钩棘——译者)的草籽为食,而这是要用较长的喙才啄得到的,而雌鸟则普通啄食一种藿香(betony,或 Scrophularia)的籽实。根据诸如此类的微小的生活习惯上的差别,我们可以看到,雌雄鸟的喙会怎样地通过自然选择而分道扬镳,而发生很大的差别。但在上面的若干例子里,有几个的性的差别的由来还有另一个可能,就是,雄鸟的喙首先通过彼此斗争而取得了变化;而为了适应这个变化,啄食一类的生活习惯后来也就跟着有所改变。

战斗的法则。——鸟类中几乎凡属雄鸟都十分好斗,用喙、翅膀、腿来进行。每到春天,在我们的知更鸟(robin)和麻雀中间就可以看到这一点。鸟类中躯体最小的鸟,就是蜂鸟,是最爱打架的一个鸟科。高斯(甲 272)先生③描写到过两只雄蜂鸟的一次战役,说他们如何交着喙,相互咬住不放,在半空中不断地打转,弄得彼此都快落到地面才罢休,而芒特德欧卡(甲 472)先生谈到另一个属的蜂鸟时,说两只雄的要么不碰头,碰头则几乎总要来一次空中遭遇战,如果战斗发生在笼子里面,则"两雄之中必有一只的舌头要裂开,而从此由于不再能吃食,肯定地终于死亡。"④就涉禽类的鸟而论,普通的秧鸡或鹬(water-hen,即乙 429)的雄鸟"在交尾的时期里,为了争取雌鸟,斗得很凶;他们几乎笔直地站在水里,用脚来互相攻击。"有人看到过两只雄鹬在水里这样地厮打,足足打了半个钟头，最后，一只把另一只的头抓住了，若不是因为观察的人的干涉，后者是可以送命的；而在这全部时间里，雌鸟一直静悄悄站在一旁，作壁上观。⑤勃莱思先生向我说到，在和鹬有着亲属关系的另一种涉禽，凫翁属（乙 426）的一个种（乙 427），雄鸟要比雌鸟大三分之一，在繁育季节里特别爱斗，东孟加拉的当地居民习惯于把他们饲养起来，像斗鸡似的让他们相斗而赌输赢。在印度，为了这样一个目的而受到饲养的鸟是种类很多的，这就是一例，又一例是热带的夜莺，鹎的一个种（bulbul，即乙 811）。“斗起来，真是精神抖擞。”⑥

一夫多妻的流苏鹬（ruff，即乙 590，图 37）是以极度好勇狠斗

图 37 流苏鹬（乙 590）。采自勃瑞姆《动物生活图说》（德文）

出名的；一到春天，比雌鸟要大得多的雄鸟就日复一日地聚集在雌鸟准备下卵的一个特定的场合。捕鸟的人就根据地上草皮被踩得

有些光秃的情况来发现这种场合。在这里，雄鸟就进行战斗，那光景和斗鸡的对阵差不多，彼此用喙把对方咬住，然后用翅膀来攻打。战斗的时候，脖子周围的一大圈颈毛会竖起来，而据芒塔古上校说，“作为一面盾牌横扫着地面来保护身体上的各个软挡”；而据我所知，这是鸟类中把身体上的任何结构用作盾牌的独一无二的例子。但这一圈颈毛或颈羽，从它的富丽而繁变的颜色来看，主要的用途大概是在装饰一方面，而不在保护一方面。流苏鹬的雄鸟，和其他多数好斗的鸟种一样，像随时准备着战斗似的，所以如果关在一起，活动的余地既不大，彼此就往往会斗死。但芒塔古观察到，一到春天，颈圈的长羽充分发展之后，好斗性会变本加厉地表现出来，在这段时期里，只要一方有些风吹草动，就会激起一场混战。⑦关于蹼足类的鸟，只举两个例子就够了：在圭亚那，“在繁殖的季节里，野生的麝凫（musk-duck，即乙 152）的雄凫之间要进行血腥的战斗；而凡在战斗的地方，河流或池塘在相当大的范围以内要满漂着零落的羽毛。”⑧表面上看去不适于战斗的鸟种也会猛打一阵；例如鹈鹕（乙 732），强有力的雄鸟会对懦弱的雄鸟，突然地用他们的硕大无朋的喙把对方钳住，狠狠地用翅膀来扑打，然后把对方斗走。普通的鹬（snipe）的雄鸟厮打时，“彼此用喙咬住，时而向后拖，时而往前顶，怪态百出，难以名状。”有少数几个鸟种是被认为从来不打架的，例如，据奥杜朋（甲 16）说，美国有一个鴷或啄木鸟种（乙 764）尽管“追随在每一只雌鸟之后的花花公子似的进行调情求爱的雄鸟多到半打”⑨，却没有争风吃醋的情事。

许多鸟种的雄鸟要比雌鸟高大，这无疑地是世世代代以来，强大些的雄鸟要比弱小些的对手占便宜的结果。在澳洲的若干个鸟

种里，两性在身材上的差别发展到了一个极端；麝凫（又一个属，与在圭亚那者不同，即乙 117——译者）的雄的和在分类关系上接近于我们的天鹨（pipit）的一个鸟种（乙 258）的雄鸟都要比各自的雌鸟大到一倍，这是实地测定过的。⑩ 在其他许多鸟种里，雌鸟要比雄鸟为高大，关于这一点又该如何解释呢？上面说到过时常有人提出的那一个，就是，喂养子女的任务绝大部分要由雌鸟负担；但这是不够的。在若干少数的例子里，我们在下文将会看到，雌鸟之所以取得更为强大的身材体力是，为了占有雄鸟，她们有必要战败其他的雌鸟。

鹑鸡类（乙 428）的许多鸟种的雄鸟，尤其是一夫多妻的那些，为了和对手们进行斗争，装备着一些特别的武器，就是距。距的使用可以造成可怕的结果。一位值得信赖的作家写过如下的一篇纪实⑪：达贝郡[1] 某地，一只鸢袭击了带领着一窝小鸡的一只斗鸡种的母鸡，公鸡瞧见了，立刻冲过来相救，迎头一击，就把距插进了鸢的眼睛，并且深入它的脑壳。鸢死了，但费了大劲，才把距从鸢的脑袋里拔出来，同时，由于鸢虽死，一直抓紧未放，攻守两方绞作一团，相互钉住，难解难分，后来终于拉开了，发现公鸡只受到了一些很小的损伤。斗鸡种公鸡的不可战胜的勇气是有名的。好久以前，一位有身份的人在目睹一场斗鸡之后对我说，在斗鸡场上，有一只准备参加战斗的公鸡因事受伤，两腿都折断了，但鸡主人打下赌，并且放好赌注，说只要在鸡腿上绑上夹板，使他可以站直，他还是可以斗的。当场就这样办了，战斗立即开始，这只鸡斗得很凶，全无退缩畏惧的表示，直到他最后受到了致命的一击。在锡兰，和这种斗鸡关系很近密的另一个野生的鸡种，斯坦雷氏鸡（乙 434）

的公鸡，有人知道，斗起来是不顾死活的，“为的是要保护他的‘后宫’”，其结果是总有一方以死亡告终。⑫ 印度的一个鹧鸪种（乙685）的雄鸟有坚强而锐利的距的装备，十分爱斗，“人们所射击到的雄鸟几乎没有一只的胸部不是瘢痕累累，不成样子，说明了他生前的频繁的战绩。”⑬

几乎所有的鹑鸡类的各鸟种的雄鸟，在繁育季节里，都进行凶狠的战斗，即便在不长距的那些也不例外。雷鸟（capercailzie，即乙 934）和黑松鸡（black-cock，即乙 933）都是一夫多妻的，到此季节，要在一定的场合成群聚会，一面厮打，一面在雌鸟面前展示他们的种种引逗的手法，如是者要持续许多个星期。考伐勒弗斯基博士告诉我，在俄国，他看到凡是雷鸟斗过的场地上，总是积雪上一片猩红；而若干黑松鸡的“交斗，真认真得像劳于王事似的”，“使断羽散毛，满天飞舞。”老勃瑞姆（甲 99）[2] 描写到过德国当地人对黑松鸡在求爱季节中载歌载舞的聚会所谓“巴耳兹”（Balz）的那种场面时说得很引人入胜。雄鸟几乎不停地发生无法形容的怪声怪叫：同时“高高地竖起尾巴，把尾羽张开得像一把折扇，昂起头和脖子，这些部分的羽毛也都挺得很直，两翼也从身体分张开来。然后，在这个姿势之下，忽东忽西地跳上几跳，有时也打个转身，用喙的阴面死命地抵着地，把喉部外面的一些羽毛都抵得掉落下来。在这些动作的同时，他又不停地扑着两翅，有时还不断地打转。求爱的心情越来越迫切，他的活跃程度也就越来越增强，最后会变得像发了疯似的。”到此阶段，雄的黑松鸡是如此全神贯注，心无二用，弄得几乎是耳聋目盲，什么都顾不得的样子。雷鸟的雄的也有这光景，并且更厉害。因此，捕鸟的人可以当场把他们一只只地打死，甚

至可以徒手活捉。歌舞完毕之后，雄鸟彼此之间开始战斗。而同一只雄鸟，为了证明他的能耐高出侪辈，在同一天的自晨至午，可以出现在好几个“巴尔兹”的场合；而这种场合的地点是历年不变的。⑭

拖着长裙子的雄孔雀，看去更像是个花花公子，而不是一个战士，但有时候也会斗得很凶：福克斯牧师告诉我，去哲斯特[3]不远，两只雄孔雀发生战斗，斗酣了，他们一路飞，一路斗，飞遍了哲斯特城的上空，最后在圣约翰教堂的钟楼顶上止息下来。

在这些备有距的鹑鸡类的鸟种里，每一条腿上只有一个距；但在同隶一类的孔雀雉属（乙 790）（见图 51，本章下文），则不止一个，有两个或两个以上的；而在血雉（blood-pheasant）的一种（乙 521），有人看到有五个距。一般只雄鸟有距，雌鸟则仅有距的象征或残留，有些鼓起的疙瘩而已。不过，据勃莱思先生告诉我，爪哇孔雀（乙 728）和体格不大的火背雉（fire-backed pheasant，即乙 401）这两个鸟种的雌鸟也有距。在鹑鸡类的鹧鸪鸡属（乙 430），雄鸟每条腿上通常有两个距，而雌鸟则只有一个。⑮因此，我们可以认为距本来是雄鸟的一种结构，但有时也或多或少地分移到雌鸟身上。像其他大多数的第二性征一样，距的变异性是很大的，在同一个鸟科之内，距在多寡与发达的程度上都可以有很大的差别。

许多不同的鸟种在两翼上也有距，称为翼距。埃及鹅（Egyptian goose，即乙 239）两翼上各有一个“角度相当钝的圆疙瘩”，这还不是真的距，而可能表示了在其他鸟种里翼距最初发展的一个步骤。在距翼鹅或距翼雁（spur-winged goose，即 786），公鹅的翼距要比母的大得多；而据巴特勒特先生见告，公鹅用它们来相斗，因此，在这个例子里，翼距也未尝不是和性生活有关的一件武器，不过据利芬斯东的意见，翼距的主要用途是保卫幼雏。在秧鸡类的一个属翼距秧鸡属（乙 708）（图 38），左右翼上各装备有两个

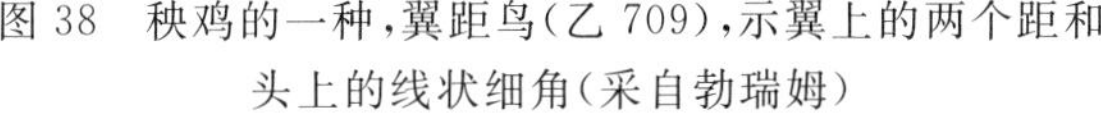
图 38　秧鸡的一种，翼距鸟（乙 709），示翼上的两个距和头上的线状细角（采自勃瑞姆）

翼距，威力巨大，有人知道，只消一击就让一只猎犬痛得狂叫而逃。但看来在这一例，或在秧鸡类的其他一些例子里，雌雄鸟在翼距的大小上似乎没有什么不同。⑯但在某几个种的鸻或千鸟（plover），

我们一定得把翼距看做一个性的特征。例如在我们普通的田凫(peewit,即乙 992),雄鸟翅膀拐角上的瘤状突出,到了繁育季节,会变得更壮大,而他们之间也彼此相斗。在有几个跳凫属(乙563)的种里,同样的瘤状突出,到此季节,就发展“成为一只短短的角一般的距”。在澳洲产的一种跳凫(乙 564),雌雄鸟都有翼距,但雄鸟的要比雌鸟的大得多。在与此关系相近的铠翼属的一个鸟种(乙 488),到了繁育季节,翼距虽不加大;但在埃及,有人看到他们很能相斗,而斗法和我们的田凫(乙 992)相同,就是,突然在半空中打个转,彼此从侧面攻击对手,有时候也可以致命。斗走敌人,他们用同样的攻击方式。⑰

恋爱的季节也就是战斗的季节。不过有些鸟种的雄鸟,像斗鸡、流苏鹬,而在野生的吐绶鸡和松鸡的尚未成年的雄鸟,⑱只要碰上,随时可斗,不论季节。在场有只把雌鸟是最令人厌恶的战争的起因。孟加拉的“巴布”们[4] 喜欢养一种娇小玲珑的能斗的歌鸟,叫“阿玛达伐特”(amadarat 即乙 393,实燕雀类的一个鸟种),他们把三只小笼子摆成一排,两边两只里各放上一只雄的,中间放一只雌的,过一会儿把两只雄的放出笼来,他们就会立刻拼死地斗起来。⑲当这种鸟的许多雄鸟集合在同一个特定的场合而像松鸡和其他不同的鸟种争雄斗胜的时候,一般总有若干雌鸟在场,⑳她们后来就和得胜的一些雄鸟相配。但在有些例子里,雌雄相配是在雄鸟彼此互斗之前,而不在其后:例如,据奥杜朋说㉑,弗吉尼亚的夜鹰、亦即蚊母鸟(Virginian goat-sucker,乙 170)的若干只雄鸟一同“向一只雌鸟求爱,神情动作十分令人发噱,但当雌鸟作出抉择的时候,中选的雄鸟立刻发出对其他雄鸟的逐客令,把他们这些无事而闯入之辈全部轰出他的势力范围之外”。一般地说，在雌雄相配之前，雄鸟要把不中选的同辈赶走或杀掉。但看来雌鸟所看中而挑取的未必总是取得胜利的雄鸟。说实在话，考伐勒弗斯基(甲 374)博士确凿地告诉我，雷鸟的雌鸟有时候偷偷地拉上一只年轻的雄鸟而溜走了，而这只雄鸟根本没有敢和其他的雄鸟进入战阵。这种情况是可以有的，苏格兰红鹿(red-deer)的牝鹿有时候也这么办。如果两只雄鸟在一只单一的雌鸟面前相争，后来如愿以偿的大概是胜利的一方，这是可以确定无疑的，但雄鸟的这些战役有时候是由外来而流浪的雄鸟所引起的，他们试图扰乱一对已经在交配中的鸟的安宁。㉒

即便在最好斗和能斗的鸟种，雌雄鸟的配合大概也不全凭雄鸟的单纯的体力和勇气；因为这种雄鸟一般也用各种不同的装饰品来打扮自己，而一到繁育季节，这些装饰手段越发见得鲜艳，而要在雌鸟面前被用来富有诱惑力地卖弄一番。雄鸟又努力用种种音声、曲调、一些把戏来魅惑和激发他们的对象，而在许多例子里，整个求爱的过程是拖得相当长的一回事。因此，如果说雌鸟对来自雄鸟的这种种迷惑的事物完全无动于衷，或者说，她们总是毫不例外地被迫而委身于斗争中取得了胜利的雄鸟，怕都是不合于事实的。更近乎事实的是，雌鸟是受到了某些雄鸟的激发的，有的在他们相斗之前，有的在相斗之后，并且是不自觉地看中了那些善于激发她们的雄鸟的。在北美洲的一种松鸡或雷鸟(乙 934)的例子里，一位良好的观察家㉓甚至于认为雄鸟的各场战斗“全是伪装的，是个演出，为的是要在聚集在周围而欣赏他们的雌鸟面前最充分而有利地各显身手罢了，因为我从来没有能发现受伤的英雄，一个都没有,甚至连折断了的羽毛也找不到几根。”我在下文还要回到这题目上来,目前只再说一两个例子:就美国的另一种松鸡或雷鸟(乙 930)说,大约有二十只雄鸟集合在一个特定的场所,一面各自趾高气扬地大踏步走来走去,一面大声怪叫,喧阗嘈杂,空气为之震荡。只要有一只雌鸟首先有所表示,做些兜搭,雄鸟们就立刻开始狠斗,斗了一阵,软弱些的雄鸟认输退出;但,据奥杜朋说,斗输的并不退出,而和胜利的一道寻找雌鸟,到此阶段,要么雌鸟作出抉择,要么战斗重新开始。美国的有一种田惊鸟(field-starling,即乙 904)也是如此,一群雄鸟起先是打得不可开交的,“但一见到一只雌鸟,便立刻收兵,一起跟着她飞,看上去像发疯似的。”㉔

声乐与器乐。——对于鸟类,鸣声是用来表达各种不同的情感的,有如痛苦、畏惧、愤怒、得意、或简单得心情愉快。看来有时候也用来激发别的鸟或其他方面的恐怖,例如有些鸟雏会作嘶嘶或嘘嘘之声。奥杜朋㉕叙述到他所养驯了的一只夜鹭,一称苍鳽(night-heron),说它当一只猫走近的时候,惯于把自己藏起来,然后,“突然发作的一声怪叫,怪得真是可怕,目的显然像要把猫吓跑,而其间还有几分自鸣得意的地方。”当发现一小块味美可口的东西时,一只普通家养的公鸡会向母鸡咯咯作声的打招呼,母鸡对小鸡也是如此。母鸡一下了蛋,“要在同一个音符上咯上半天,然后用上音程的第六音来结束,而这音要拖得更长,”㉖而她是通过这个来表达她的高兴的心情的。合群性强的一些鸟种显然会用鸣声的呼唤来彼此相助。一群之中的成员各自从这棵树飞上那棵树,活动频繁,但作为一个群,是用啾啁答复啾啁的方式来维系的。雁

和其他水禽，在夜间结阵飞行的时候，我们在黑暗中可以在头顶上听到它们的前锋所发出的震荡着空气的铿锵的鸣声，接着又听到从后卫发出的同样的鸣声，显然是首尾呼应，使队伍不至于散失。某些叫声是用作信号的，暗示着前途有危险，这在弋猎的人未必听得懂，有时弄得一无所获，而在这鸟种自己，乃至其他的鸟种，是懂得的。在打败一只对手之后，公鸡会喔喔的啼，蜂鸟会啾啾的叫，都所以自鸣得意。但大多数鸟种的真正的歌曲以及各式各样的奇声怪叫要到繁育季节里才鸣放出来，而那是专以异性的鸟为对象的，有的用来引逗她，有的只是用来向她打招呼。

鸟类为什么要鸣，目的何在，这是自然学家们议论纷纭、莫衷一是的一个问题。在过去的观察家里面，很少有比芒塔古更为小心细致的了，而他的见地是，“能歌唱的鸟种以及其他许多鸟种的雄鸟一般不去寻觅雌鸟，而与此相反，一到春天，他们的任务是，找个显著的地点止息下来，把爱情的全部曲调毫不保留地倾倒出来，而雌鸟呢，从本能上就懂得这副曲调，一经听到，就赶到这场合来，进行她们对配偶的选择。”㉗ 介·威尔先生告诉我，夜莺(nightingale)的情况确乎就是这样。一辈子喜欢养鸟的贝赫斯坦因(甲44)也说，“金丝雀(canary)的雌鸟总是挑取雄鸟中最好的一只歌手，而碛鹟(finch)的雌鸟，在自然状态里，对雄鸟是百中挑一；挑音调最讨她喜爱的那一只。”㉘ 没有疑问的一点是，鸟类对于彼此的歌唱能悉心倾听。介·威尔[5] 曾经向我谈过一只照莺(bullfinch)的例子，这只照莺被教练歌唱一支德国华尔兹舞的舞曲，他学得很好，演奏合拍，卖价高到十个几内亚[6] 的这只鸟被送进挂有其他许多笼鸟的屋子，其中大约有二十只红雀(linnet)和金丝雀，

他一进屋子就开始歌唱起来，原在屋子里的鸟就都挨到各自笼子的最靠近歌声来源的一边，用极大的兴趣来倾听这位新来的歌唱家。许多自然学者认为鸟类的歌唱“几乎完全是彼此争胜和竞美的结果”，而不是为了引逗他们未来的配偶。巴尔仑屯和塞尔保恩的怀伊特的意见就是如此，而这两位都是特别留意过这个题目的。[29]不过巴尔仑屯承认“歌唱的优异对某些鸟提供了比他们的同辈远为卓越的地位，凡是捕鸟的人都熟悉这一点。”

雄鸟与雄鸟之间在歌唱方面的竞争是剧烈的，能耐也大不整齐，这一层也是肯定的。玩养鸟的人用歌唱时间的长短来衡量他们的鸟的优劣，而亚瑞耳先生向我谈到，第一等能歌的鸟有时候可以连续唱个不停，直到昏倒而几乎死去。而据贝赫斯坦因观察[30]，则真有唱死的，而死后检验，发见肺部有一根血管破裂了。不管这鸟究竟是怎样死的，据我从介·威尔先生那里听说，一些雄鸟在歌唱的季节里往往有突然倒毙的情事。歌唱的习性不一定总和恋爱有关，这从下面的一件事就可以看出来：有人叙述到[31]一只不能生育的杂种金丝雀在照着一面镜子歌唱，唱了一会儿，突然向镜中自己的照影撞去；有一次他被放进一只笼子，和一只雌的金丝雀一道，他狠狠地把她攻打了一顿。捕鸟的人也时常利用鸟的歌唱在别的雄鸟身上所引起的嫉妒的心理，他们用一只唱得好的雄鸟藏在某一个地点，听得见而瞧不到，保护得好好的，又用一只死鸟的标本，围上许多撒有石灰的乱树枝，放在外边，露着。用此方法，据介·威尔告诉我，有一个捕鸟的人一天之内捉了五十只糠碛鹟(chaffinch)，而另一个竟捉到了七十只，全是雄的。能唱的本领和爱唱的性情在同种的雄鸟之间有巨大的参差不齐，一只普通

的雄的糠碛鹨只值六便士，而介·威尔先生看到捕鸟的人对有一只鸟所索的价高到三英镑。一只真正好歌手的测验是：在笼子里，笼子又在屋子里高高挂起，在主人头顶上晃着打转，他还是不停地唱。

雄鸟歌唱，有时是为了彼此争胜，有时是为了引逗雌鸟，两者之间其实毫无矛盾。意料所及，我们还可以想到，这两个习惯是殊途而同归的，好比喜欢卖弄和喜欢打架这两个习惯也是殊途而同归的一样。但有几位作家争辩说，雄鸟的歌唱不可能起什么魅惑雌鸟的作用，因为，少数几个鸟种，有如金丝雀、知更鸟、云雀(lark)和照鸴中的几个种，特别是在寡居的状态下，据贝赫斯坦因说，雌鸟自己也会引吭高歌，而歌声亦复相当婉转动听。在这一类例子中间的某几个，雌鸟所以也会有歌唱的习惯，一部分的原因也许是环境的高度改变，如食物的质和量有了很大的改变、笼居的活动范围太狭窄等[32]，使原有的和生殖有关的一些功能受到了干扰。上文已经叙述到过，在许多例子里，雄性方面的第二性征会通过遗传而局部地分移到雌性身上，因此，有些鸟种的雌鸟也具有歌唱的能力，本来是不足为奇的。又有人提出这样的争辩，说雄鸟的歌唱对雌鸟不起引诱的作用，因为某些鸟种的雄鸟，例如知更鸟，在秋天也歌唱。[33]但这一点也并不奇怪，动物在一年的其他季节里，随着本能所指使，或自己能力之所及，也未尝不喜欢随时练习，且以此种练习为快事，或从而得到一些别的好处，原是再普通没有的事。鸟明明很会飞，它们却有时候喜爱在空中滑翔和飘浮在空气上缓缓地溜，显然是以此自娱，这不是我们经常看到的么？猫把捉住了的耗子、鱼鹰把捉住了的鱼，总要先玩弄一阵。关在笼

子里的织布鸟(乙 787)的自娱活动是以一根根草为纬,以笼子周围的铁丝或竹条为经,而利落地交织起来。习惯于在繁殖季节里相斗的雄鸟一般在任何季节里都随时动不动就会打架;而雷鸟(capercailzie)的雄鸟有时候在秋季也在原定的场合举行他们的“已尔兹”或“勒克”。㊲7 总之,雄鸟在过了求爱的季节之后还随时不断地歌唱,来自我消遣,是丝毫不值得惊怪的。

上文有一章里已经指出过,鸟类的歌唱在某种程度上也是一种艺术,通过练习,就会精进。人们可以把种种不同的曲调教给它们,甚至平时也会唱的麻雀也会学习而唱得像红雀一般。他们会学唱义父母的歌曲,㉟有时候也会学邻居的歌曲㊱,鸟种虽有不同,不碍彼此学习。鸟类中所有普通的歌手都属于鸣禽这一目(乙 518),而它们的发音器官比其他大多数鸟类的要复杂得多。但说也奇怪,这一目里的有些部分,如各种渡鸟(raven)、鸦(crow)、鹊(magpie),尽管也备有这种复杂的器官,㊲却从来不唱,它们的鸣声,在自然发出的情况下,也没有多大抑扬高下。据亨特尔说㊳,在真正的雄鸟歌手,喉头的一些肌肉比雌鸟的更为强大有力,但除了这一小点之外,尽管大多数鸟种的雄鸟远比雌鸟唱得好,唱得时间长,两性在发音器官上却别无其他的差别。

值得注意的一点是,只有身材较小的鸟种才真正地从事歌唱。但澳洲的一个琴鸟属(乙 608)肯定地是一例外;阿尔伯特氏琴鸟(乙 609)的身材很大,约有半只长足的吐绶鸡那么大,他不但会模仿别的鸟种的鸣声,并且“自己有一套十分幽美和富有变化的啸声。”这种鸟的雄鸟聚集在一起,形成澳洲土著居民所熟悉的“盛会的场合”,竞相歌唱,像孔雀般的把尾羽竖起、张开,两翼则为此而更加下垂。[39]又一点值得注意的是，凡是善鸣的鸟种一般都不具备鲜艳的羽毛或其他装饰手段，这种情况不是绝对没有，但确是很少见。我们不列颠的鸟类里，除去照莺（bullfinch）和金翅雀（goldfinch）之外，最好的歌手都是没有什么打扮的。翠鸟、食蜂鸟（beeeatcr）、佛法僧（roller）、戴胜（hoopoe）、几种啄木鸟，等等，只会发出粗糙的叫声；而热带的颜色艳丽的鸟种中几乎找不到任何歌手。[40]由此可知，鲜美的颜色和歌唱的能力似乎是相互替代的。我们可以看到，如果羽毛的颜色不向鲜美的一方面变异，或如果此种颜色对种族生存有所妨碍，就得改用其他的方式方法来引逗雌鸟，而音调之美就提供了这样一个方式方法。

在有一些鸟种里，两性的发音器官有着很大的差别。在有一个种的雷鸟或松鸡（乙 930，图 39），雄鸟在脖子两旁各有一只不长毛的、橙色的气囊，到了繁育的季节，雄鸟要做奇怪的重浊的鸣声时，气囊就鼓得很大，气足声洪，很远的地方都可以听见。奥杜朋曾经加以证明，这种鸣声的确和气囊有着极为密切的关系（这使我们想起某些蛙种的雄蛙嘴里的气囊，也是一边一只），因为他发现，在一只养驯了的这种雄鸟身上，如果在气囊之一上用针戳一个小窟窿，鸣声就会低得很多，而如果两只气囊都戳一下，鸣声就完全发不出来了。雌鸟“在脖子两旁有差不多的两片皮，比雄鸟的要小些，但同样地不长羽毛，而这两片皮是不会鼓气的。”[41]另一个种的松鸡，雉尾松鸡（乙 937）的雄鸟，当他向雌鸟求爱的时候，“食道部分外面的黄色的不带羽毛的皮也能鼓气，并且鼓得奇大，足足有此鸟全身的一半大”，然后发出深沉、中空、或像硬物摩擦而出的各种不同的声音。接着，用竖起了的颈毛，低垂了的两翼，踞地作营营

图 39　用大气囊来发音的一种松鸡，乙雄鸟（沃特，甲 930，绘图）

之声，加上张开得像掌扇般的尾巴，他开始表演各种离奇古怪的姿势。而雌鸟的食道部分则绝无特别之处。㊷

欧洲产的硕鸨（bustard，即乙 697）和至少还有其他四个种的雄鸟腮下都有一只大皮囊，前人不察，以为是盛水用的，现在似乎已经搞清楚，是和发出音声有关的，此鸟一到繁育季节，喉部要发出有类于"喔克""喔克"的鸣声。㊸分布在南美洲的一种外表像乌鸦的鸟叫做顶伞鸟（umbrella-bird，即乙 190）（图 40），其所以有顶伞之名，是因为他有一个大得出奇的顶结，顶结的中心是若干没有羽瓣的白色的羽干或羽管，外面围着一圈深蓝色的羽毛，一撑开来，可以构成直径足有五英寸长的一个大圆顶，把整个的头盖住。这种鸟在腮下又有一条细长而作圆筒形的垂肉，但和一般鸟类的垂肉不同，通体有浓浓的一层作鳞状的蓝色羽毛。这个结构，大概除了供装饰之用而外，也还起一种扩音器的作用，因为贝茨发现它

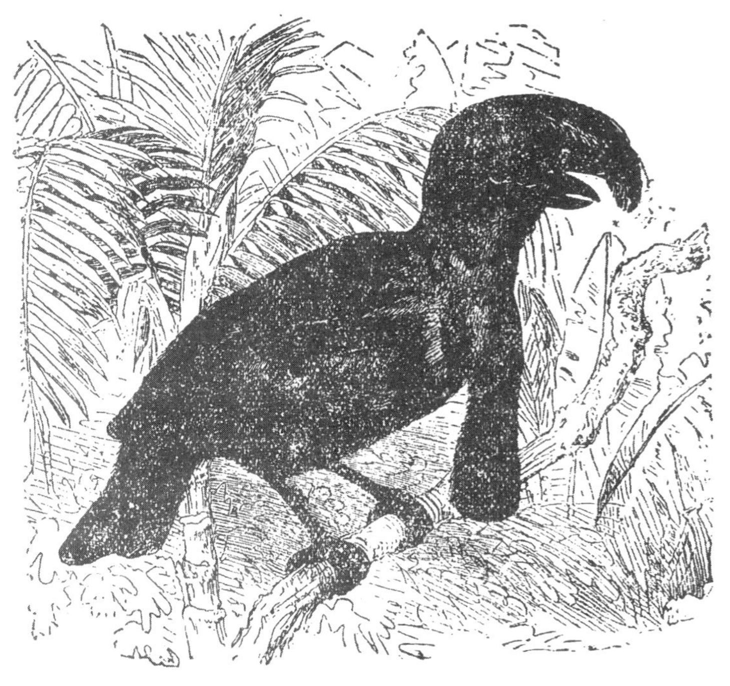

图 40 顶伞鸟,即乙 190,雄鸟(采自勃瑞姆,甲 98)

和“肺部的大气管的一个特殊发展的部分,以及和发音器官”都有所联系。当此鸟发出他所独有的那种既深沉又嘹亮,而又能持续得很长的像笛子所能吹出的音的鸣声的时候,这条肉也会放宽放大。其在雌鸟,这种顶结和颈疣都只是一些残留,不成名堂。[44]

蹼足类和涉禽类鸟种的发音器官是非常复杂的,两性之间也有一定程度的差别。在某些例子里,气管是弯弯曲曲得直打转的,像一支法国喇叭一般,并且深深地埋进到胸骨里面。在野生的天鹅或鹄(乙 305),在成年的雄鸟身上,这种深埋的程度比成年的雌鸟和幼年的雄鸟都要厉害。在秋沙鸭(乙 611),气管的较大的一头比雌鸟的多一对肌肉。[45]但在有一个种的凫,斑凫(乙 34),这较大而由骨质构成的部分,在雄鸟只比雌鸟大得有限。[46]不过凫鸭科(乙 37)的雌雄鸟在气管上的这些差别究竟有什么意义，我们却不了解，因为雄凫或公鸭，在两性之中，鸣声并不一定总是更多更大的。我们知道，在普通家养的鸭，公的只会吁吁做声，而母的却会嘎嘎地叫，声音十分洪亮。[47]在鹤(crane)类中有一个种，蓑羽鹤(乙 458)雌雄鹤的气管都穿进了胸骨，但也还有“某些有关性别的变化”。在黑鹳(black stork)的雄鸟，在支气管的长度和弯度上也有一点显著地有别于雌鸟的地方。[48]从这些例子里，我们可以看到，有着高度重要性的一些结构曾经按照性别而经历过一些变化。

雄鸟在繁育季节里所发出的许多怪声怪叫和各种音调究竟是用来勾引雌鸟，抑或光是用来向她召唤，是往往不容易猜测的。雉鸠(turtle-dove)和许多种鸽子的温柔的咕咕声，设想起来，大概是可以教雌鸟感到愉快的。当野生的吐绶鸡的雌鸟清早起来发出召唤的时候，雄鸟所用来酬答的音调是和他当初在求爱时节所发出的声音不同的。在那时候，在雌鸟面前，羽毛一根根伸得笔直，翅膀振动得沙沙做声，垂肉发胀得又肥又大，吐气既粗且急，走路昂首阔步，带着几分摇摆——那时候的声音是咯落咯落的。[49]公的黑松鸡的“斯佩尔”、“斯佩尔”的鸣声肯定地是用来召唤雌鸟的，因为有人知道，一只笼中的雄鸟在做出这样的叫声之后，就有四五只雌鸟从远处飞来；但在此以后的若干天内，这只雄鸟还是不断地“斯佩尔”、“斯佩尔”地叫，每天要叫上好几个钟头，而雷鸟(Capercailzie)也有这种情况，他一面叫，一面在神情上充满着“热情得不到满足的痛苦”，这就使我们想到在场可望而不可即的雌鸟是受到了这类叫声的魅惑的，初不止听从召唤而已。[50]普通的白嘴鸦(common rook)的鸣声，有人知道，在繁育季节里是与平时不同的，这也说明在这季节里的鸣声是有某种性的意味的。[51]但对于某些鸟种的雄鸟的粗糙而声嘶力竭的怪叫，例如南美洲的称为鸡鹎(macaw)的几种鹦鹉，我们又将说些什么呢？这些鸟对颜色的鉴赏能力看来是不太高明的，鲜黄和宝蓝色的羽毛搞在一起，是个何等不和谐的对照，然而却受到欣赏，我们是不是可以因此而得出判断，认为它们对音调的欣赏也是很不高明的呢？但下面的这样一个看法怕还是近乎事实的，就是，雄鸟的粗粝的叫声的由来并不是因为它带来了什么好处，而只是由于长期以来，或多少世代以来，在恋爱、嫉妒、愤怒等感情的强烈的刺激之下，发音器官不断地得到使用，声音就越来越粗，或越怪，而这种结果是遗传了下来的：但这一点，我们在下文处理四足类动物时还将继续加以讨论。

到此为止，我们所说的只是喉咙里发出来的鸣声，即所谓声乐，不过不同的鸟种，在求爱季节里，也有奏出不妨叫做器乐的乐声的。雄的孔雀和凤鸟，即天堂鸟(bird of paradise)，会振动羽翮，使相互敲击，咽哒做声。雄的“吐绶鸡用翅膀刮地面发声，而有几种松鸡也这样做，发出营营之声”。另一种北美洲的松鸡或雷鸟(乙 934)的雄鸟，当他竖起了尾巴，蓬松了颈毛、而“向躲藏在附近的雌鸟炫耀他的美色”的同时，用他的两翼，像黑蒙德(甲 308)先生说的那样，在自己的背上，而不是奥杜朋所设想的那样，在自己身体的两侧，像打鼓般的敲出声来。这种敲打所发出的震荡之声，有人说像远处打雷，有人说像地面滚鼓，并且滚得很快。雌鸟从来不会这样做，而只是“当雄鸟这样敲打的时候向他那里笔直地飞去”。希马拉雅山里的“卡立奇”雉(kalij-pheasant)的雄雉也会这样地“鼓翼做声，鼓出来的声音往往很别致，很像摇晃一大幅粗硬的布料的声音”。在非洲的西海岸，一种身材不大的黑色的纺织鸟(black-weavers，是否隶织布鸟属，乙 787，不详)成群结队地会合在围绕着一块小空地的灌木丛里，边歌唱，边滑翔，滑翔时两翼震颤，“像小孩子的一种摇响器那样地发出急剧的胡胡之声。”一只一只雄鸟都要这样轮番地表演一通，先后要费上好几个钟头，但只是在求爱季节才如此。也在这季节里，一年之中也只限于这个季节，某几种欧夜鹰(night-jar，乙 169)的雄鸟也鼓动双翼，做一种奇特的隆隆之声。在啄木鸟的几个不同的种里，雄鸟用喙来敲打摇曳而中空的树枝，使发出震荡之声，敲击之际，头的活动频繁而急剧到一个地步，使仰首观看的人“觉得此鸟脖子上有两个头似的”。这样地敲打所发出的声响很大，相当遥远的地方都可以听到，但无法加以形容。我肯定地认为，如果一个人初次听到这样声响，对它的来源是无论如何猜不出来的。这种粗粝的声响既然主要只发生在繁育的季节里，便有人认为它也未尝不是一种爱情的歌曲；但更为严格地说，它也许只是一声声爱情的召唤而已。有人观察到过，如果一只这种鸟的雌鸟被从窝里逐出，也会做出这种唤声，而在别处逗留的雄鸟便会同声呼应，而在不久之后，赶到现场。最后，戴胜(hoopoe，即乙 986)是一身兼备声乐与器乐这两种音乐的。因为，在繁育季节里，据斯温霍先生的观察，这种鸟的雄鸟先深深地吸进一口气，继而用喙的尖端垂直地抵住和轻敲一块石头，或一根树干，“然后从管道似的喙里把气向下迸发出来，就会产生他所要求的正确的声音。”如果他的喙不这样地顶住某一种东西，那发出的声音就不一样。所吸的空气同时也有一部分被吞咽下去，所以这种鸟的食道也鼓得很大，而看来这也起了一种共鸣器或反响器的作用，加强了所发生的声音；在各种鸽子以及其他的鸟种，也有这种情况，不限于戴胜[52]。

在上面所列举的例子里，声响的发出是借助于一些现成的结构，而此类结构平时还有它们的其他必要的用途。但下面所要说的例子与此不同，即某一部分的羽毛起了变化，经过改造，发声之外，不作别用。普通的鹬（snipe，即 860）所做的叫声像打鼓，像羊咩，像马嘶，又像雷鸣（不同的观察家所用不同的形容词就是如此），一定教听到过它的每一个人感觉到惊奇。在交配季节里，这种鸟要“飞腾到约摸一千英尺的高空”，在空中忽左忽右地飞翔一阵之后，开始带着张开的尾巴和颤动着的翅膀，用奇快的速度曲线下降。上面所说的那种惊人的声音就只是在快速下降之际迸发出来的。原因何在，一向没有人能加以解释，直到米弗斯（甲 457）观察到，这种鸟的尾羽的靠外边的几根在构造上有些特殊（图 41）：

图 41　普通鹬（乙 860）的靠外边的一根尾羽
（采自《动物学会会刊》（丙 122），1858 年卷）

羽干作佩刀状，特别硬，斜斜排着的羽枝也特别长，它们所合成的靠外边的羽瓣相勾连得特别紧。他发现，如果向这些羽毛吹一口气，或把它们缚在一根长竿头上，在空气中快速摇晃，他也可以使它们像在活鸟身上一般地发出打鼓似的声响来。普通鹬的雌雄鸟备有这种尾羽，但雄鸟的一般要大些，所迸发的声响也要深沉些。在另一个山鹬种（乙 859），这种起了变化的尾羽左右两边各有四根(图 42),而在又一个山鹬种,爪哇鹬(乙 861),则此种尾旁的羽毛左右各不下八根之多(图 43)。不同鹬种的尾羽,在空气中一摇晃,所发出的声调各有不同;而美国的威尔逊氏鹬(乙 863)在高空快速降落的时候做软鞭子抽击的声响。[53]

图 42　又一个山鹬种(乙 859)
靠外边的一根尾羽

在美洲,一个属于鹑鸡类的身材高大的鸟种(乙 229),翼上的第一根初列拨风羽的羽梢,在雄鸟的是很弯的,作穹形,而比雌鸟的要细瘦得多。在与此关系相近的另一个鸟种(贞妇鸟属的一个种,乙 737),萨耳温先生曾经观察到过一只雄鸟,当他从高处往下飞的时候,"两翼张得很开,发出一种坍塌和冲撞的声响",像一棵树倒地那样。[54] 在印度产的鸨的一个种(乙 912),两性之间只有雄鸟翼上的初列拨风羽是大大地变得尖削了的。而有人知道,与此关系相近的另一个鸟种,在向雌鸟求爱的时候,也会用〔这种羽毛〕做出嗡嗡之声。[55] 在和这些鸟种关系很疏远的另一个鸟群,即各种蜂鸟,就其中某几个种而言,也只有雄鸟翼上的初列拨风羽,在羽的尖端,或则羽干变得宽平,或则羽瓣截然光秃,像是受到切除似的。例如,在其中的一个种(乙 865)的雄鸟,一到成年,第一根初列拨风羽的羽尖就是这样地没有了羽瓣的(图 44)。当他从这一朵花飞向另一朵花的时候,他会发出"一种尖锐得近乎吹哨的声响",[56] 但据萨耳温先生看来,这种声响不是由雄鸟有意识地做出的。

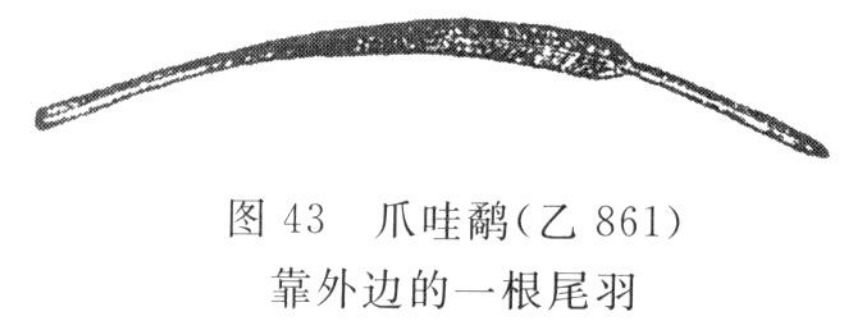
图 43　爪哇鹬(乙 861)
靠外边的一根尾羽

图 44 蜂鸟的一个种（乙865）的初列拨风羽（采自萨耳温先生所作的素描）。示两性差别，上面是雄鸟的，下面是雌鸟翼上部位相当的那一根

最后，在侏儒鸟属（manakin，乙769）的一个亚属里，有几个种的雄鸟翼上的次列拨风羽，据斯克雷特尔（甲590）先生的叙述，所经历的变化就值得我们注目了。在其中有一个羽色鲜艳的种（乙770），前面三根次列拨风羽的羽干特别粗壮而靠近身体的一头是弯作弓形的，第四、第五两根（图45，a）变化更大，而一到第六、第七两根（图45，b、c），羽干“粗大的出奇，形成了一块坚实的角质的东西。”和雌鸟的地位相当的几根羽毛（图45，d、e、f）相比，我们可以看到羽枝方面所起的变化也很大。在雄鸟方面，甚至连支持着这些特殊的羽毛的翼骨，据弗瑞塞尔[8]先生说，也变得很粗很厚。这些鸟的身材虽小，发出的声响却奇大，声响中的第一个“高音和空抽鞭子的噼啪声不能说不相像。”㊼

综上所说，许多鸟种的雄鸟在繁育季节里所发出的形形色色的声音，属于声乐的也罢，属于器乐的也罢，以及用以产生这些声音的形形色色的手段或工具，是很值得我们注意的。通过这一番注意，我们对于声音在性的意义上的重要性，在认识上有了提高，同时也使我们回想到上文在昆虫方面我们所已经取得的结论。我们不难想象，一种鸟，原先为了召唤，或为了其他比较简单的目的，所发出的声音，通过了若干一定的步骤，而终于进展到一支富有音调而悦耳的爱情歌曲。就产生打鼓声、吹哨声、或咆哮声的变化了的羽毛而论，我们知道有些雄鸟，一到求爱的时候，本来就会把他们通常而未经变化的羽毛，作为一个整体，扑打、振动、摇晃一番；

如果雌鸟对此表示欣赏，而倾向于选取表演得最好一些的雄鸟的话，则在后者之中，凡属在羽毛上，初不论是身体上哪一部分的羽毛，发展得最有劲道、最浓密或最细削的一些个体会最有胜利的希望和把握，而这样，逐步逐步地，这些羽毛就会发生变化，形势要求到什么地步，就变化到什么地步，几乎是没有限度的。至于雌鸟，她当然不会注意到这种在羽毛形式上的每一个连续的细小的改变，而只能注意到由此而产生的声响上的改变。在同一个动物的纲里面，即鸟类里面，所发出的声音真是千变万化，其间有鹬尾的打鼓声，有啄木鸟喙的敲门声，有某些水鸟的粗粝的喇叭声，有雉鸠的咕咕或咯咯声；有夜莺的婉转的歌唱声，而不同鸟种的雌鸟竟然各自能为此而感觉

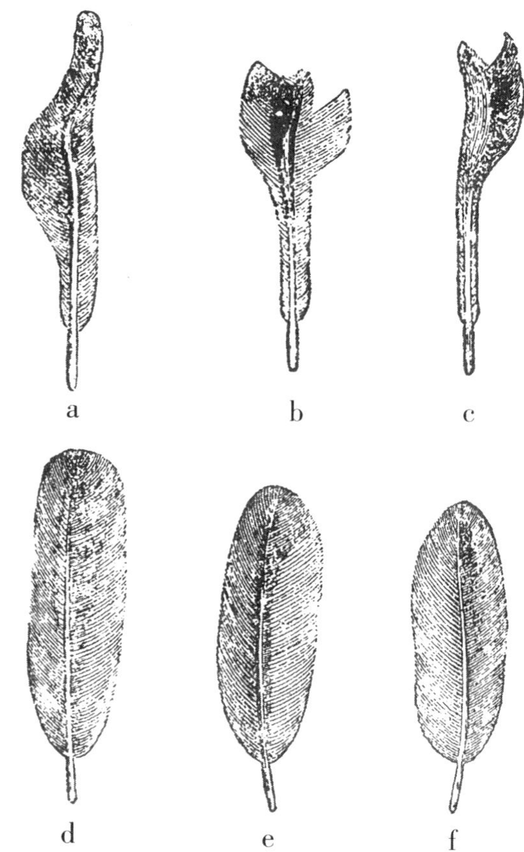

图 45　侏儒鸟的一个种(乙 770)的次列拨风羽〔采自斯克雷特尔文,《动物学会会刊》(丙 122),1860 年卷〕。上面的三根 a、b、c 是雄鸟的;下面的三根 d、e、f 是雌鸟的,在翼上的部位和雄鸟的完全相当

a 和 d,皆第五根次列拨风羽,阳面

b 和 e,皆第六根,亦阳面

c 和 f,皆第七根,阴面

到愉快——天地之大，无奇不有，这也未尝不是一奇了。但我们也必须注意，千万不要用同样的一个标准来衡量不同鸟种的鉴赏能力，也不要用人的鉴赏的标准来衡量它们。即以人而论，我们应该记住，极其不和谐的声音，诸如铜锣的嘡嘡声、芦管的尖刻凄厉声，我们不爱听，而野蛮民族的人却听来悦耳。贝克尔（甲 31）爵士说，[58]“阿拉伯人的胃口既然可以爱吃直接从动物身上取下的生肉和热气腾腾的肝片，则他们的耳朵也就可以爱听同等粗糙而嘈杂的音乐，而不要其他的东西。”

求爱用的杂技和舞蹈。——某些鸟种为了求爱而做出的种种奇异的姿态，我们在上面已经附带地加以注意，陆续有所陈述，这里需要补充的是不太多的了。在北美洲，有一个种的松鸡或雷鸟（乙 931），在繁育季节里，每天早上，要成群结队地聚集在一块选定的草坪之上，而在这里，各自兜着一个直径从十五英尺到二十英尺的圈子跑个不停，像儿童故事中的“仙女环舞”一般，以致把草皮都踩得很光。这就是当地猎人们所称的“鹧鸪舞”（partridge dance），鹧鸪也就是雷鸟、松鸡的又一个名称。在这鹧鸪舞里，参加的鸟都摆出各种最奇怪的姿态，大兜圈子，有的向左兜，有的向右兜。奥杜朋描写到大白鹭（乙 89，即“风标公子”）的雄鸟如何用他们的长腿在雌鸟面前踱来踱去，同时对在旁的对手们表示一种傲慢而不买账的神情。这同一位自然学家又谈到兀鹰或神鹰中令人作呕的专吃腐肉的一个种（乙 181），说“雄鸟在恋爱季节的初期里装模作样的姿态，大摇大摆的步伐，大足令人发笑。”某些鸟种是在空中表演他们求爱用的杂技的，即一面飞，一面表演，例如我们

在上文所看到的非洲的黑色纺织鸟(乙 787)那样,有的则在地面上。到了春天,我们的娇小的白颈莺(white-throat,即 910)往往飞向半空,高出一个灌木丛几英尺或几码之上,然后一面"一阵阵地、奇形怪状的振动双翼,一面不断地歌唱,最后回到原来栖止的灌木上。"英格兰的身材巨大的鸨,据沃耳夫(甲 711)的描绘,当他向雌鸟调情的时候,突然摆出一种古怪得无法形容的姿势。和他关系相近的印度的孟加拉鸨(乙 696),在这个季节里,"急剧地拍动翅膀,高高地竖起羽冠,蓬蓬松松地把胸羽和颈羽全部鼓起,然后直线上升地飞向半空,又笔直地飞落地面";如此者要重复好几回,同时还哼着某一种特别的音调。附近的雌鸟,如果正碰上"这样一个舞蹈的演出,就会应召而来",而她们一到场,雄鸟就斜拖两翼,把尾羽铺张出来,像吐绶鸡的公鸡那样。[59]

不过这方面最奇特的例子是由澳洲的三个关系相似的鸟属,即出名的凉棚鸟(bower-bird)所提供的——而这三个鸟属无疑地是同源的,同源于最初取得为了表演爱情杂技而构造凉棚这一奇异的本能的某一个祖辈鸟种。我们在下文将要看到,这种凉棚(图 46)是建筑在平地之上、用鸟羽、介壳、枯骨、树叶布置装点起来、是专为求爱之用的,它并不是巢,巢是营建在树上的。凉棚的工程是雌雄协同进行的,但雄鸟是主要的建筑工人。此种本能很是顽强,甚至在被人捕获而被禁锢的情况下,营建也照样进行。斯特仑奇(甲 632)先生曾就他在新南威尔斯(澳大利亚之一州,在澳洲东南境——译者)的禽苑中所畜养的几只绸光凉棚鸟(satin bower-bird)的习性有所叙述。[60] 他说,"有时候雄鸟会追逐雌鸟,追来追去,跑遍了禽苑,然后走向凉棚,衔起一根颜色美好的羽毛或一片

图 46　凉棚鸟的一个种(乙 244)与其凉棚(采自勃瑞姆,甲 98)

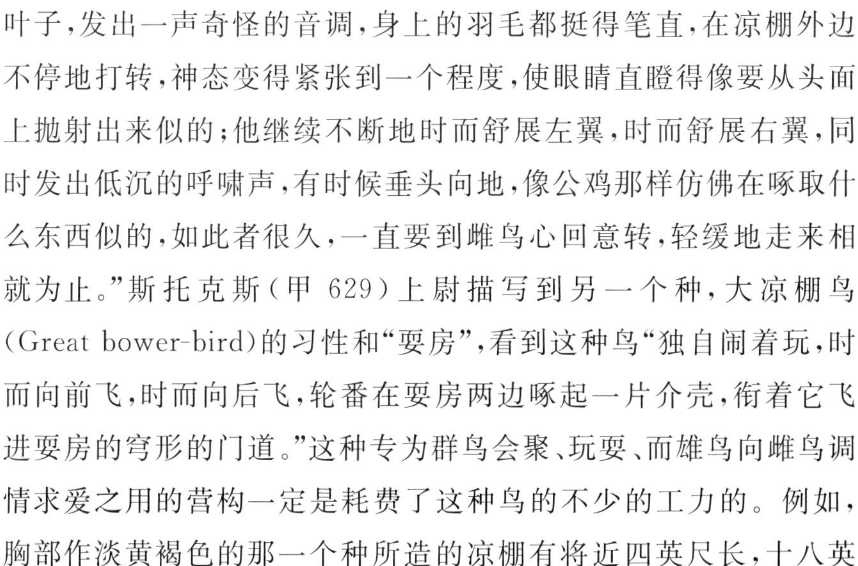

叶子,发出一声奇怪的音调,身上的羽毛都挺得笔直,在凉棚外边不停地打转,神态变得紧张到一个程度,使眼睛直瞪得像要从头面上抛射出来似的;他继续不断地时而舒展左翼,时而舒展右翼,同时发出低沉的呼啸声,有时候垂头向地,像公鸡那样仿佛在啄取什么东西似的,如此者很久,一直要到雌鸟心回意转,轻缓地走来相就为止。”斯托克斯(甲 629)上尉描写到另一个种,大凉棚鸟(Great bower-bird)的习性和“耍房”,看到这种鸟“独自闹着玩,时而向前飞,时而向后飞,轮番在耍房两边啄起一片介壳,衔着它飞进耍房的穹形的门道。”这种专为群鸟会聚、玩耍、而雄鸟向雌鸟调情求爱之用的营构一定是耗费了这种鸟的不少的工力的。例如,胸部作淡黄褐色的那一个种所造的凉棚有将近四英尺长,十八英寸高，而是垫高了的，下面有由树枝堆成的厚厚的一个台基。

装饰。——我将首先就雌雄鸟之间只有雄鸟讲究打扮、或雄鸟要比雌鸟讲究得多些的那些例子加以讨论，而把雌雄鸟同等讲究的一些例子留待下文的另一章里讨论，至于雌鸟反而比雄鸟的颜色见得略微鲜美一些的极少数的例子则留在最后。像野蛮人和文明人对人工造作的装饰物品的用法一样，鸟类使用它们的自然饰物时也以头部为主要的所在。[61]像本章开始时所说的那样，装饰物的花色是繁变得出奇的。头部前面或后面的羽毛形式繁多，有的还能竖起或张开，从而把各种不同的鲜美的颜色充分地展示出来。有的在耳边有一撮漂亮的毛，称为耳总毛（图 39，上文）。有的整个头部满盖着丝绒似的茸毛，例如雉；也有光秃无毛而皮肤呈生动的颜色的。有的脖子下面也有装饰，如须髯、垂肉、或肉瘤。这一类的附赘悬疣一般总是鲜艳夺目的，尽管在我们看去不一定都很美观，对有关的鸟种来说，无疑地有其装饰的作用。因为每当雄鸟向雌鸟进行求爱的时候，它们会胀得很大，颜色变得更生动，吐绶鸡的雄鸟就是如此。再如牧羊神雉（tragopan，即乙 205）的雄雉，到了这种时候，头部这一类的肉赘疣在腮下的则胀大得像片衣襟，在额上的则成为堂皇的顶结旁边的肉角，一边一只；而这些东西的颜色变而为深蓝，浓艳得无以复加，为我生平所仅见。[62]非洲的垂肉犀鸟（horn-bill，即乙 146）把他腮下的猩红色的垂肉鼓足了气，形成一只大皮囊，加上斜曳的双翼、广张的尾羽，合起来看“真有几分壮观。”[63]在有些例子里，甚至连眼球上的虹膜都表现着性别，雄鸟的颜色要比雌鸟的更为明艳，而喙的颜色也往往如此，我

们普通的山乌(black-bird)就是一个例子。在另一个犀鸟种,槽喙犀鸟(乙 145),雄鸟的整个的喙、庞大的头盔,比雌鸟的颜色都更为鲜明夺目,而“下颌两边的斜槽是雄鸟所独具的”,雌鸟没有。[64]

再者,头部的装备之中,肉的附赘悬疣之外,往往还有成丝成缕的东西,和种种坚实的隆起或突出。这些,除了在极少数例子里两性都具备外,一般只限于雄鸟才有。马尔歇耳博士曾经详细地描写过头上的一些坚实的隆起,指出它们的结构有的是骨质的,中空而有海绵状的组织,外面罩上一层皮肤,有的则为皮细胞或其他的细胞组织。[65]在哺乳动物,真正的角是长在颅骨的前头骨上的,和颅骨不是一码事,而在鸟类,所称的角是由颅骨上不同部分的骨片变化而成,不限于前头骨;而在和犀鸟属于同一鸟群的若干鸟种里,在隆起的当中,有的有个骨质的核心,有的完全没有,而介乎两者之间的各种不同的程度也都有。因此,马尔歇耳博士说得有理,通过性选择而发展出来的这些装饰性的附赘悬疣,推究由来,盖得力于不计其数的不同种类的变异。特别拉长了的长羽或一般的羽毛可以从全身的任何部分脱颖而出似的发展起来。颈部和胸部的羽毛,在有的鸟种里,发展成为美丽的颈甲毛或项圈毛。尾羽往往特别加码地变长,这我们在雄孔雀的覆雨羽和百眼雉(Argus pheasant)雄雉的真尾羽上面都可以看到。就雄孔雀而言,为了支撑这些分量很重的覆尾羽,甚至连尾部一些骨头也起了变化。[66]百眼雉的身体并不大于一只公鸡;然而从喙尖起到尾梢止,总的长度不下于五英尺三英寸,[67]而其间在翅膀上的次列拨风羽就将近三英尺长。在一个种的非洲的夜鹰(night-jar,即乙 286),翼上初列拨风

羽中的一根，在繁育季节里，变得特别发达，要长到二十六英寸，而这种鸟的躯干本身只长十英寸。在另一个与此关系很近的夜鹰属，此种拉得特长的拨风羽是只有羽干而没有羽瓣的，只是在末梢有些羽枝构成了一个圆盘形的小片。[68] 再如，在夜鹰的又一个属里，尾羽的发展比上面所说的关于翼羽的发展更要出奇。一般说来，尾羽的特别拉长要比翼羽更为常见，因为翼羽太长就不利于飞行。从这些例子里，我们看到，在关系很相近密的一些鸟种之中，通过一些羽毛的分道扬镳的发展，雄鸟所取得的种种装饰实际上是属于同一个类型的。

一个奇异的事实是，有些鸟种，尽管关系很疏远，属于很不相同的鸟群，而其羽毛所经历的变化，在方式上却几乎是一模一样。例如上面所说到的一种夜鹰的拨风羽是光秃的，只羽梢上有个小圆盘，或者像有人所称的那样，羽梢是匙状的或球拍状的。这种同一类型的羽毛在下列的一些鸟种的尾羽上都有：一个种的楹鸟，即修尾鸟（motmot，即乙 398），一个种的翠鸟、碛鹨、蜂鸟、鹦鹉，印度所产属于燕雀类而一总被称为“多隆哥”（drongo）的几个鸟种（实分隶于乙 346 和乙 366 两个属，在后一属中，有一个种的羽梢的圆盘是翘起而与羽干成直角的），以及某几个种的风鸟或天堂鸟。在后面的这些鸟种里，头部也装扮有同样的羽毛，羽梢上还带着美丽的眼斑纹；某些鹑鸡类的鸟种也有这种情况。在有一个种的印度鸨（bustard，即乙 912），构成耳总毛的若干根约摸四英寸长的羽毛也用小圆盘来收梢。[69] 而最为奇特的一点事实是，据萨耳温先生很清楚地指出，[70] 上面所说的那一个种的楹鸟（motmot）是用把羽枝啄去的方法使尾羽的羽梢成为球拍形的，而我们可以更进一步地看到，这种久经世代的不断地残毁丧失终于产生了一定分量的遗传影响。

此外，在许多不相联属而差别很大的鸟种里，一根根羽毛是作细丝或长缕状的，某几种的鹭(heron)、红鹤或朱鹭(ibis)、风鸟以及鹑鸡类的一些鸟种都有这情况。在另一些例子里，羽枝完全消失，羽干从本到末完全光秃；而这样的羽干或羽茎，在有一个种的风鸟或天堂鸟(乙716)的尾巴上的，竟长达三十四英寸，[71]完全成了一根根长缕；在又一个种，新几内亚风鸟(乙717，图47)，则比此要短得多，也细得多。本来就比较短小的羽，这样变得光秃以后，看去像一根根刚毛，雄的吐绶鸡的胸口的羽毛就是如此。像我们人在服装上接受任何瞬息变化的时髦式样那样，鸟类中的雌鸟，对雄鸟羽毛在结构或颜色上的几乎任何变化，也似乎都能接受下来。明明是关系很远而差别很大的一些鸟群，而羽毛的变化可以相比，可以相提并论，当然无疑地不是一个巧合，而基本上是由于一切羽毛具有几乎是同样的结构和同样的发展方式，因此，也就容易倾向于同样地发生变异。在家禽品种里，尽管所从来的鸟种不一，在羽毛的变化上，我们往往看到有一种可以相互类比的变异倾向。正因为如此，所以在好几个家养的鸟种的头上都出现了顶结。在吐绶鸡的一个已经灭绝的族派里，这种顶结包括中心的若干根光秃的羽干和外围的一圈茸毛，因此看去有点像上文所描写的网球拍形的羽毛。在某几个鸽子和家鸡的品种中，羽毛也作细缕状，同时羽干也有着某种程度的光秃的倾向。在塞巴斯托波尔鹅(Sebastopol goose)，肩胛上的一些羽毛变得特别长而弯曲，甚至弯得有些螺旋形，边缘作细缕状。[72]

图 47　新几内亚风鸟(乙 717)(据沃德所绘图)

关于颜色,我在这里几乎用不着再说什么,因为谁都知道许多鸟种在这方面是如何地美丽悦目,而各种颜色的配合又是如何地和谐协调。这些颜色又往往能发出金属的光彩和虹的光彩。一些圆斑的外围有时候会有一个或不止一个五颜六色而明暗不同的环带,有的更进而转变成为一些眼斑纹(ocellus)。许多鸟种的雌雄鸟之间在这方面的一些奇异的差别也用不着多说明。普通的孔雀就提供了一个突出的例子。各种风鸟的雌鸟的颜色是晦暗不明的,并且什么装饰品都没有,而雄鸟却打扮得极为漂亮,有可能是所有鸟类中最为花枝招展的鸟,而式样之多、变化之大,非亲眼看见不能领会。即如在上面所说的两种之中的一种(乙 716)的雄鸟,从两翼底下脱颖而出的两根特长的、作橙金黄色的羽毛,会挺得很直,一起颤动,颤动的结果,有人形容说,构成一个所谓佛光一般的光圈,鸟头在圈的中心,"看去像一个用绿宝石雕成的小太阳,而太阳的辐射就由两根羽毛颤动而成。"[73] 在又一个极为美丽的风鸟种,雄鸟的头总的说来是光秃的,"作浓厚的钴蓝色,却有几道黑色的丝绒似的茸毛横截而过。"[74]

各种蜂鸟(humming-bird,图 48、49),在美丽的程度上,几乎可以和各种风鸟(bird of paradise)相匹敌,这是每一个看到过古耳德先生的几本大著或他所藏的丰富的标本的人都会承认的。这一路鸟在装饰上的五花八门,真可以教人惊奇。全身的羽毛几乎全被利用上了,几乎全都起了些变化;而据古耳德先生所指给我看的那样,在这科的若干种里,这些变化都发展到了令人叫绝的一个极端,而这些种并不集中在一两个属里而是几乎每一个属都有代表。这一类走极端的例子和我们人所豢养而赏玩的品种所表现的一些情况很相像,可以说相像得出奇。在人们所饲养的鸟种里同一个种的某些个体本来在某一个特征上发生了些变异,而另一些个体则在另一些特征上起了些变化,于是饲养者就立刻抓住不放,使这些特征变本加厉地发展出来——例如扇尾鸽(fantail)的扇形尾、雅各宾(jacobin)鸽或鸠的头兜、传书鸽的喙和垂肉,等等。两类例子相比,所不同的只是,在这里,结果的取得是由于人工选择,

而在那里，在蜂鸟、风鸟，等等，则由于雌鸟对更为美丽的雄鸟进行了挑选。

图 48　蜂鸟的一个种(乙 570)，示雌雄鸟(采自勃瑞姆，甲 98)

我准备只再举一个别的鸟种，值得举出的理由是，这鸟种的雌雄鸟，在颜色上，差别极大，成为最鲜明的对照，这鸟种就是南美洲的钟声鸟(bellbird，乙 234)。这种鸟的又一个特点是鸣声甚大，人们远在几乎三英里之外可以听到，并且把它辨认出来，如果一个人

图 49　蜂鸟的又一个种(乙 888),示雌雄鸟(采自勃瑞姆)

第一次听到它,还不免于吓一跳。雄鸟是纯白的,而雌鸟则作暗绿色。在陆居、身材不太大、而又没有什么惹人厌恶的一切鸟种之中,纯白色是很难得的。雄鸟,据沃特尔屯(甲 687)的描写,头上有根螺旋形的管子,近三英寸长,从喙的底部伸展出来。管子的颜色是漆黑的,上面撒满了由细小的茸毛所构成的一些点子。这管子内通嗌，可以充气而竖起，否则就下垂而挂在脸部的一边。这一个种的钟声鸟所隶的属共包括四个种，四个种的雄鸟是彼此分明，很容易辨别的，而雌鸟，据斯克雷特尔先生在一篇很有趣的论文里的叙述，则彼此很相近似，难于辨认，而这就提供了一个出色的例证，说明这样一条普通的准则，就是，在同一个鸟群之内，不同的鸟属鸟种的雄鸟之间的差别要比雌鸟之间的大得多。在这个属的第二个蜂鸟种（乙 235），雄鸟也是雪白的，只是在腮下和眼睛周围各有一片不长羽毛的皮肤，而这些，一到繁育季节，都作美好的绿色。在第三个种（乙 236），雄鸟只头部和颈部是白色的，其余作栗壳般的棕色，此外又有一个特点，就是，备有三根线缕状的突出，一根从喙的底部伸出，两根在嘴的两角，左右各一，各有身体的一半长。[75]

鸟类成年雄鸟的羽毛和某些装饰物，有的是终身的，有的每年到夏季和繁育季节要更新一次。在这同一个季节里，喙和颈部不生羽毛的皮肤往往要变换颜色，有几种鹭、红鹤、鸥鸟、刚才说过的那一个种的钟声鸟，等等，就是如此。红鹤原是白的，但到此季节，两颊、可以鼓气的腮下的光皮肤、和喙的底部都变作朱红色，[76]因此就有了“朱鹭”或“红鹤”之称。有一个皃翁种（rail，即乙 427），在这个时期里，雄鸟的头上会长出一个红色的大肉瘤来。在鹈鹕的一个种，红喙鹈鹕（乙 733），喙上会长出一个瘦削的角质的峰状突出来，情况与此相类，因为，繁育季节过后，这种突出就脱落了，与牡鹿头上的双角的脱落无异，而在美国内华达州的一个湖泊中的一个小岛之上，滩头水际，满地可以找到这种角质的遗蜕。[77]

羽毛颜色的季节性的改变是有一定的依据的：第一，有关的鸟种有一年换毛两次的特性；第二，羽毛本身要真正地改变为另一种颜色；而第三，颜色呆板的羽边要按季节定期地脱落；或者，所依据的是这三个过程的不同程度的结合。脱换性羽边的脱落是可以和很小的雏鸟脱换它们的茸毛相比的，因为，就大多数例子说，茸毛原是从第一次的真羽的顶尖首先冒出体外而构成的。[78]

关于每年换毛两次的一些鸟类，可以分好几部分来说。第一，有些鸟群，如普通的几种鹬(snipe)、一些千鸟种(swallow-plover，属乙 449)和各种麻鹬(curlew)，雌雄鸟彼此相像，而羽毛虽换，羽色则终年不变。我不知道是不是冬羽比夏羽要厚些暖些，但看来一年所以要第二度换毛的目的大概是为了保温，所以只换毛而不换色。第二，有些鸟群，如某几个种的鹬(属乙 953)以及其他的一些涉禽(乙 455)，雌雄鸟也彼此相似，但冬夏两羽在颜色上略有不同。不过不同的程度实在太小，很难说对它们有什么好处；也许只是因为冬夏两季的气候条件有所不同，对生活在其间的这一部分鸟类起了些直接的作用而已。第三，在另一部分的鸟类，雌雄鸟也彼此相似，而冬夏两季的羽毛却前后大不相同。第四，在又一些鸟种，雌雄鸟的颜色彼此不同；但雌鸟，尽管也换毛两次，颜色却终年不变，而雄鸟则冬夏羽的颜色不同，而且有的相差很大，例如有几个种的鸨(bustard)。最后，第五，在又一些鸟种，雌雄鸟的冬夏两季羽毛都不相同，但雄鸟，每到换羽的季节，所经历的变化，在分量上要比雌鸟更为大些——在这方面，流苏鹬(乙 590)就是一个很好的例子。

至于冬夏两季羽毛为什么要有不同的颜色，缘故何在，目的何在，我们可以说，就有些鸟种而言，是要在两季之中都起些掩护的作用，例如木松鸡(ptarmigan)。[79] 如果两季的羽色差别很小，那也

许只是为了适应不同季节的生活条件的不同而已，上文已经说到过了。不过就许多鸟种而论，夏羽是为了装饰的目的，这一点，即使雌雄鸟的色泽相似，也几乎是可以无疑的。对于许多种的苍鹭(heron)、白鹭(egret)，等等，我们可以作出如上的结论，因为它们只是在繁育季节里才取得它们美丽的羽毛。还可以指出，这种羽毛，以及顶结等等，尽管雌雄鸟都具备，雄鸟的，在某些例子里，要比雌鸟的略为发达一些，而和其他光是雄鸟具备这一类的羽毛和装饰物的一些鸟种相似。我们也知道，禁锢或笼居的生活，由于影响到了雄鸟的生殖系统方面的正常的功能，时常对一些第二性征的发展起些限制性的作用，而对于其他方面的特征，则并没有直接或紧跟着的影响。而据巴特勒特先生告诉我，在动物园里的一个鹬种(knot，即乙 962)中，有八、九只雄鸟没有换毛，全年保持着朴素的冬羽。从这样一个事实，我们可以推论，夏季的羽毛，尽管雌雄鸟都换上，实际上具有别的鸟种只限于雄鸟才有的羽毛的那种性质，它是一个雄性的特征。[80]

根据上列的种种事例，特别是根据如下的几点观察：一，某些鸟种的雌雄鸟，在每年两度换毛的任何一度里，都不变色，或虽变而差别极小，说不上有什么用处；二，另一些鸟种的雌鸟虽也照例换羽两次，羽色却无改变，终年如一——我们可以得出结论，认为一年换毛两次这一习性之所以取得，其原因不在于使雄鸟得以借此机会好在繁育季节里换上一套装饰性的装束，至少原先的目的不在于此，而是别有所在，但到了后来，在某些鸟种里，这一习性被很现成地利用上了，利用来为雄鸟重新装束一番，于是夏季羽毛才成为“结缡”之用的羽毛(nuptial plumage)。

在关系很为近密的若干种之中，有的一年换两次羽，有的只换一次，各按各的规矩办事，这一点，乍然看去，也不免有些奇怪。例如，上面说到的那一种木松鸡(ptarmigan)一年就换两次羽，甚至三次，而另一种松鸡(black-cock)的雄鸟却只换一次；又如在印度的吸蜜鸟(honey-sucker，属乙 651)里，有几个颜色很华丽的种，和颜色晦暗的木鹨(pipit，属乙 57)的几个亚属，都是一年换毛两次的，其他和它们分别有关系的种或属则一年只有一次。[81]不过许多不同鸟种在换毛的方式方面也表现一些渐进的程度上的差别，这种等差的现象向我们说明了这样的一点，就是，许多鸟种，乃至不止一个的整个的鸟群，即鸟科或鸟属，原先有可能都取到过一年换毛两度的习性，但有的后来得而复失，回到了一年一度。就某几个鸨种和千鸟种(plover)来说，春天的那一次脱换是极其不完全的，有些羽毛是换上了新的，而另一些只是换上了新的颜色罢了。我们也有理由相信，在某几个鸨和类似秧鸡的鸟种，尽管正常的习性是一年换毛两次，而有些上了年岁的雄鸟却把“结缡”的羽毛保持了下来，经冬不换。在有些鸟种里，一到春季，只是添上少数几根高度变化了的羽毛，例如在印度称为“多隆哥”(drongo，属乙 112)的某几个类似伯劳的燕雀类鸟种就添上几根末梢带有圆盘的羽毛，又如某几种苍鹭则在背上、脖子上、顶冠中添上几根特长的羽毛。很有可能，通过诸如此类的步骤，春季的那一次换毛才变得越来越齐全，终于成为一次完整的脱换，而使一年一次的换毛变成了两次。有几种风鸟或天堂鸟也把“结缡”羽毛经年地维持了下来，因此一年也只有一次换毛；有些风鸟种则在繁殖季节过去之后立即卸下这套羽毛，因而一年就有了两次；而更有一些风鸟种则今年

这样卸了，而明年却不卸，乃至历年都不卸，因此，就成为上面两派之间的一个中间派。再如在一年换毛两次的许多鸟种，每次换毛之后，把新毛保持下来的时间久暂也大有差别，对两次中的一次可能维持上一整年，而对另一次则不久便完全被放弃。例如，流苏鹬（乙 590）春天的颈圈毛，即所谓流苏，只保持两个月，还很勉强。在非洲纳塔尔（Natal）的寡妇鸟（widon-bird，即乙 240）的雄鸟在每年十二月或一月间取得他的美好的羽毛和特长的一些尾羽，但一到三月就脱落了，只保持了大约三个月。大多数一年两度换毛的鸟种对此种装饰用的羽毛大抵能保持约六个月。但野生的原鸡（乙 433）的公鸡保持他的颈部的刚毛或梳齿毛，要到九个或十个月之久。而当这种毛脱落的时候，衬在它们底下的颈部的黑色羽毛就全部暴露了出来。但在家鸡的公鸡，亦即这种原鸡的远裔，颈部的旧的梳齿毛一脱落，便立刻有新的起而代替；因此，我们在这里看到，在一个从野生变为家养的鸟种里，在家养之后，就全身羽毛的一部分而言，原先的两度换毛又变成了一度。[82]

大家熟悉，普通的鸭（乙 32）的公鸭，一过繁育季节，就把他的雄性的羽毛卸了，而换上和母鸭同样的羽毛，如是者约有三个月。雄的针尾凫（pintail，即乙 31）只卸六个星期到两个月，比公鸭时间更短；因此芒塔古（甲 470）说，“在这样一个短短的期间里就来个第二度换毛真是太超出常理之外了，这是对人们一切理解能力的一个挑战。”但在相信物种的变化是循序渐进的人，当发现诸如此类的大小、高低、久暂的级别或层次时，却丝毫不感觉到奇怪。如果雄的针尾凫对新的羽毛的取得比实际情况更快一些的话，即等不到上面所说的六个星期到两个月的话，则一些新出的雄性羽毛几乎不可避免要和一些还来不及脱落的旧的雄性羽毛相混，而两者也不免与同于雌性而正常也是属于雌性的一些羽毛穿插并存，而这恰好是同这种凫关系并不疏远的另一种凫的情况，就是，秋沙鸭属中的海鸥（乙 612）的情况；因为，据有人说，这种鸭的公鸭“要经历一番毛上的变迁，而在此变迁期间，他们在一定程度上就和母鸭的色态相似”。如果把这样一个过程再稍稍加快一些，所谓的两度换毛就不成其为两度了。[83]

上文说过，有些鸟种的雄鸟的羽毛，到了春天，会变得鲜美，并不是由于一次春季换毛，而是，或则由于一批旧的羽毛转变了颜色，而颜色真的可以转变，或则由于有季节脱落性而颜色晦暗的一些羽边到此便脱落了。通过这些过程而造成的改变所能维持的时期长短不一。在鹈鹕（乙 734），到了春天，全身是一种粉红色，胸口撒上一些柠檬一般的鲜黄色的斑记，很是美丽；但这些色彩据斯克雷特尔先生说，“维持得并不久，一般在充分发展出来之后约六个星期到两个月，就消失了。”某几种碛鹨（finch），到了春天，会把一些羽毛的羽边卸掉，从而使颜色变得大为鲜美，而另一些碛鹨种则不经历这样一个改变。例如其中的美国的一个种（乙 422）乃至其他许多北美洲的碛鹨种或雀科的鸟种，要在冬天过去之后才表现它们的鲜美的羽色，而在习性上恰恰可以代表这一类鸟的我们欧洲的金翅雀（goldfinch）和我们这里的在结构上更能代表它们的金雀、却不经历这样的一年一度的改变。但在关系相近的鸟种之间，这一类在羽毛上的差别是并不奇怪的，因为在和这些鸟种属于同一个科的普通的红雀（linnet），其在英格兰，前额和胸口的朱红色一直要到夏天才显示出来，而在马德伊拉[9] 的红雀，这种颜色是

终年不变的。[84]

雄鸟以羽毛相炫耀。——一切种类的装饰物品，无论是长期性的或暂时取得的，都被雄鸟富有诱惑力地用来向雌鸟进行刺激、引逗和施展魅力。但有的时候，虽无雌鸟在场，雄鸟也会炫耀他们的装饰物品和手法，例如在"巴尔兹"场合上的松鸡，就不一定总是在雌鸟面前夸耀，在雄孔雀中间也可以看到这种情况；但在孔雀，他显然是要向别的某一种观众显美一番，而据我所不止一次看到的而言，这种观众中有家禽，甚至有猪。[85]凡是细心留意到鸟类习性的自然学家，无论所留意的是自然状态中的鸟类，或人工饲养下的鸟类，表示了完全一致的意见，认为雄鸟在自炫其美之中自寻乐趣。奥杜朋时常说到，雄鸟总是千方百计地向雌鸟进行诱引。古耳德先生，在描写一只雄的蜂鸟的一些特点之后说，他认为没有问题的是，这只雄鸟有本领把这些特点向雌鸟展示得一清二楚，而捞到最大的好处。杰尔登博士[86]也坚持说，雄鸟的美丽的羽毛"是用来魅惑和吸引雌鸟的。"巴特勒特先生，有一次在动物园现场，用最为坚强有力的词句向我表示有同样的意思。

在印度的丛林里，如果人们能"突然碰上二十只或三十只孔雀，看到其中的雄的正在雌的面前炫耀着他们的壮丽的长尾巴和踱着方步走来走去，容丰鬌盛，趾高气扬，而作壁上观的雌的也踌躇满志"——那真是一个令人叫绝的壮观。野生的吐绶鸡的公鸡直挺着他的闪闪发光的羽毛，广张着他的色彩缤纷和条纹重叠的尾羽和翼羽，尽管在我们人的眼光里不无几分古怪的感觉，也是奇丽可观。关于各种松鸡在这一方面大致相类的一些事例，我们在

上文已经介绍过了。如今转到另一个目的鸟类。石头鸡属的一个

图 50　石头鸡的一个种(乙 842),雄鸟(据沃德所绘图)

种(乙 842)的雄鸟(图 50)是世界上最美丽的禽鸟之一,全身作鲜艳的橙黄色,而一部分的羽毛则很奇特地截去了末梢而作线缕状。雌鸟则绿色中带些棕色,又夹杂着一些红晕,羽冠要比雄鸟小得多。商姆柏尔克(甲 585)爵士曾经描写过这种鸟的求爱活动;他发现了它们的聚会场所的一个,在场的有十只雄鸟和两只雌鸟。这场合的直径有五英尺长,场上一根草都没有,像经人工平整过似的。雄鸟中的一只"正在蹦蹦跳跳的表演,若干只别的鸟观看着,显得有些欣赏之意。接着,他时而张开两翼、抛头向上,或扇子般

地展开尾羽，时而大踏步地走来走去，步履之中带有轮番地一足跳的姿势，显得疲乏了，咯咯地唱上几声，然后由另一只雄鸟把他换下。如是者我看到了三只雄鸟，先后上场，先后自鸣得意地退场休息。”当地的印度人，为了剥取它们带毛的皮张，先在这种场合附近躲着，等它们跳舞正酣，忘其所以之际，便用毒箭把它们射死，一箭一只，一次可得四五只。[87]就风鸟或天堂鸟来说，十二只或更多只数的羽毛丰满的雄鸟聚集在一棵树上来举行一次“跳舞会”，而这正是当地居民用来称呼这种聚会的名字；在这里，他们飞来飞去，高举他们的双翼，鼓起他们的精美的羽毛，使它们不停地颤动，而霎时间，像沃勒斯先生所说的那样，整棵的树上像是长满了飞舞着的羽毛似的。在这个时候，他们，是这样地忙于所事，这样地全神贯注，一个高明的箭手几乎可以把与会的全部成员射下来。这些鸟在马来群岛被人饲养的情况下据说也很爱惜他们的羽毛，收拾得很干净，往往把它铺开来，检查一番，剔除任何不洁之点。有一位饲养着好几对这种鸟的观察家也认为雄鸟的显美是意在取悦于雌鸟无疑。[88]

锦鸡（gold pheasant）与阿姆赫斯特雉（Amherst pheasant），在进行求爱的时候，不但要把华丽的羽毛展开、竖起，并且，我自己曾经亲眼看到，要把它们特地斜斜地扭向雌鸟所站的一方，雌鸟在左，就扭向左，雌鸟在右，就扭向右，目的显然是要让她看到各根羽毛所合成的更大的平面，让她看个饱。[89]他们也多少要把美丽的真尾羽和覆尾羽扭向雌鸟的一方。巴特勒特先生曾经观察到一只雄的孔雀雉（乙790，图51）正在进行求爱，后来又向我出示这种鸟在求爱姿态中的一具标本。这鸟的尾羽和翼羽上都饰有美丽的眼斑纹，

图 51　孔雀雉的一个种(乙 791),雄雌(据沃德所绘图)

和雄孔雀尾羽上的相近似。我们知道,在雄孔雀,当他“开屏”的时候,全部尾羽通过展开与竖直而构成的屏风,对全身的直线来说,是横截的,因为他是正对着雌鸟而立的,他同时有必要显示他颈部与胸部的浓厚的蓝色之美,非正立不可。而在孔雀雉则情况不同,他胸部的颜色很晦暗,并不漂亮,而眼斑纹的分布又不限于尾羽。

因此，他不面对雌雉，而是稍稍侧向一边地站着，张开而竖直的尾羽也略微偏向一边，同时，把靠近雌鸟一边的翅膀压低一些，而把另一翅膀高高举起。在这样一个姿势之下，全身所有的眼斑纹就可以在雌鸟眼前全部同时暴露出来，像大幅洒金或洒花的织锦似的，让正在观赏的雌鸟看一个满意。雌鸟有所转动，雄鸟就带着张开的翅膀和斜竖的尾巴跟着转动，总是向着她，让她尽量地看。牧羊神雉（Tragopan）的雄雉的行径与此大同小异，所不同的是，在离开雌雉远些的那边，他不是把翅膀举起，而只是把翅膀上的羽毛竖起，使不被另一翅膀所遮掩，这样，他也就可以把几乎是全部的有斑点的羽毛的美好色相同时展览出来。

百眼雉（Argus pheasant）所提供的情况要比刚才这些更值得注目得多。只雄雉的翼上具有发展得特别巨大的次列拨风羽；每一根这种羽毛饰有一连串的眼斑纹，二十个到二十三个不等，每一个的直径要在一英寸以上。这些羽毛上又有些旁行斜下的长条纹和一串串的斑点，都作灰黑色，看去也漂亮，兼具虎豹皮上的斑纹之美。这些美丽的饰品平时是掩盖起来的，要到他在雌雉面前夸耀时才展示出来。到此，他一面竖起尾羽，一面张开翼羽，张成圆圆的、几乎是垂直的一大片，像一柄又大又圆的掌扇，或一具盾牌，而尽量地伸向身体的前方。颈和头则侧向一边，反为广张而向前伸展的扇形的翅膀所遮掩；但为了可以看到他的对象，即那只正在观赏他的展览的雌鸟，他有时候把头在两根长的翼羽之间钻将出来（这是巴特勒特先生[10]，甲 38，所曾看到的），这一来，就使整个的姿态见得很有几分古怪。在自然状态之下，这种“穴隙相窥”的办法一定已经经常到成为一个习性的地步，因为巴特勒特先生和

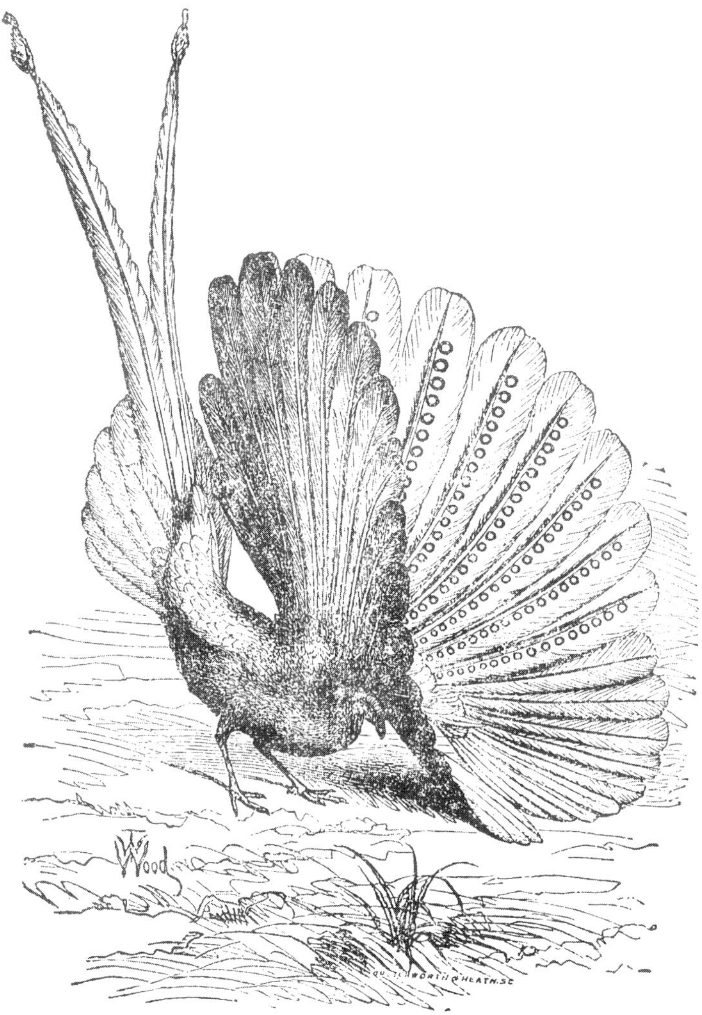

图 52　百眼雉雄雉的侧面图，示正在向雌雉显美
（据沃德（甲 716）先生的现场观察和写生）

他的儿子曾经检看过从东方运来的一批这种鸟的皮张，都很完整，但发见有两根翼羽的某一部分总有些擦伤，像是雄雉的头时常在这里穿过似的。但沃德先生认为，雄鸟也可以把头伸得长些，超过掌扇的边缘，来偷看雌雉。

翼羽上的眼斑纹是些奇绝的东西；因为描影之美使观者取得一个立体的形象，而这立体的形象则有如阿尔吉耳公爵所说的那样是个稍稍脱开的球臼形大关节。[90]我曾在伦敦博物馆观看这种雉的一个标本，两翼是左右张开的，但有些下垂，我当时很失望，因为所看到的一些眼斑纹所给我的印象是平面的，甚至是往下面凹的。但古耳德先生一下子就为我解决了问题，他把那些翼羽支了起来，像此鸟生前在显美时所要安放的部位那样；这一来就行了，在从上面下来的光线的照射之下，每一个眼斑纹就立刻鼓了起来，真像所称的球和臼配成的一个图案。这种羽毛也曾向好几个艺术家出示过，大家都对眼斑纹的描影的惟妙惟肖，无懈可击，表示赞赏。有人很可能问，难道这一类的描影描得极美的图案或花样之所以形成也是通过了性选择的手段的么？但我们暂时保留对这个问题的答复，留待我们在下面紧接着的一章里把进化分级或分层次的原理弄清楚了之后，因为这样做有它的便利。

上面的讨论所关涉到的只是翅膀上的那些次列拨风羽，但在大多数鹑鸡类鸟种里总是一色的初列拨风羽，一到百眼雉，却和次列羽同样的奇妙。这种羽以一种柔和的棕色作底，加上许许多多的灰暗的圆斑，每个圆斑，细看起来，是以两三粒小黑点为中心和一个墨蓝色的外环构成的。但羽面上的有主要装饰意义的部分是和深蓝色的羽干并行的左右两长条平面，和羽面的其他部分截然划分，看去完全像是羽中有羽、大羽上叠小羽似的。这在内的小羽作一种浅栗色，上面密布着白色的微点。我曾经向一些人出示这样的一根羽毛，其中好几个都赞美不止，甚至认为比饰有球臼形眼斑纹的羽毛更要美些，并且宣称，它不像自然的产品，而像艺术的创获。如今值得注意的是，这些羽毛，在平时，是掩盖得看不见的，〔要到繁育季节，或在其他特殊的情况下〕才同比它们更长的次列拨风羽一道，充分地展示出来，即全部铺张开来，而形成上面所说的大圆掌扇或盾牌。

百眼雉雄雉的例子最是趣味盎然，因为它提供了一个良好的物证，说明一些极为精致的东西也可以取来作为性的禁方媚药之用，而此外更不作别用。次列拨风羽和初列拨风羽，既然要在雄鸟进行求爱而摆出求爱的架势之下才展示出来，其他时候不是这样的，而球臼的盛饰也既然要在这光景之下才和盘托出，不留余韵，我们就不得不得出这样一个结论来了。百眼雉的颜色不能算鲜艳夺目，他在恋爱中的成功所依靠的不在此，而在羽毛的宏伟和本来已经十分漂亮的花样变得越来越细致。许多人不免要说，一只雌鸟有能力领会这样幽美的描影和精细的花样，实在令人不能相信。不错，她竟然会有这种赏鉴的能力，几乎和人类的不相上下，无疑地是件奇事。一个自以为可以轻易而有把握地把低于人的动物的辨别力和鉴赏力衡量一番的人不妨否认百眼雉的雌雉会有这种细密的审美能力；但这样一来，他就得承认，雄雉在求爱的过程中所摆出的架势、所表现的姿态，和在这种架势与姿态之中所充分显示的羽毛之美，尽管奇异非常、出人意料，却是无的放矢，毫无用处；对这样一个结论，不说别人，至少我是再也无法接受的。

尽管有这么多的雉种和关系相近的其他鹑鸡类的鸟种会在雌鸟面前这样细到地显示他们的羽毛，可异的是，据巴特勒特先生告诉我，颜色呆板的耳雉(eared pheasant，即乙 295)和瓦氏雉(cheer pheasant，即乙 756)的情况就不是如此，并且颜色呆板到一个地

步，连这两种雉自己也似乎意识到他们没有多大的美可以夸示。巴特勒特先生观察到耳雉的机会比较多而好些，而看到瓦氏雉的机会比较差些，但他从来没有看到这两种雉的雄雉相互斗争过。介·威尔先生也发现，凡是羽毛美丽或有其他显著的特点的雄鸟爱彼此打架，而属于同一鸟群的一些颜色呆板的鸟种则差些，不那么爱争吵。例如金翅雀(goldfinch)比红雀(linnet)远为爱斗得多；而山乌(black-bird)和鸫(thrush)之间也有同样的差别。凡是经春换毛的鸟种，一面既打扮得十分漂亮，而一面，在这季节里，也变得比平时爱打架得多。不错的，有些颜色呆板的鸟种的雄鸟也未尝不爱斗，而且斗得很凶，但总的看来，如果性选择曾经发挥过深厚的影响，而使任何鸟种的雄鸟取得了鲜艳的颜色，它似乎同时也会使这个鸟种取得一种强有力的好斗的倾向。前面我们处理到哺乳类动物的时候，我们在这方面将要碰到一些几乎完全可以相比的例子。在另一方面，在同一个鸟种之中，雄鸟既能歌唱而又擅羽毛之美的例子是极为少见的。但即使两美兼具，锦上添花，所赢得的好处也还是一样的，就是，无非是把雌鸟诱引而争取到手罢了。尽管如此，我们得承认，也还有若干个鸟种的雄鸟，一面羽毛既已很美，而一面又让他们的一部分羽毛发生了特殊的变化，使适合于奏出器乐之用。尽管这类器乐之美，至少在我们人的耳朵听来，不能和其他许多鸟种的雄鸟歌手所唱出的声乐相比，却总还构成一些说得上声容并茂、两美兼具的例子。

我们现在转到另一些鸟种，它们虽不很讲究打扮，在求爱过程中却也还能把一些有吸引力的东西抬出来，有什么就抬什么。从某些方面看，这些例子比上面所说的要见得更为奇特，但历来很少受人注意。介·威尔先生一向饲养着许多鸟种，其中包括不列颠产的所有的雀科(乙 423)和鸦科(乙 376)在内，下列的一些例子都是从他那里来的，我为此向他表示我的谢意。他惠然借给我大量宝贵的笔记，下面的种种事实就是从中选取出来的。照莺(bullfinch)求爱，是直截了当地在雌鸟前面进行的，他鼓起胸膛，让平时瞧不见的更多的绯红色的羽毛可以同时暴露出来。一面他又把他的黑色尾巴扭来扭去，时而左，时而右，一边扭，一边上下弯弯地扇动作打躬状，姿态古怪，令人发笑。糠磧鹨(chaffinch)的雄鸟也直接站在雌鸟面前，让雌鸟可以清楚地看到他的大红的胸膛和所谓“兰铃”，也就是他的头，“兰铃”是玩鸟的人的行话。同时他把翅膀略略张开，使两肩的白板纹可以更好地显示出来。普通的红雀(linnet)也挺起粉红色的胸膛，稍稍舒展棕色的翅膀和尾巴，让它们的白色的边缘可以显露，从而使雌鸟领略到翼尾两部分的美的全貌。但我们在这里必须小心，不要以为雄鸟舒展双翼的目的光是为了显美，因为有些鸟种的雄鸟，两翼虽不美，却也照样舒展。家鸡的公鸡就是这样一个例子，但他所舒展的一贯地是不朝向母鸡那一边的那只翅膀，并且同时又要用它来刮擦地面做声。雄的金翅雀(gold finch)的行径同其他雀类的都不一样；他的翅膀是很美的，两肩作黑色，拨风羽的灰暗的羽梢上有许多白点，而羽边则镶上一圈金黄色。当他向雌鸟求爱之际，先则身体左右摇晃或摆动，然后带着他舒展得不很开的两翅，一会儿转向左，一会儿转向右，而转动得极为敏捷，看去像一道道金光闪来闪去似的。介·威尔先生对我说，在不列颠产的雀类中，没有第二种雀在求爱时会这样地左右转动，即便在分类关系和这种雀很为近密的金雀(siskin)的

雄雀也不这样，因为这样做对他的美并不能有所增加。

大多数不列颠产的颊白鸟类或鹀类（bunting，即乙 376）的鸟种都是很素色的；但到了春天，白领鹀（reed-bunting，即乙 375）的雄鸟的头羽，由于灰暗色的羽梢的剥落，呈现一种相当美好的黑色；到求爱时，这些头羽也会挺直起来。介·威尔先生也一向饲养着从澳洲来的一个纺织鸟属（乙 22）的两个种：其中的一个（乙 24），躯体很小，颜色素静，尾部灰暗，但尾梢作白色，而上层的覆羽则其黑如墨，但每一根上有三个椭圆的大白斑，很显著。[91] 这种鸟向雌鸟求爱时，稍稍展开而不停地颤动这几根颜色斑驳的覆羽，颤动得很奇特。另一个种（乙 23）的雄鸟的行径与此很不相同，向雌鸟展示的是他的艳丽而有斑点的胸部、猩红的尾梢和猩红的上层覆羽。我在这里不妨补充一些我从杰尔登博士那里听来的关于印度夜莺或鹎的一个种（bulbul，即乙 811）的资料。这种夜莺的下层覆羽是绯红色的，但既在下层，我们设想起来，要展示得很好，是不可能的；但事实并不如此，“在激动的情况下，雄的夜莺往往把这些羽毛从横里舒展得很开，即便从上面往下看也可以看到。”[92] 在其他一些鸟种，绯红色的下层覆尾羽无须特别显示，也可以看见，例如啄木鸟中的有一个种称赤鴷（乙 765）。普通的鸽子的胸部的羽毛是能发出虹彩的，谁都一定看到过，当公鸽向母鸽调情的时候，他是怎样地鼓起胸膛，使这种光彩得以十足地显示出来。澳洲有几种两翼作青铜色的鸽子，其中的一个（乙 660）的行径，据赫·威尔先生向我描绘，是很不相同的：公鸽在母鸽面前站着，头低垂得几乎碰上地面，尾巴高举，尾羽张开，而两翼则半展半敛。然后他缓缓地把躯体时而抬高，时而压低，为的是让能发虹彩或金属光彩

的羽毛都得以尽情呈露，一览无余，而在阳光的照射下，更显得灿烂动人。

我们已经提出了足够的事例来指称，雄鸟在显示和施展他们各式各样诱致雌鸟的色相或手法时，是何等地细心缜密，又是何等地富有才能和技巧。当他们用喙整理自己羽毛的时候，他们经常有机会，一面自我欣赏，一面考虑怎样才可以把自己的色相最好地宣示出来。但属于同一个鸟种的雄鸟既然用完全同样的方式来夸耀他们的色相，看来这一套夸耀的动作，尽管起初也许是有意识的，或需要用些心机的，却终于成为本能的一部分。果真如此，我们就不应该用自觉的虚荣心这一类的罪名来指控他们。这是对的，但当我们目睹一只雄孔雀趾高气扬踱来踱去，高张着尾羽，每一根还要不停地颤动，我们却又不禁想到，如果骄傲和浮夸能变成活的东西，这东西定是他。

雄鸟所具有的种种装饰手段，对他们自己来说，肯定地有着极度的得要性，因为，在有些例子里，为了取得这些手段，他们是付出了高昂的代价的，就是，这些手段成了负担，阻碍了飞翔，连累了行走。在非洲的夜鹰（属乙 285），平时的飞行是以高速度引人注目的，但一到交尾季节，翼上初列拨风羽中的一根特别发展起来，成为一面狭长的幡，大大地影响了他的飞行速度。在百眼雉的雄雉，翼上的那一排次列拨风羽发展得如此其“大而无当，难于挥动”，以至，有人说，“把他的飞行能力几乎是全部给抵消了。”天高风急，对各种天堂鸟的雄鸟来说，他们的美丽的羽毛也很是一个累赘。南非洲的寡妇鸟（widowbird，属乙 996）长得太长的尾羽使“他们的飞行有任重道远”之感，但一朝脱卸，他们就和雌鸟飞得一样地快。

鸟类繁育的季节也总是食物充盈的季节，雄鸟的飞行受到阻碍，从这方面来说，大概关系还不大，总还不至于挨饿；但在另一方面，行动的不便不免为猛禽鸷鸟创造机会，从而招来殃祸，这大概是可以肯定的。同样可以肯定的是，雄孔雀的长尾巴和百眼雉的长大的尾羽和翼羽也使他更容易成为当地的一种猛兽、虎纹野猫（tiger-cat）的窥伺、袭击、吞噬；装饰物的显眼，和它所增加的分量、牵扯，到此都成为祸根。即便在一般鸟种的雄鸟，鲜美的颜色已经是一个麻烦，就是，容易使他们暴露，成为各式各样的敌人的目标。因此，古耳德先生曾经说过，大概正是因为这种"冶容"的关系，这一类的雄鸟一般在性格上要比较地畏缩不前、深居简出，像是意识到了美貌是祸根这一点而有所自觉似的，因此，比起颜色朴素而性情比较驯良的雌鸟、或年轻而尚未取得盛装的雄鸟来，要更难发现、更难靠近。[93]

比此更为奇怪的是，有些鸟种的雄鸟，明明备有特殊的武器，可以战斗，也明明，在自然状态之下，很会战斗，甚至于会把同类中的其他对手杀死，而竟然也因其具备某些装饰物品之故，而吃亏受累。从事斗鸡的人惯于剪掉公鸡的刚毛或梳齿毛，割掉他的鸡冠、垂肉之类，经此一番手续，这鸡就被称为"受了封"（"dubbed"）[11]的鸡。一只没有受封的公鸡，据特格特迈尔先生说，并且说得很坚定，"是处在一个可怕的不利地位，鸡冠和垂肉都很容易成为敌方的利喙的把柄，被他咬住不放。而公鸡相斗，凡是一方被咬住的身体部分也就是受到攻击的部分，因此，一方一被咬住，就只好完全由对方摆布了。战斗终了，挨打的一方即便不死，凡是未经受封的公鸡所流的血要比受封过的多得多。"[94]年轻的公的吐绶鸡相斗，彼此总是试图咬住对方的垂肉；成年的公的吐绶鸡相斗，想来也是如此。也许有人会提出异议，认为鸡冠与垂肉根本不好看，不能作为装饰之用；这话怕不尽然，即便用我们人的眼光来看，西班牙鸡种的公鸡，在油然发出丝光的一身黑羽的美丽之上，再加白皙的脸庞和绯红的鸡冠，相映成趣，便越发见得漂亮；而无论何人，只要一次看到过牧羊神雉（Tragopan）的雄雉，在求爱活动中，如何把他的蓝色的垂肉鼓得又大又圆，光彩动人，便对于这一类结构的目的是在显美，而在雌鸟则为审美，就不可能有丝毫怀疑之处了。总之，从上文的种种事实，我们清楚地看到，雄鸟的羽毛和其他装饰，对他们来说，一定是万分重要，而我们又更进一步地看到，美这样东西有时候比战斗的胜利还要来得关系重大，割舍不得。

原　　注

① 见所著文，载《朱鹭》（丙 66），新第三卷，1867 年，页 414。

② 见古耳德，《澳洲鸟类手册》，1865 年，第二卷，页 383。

③ 见引于古耳德，《蜂鸟科〔乙 969〕引论》，1861 年，页 29。

④ 古耳德，同上引书，页 52。

⑤ 见汤姆森，《爱尔兰自然史：鸟类之部》，第二卷，1850 年，页 327。

⑥ 杰尔登，《印度的鸟类》，1863 年，第二卷，页 96。

⑦ 麦克吉利弗瑞，《不列颠鸟类史》，第四卷，1852 年，页 177—181。

⑧ 见商姆柏尔克爵士文，载《皇家地理学会会刊》（丙 85），第十三卷，1843 年，页 31。

⑨ 见所著《鸟类列传》，第一卷，页 191。关于鹈鹕和普通的鹬，见同书，第三卷，页 138、477。

⑩ 古耳德，《澳洲鸟类手册》，第一卷，页 395；又第二卷，页 383。

⑪ 见黑威特（甲 317）先生文，辑入特格特迈尔，《家畜书》，1866 年，页 137。

⑫ 见拉亚尔德文，载《自然史纪事与杂志》（丙 10），第十四卷，1854 年，页 63。

⑬ 杰尔登，《印度的鸟类》，第三卷，页 574。

⑭ 见勃瑞姆，《动物生活图说》（*Illust. Thierleben,*），1867 年，第四卷，页 351。但这一段里的有一些是劳伊德的话，见其所著《瑞典可供弋猎的鸟类……》，1867 年，页 79。

⑮　杰尔登,《印度的鸟类》:关于血雉(乙 520),见第三卷,页 523;关于鹧鸪鸡(乙 430),见同卷 541。

⑯　关于埃及鹅,麦克吉利弗瑞,《不列颠鸟类史》,第四卷,页 639。关于距翼鹅,见《利芬斯东游记》,页 254。至于所说的翼距秧鸡属,见勃瑞姆,《动物生活图说》,第四卷,页 740。关于此属秧鸡,亦见阿札腊,《南美洲水程记》,第四卷,1809 年,页 179、253。

⑰　关于我们的田凫,见卡尔(甲 138)先生文,载《陆与水》(丙 87),1868 年 8 月 8 日的一期,页 46。关于跳凫,见杰尔登,《印度的鸟类》,第三卷,页 647,和古耳德,《奥州鸟类手册》,第二卷,页 220。关于铠翼属,见阿楞(甲 10)先生文,载《朱鹭》(丙 66),第五卷,1863 年,页 156。

⑱　见奥杜朋,《鸟类列传》,第二卷,页 492;又第一卷,页 4—13。

⑲　见勃莱思文,《陆与水》,1867 年卷,页 212。

⑳　这里所说其他不同的鸟种包括:关于另一种松鸡,乙 934,见瑞查尔曾(甲 550),《北美动物志:鸟类之部》,1831 年,页 343。关于雷鸟和黑松鸡,见劳伊德,《瑞典可供弋猎的鸟类……》,1867 年,页 22、79。然勃瑞姆(《动物生活图说》,第四卷,页 352)说,在德国,雄的黑松鸡举行"巴尔兹"(参看第十四章译注 1——译者)时,灰色的雌的松鸡一般并不参加,这真是一个不符合常规的例外了;但雌鸟可能躲在四周的灌木丛里,从外面看不出来,我们知道在斯堪的纳维亚的这种灰色的雌松鸡,以及北美洲的其他鸟种的雌鸟就有这种情况。

㉑　《鸟类列传》,第二卷,页 275。

㉒　见勃瑞姆,《动物生活图说》,第四卷,1867 年,页 990。又奥杜朋,《鸟类列传》,第二卷,页 492。

㉓　所著文见《陆与水》,1868 年 7 月 25 日的一期,页 14。

㉔　奥杜朋,《鸟类列传》:关于松鸡,见第二卷,页 492;关于椋鸟,见同卷,页 219。

㉕　《鸟类列传》,第五卷,页 601。

㉖　见巴尔仑屯文,载《哲学学会会报》(丙 149),1773 年卷,页 252。

㉗　《鸟类学字典》,1833 年,页 475。

㉘　《笼养鸟类的自然史》(*Naturgeschichte der Stubenvögel*,),1840 年,页 4。赫·威尔先生同样写信给我说:——"有人告诉我,在同一个养鸟室里饲养的同一种鸟的雄鸟中,最善于歌唱的那几只一般总是先取得配偶。"

㉙　见巴尔仑屯文,载《哲学学会会报》,1773 年卷,页 263;及怀伊特,《塞尔保恩自然史……丛录》,1825 年,第一卷,页 246。

㉚　《笼养鸟类的自然史》,1840 年,页 252。

㉛　见博德(甲 79)先生文,载《动物学人》(丙 157),1843—1844 年合卷,页 659。

㉜　巴尔仑屯,《哲学学会会报》,1773 年,页 262。贝赫斯坦因,《笼养鸟类……》1840 年,页 4。

㉝　河鸫(water-ouzel)也有这种情况,见黑普柏尔恩(甲 315)文,载《动物学人》,1845—1846 年合卷,页 1068。

㉞　见劳伊德,《瑞典可供弋猎的鸟类》,1867年,页25。

㉟　巴尔仑屯,同上引文,页264。又贝赫斯坦因,同上引文,页5。

㊱　德迂茹提供了一个奇特的例子(《自然科学纪事刊》,丙9,第三组,动物学之部,第十卷,页118)说,在他的巴黎的园子里有几只野的山乌(black-bird)从一只笼鸟那里很自然地学到了一只共和国歌曲。

㊲　见阿·比肖普文,载托德(甲655)主编的《解剖学与生理学辞典》,第四卷,页1496。

㊳　此据巴尔仑屯同上引文中页262所说,非直接采自亨特尔。

㊴　古耳德,《澳洲鸟类手册》,第一卷,1865年,页308—310。又见沃德先生文,载《学者》(丙140),1870年4月,页125。

㊵　古耳德说过一些意义相同的话,见《蜂鸟科引论》,1861年,页22。

㊶　见克音(甲365)少校著,《行猎者与自然学者在加拿大》,1866年,页144—146。又沃德在同上引文(见注㊴,页116)中有一段出色的文字,叙到这种鸟的雄鸟在求爱活动期间的姿态和习性。他说,耳边的一撮毛或脖子两旁的羽毛会竖得很直,至于可以在头顶上相会,见他所画的插图,即图39。

㊷　瑞查曾,《北美洲动物志:鸟类之部》,1831年,页359。又奥杜朋,同上引书,第四卷,页507。

㊸　在这题目上,近年来有人写出过下列的几篇论文:牛顿(甲497)教授,载《朱鹭》(丙66),1862年卷,页107;克楞(甲171)博士,载同上刊物,1865年卷,页145;弗劳沃尔先生,载《动物学会会刊》(丙122),1865年卷,页747;默瑞博士,载与上同一刊物。1868年卷,页471。在这最后的一篇里,附有关于澳洲鸨种的雄鸟的插图一幅,画得极为出色,示他正在全盘展示的姿态之中,包括鼓满了气的皮囊在内。有些奇特的一点是,同属一个鸨种的雄鸟,此种皮囊不一定全部发达,有不发达的。

㊹　贝茨《自然学家在亚马孙河上》,1863年,第二卷,页284;又沃勒斯文,载《动物学会会刊》(丙122),1850年,页206。不久以前,有人发现了这一类鸟的一个新种,定名为领巾鸟(乙191),腮下的悬疣比文中所说的更要大些,见《朱鹭》,第一卷中所载文,页457。

㊺　阿·比肖普所写条,托德(甲655)编,《解剖学与生理学辞典》,第四卷,页1499。

㊻　牛顿(应是甲497)教授文,《动物学会会刊》(丙122),1871年卷,页651。

㊼　蓖鹭(spoonbill,属乙779)的气管是弯曲及打转成为"8"形的,然而这种鸟(见杰尔登,《印度的鸟类》,第三卷,页763)是个哑巴;但勃莱思先生告诉我,这种弯曲得打转的情况并不经常存在,看来如今正趋向于作为一种畸形状态而受到淘汰。

㊽　见伐赫奈尔,《比较解剖学精要》,英译本,1845年,页111。在此以前所谈到的野生的天鹅,则见亚瑞耳,《不列颠鸟类史》,第二版,1845年,第三卷,页193。

㊾　这是博纳帕尔特(甲83)所说,见引于《自然学者文库:鸟类之部》,第十四卷,页126。

㊿　劳伊德,《瑞典可供弋猎的鸟类》,1867年,页22、81。

⑤① 靳纳尔文，载《哲学学会会报》（丙 149），1824 年卷，页 20。

⑤② 就上面的许多事例总注一下。关于天堂鸟，见勃瑞姆，《动物生活图说》，第三卷，页 325。关于松鸡，见瑞查尔曾，《北美洲动物志：鸟类之部》，页 343、359；克音少校，《行猎的人……在加拿大》，1866 年，页 156；黑蒙德先生，见引于科克斯（甲 167）教授，《印第亚那州地质调查报告》，页 227；奥杜朋，《鸟类列传》，第一卷，页 216。关于"卡立奇"雉，见杰尔登，《印度的鸟类》，第三卷，页 533。关于纺织鸟，见利芬斯东，《赞比西河（非洲东部，入印度洋——译者）探险记》，1865 年，页 425。关于啄木鸟，见麦克吉利弗瑞，《不列颠鸟类史》，第三卷，1840 年，页 84、88、89、95。关于戴胜，见斯温霍先生文，载《动物学会会刊》（丙 122），1863 年 6 月 23 日的一期，又见 1871 年卷，页 348。关于欧夜鹰，见奥杜朋，同上引书，第二卷，页 255，又《美国自然学人》（丙 8），1873 年卷，页 472。英格兰的欧夜鹰，一到春天，在快飞的时候也会发出怪声。

⑤③ 见米弗斯所写的那篇有趣的论文，载《动物学会会刊》（丙 122），1858 年卷，页 199。又见麦克吉利弗瑞，《不列颠鸟类史》，第四卷，页 371。关于威尔逊鹬，见勃雷基斯屯（甲 70）上尉文，载《朱鹭》（丙 66），第五卷，1863 年，页 131。

⑤④ 萨耳温文，载《动物学会会刊》（丙 122），1867 年卷，页 160。我很感激这位著名的鸟类学家，有关美国鹑鸡类的那个鸟种（乙 229）的羽毛的一些素描和其他资料都是他提供给我的。

⑤⑤ 杰尔登，《印度的鸟类》，第三卷，页 618、621。

⑤⑥ 古耳德，《蜂鸟科引论》，1861 年，页 49。又萨耳温文，《动物学会会刊》（丙 122），1867 年卷，页 160。

⑤⑦ 斯克雷特尔文，载《动物学会会刊》（丙 122），1860 年，页 90；又另一文，载《朱鹭》（丙 66），第四卷，1862 年，页 175。又萨耳温文，亦见《朱鹭》，1860 年卷，页 37。

⑤⑧ 《阿比西尼亚境内尼罗河的诸支流》，1867 年，页 203。

⑤⑨ 关于鹧鸪与鹧鸪舞，见瑞查尔曾，《北美洲动物志〔鸟类之部〕》，页 361；勃雷基斯屯上尉在《朱鹭》，1863 年卷，页 125，所叙更详，可以参看。关于兀鹰和鹭，分见奥杜朋，《鸟类列传》，第二卷，页 51，与第三卷，页 89。关于白颈莺，见麦克吉利弗瑞，《不列颠鸟类史》，第二卷，页 354。关于孟加拉鸨，见杰尔登，《印度的鸟类》，第三卷，页 618。

⑥⓪ 见古耳德，《澳洲鸟类手册》，第一卷，页 444、449、455。绸光凉棚鸟所造的凉棚，在动物学会所附设的各个动物园和伦敦的摄政公园（Regent's Park）里都可以看到。

⑥① 参看希奥先生文，《动物对美的感觉》，载《学艺》（丙 28），1866 年 11 月 24 日的一期，页 681，文中有与此意义相同的一段议论。

⑥② 见默瑞博士附有彩色插图的一篇叙述，载《动物学会会刊》（丙 122），1872 年卷，页 730。

⑥③ 见芒太茹（甲 471）先生文，载《朱鹭》，第四卷，1862 年，页 339。

⑥④ 见《陆与水》，（丙 87），1868 年卷，页 217。

⑥⑤ 见所为文，《关于头颅上的隆起……》（*Ueber die Schädelhöcker*，），载《荷兰

动物学文库》(丙 103),第一卷,第二册,1872 年。

(66) 见文,《论鸟尾》,载同上刊物(见上注——译者),第一卷,第二册,1872 年。

(67) 贾尔丁(甲 349)辑,《自然学家文库:鸟类之部》,第十四卷,页 166。

(68) 见斯克雷特尔文,载《朱鹭》,第六卷,1864 年,页 114。又利芬斯东,《赞比西河探险记》,1865 年,页 66。

(69) 杰尔登,《印度的鸟类》,第三卷,页 620。

(70) 见所为文,《动物学会会刊》,(丙 122),1873 年卷,页 429。

(71) 见沃勒斯文,载《自然史纪事与杂志》(丙 10),第二十卷,1857 年,页 416;又同一作者,《马来群岛》,第二卷,1869 年,页 390。

(72) 参见我所著《家养动植物的变异》,第一卷,页 289、293。

(73) 引自拉弗瑞斯尼(甲 378)先生文,载《自然史纪事与杂志》(丙 10),第十三卷,1854 年,页 157;沃勒斯先生对此作过一番远为详尽的叙述,载同一刊物,第二十卷,1857 年,页 412,后来又纳入他所著的《马来群岛》一书中,也可以参看。

(74) 沃勒斯,《马来群岛》,第二卷 1869 年,页 405。

(75) 见斯克雷特尔文,载《理智的观察家》(丙 70),1867 年 1 月。又《沃特尔屯氏漫游录》,页 118。又萨耳温先生的有趣的论文,载《朱鹭》,1865 年卷,页 90,亦可参看。

(76) 见《陆与水》,1867 年卷,页 394。

(77) 见埃利厄特先生文,载《动物学会会刊》(丙 122),1869 年卷,页 589。

(78) 见斯克雷特尔编,《尼茨(甲 503)氏羽域志(pterylography)》,瑞社(Ray Society)版,1867 年,页 14。("羽域",指鸟类皮上生长羽毛的区域,英语为 pteryla;"pterylography"不见于普通辞书,应是由 pteryla 与 graphy 缀合而成。"瑞社"是一个出版地质学、动物学、植物学,即当时总称为"自然史"的专门著作的组织,成立于 1844 年。——译者。)

(79) 这些松鸡的带棕色的麻栗色的夏羽,作为一种保护色,是和它们的白色的冬羽同样的重要;因为,在斯堪的纳维亚,一到春天,在冬雪消融之后,而在它们取得夏装之前,这种松鸡要在猛禽的袭击下吃到大亏,见劳伊德,《瑞典可供弋猎的鸟类》(1867 年,页 125)引腊埃特(甲 722)的话。

(80) 关于换毛这一段讨论的参考书文,合并注明如下:关于普通的鹬类,等等,见麦克吉利弗瑞,《不列颠鸟类史》,第四卷,页 371。关于千鸟的一属,麻鹬和鸨,见杰尔登,《印度的鸟类》,第三卷,页 615、630、683。关于冬夏羽分别不大的几种鹬,同上杰尔登书、卷,页 700。关于苍鹭的羽毛,亦见同书、卷,页 738,和麦克吉利弗瑞书,第四卷,页 435、444;又见阿楞先生文,载《朱鹭》,第五卷,1863 年,页 33。

(81) 关于前一种松鸡的换毛,见古耳德,《大不列颠的鸟类》。关于吸蜜鸟,见杰尔登,《印度的鸟类》,第一卷,页 359、365、369。关于木鹨的换毛,见勃莱思文,载《朱鹭》,1867 年卷,页 32。

(82) 关于这一段讨论里所说到的局部换毛和老年雄鸟保持他们的"结缡"羽毛的话,见杰尔登论鸨和千鸟,《印度的鸟类》,第三卷,页 617、637、709、711。又见勃莱思文,载《陆与水》,1867 年卷,页 84。关于风鸟的换毛,见马尔歇耳博士文,载《荷兰……

文库》(丙 103),第六卷,1871 年。关于寡妇鸟(乙 996),见《朱鹭》,第三卷,1861 年,页 133。关于"多隆哥"伯劳(drongo-shrike),见杰尔登,同上引书,第一卷,页 435。关于鹭的一种(乙 475),见阿楞先生文,载《朱鹭》,1863 年卷,页 33(此条正文中似未见——译者)。关于原鸡,见勃莱思文,载《自然史纪事与杂志》(丙 10),第一卷,1848 年,页 455;关于同一题目,亦见我的《家养动植物的变异》,第一卷,页 236。

㊃ 见麦克吉利弗瑞,《不列颠鸟类史》(第五卷,页 34、70、223)论鸭科的换毛,其中有援引沃特尔屯和芒塔古的话。亦见亚瑞耳,《不列颠鸟类史》,第三卷,页 243。

㊄ 关于鹈鹕,见斯克雷特尔文,载《动物学会会刊》(丙 122),1868 年卷,页 265。关于北美洲的各个碛鹬种,见奥杜朋,《鸟类列传》,第一卷,页 174、221,与杰尔登,《印度的鸟类》,第二卷,页 383。关于马德伊拉岛的红雀(乙 417),见哈尔科尔特(甲 296)先生文,载《朱鹭》,第五卷,1863 年,页 230。

㊅ 参看迪克森(甲 195)牧师所著书,《供玩赏的家禽》,1848 年,页 8。

㊆ 《印度的鸟类》,绪论,第一卷,序,页 24;关于孔雀,见同书,第三卷,页 507。古耳德的话,见《蜂鸟科引论》,1861 年,页 15、111。

㊇ 见《皇家地理学会会刊》(丙 85),第十卷,1840 年,页 236。

㊈ 见《自然史纪事与杂志》(丙 10),第十三卷,1854 年,页 157;又沃勒斯文,同上刊物,第二十卷,1857 年,页 412,与同一作家,《马来群岛》,第二卷,1869 年,页 252。又见贝奈特(甲 50)博士的议论,见引于勃瑞姆,《动物生活图说》,第三卷,页 326。

㊉ 沃德先生曾对锦鸡和日本雉或东雉(乙 755)的这种显美的方式作过一个充分的叙述(《学者》,丙 140 ,1870 年 4 月,页 115),他把这种方式称为侧面或单边的展示。

⑩ 见所著《法的统治》,1867 年,页 203。

⑪ 关于这两个鸟种的详细叙述,见古耳德,《澳洲鸟类手册》,第一卷,1865 年,页 417。

⑫ 见《印度的鸟类》,第二卷,页 92。

⑬ 再总注一笔。关于非洲夜鹰,见利芬斯东,《赞比西河探险记》,1865 年,页 66。关于百眼雉,见贾尔丁编,《自然史文库:鸟类之部》,第十四卷,页 167。关于风鸟,见勃瑞姆,《动物生活图说》,第三卷,页 325 所引勒森的话。关于寡妇鸟,见巴茹(甲 35),《非洲旅行纪》,第一卷,页 243;又见《朱鹭》,第三卷,1861 年,页 133。关于雄鸟的羞涩或畏缩,见古耳德,《澳洲鸟类手册》,第一卷。1865 年,页 210、457。

⑭ 见特格特迈尔,《家禽书》,1866 年,页 139。

译　　注

1. Derbyshire,英格兰中部。

2. 老勃瑞姆,原文"the elder Brehm"。本书援引勃瑞姆的地方不一而足,但几乎全都指小勃瑞姆,只此一处指老勃瑞姆。大抵老小两勃瑞姆为当时读者所熟知,故达尔文从不作清楚交代,只此一处多加上一个老字而已。查父子为德国人,父的全名为 Christian Ludwig Brehm,1787—1864,是个鸟类学家。子的全名为 AlfredBrehm,

1829—1884，是个动物学家，做过广泛的观察旅行，担任过汉堡动物园园长和柏林水族馆馆长，著有《动物生活图说》(北京大学图书馆有藏书)。此父子二人一般人名辞书都失载，《英国百科全书》第十一版亦竟未列，故补注及之。

3. Chester，英格兰西部的一个城市。

4. baboo，意指有闲阶级分子。

5. 本书引威尔有两人，一是介·威尔，甲693，一是赫·威尔，甲692，此处据书末索引是介·威尔，原文未说明是哪一个，兹补一"介·"。

6. 即十个二十一先令，合十英镑半。

7. 见下文第十四章译注1。

8. 查本书援引的弗瑞塞尔有二，甲251，甲252，此处所引是哪一个，未详。

9. Madeira，诸岛，大西洋中，摩洛哥之西。

10. 此为又一个巴特勒特，与上下文所引的甲37不是一个，据下文，二人是父子关系，但谁是父，谁是子，未详。

11. "dub"一字意义不止一个。欧洲中古时代，封建王侯授人以骑士称号，用此字，今英国国王授人以爵士称号，使其成为贵族，也用此字。这是一义。削木块使平滑，亦用此字。这又是一义。今斗鸡的人借用此字，盖兼采这两个意义，第二义很明显，其用第一义，则指如此受封之后，公鸡便成为骑士，可以上得战场了。斗鸡者用到这个字，今达尔文又特地说到这一点，这其间也可能有对英国贵族存心讽刺的意思，和下文第十五章中"blue blood"一词的用法相同，见第十五章译注。

第十四章　鸟类的第二性征——续

雌鸟所发挥的挑拣作用——求爱时期的长短——未结成配偶的鸟——心理品质和审美能力——雌鸟对特定的雄鸟所表示的喜爱或厌恶——鸟类的变异性——有时变异突然发生——关于变异的一些法则——眼斑纹的形成——性状有显著程度不同的级别——孔雀、百眼雉与白梢尾蜂鸟的例子。

凡是在美观上、在歌唱的能力上或在发出我所称的声乐上，雌雄鸟之间有所不同，几乎总是雄鸟要比雌鸟为强。我们刚才在前一章里已经看到，这些品质显然地对雄鸟有高度的重要性。如果他们对这些品质的取得而有所表现，在时间上仅仅限于一年之中的某一个段落的话，这段落总是略早于繁育季节的来临。情况总是由雄鸟，或在场地上，或在半空中，在雌鸟面前，把形形色色的富有诱惑力的东西悉心尽意地卖弄出来，有的往往还要表演一些奇形怪状的小把戏。简而言之，总是雄鸟是演员，而雌鸟是观众。每一只雄鸟也总要把对手们轰走，或者，如果力所能及，把他们杀掉。因此，我们不妨得出结论，雄鸟的目的是在诱使雌鸟同他匹配，而为了这一目的，试图用各种不同的方式方法激发她，迷惑她，而这是凡属仔细研究过现有鸟类的习性的人所共同持有的见解。

不过这里面还存在着和性选择极关重要的一个问题，就是，在同一个鸟种之内，是不是每一只雄鸟都同样地对雌鸟发挥激动和吸引的作用呢？或者雌鸟一方面是不是也发挥一些取舍的作用，而在众雄鸟之中只看中某一只一定的雄鸟呢？后面这一问题是可以通过许多直接和间接的证据而得到肯定的答案的。比此远为难于判定的一个题目是，雌鸟究竟根据一些什么品质来作出取舍的决定；幸而在这里我们也还有些直接和间接的证据，说明她所根据的在很大一个程度上还是雄鸟的外表的一些有诱引力的东西，尽管他的精力、勇气以及其他一些心理品质也无疑地起些作用。我们从一些间接的证据说起。

求爱时间的长短——某些鸟种的两性日复一日地在指定的场合相会，所费的时间是长的而其所以长，大概一则求爱是个拖沓而不干脆的玩意儿，再则它们也反复地实行交配。例如，在德国和斯堪的纳维亚，黑松鸡(black cock)的“巴尔兹”(Balz)或“勒克”(Lek)[1] 从三月中开始，一直要到四月或五月。一到“勒克”时节，在一个场合里啸聚的群鸟可以多到四五十只，或者更多一些，而同一场合往往可以被连续利用上好几年。雷鸟(capercailzie)的“勒克”从三月中开始，到五月中或五月底才结束。在北美洲，当地人所盛称的雉形鹧鸪(乙 931)的“鹧鸪舞”(partridge dances)要“持续到一月或一月以上”。北美洲和西伯利亚东部① 的其他鹧鸪、雷鸟、松鸡之类所表现的这方面的习性几乎是一样的。流苏鹬(ruff，即乙 590)所啸聚的场合可以把地面上的草皮踩光，捕鸟的人据而发现这种鸟所会集的一些小土阜，而这也说明了这种逐年进行的集会所用的是同一个地点。南美洲圭亚那的印第安人熟悉那些踩平和踩光了的战场，知道在这里可以找到白嘴鸦[2]的美丽的雄鸟。新几内亚的当地居民也认识风鸟所相与聚会的那些树，一聚总是十只到二十只羽毛丰满的雄鸟。在后面这个例子里，提供资料的人并没有明说雌鸟是不是在同一些树上相会，但由于雌鸟的皮毛是不值钱的，除非特别问到，捕鸟的人大概是不会说到她们的。非洲织布鸟（wearer，属乙 787）的一种，在繁育季节里，聚集成许多小队伍，像练兵似的，边练边变换阵势，要持续好几个钟头之久，很是可观。大批大批的孤独鹬（solitary sinpe，即乙 862）到黄昏的时候聚集在一个沼泽里，连年到了同一季节，为了同一目的，都会在同一场合聚会；在这里，人们可以看到他们“不断地奔忙，像许多大耗子”，全身的羽毛像吹了气似的都张开得蓬蓬松松，翅膀不断地翕张噼啪做声，夹杂着种种不可名状的怪叫。②

在上述一些鸟种里，有几个——黑松鸡（black cock）、雷鸟（capercailzie）、雉形松鸡（pheasant grouse，即上文雉形鹧鸪）、流苏鹬（ruff）、孤独鹬，可能还有别的——据我所信，都是一夫多妻的。就这几个鸟种来说，有人也许会认为强有力的雄鸟只要把软弱些的雄鸟轰走，就可以立刻占有尽可能多的雌鸟；不过问题不这么简单，这里面所要求于雄鸟的不只是体力，而尤为不可少的是激发雌鸟而取得其欢心的能耐，因此，我们可以理解，为什么要有那么多雌雄会聚在一个场合而求爱的过程要花上那么多的工夫了。某些严格的一夫一妻的鸟种也举行“结缡”的会集，斯堪的纳维亚的雷鸟的一种（ptarmigan）似乎就是这样一个例子，而它们的“勒克”要维持到两个月，从三月中旬到五月中旬。在澳洲，琴鸟

(lyrebird,即乙 608)“堆筑一些小丘阜”,而另一种,阿氏琴鸟(乙 609)则掏出一些浅坑,土著居民认为这些就是雌雄鸟会合的地方,并把它们形容为“舞余夜宴的场所”(corrborying places)。前一个琴鸟种(乙 610)的聚会规模有时候是很大的。最近有一位旅行家发表了一篇有关的记述;③ 他说,在他所待的地方,下面有个小山谷,满谷是浓密的灌木,有一天,他突然听到灌木丛中“一片嘈杂之声,十分惊诧”之余,他悄悄地向前爬去,大大出乎意料地发现约摸有一百只到一百五十只羽毛灿烂的琴鸟“排列成战斗的阵势,正在进行厮杀,凶狠激烈的程度,真是无法形容”。凉棚鸟(bower-bird) 类的“凉棚”就是繁育季节里雌雄鸟聚会的场所,在这里,“雄鸟集合在一起,彼此为了赢取雌鸟的青睐而进行斗争,也在这里,雌鸟也群聚而向雄鸟卖弄一些风情。就这类鸟的两个属来说,同一顶凉棚可以连续使用上好几年”。④

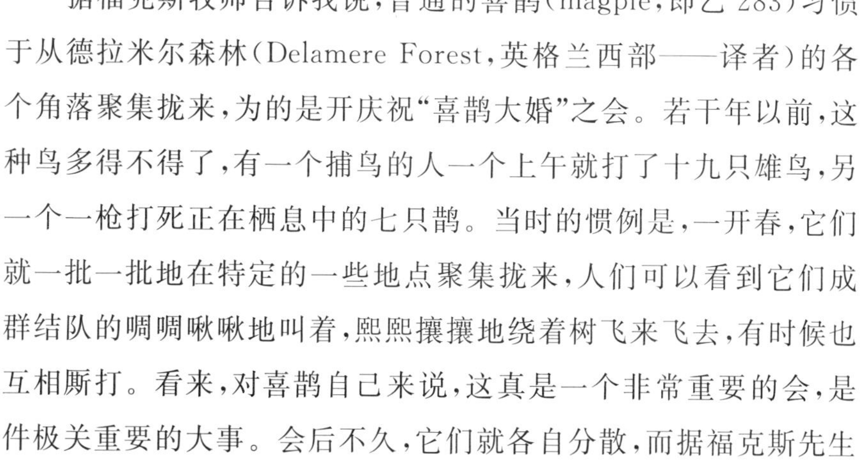

据福克斯牧师告诉我说,普通的喜鹊(magpie,即乙 283)习惯于从德拉米尔森林(Delamere Forest,英格兰西部——译者)的各个角落聚集拢来,为的是开庆祝“喜鹊大婚”之会。若干年以前,这种鸟多得不得了,有一个捕鸟的人一个上午就打了十九只雄鸟,另一个一枪打死正在栖息中的七只鹊。当时的惯例是,一开春,它们就一批一批地在特定的一些地点聚集拢来,人们可以看到它们成群结队的啁啁啾啾地叫着,熙熙攘攘地绕着树飞来飞去,有时候也互相厮打。看来,对喜鹊自己来说,这真是一个非常重要的会,是件极关重要的大事。会后不久,它们就各自分散,而据福克斯先生和其他的人观察所及,从此就安度它们的配偶生活,直到繁育的季节终了为止。在任何地方,如果一种鸟的数量不大,则此种聚会也就不可能太大，因此，同一鸟种在不同的地方还可以有不同的习性。例如，上文说过，在德国和斯堪的纳维亚，黑松鸡是如此的多，求偶的大会是如此为人们所熟悉和称道，以至于它们在当地语言中各已取得了专用的名词，而在苏格兰，这种经常的黑松鸡的集会，我却从威德尔柏恩（甲 690）先生那里只听到过一个例子。

未结成配偶的鸟。——从方才举出的这些事实我们可以得出结论，分隶于若干很不相同的鸟群的许多鸟种所进行的求爱过程往往是一个旷日持久、举足轻重而也是十分麻烦的一件事。然而我们还可以设想，尽管乍看去这种设想似乎不大合乎情理，就是，居住在同一个地区之内的同一个鸟种之中，总是有些雄鸟和雌鸟不一定互相爱悦，而终于结不成配偶的。历来有人发表了许多记载，说一对之中的雄鸟或雌鸟被人打落之后所造成的空缺很快就有别的鸟给补上了。这种情况以见于喜鹊这一种鸟的为多，见于其他鸟种的比较少，这大概是因为喜鹊的羽毛比较显著，而它们的窝也比较接近人居的缘故。名气很大的靳纳尔（甲 353）说，在英国威尔特郡有一对喜鹊每天挨打，接连不下于七天，每次总有一只要被打落，“但没有用，始终还是一对，原来剩余的喜鹊一下子就找到了另一只对象”，而最后结成的一对终于孵育了一窝小鹊。失去了的配偶一般要到第二天才补上新的，但汤姆森先生举出过一个喜鹊的例子，当天晚上就已经补上了。即便在小鹊已经孵出之后，而父母鸟有一只受到毁灭，遗缺也往往还是要得到补足的。据勒博克爵士的守苑人所观察到的一个例子来说，从损失到补足，其间也只隔了两天。⑤ 最先而也是最明显的一个猜测是，雄鹊在数量上一定要比雌鹊多得多，而在上述和其他可举而不必举的例子里，所

打落的大概全是雄鹊。这至少就一部分例子而言是合乎事实的，因为据德拉米尔森林里的守护鸟类的人肯定地告诉福克斯先生，以前在鸟巢周围连续而大批打下来的喜鹊和食腐肉的乌鸦全都是雄的。而他们所提出的理由是，雄鸟要来回奔忙，为坐窝的雌鸟送喂食物，因而容易挨打。不过麦克吉利弗瑞，根据一位出色的观察家所提供的资料，所见与此不同，一例是，连续在同一只窝上被打落的三只喜鹊全都是雌的。另一例是，六只连续被打下来的喜鹊原是先后伏在同一窝卵上的，因此也有可能又全都是雌的。但据我从福克斯先生那里听说，雌鸟被打落后，雄鸟就替她坐窝。

勒博克爵士的守苑人又曾屡次打落过樫鸟(jay，即乙 437)，至于到底打落过几次，他们已经说不清楚，但他们发现每次打落一对中的一只以后，在不久的时期内，维持独身而不再配对的情况是从来没有的。福克斯先生、邦德(甲 84)先生以及其他一些人都打落过食腐肉的乌鸦(乙 281)，也总是一对中打落一只，但随后仰望鸟窝，居中主人很快又成了一对。这些鸟种都是相当普通的，但不普通的鸟种也有这种情况。隼(乙 406)是少见的，而汤姆森先生说，在爱尔兰，“如果在繁育季节里，一对中的一只，雌的或雄的，牺牲了(而这不算是不普通的事)，在很少数的几天之内便可以找到另一只配偶，因此，虽有这一类的伤亡，雏幼的一代得到了保证，不怕不能成长起来。”介·威尔先生对于沙滩头[3] 的隼所了解的情况也是这样。这同一位观察家告诉我，三只茶隼(kestrel，即乙 407)曾经接连被打落，都是雄的，打落以前所守护的是同一个窝，三只之中，两只的羽毛已经成熟，另一只的羽毛则还是前一年的尚未脱换。即便在极为少见的鹫，即鹛(golden eagle，即乙 79)，一个苏格

兰的可靠的守育禽鸟的人向柏尔克贝克(甲 61)先生确凿地说,一只遭受牺牲,另一只不久就会被物色到,而补上遗缺。白鸮或白鸱鸺(white owl,即乙 902)也是这样,“剩下的鳏鸟或寡鸟很容易再找一个配偶,而再鳏再寡的灾难可以周而复始。”

这个关于白鸮的例子系采自塞尔保恩(Selborne)[4] 的怀伊特,而怀伊特又说,他认识的一个人,由于认为已经成对的鹧鸪受到其他雄鹧鸪的厮打的骚扰,老爱开枪把雄的打死,结果,他相信已经成了对的那只雌的也就成了寡妇,而且寡了好几次。但也不要紧,她在每次丧偶以后,不久总会找到一个新鲜的伙计。这同一个自然学家又说,由于屋外的麻雀老是霸占梁上燕子(house-martin)窝,他叫人把麻雀都用枪打了,只剩得一只,但这仅存的一只,不管它是雄是雌,很快就觅到了一个对象,后来又清除过不止一次,结果还是一样。我可以就糠碛鹨(chaffinch)、夜莺(nightinale)和朗鹟(redstart)添上一些可以类比的例子。关于最后这一鸟种,朗鹟或凤尾朗鹟(乙 759),有一个作家曾经表示,他实在不懂雌鸟究竟用什么方法来快速有效地把自己新寡的状态通报出去,因为,在附近一带,这种鸟根本就不多见。介·威尔先生向我谈到几乎是同样的一个例子,在勃拉克希思[5],他从来没有看到过或听到过在野外飞鸣的照莺(bullfinch),然而每当所畜的笼子里的照莺有一只雄的死了之后,在不多几天之内,一般总会有一只野的雄照莺飞来,依止在失偶的雌鸟旁边不去,而我们知道,雌鸟召唤的鸣声是不大的。我只再举一个别的事例,而这所据的也就是这同一位观察家,有一对欧椋鸟,即一种白头翁(starling,即乙 906),其中的一只早晨被打落,而一到中午,剩下的一只已经找到了配偶;这新配

偶又被击落，而在天黑以前单的又变成了双的，所以这里面的寡妇或鳏夫，一矢之中，自朝至暮，得到了三次慰藉。恩格耳哈尔特（甲223）先生也告诉我，也在勃拉克希思，有所房子里有一个洞穴，里面有一对欧椋鸟坐着窝，他在几年之内，时常用枪打死其中的一只，而留下来的遗缺总是一下子就被补上了。在有一个季节里，他记了一笔账，他从这同一个窝里前后一起打死了三十五只，其中雌雄都有，但具体的比例他说不上来。尽管有这么大的损失，那季节中这个洞里还是孵出了一窝小鸟来。⑥

这些事实是很值得注意的。问题是怎么会有这样多的单身鸟随时准备立即填补成对鸟的任何一性方面的损失呢？喜鹊、樫鸟、食腐肉的乌鸦、鹧鸪和其他一些鸟种，一到春季和在一春之中，总是以成双成对的姿态出现的，单个而孤零零地讨生活的例子是永远看不到的，如果有的话，乍然看去，也确乎提供了一些最难以索解的例子。但属于同一性别的鸟，尽管不是真的配对，当然不是，却有时候也有两两同居、或结成小集体而生活在一起的，例如，我们知道，鸽子和鹧鸪就是这种情况。在欧椋鸟、食腐肉的乌鸦、鹦鹉和鹧鸪中间，人们观察所及，有时候也有三只鸟在一起的。就鹧鸪说，有人了解到，相与同居的，有两雌一雄，也有两雄一雌。在所有这一类的例子，结合大概是不巩固和容易瓦解的，而三只中的一只，一遇机缘，便会和一只寡鸟或鳏鸟配起对来。某些鸟种的雄鸟，在应届的季节过去之后很久，还在不断地把爱情的歌曲倾吐出来的情况，也不时有人注意到，这说明有关歌手不是新近丧偶，便是过时而未有所获。一对之中的一方，或因不测而死，或因疾病而亡，则其余一方便成孤零而不受拘束，而我们有理由可以相信，在

繁殖季节里，雌鸟是特别容易不终其天年而死的。再则，窠巢被破坏了的鸟、或没有生育能力的鸟、或发育停滞而不全的鸟，大都容易走上抛撇它们的配偶的道路，而在保育后一代的乐趣与任务之中，所处的大概也只好是甘心于从旁协助的一个地位，为别的鸟的子女出些力量。⑦诸如此类的可能的情况对上文所说的大多数的例子大概可以有所说明。⑧尽管如此，在繁殖季节的高潮里，在同一个地区之内，为什么总会有这样多闲散的雌雄鸟随时准备补一些配偶之缺，依然是一个谜。为什么这些孤零的雌雄鸟，彼此之间，不自相匹配，而偏要等待候补的机会？在这里，我们是不是多少得到了一些理由，可以设想，而介·威尔先生确曾这样设想过，认为鸟类的求爱，在许多例子里，既然见得如此旷日持久，如此煞费周章，而不是一件轻而易举的事，看来，在这过程之中，是不是一定有某一部分的雄鸟和雌鸟，在应届的季节之内，终于没有能把异性激发起来，因而未能成其匹偶呢？这样一个设想，在我们，在下文，看到了一些雌鸟有时候对特定的某些雄鸟所表示的一些强烈的厌恶心情或喜爱心情之后，就会见得不那么不近情理了。

鸟类的心理品质，和它们的审美能力。——雌鸟对于雄鸟，究竟是有所选择，而只选取更为美好的一只，还是把所碰上的第一只就接受下来，是需要进一步讨论的问题，而在此以前，我们不妨先考虑一下鸟类的心理能力，一般的品评是低的，这品评也许是公平的，但导向与此相反的结论的事实也还有些，要举出来也是可以的。⑨然而像我们在人类中所看到的那样，低的理智能力并不是和深挚的情爱、锐敏的知觉以及对美的赏识不相容的，而我们在这里所关心的正是后面这些品质。人们时常说到鹦鹉是最重彼此之间的情爱的，一只死了，一只要悲伤很长一个时期，但据介·威尔先生的意见，就大多数的鸟种来说，所谓情爱的深挚这一点是太过于被夸大了的。尽管如此，在自然状态中生活的鸟，如果一对之中有一只被击落，人们听到剩下的一只要哀鸣上好多的日子。圣约翰（甲 569）先生也列举过许多不同的事实来说明成对的雌雄鸟之间的系恋。⑩贝纳特先生说，⑪在中国，一只美丽的雄鸳鸯（mandarin teal）被人偷走了，雌鸳鸯，尽管有一只别的雄鸳鸯向她一心求爱，把所有的色相在她面前卖弄出来，来讨她的欢心，她却还是郁郁不乐。三个星期之后，被偷走的雄鸳鸯找回来了，彼此便立刻相认，破镜重圆，真是快活得无以复加。但在另一方面，我们在上面已经看到，欧椋鸟再三失偶之后，可以再三“取得慰藉”，而这都是一天以内之事。鸽子对所往来的地方有出色的记忆力，有人知道有的鸽子在离开家乡九个月之后还能回来；然而说也奇怪，据另一位威尔，赫·威尔先生告诉我，如果一对已经配好而可以终身做伴的鸽子，在冬天突然被拆开几个星期之久，随后又各和别的鸽子相配，原配的雌雄鸽，如果再被带到一起，彼此可以几乎不相认识，甚至变得完全陌生。

鸟类有时候也表现一些仁慈的感情，它们会喂养被丢弃的幼雏，甚至是和它们自己不属于一个种的幼雏，但这应该被认为是本能的误用。[6] 像本书上文有一处所曾表明的那样，它们对同种中瞎了眼的成年鸟，也懂得喂它吃食。勃克斯屯先生叙述到过他自己园子里的一只很奇特的鹦鹉如何护理着一只冻伤而折足的不属于同一个种的一只雌鸟，替她把羽毛弄干净，保护着她，使免于受到在园子里飞来飞去的其他鹦鹉的攻击。更出乎意料的是，这些鸟种显然的也能发出一些同情，而能乐人之乐。有一对白鹦(cockatoo)在一棵皂荚树上筑好了一座巢，周围的“同种的鸟都为这件事高兴，它们所表示的那股近乎起哄的高兴劲真教看到的人不禁失笑”。这些鹦鹉种也能表现无可怀疑的好奇心，而且不含糊地有些“财产和占有的观念”。[12]它们也有良好的记忆力，在动物园里，它们对离职已经几个月的前任的主管人能清楚地认识。

鸟类也具有锐敏的观察能力。每一只成了对的鸟当然认识它的配偶。奥杜朋说到美国的反舌鸟(mocking-thrush)，即乙 621)的某一个数量不明的部分终年留在南部路易斯安那州境内，而其余的一部分则季节性地移到东部诸州，当后者飞回来的时候，前者会立即加以辨认而进行攻击，从不放松。在笼中畜养的鸟能认人，它们对某些人表现强烈的厌恶，或深切的依恋，而且经久不变，道理何在，虽说不清楚，它们能认人，是显然的了。关于樫鸟(jay)、鹧鸪(partridge)、金丝雀(canary)、尤其是照莺(bullfinch)，我所听说的这种例子不一而足。赫西(甲 341)先生曾经描写过一只养驯的鹧鸪，说它如何如何地认识每一个接触到的人，而且爱憎分明，真是说得天花乱坠。这只鸟似乎特别“喜爱桃红柳绿一类绮丽的颜色，有人换上了新衣服、新帽子，就立刻会吸引到它的注视”。[13]黑威特先生描写到过不久以前才从野鸭传下来的一些鸭子的习性，它们一见一只陌生的狗或猫，就立刻没头没脑地冲进水去，东西奔窜，为了逃命，搞得精疲力竭。然而它们却认识休威特先生自己的几只狗和猫，而且很熟悉，可以毫不畏惧地伏在它们近边，偎依取暖。有生人来，这些鸭子总要躲开，而对于照料它们的那个女

管家，如果一天她在眼色上有了太大的变化，它们也要回避。奥杜朋也叙述到他所驯养的一只野的吐绶鸡，在见到一只陌生的狗的时候，总要赶快地跑开；不久以后，这只鸟逃了，待在一个树林里，又过了几天，奥杜朋看到了它，以为是另一只野吐绶鸡，就让猎狗追捕。但说也奇怪，这只鸟并不逃跑，而猎狗走近它的时候，也不进行攻击，原来它们彼此认出来是老朋友。[14]

介·威尔先生肯定地认为鸟与鸟之间对对方的颜色是特别注意的，有时候是出乎嫉妒的心理，有时候是通过它来辨认彼此之间的亲疏关系。他有一次把一只已经取得了黑色头羽的白领鹀(reed-bunting，即乙 375)放进他的养鸟室里，在室中原有的各种鸟，除了一只照莺之外，谁都没有特别注意这位新来的客人，原来照莺的头部也是黑的。这只照莺平时是很文静的，从来不和其他的鸟，包括一只头羽还没有变黑的白领鹀在内，发生纠纷，今天却大不相同了，它毫不留情地向黑头客人进行攻击，主人弄得没有办法，只好再把白领鹀取出来。在繁育季节里，靛蓝彩鹀(Spiza cyanea，乙 892)是一身鲜明的蓝色的，这种鸟一般说来是不爱打架的，但遇了和它属同而种不同的丽色彩鹀(spiza ciris，乙 893)，却毫不客气地狠啄一顿，把那可怜的家伙的头皮啄一个精光，看来为的是这种鸟只有头部是蓝色的。介·威尔先生又曾不得不把一只知更鸟，在放进养鸟室不久之后，又取出来，因为它把所有羽毛带点红色的各种鸟都狠狠地攻击到了，他实际上还杀死了一只红胸的交喙鸟(crossbill)，一只金碛鹨，即金翅雀(goldfinch)，也几乎被它搞死，其他不带红的鸟则平安无事。反过来，他也观察到，有几种鸟，在刚被送进养鸟室的时候，总是飞向在颜色上和自己最为相

像的其他鸟种，而在它们旁边止息下来。

雄鸟既然要在雌鸟面前把他们美好的羽毛和其他饰物悉心尽意地展示出来，看来雌鸟是显然懂得欣赏求爱者的美丽的色相的。不过这只是间接的证据，要觅取她们审美能力的直接证据，却不容易。鸟在镜子面前会注视它们自己的照影（见于记载的这种例子很多），但我们无法断定，它们所看到的，在它们的心目中，究竟是不是它们自己，它们之所以盯着看，安知不是因为把自己的照影错认为一只同类之中的对手，而注视正可以表示她们的妒忌心情呢？当然，我们知道，有些观察家认为这不是应有的结论。在另一些例子里，一种行动究竟是出乎单纯的好奇心，还是真正表示赞赏，也是难于辨别的。在希腊西部爱奥尼亚诸岛上，一只流苏鹬（乙590）“会向地面上铺着的一块五颜六色的手绢从半空直冲而下，全不管向她不断射出的子弹”，正如利耳福尔德（甲402）勋爵所指出的那样，[15]大概是由于好奇心理的推动。普通的云雀（lark），即百灵，是用一面可以移动的小镜子，在太阳里不断地射出反照，而从半空中吸引下来加以大量捕取的。究竟什么导致喜鹊、渡鸟（raven）以及其他一些鸟种把明艳的东西，有如银器或珠宝之类，偷窃或隐匿起来？是欣赏呢？还是好奇呢？也是一个问题。

古耳德先生说，某几种蜂鸟把它们的巢的外表“装点得极为雅致；它们出乎本能地用一片一片很美的扁平的地衣贴在上面，大片在中间，小片在巢底和树枝联系的部分。在巢的更向外的部分，这里或那里还要点缀上一根根美丽的羽毛，有的是缠住的，有的是粘住的，但总是把羽茎安排在一个角度之内，使羽尖得以伸展出巢的平面之外”。但鸟能审美的最好的证据来自上文已经说到过的澳洲的三个凉棚鸟属(bower-bird)。它们的“凉棚”(见图 46,第十三章中)是雌雄鸟会聚而演出种种奇特的把戏的场合,造法和形式因鸟种而有不同,但我们在这里最关心的是它们的装点也各不一样,也各因鸟种而有所不同。羽毛光泽像花缎似的所谓缎光凉棚鸟(satin bowerbird)会收集许多五颜六色的零星物品,有如几种长尾鹦鹉(parakeet)的蓝色的尾翎、漂白了的枯骨、各种介壳,把它们插在构成“凉棚”的小树枝中间,或安排在“凉棚”的入口处。古耳德先生在有一所“凉棚”里发现一件制作得光洁的石战斧和一绺染蓝的棉花,这些显然是从土著居民的营地上衔来的。这些点缀的物品也不是固定的,它们不断地要重新安排,在表演把戏的时候,还要带在身边,随身转动。有斑点的凉棚鸟(spotted bowerbird)的“凉棚”或“窝棚”(图 46 所示),“是用长得很高的草覆盖起来的、一根一根挨着,所有的草尖几乎都在棚顶上集中,整齐可观,而点缀的物品是很丰富的。”为了使这些草固定不移,又为了在“窝棚”外边划出若干有分岔的小径,导向“窝棚”,它们又能利用许多圆石子。这些石子,以及介壳,往往要从很远的地方搬来。据腊姆西先生的描写,别墅鸟(regent bird)的矮小的“别墅”是用五六种非海产的介壳类的介壳和“各种颜色的浆果,蓝、红、黑色都有,来装点的,只要浆果尚未干瘪,看去也很美观。此外还有一些新摘的绿叶和粉红色的嫩芽或嫩枝穿插其间,总看起来,表明这种鸟是肯定地有些审美的能力的。”古耳德先生确乎有很好的理由来作出如下的断语:“这些装点得十分华美的大会堂,截至目前为止,不能不被看做我们所已发现的鸟类建筑术的最为奇异的例证。”而我们又看到,不同的鸟种还各有其不同的建筑风格咧。[16]

雌鸟对一些特定雄鸟的偏爱。——对鸟类的鉴别与审美能力既已作了如上的引论之后，我可以进而把我所知道的有关雌鸟对一些特定的雄鸟有所偏爱的所有事例加以介绍了。在自然状态中，不同种的鸟，有时候也相配合，而产生杂种，这是一个已经肯定的事实。有许多例子可举：麦克吉利弗瑞叙述到一只雄的山乌和一只雌的鸫鸟(thrush)“彼此相爱”，而产生了一窝小鸟。[17]几年以前，文献上记录了十八个在不列颠境内所发生的黑松鸡和雉杂交而生育小鸟的例子；[18]但就其中的多数而言，其所以发生，可能是因为这些鸟在同种之中没有能找到配偶而又不甘孤零的缘故。就其他一些杂种的例子而论，介·威尔先生认为有理由这样看，就是，不同鸟种的巢有时候筑得十分相近，因而不免弄错而发生杂交的事情。但这些解释对许多见于记录的养驯了的鸟或家禽的例子都不适用，这些不同种的雌雄鸟尽管各自与其本种的鸟住在一起，却有时候也会一见倾心，难分难舍。例如，沃特尔屯[19]叙述道，在一群二十三只加拿大雁(Canada goose，即乙 46)中，一只雌雁和一只雄的白颊雁(bernicle goose)相交，而产生了一窝杂种雁，而这两种，尽管同是雁类，外貌与大小是很不相同的。一只雄的赤颈凫(widgeon，即乙 599)，一直和他同种雌鸟住在一起，却有人发现他和一只雌的尖尾凫(pintail，即乙 817)成了配偶。劳伊德描写到一只雄的楯凫(snield drake，即乙 915)和一只普通的母鸭的依恋。此外可举的例子还多。而迪克森牧师也说，“凡是把许多不同种别的鹅类养在一起的人都很清楚，它们彼此之间时常发生难以解释的两性狎昵的关系，而因此，杂交与生育杂种鹅的机会实际上并不少于同一族系的雌雄鸟之间的这种关系，而在有的时候，族系之间的差别，至少在我们看来，是再大也没有的（这里所说的族系差别，实际上是指种的差别）。”

福克斯牧师告诉我，他有一度同时饲养着一对原鹅或中国鹅（乙 47）和四只英国普通的鹅，一雄三雌。这两种鹅本来是分开而各不相扰的，但后来中国鹅的雄鹅把三只雌的普通鹅中的一只勾引了过去，同居起来。不仅如此，从雌的普通鹅的卵所孵出来的小鹅，纯的只有四只，杂种倒有十八只，看来中国的雄鹅比普通鹅的雄鹅，就其对雌鹅的魅力来说，要更为强大。我只再举一个别的例子：黑威特先生说，一对被活捉而接受饲养的野鸭起初很安于自己的家室，“先后已经度过两个繁育的季节，孵过两窝小鸭，但当我把一只雄的尖尾凫放到水面的时刻，雌的那只野鸭立刻把原来的老公抛撇了。就她来说，这显然是一个一见倾心的例子，因为尖尾凫一进水，她就不断地围着他转来转去，表示爱慕之意，而在尖尾凫却受宠若惊，对她的调情说爱明显地表示有些消受不了。从此以后，她完全把老公抛在脑后。冬天过去了，到了下年的春天，尖尾凫似乎终于回心转意，接受了她的殷勤，同居了，生下了七八只小的。”

除了新奇这一层而外，这种魅力或诱惑力，在这些来自不同鸟种的例子里，究竟是什么，我们连猜都无法猜。但颜色有时候是起着一定的作用的；因为，据贝赫斯坦因说，想要教金翅雀（siskin，即乙 421）和金丝雀交配而取得下一代的杂种，远比其他一切办法好得多的办法是把颜色相同的两种鸟放在一起。介·威尔先生在养鸟室里先放进红雀（linnet）、金碛鹨（goldfinch）、金翅雀、绿碛鹨（greenfinch、亦称普通莺）、糠碛鹨（chaffinch）和其他鸟种，都是雄的，每种不止一只，然后再放一只雌的金丝雀进去，看她选中哪一种，她毫不犹豫地选中了绿碛鹨中的一只。它们交配了，产生了一窝杂种。雌鸟对雄鸟有取舍，只肯和某一只雄鸟配合，而不要其他雄的，这样一个事实如果对不同种的雄鸟发生，就见得很突出，有如上文所说，但若对同种的雄鸟发生，怕就不这么容易引起我们的注意了。关于这后一种情况的例子最好是到家禽和笼鸟中去观察；不过这种例子往往受到人们强烈的感情渲染或干扰，有时候连鸟的原有的本能也受到极度的破坏。人们养鸽子，特别是养家禽，在这方面可以提供足够说明问题的例子，但这里不是列举叙述它们的适当地方。上面所说的不同种之间的杂交与杂种的产生也部分牵涉到这一问题，即有的例子也得用本能的歪曲或破坏来解释，但在许多这种例子里，雌雄鸟被容许在比较广大的范围之内、如面积宽阔的池沼之类，自由活动，因此我们没有理由设想，它们是受到了人们迫切的主观愿望的不自然的刺激的。

就在自然状态中生活的鸟类而论，每个人的第一个想法，也是最容易的想法是，雌鸟一到应届的季节，会把所碰上的第一只雄鸟接纳下来，而成其配偶；但实际上追求她的雄鸟一开始几乎总是许多只，而不是一只，她总可以进行一些哪怕是最起码的挑选。奥杜朋——而一提起这位作家，我们必须记住他把长长的一生消磨在美国的各大森林里，踯躅往来，窥伺和观察不同的鸟类——对这一点就没有怀疑，他认为雌鸟对雄鸟的挑选是种蓄意的行为。例如，谈到一种啄木鸟，他说，一只雌鸟总有六七只羽毛鲜美、鸣声嘈杂的求爱者追随着她，一路还不断地在她面前耍些奇形怪状的把戏，“一直要到她对其中的一只作出决定性的表示为止。”红翅膀的欧椋鸟（starling，即乙 12）的雌鸟也总有好几只雄的追逐着，“后来，累了停下来，开始接受他们的一些情意，搭上腔，然后一下子作出了抉择。”奥杜朋也描写到若干只雄的夜鹰（night-jar）如何三番五次奇快不可名状地突然向前飞去，又突然转身飞回，一转身之间，羽毛在空气中激荡，同时发出一种独特的声音，“但只要雌鸟一作出决定，他们在受到中选的雄鸟的驱逐下，便立即一哄而散。”就美国的兀鹰或秃头鹰的一个种（乙 180）来说，大抵八只、十只、或更多的雌雄鸟结成小队伍、聚止在倒了的大树干上，“雌雄之间都强烈地表现着要取得对方的欢心的愿望”，然后，经过一段时间的彼此交颈接喙，每一个雄鹰带领了他的匹配飞翔而去。奥杜朋也仔细地观察到过一群群的加拿大雁或野鹅（乙 46），并且就雄鸟在求婚时取要的杂技作了一番写实的记录。他说，凡是以前成过对的旧相好“早在正月里就把求爱的过程重演一番，很快就结合起来了，而其余的则每天早上总要花费上好几个钟头，或则雄鹅之间为了争夺雌鹅而打架，或则雄鹅向雌鹅施展媚惑的手法，直到每一只鹅似乎各自取得了满意的对象，然后，尽管大家还是待在一起，任何人都不难看出，它们的关系是不乱的，而是各自留神、守着自己的家室的。我也观察到，越是在老成的鸟，求爱的预备过程和内容就越来得简短。也看到，‘童男’或‘老处女’，或则由于失败而懊丧，或则生性恬静，不爱热闹，大都悄悄地移开而伏在一旁，和众鸟维持着一定的距离”。⑳从这同一位观察家的著作里我们还可以援引关于其他鸟种的许多性质相同的事例来，但这些已经够了。

现在我们转到家禽和笼养的鸟类，不妨从我所知道的关于家鸡的求爱过程的为数很少的资料入手。我在这题目上曾经从黑威特和特格特迈尔两位先生那里收到过不止一封的长信，而不久以

前去世的勃仑特(甲 100)先生所写并寄给我的简直是一篇文章。根据他们所发表的许多作品,我们每一个人都承认这几位先生都十分有名,因为他们都是谨严而经验丰富的观察家。这几位都不相信这一类鸟的雌性之所以看中某些雄鸟是由于他们有美丽的羽毛,而认为这些鸟长期以来所处的人为而不自然的生活环境肯定起着一些作用,而此种作用应该得到考虑。特格特迈尔先生一口咬定,认为一只斗鸡用的公鸡,尽管因为要进入斗鸡场而经受过一番人工的修容,颈毛也被剪得齐齐整整,实际上是弄得破了相,却和一个未经修整而保持一切自然装饰的公鸡一样地容易为母鸡所接纳。但勃仑特先生承认,公鸡的美丽,对于激发母鸡,也许起些辅助的作用,而在她一面,因受到激发而顺从,也是必要的。黑威特先生则肯定地认为雌雄结合当然不是一件机缘碰巧的事情,因为母鸡几乎没有例外地会看中精力最旺盛、最能反抗、火气最大的公鸡。因此,照他说来,“在一个地段之内,如果有一只健康无碍的斗鸡种的公鸡自由来往,即便他和其他鸡种的公鸡可以相安,而不把他们轰开,要进行真正或纯洁的育种工作”是几乎全无用处的,“原来在这一地段里,几乎每一只母鸡,清早一出鸡窝,就会一拥而上地奔向这只公鸡。”在日常的情况之下,家鸡的公、母鸡之间,通过某些姿势,似乎达成了一种相互的了解,到时候会彼此接近而结合。但母鸡往往躲开过于热衷而乱献殷勤的年轻的公鸡。据这同一位作家对我说,老年的母鸡和性格上有些好斗的母鸡不喜欢陌生的公鸡,要斗上一阵,输定了才肯委身相从。不过弗尔格森(甲 237)叙述到过一只爱吵架的母鸡如何被一只上海种公鸡(Shanghai cock)用温柔的求爱方式勾引过去。㉑

有理由可以相信，鸽子的两性都喜欢和同一品种的异性配合，一般鸽舍里的鸽子对一切高度改良的品种没有好感。[22] 赫·威尔先生最近从一位可以信赖的观察家那里听说，他所饲养的蓝色鸽子把所有其他颜色的品种，白的、红的、黄的全都轰跑了。又从另一个观察家那里听到，一只暗褐色的母的传书鸽拒绝和一只黑色的公鸽配合，好几次的安排都归于失败之后，却立刻和一只和她同色的公鸽配上了。再如，特格特迈尔先生有一只母的蓝色的浮羽鸽（turbit）坚持拒绝和两只同品种（应是品种同而羽色不同，作者欠明白交代——译者）的公鸽相配，这两只公鸽先后和她关了几个星期，终于无用；但放出以后，她却会立刻接受任何献殷勤的第一只公的蓝色的觋鸽（dragon）。因为她是一只名贵的鸽子，过后她又和一只银色（实际上是苍白一些的蓝色）的公鸽关在一起，关了好几个星期，终于配上了对。尽管如此，作为一条通例来说，对于鸽子的相配，颜色的影响看来是并不大的。特格特迈尔先生，在我的请求之下，把他的若干只鸽子染上洋红，但并没有引起其他鸽子的多大注目。

母鸽有时候对某些公鸽会表示强烈的厌恶，原因何在，真是找不出来。在这方面有过四十五年光景的经验的勃沃达尔和高比耶两位先生说，“如果一只母鸽对准备和她交配的公鸽感觉到厌恶，则无论恋爱的火力也罢，或为了加强营养、提高她的热情而多多地供应金丝雀草和大麻籽也罢，或把她和公鸽一道关上六个月乃至一年也罢，都不起作用，她对公鸽的调情、狎昵、魅惑、不断地来回打转、急色的咕咕做声，就是一个不睬不睬，没有任何东西可以讨她的喜欢，动她的感情，她整日躲在牢笼的一只角落里，赌着气，

闷闷不乐，除了吃喝，除了公鸽逼人太甚，不得不出来逡拒一下之外，不越雷池一步。”㉓在另一方面，赫·威尔先生自己观察到，也曾从几个别的育种家那里听说到，一只母鸽间或也会对一只特定的公鸽发生强烈的兴趣，一见钟情，而把自己原有的配偶抛撇了。据又一位经验丰富的观察家，瑞伊德耳（甲 552）先生说，㉔有些母鸽是有水性杨花的性格的，她们几乎欢迎任何外来而陌生的公鸽，而宁愿把原来的公鸽丢弃。有些多情而泛爱的公鸽，即如我们英国的饲养好玩鸽种的行家们所称的“风流鸟”，在对母鸽的殷勤献媚方面总是那么得心应手，以致养鸽的人，像赫·威尔先生所告诉我的那样，不得不把他们禁闭起来，以免造成损失。

据奥杜朋说，美国野生的吐绶鸡的公鸡“有时候向家养的吐绶鸡的母鸡进行求爱，而一般说来，他们是很受欢迎的”。由此可知，在野生与家养的公的同种之间，这些母的吐绶鸡是对前者有所偏爱的。㉕

下面要说的一个例子是更为奇特的。黑朗（甲 316）爵士多年以来饲养了大量的孔雀，并就它们的习性随时记录了下来。他说，“雌孔雀时常对某一只特定的雄孔雀表示很大的偏爱。她们全都爱上了一只杂色的老年的雄孔雀，有一年，这只雄的被隔离在一个外面装有格子板的棚子里，可望而不可就，她们就老是聚集到棚外，像探监似地张望个没完，而同时却完全不让另一只羽毛漆黑的雄孔雀靠近她们。到了秋天，这只雄孔雀被放了出来，一出棚门，雌孔雀年龄最大的那一只就立刻缠上了他，向他求爱，成功了。第二年，这只雄的又受到隔离，这次是在一个马厩里，从外边瞧不到，于是群雌就全部转向而争取他的对手。”㉖那就是那只漆黑的或黑翅膀的雄孔雀，这用我们的眼光来看，实际要比普通的杂色孔雀更为美丽。

利希屯斯坦因(甲 401)是个良好的观察家，他在南非洲好望角又有过出色的机会进行观察，据他告诉茹道耳斐，寡妇鸟(widow-bird，即乙 240，纺织鸟的一种)的雌鸟，当她看见雄鸟在繁殖季节里用来装饰自己的长尾羽被劫走而尾部见得光秃的时候就翻脸不认他了。我相信这个观察一定是在笼养的这种鸟身上作出的。㉗另有与此可以相类比的一个例子：维也纳城动物园主任耶格尔博士㉘说，一只雄的银雉(silver-pheasant)，在和一切其他雄雉的争夺战中一直是个胜利者，久已成为许多雌雉所共同接受的恋爱对象；但当他的装饰性的羽毛遭到损坏之后，他的对手就立刻替代了他，成为一群的盟主。

包尔德曼(甲 78)先生多年以来以搜集和观察美国北部的鸟类而知名于世，据他说，在他的长期阅历之中，他从来没有看到过一只白色的鸟和通常有色素的鸟配过对，然而他观察到白色的鸟的机会是满多的，它们属于若干不同的鸟种。㉙这是一桩值得注意的事实，因为它说明了颜色对鸟类的求爱的过程具有何等的重要性。我们不可能持如下的见解，认为在自然状态中，白色的动物是没有繁殖能力的，因为在人工禁锢和饲养之下它们繁殖得非常之快。由此看来，我们不得不把白色之所以得不到配偶认为是由于它们遭到了在颜色方面发展正常的同类的排斥。

雌鸟不但对雄鸟进行迎拒取舍，并且，在少数的鸟种里，会向雄鸟主动地求爱，甚至为了夺取雄鸟而在同性之间互相斗争。黑朗爵士说，就孔雀而言，在求爱过程中，发难而走第一步的总是雌鸟。而根据奥杜朋的说法，在野生的吐绶鸡中间，年龄比较老成的雌鸟也多少有同样的情况。其在雷鸟（capercailzie），当一只雄鸟正在聚会的场合炫耀他的色相的时候，若干只雌鸟就会飞围拢来，争相吸引他的注意。[30]我们在上文已经看到，一只养驯了的母的野鸭把一只并不甘心情愿的公的尖尾凫（pintail），在一个很长的求爱过程之后，终于勾引成功。巴特勒特先生相信，雉类的一个属（乙 568），像其他许多鹑鸡类的鸟种一样，是天然的一夫多妻的，但两只母的不能和一只公的放在一个笼子里，因为她们打得很厉害。下面关于照莺（bullfinch）的一个争风的例子是更可怪了，因为照莺寻常是一经偶合，终身不改的。介·威尔先生把一只颜色呆板而形貌丑恶的雌的照莺放进他的养鸟室里，刚一进门，她就把已经配对的另一只雌照莺毫不留情地攻打一个不休，结果，他只好把挨打的一只拉开。于是新来的雌莺就竭力向雄的求爱，终于成功，结成了配偶，但过了一些时候，她还是得到了报应，因为在她的好斗性像是过去而不再发作的情况下，原来的雌照莺还是把她顶替了，那只雄照莺也不睬她而和旧的恢复了情好。

在一切寻常的例子里，雄鸟总是十分急色而会接受任何一只雌鸟的，据我们所能作出的判断，他们是全不挑剔的。但我们将在下文看到，在少数几个鸟群里，不依照这一准则的例外显然是有一些的。就家养的鸟种而言，我所听到过的雄鸟挑取雌鸟的例子只有一个，而这一例是以黑威特先生的大有分量的权威作后盾的，就是，一只家养的公鸡爱挑比较年轻的母鸡，而不爱比较年老的。而在另一方面，在进行雄雉和普通母鸡杂交的工作中，黑威特先生却肯定地认为雄雉毫不例外地爱挑比较老成的母鸡。母鸡的颜色如何，看来对雄雉的挑选似乎完全不发生影响，但“他和母鸡的恋爱关系究竟根据一些什么，还是非常难于捉摸”，㉛他对某几只母鸡表示了最坚决的憎厌，任凭育种的人用尽了心机，想尽方法，就是搞不到一起，原因何在，是推敲不出来的。黑威特先生告诉我，有几只母鸡实在很丑，连她们自己的同种的公的都瞧不上眼，在整个繁育的季节里，尽管把她们和若干只公鸡关在一起，在所下的四五十个蛋里，经过交配而可以孵出小鸡的蛋一个都没有，所谓瞧不上眼，竟然可以达到这样一个程度。在另一方面，在长尾凫（long-tailed duck，即乙 465），埃克斯特吕姆（甲 217）说，“有人曾经说过，某一些雌凫，比起其他的来，成为大得多的求爱对象。说实在话，我们时常看到，某一只雌凫可以被六只、八只急色的雄凫所包围着。”这话是不是可靠，我不知道，但当地的弋猎手惯于把这些雌凫打下来，制成标本，放在野外，作为诱鸟，却是事实。㉜

说到雌鸟对某些特定的雄鸟感觉到有所偏爱，我们必须记住，我们只是通过思想上的一些类比的活动才作出判断，认为她们在这里正发挥着一些取此舍彼的作用，而从此又推测到她们在心理上还有一番爱或憎的感觉。如果另一个行星也有人，而此人会看到在我们这个星球上，在一个乡村集市的场合里，一群青年农民围着一个美貌的小姑娘调情说爱，同时彼此之间，像上面所说的鸟在它们的春季的聚会场中那样地吵吵闹闹，他在看到之后，尤其是通过这些青年为了取得姑娘的喜欢而表现的种种神情、展示的种种美好的事物或手段，他大概会作出推论，这姑娘是掌握了选择的权利的。如今，就鸟类说，可得而言的证据是这样；它们有敏锐的观察能力，它们对颜色和声音的美妙似乎真能领略到几分。可以肯定的是，雌鸟，根据我们如今还不了解的一些原因，有时候会对一些特定的雄鸟表示十分坚决的偏爱或十分强烈的厌恶。如果两性在颜色或在其他装饰手段上有所不同，除了极少数的几个例外，总是雄鸟打扮得更有花色一些，有的是长年如此，有的至少在每年繁育季节里是如此。他们总要在雌鸟面前富有诱惑力地把各种不同的装饰手段展示出来。即在武装得很好的雄鸟，在大多数的例子里，也还是丰容盛鬋，装饰得很是华美，这是我们初料所不及的，我们或许以为凭借武力，根据战争的法则，也就足以保证他们的胜利，但事实并不如此。不过此类装饰手段的取得是有代价的，在这方面多消耗一分精力，战斗的能力就不免消减一分，这就是代价，而这也未尝不是事实。在另一些例子里，这种代价是，来自鸷禽猛兽方面的风险不免有所增加。在许多不同的鸟种，在这季节里，成群的个体会在一定的场合聚集拢来，进行求爱，而这一过程往往要持续很久。甚至有理由教我们猜想，在同一地段之内，同一个鸟种的所有的雌雄鸟在求爱和求偶中未必全都成功，而不免有向隅的少数。

从上面这些事实和考虑中，我们又可以得出什么结论呢？雄鸟用上这么多的排场来卖弄他的声音色相，同时又不免和对手们大力周旋，难道是全无目的的么？如果我们认为雌鸟操有取舍之权，而所取的只是那只最能讨得他欢心的雄鸟，难道是全无依据的臆测么？若说雌鸟会有意识地谋虑问题，那大概不是的，但在越是形色美丽的、鸣声婉转的、气魄爽朗的雄鸟面前，越是容易受到激动，为所吸引，却是不成问题的。我们也用不着设想，雌鸟会对雄鸟的羽色的每一条纹或每一斑点加以揣摩，例如说，雌孔雀会对雄孔雀灿烂的长尾上的细节逐一加以欣赏——不，真正打动了她的怕只是一般的色相所产生的综合的印象。但关于这一点，我们还不应该过于自信：我们听说百眼雉（Argus pheasant）的雄雉在展示他的翅膀上的几片漂亮的主羽时，是如何地小心细致，而在竖起带有眼斑纹的那些羽毛时，又如何地要在方位上不偏不倚，都为的是全盘托出，不留余韵。我们又听说，乃至看到，金碛鹨或金翅雀（goldfinch）的雄鸟是如何地要把他的金光闪烁的两翼时而左时而右地不断更迭地展示出来。这一类的事例说明雌鸟还是有可能注意到一些美的细节的。像上面所说过的那样，我们只能通过类比来判定雌鸟是施展了取舍的能力的，而我们之所以能作此类比或类推，是因为鸟类的心理能力在基本性质上和我们自己的没有差别。从这些多方面的考虑，我们可以得出结论：鸟类的雌雄相配并不是一种碰巧的事，雄鸟之中，只有那些具有各式各样的诱引的手段而最能运用这些手段来取悦于雌鸟和激发雌鸟的才被接受下来而成为配偶的一方。如果我们承认这一点，我们就不难理解雄鸟的种种具有装饰作用的特征是怎样逐渐地被取得的了。一切动物都表现一些个体的差别，人们可以根据这些差别，通过对他们所认为最美好的一些个体的选择，使他们的一些家养的鸟种发生一些变化。既然如此，则在自然状态之中雌鸟对更为美好的雄鸟所进行的习惯性的挑选，乃至即使不是习惯性、而是偶一进行的挑拣选择，也几乎可以肯定地会在雄鸟身上引起一些变化，而这些变化，在时间的过程里，在和有关鸟种的种族生存不相妨碍的限度以内，不断地继长增高。

鸟类的变异性，尤其是第二性征方面的变异性。——变异性

和遗传是选择所由进行工作的基础。家养的鸟类，长期以来，业已经历巨大的变异，而各种不同的变异是遗传的——这是已经肯定了的。在自然状态中的鸟类也曾经历过变异，并由此而分成若干种族——这到今天也已经普遍受到了公认。[33]变异可以分为两类：一类，由于我们的无知，看去像是自然发生的、或自发的；另一类则直接与生活环境中的种种条件有关，因此，变化所及牵涉到同种之中的全部或几乎全部的个体，并且是同样地变化的。关于后一类的例子，最近阿楞先生[34]作过一些仔细的观察，他指出，在美国，从北到南，许多不同鸟种的颜色是越来越浓艳，而自东往西，以达于腹地的沙漠平原，则颜色越来越浅淡。同种之中，雌雄鸟所受到的这种深浅浓淡的影响，一般说来似乎是相仿的，但也有一些程度不同的例子。这样一个结果，和认为鸟类的颜色主要是由于通过性选择而取得的一些连续变异的积累这样一个信念，是不相矛盾的。因为，即便在两性已经显著地有了分化之后，气候还是可以在它们身上产生同等的一种影响，不分性别，或者，由于两性体质上有些不同，一性所受的影响要比另一性大些。

在自然状态中，同一鸟种的成员之间可以发生种种个体的差别——这也是每一个人所承认了的。突然发生而特别显著的变异是难得的；这种变异，即使有益无害，是不是往往会通过选择而得到保持，并被传递给未来的世代，也有问题。[35]尽管如此，我想还是值得把我所能收集到的主要关系到鸟羽颜色的少数几个例子列举出来——但单纯的白色和全黑的不列。很多人知道古耳德先生有个习惯，就是，他不大承认种别之下还有变种，而把一些轻微的差别看得很重，认为它们有构成种别的意义。然而他说，[36]靠近南美哥伦比亚首都波古塔(Bogota)的有一个蜂鸟属(乙 309)下面的某些鸟种是可以细分为两个或三个族或支族的，划分的根据是尾巴颜色的不同——“有些的尾羽是全部蓝色的，其余的则尾羽中间的八根的末梢是美丽的绿色。”在这里，和在下面的几个例子里，似乎都没有观察到过居间的不同程度的状态。在澳洲的长尾鹦鹉(parakeet)的一个种，“雄鸟大腿上的羽色，有的是猩红色的，有的是草绿色的，雌鸟全没有这情况。”在另一种澳洲的长尾鹦鹉，雄鸟中“有些个体的覆羽上的那条横带纹作鲜黄色，而在其他个体则带些红色。”㊲ 在美国，猩红莺(scarlet tanager，即乙 917)的雄鸟中，少数几只的“小覆羽上有一条美丽的红得发亮的横带纹”，㊳ 但这一变异似乎是比较难得，因此，只有在特别有利的情况之下，才能通过性选择而把它保持下来。在印度孟加拉邦的蜜鸢(honey buzzard，即乙 741)，有的在头上只有小羽冠，小得像是一个残留，有的连这一点点都没有，要不是印度南部与此同属一个种的鸟“在脑后有相当突出的、由若干根长短羽挨次合成的一撮冠状的毛”㊴ 的话，这一点微不足道的差别根本不值得受人注意。

下面的一例在有些方面是更为有意味的。有一类羽毛斑驳的渡鸟(raven)，头、胸、腹、两翼的某些部分、尾羽，都是白的；产地只限于费茹(Feroe)[7] 诸岛。在那里，数量还不太少，格腊巴(甲 276)访问这些岛屿时，看到了八只到十只活的标本。尽管这一类的渡鸟在特征上并不十分稳定，若干有名望的鸟类学者还是把它们看成而命名为和别的渡鸟分得开的一个种。其中的一位、勃吕恩尼赫(甲 110)，之所以得此结论，主要是由于这样一个事实，就是这些斑驳的渡鸟受到岛上其他类别的渡鸟的追逐迫害，大有势不两立之势，但人们现在知道这事实是不确的。[40]不久以前，有人谈到白色的鸟受到同类的拒绝而无从获得配偶，看来这一个斑驳或斑白的渡鸟的例子倒和白色的鸟可以类比而观。

在欧洲迤北诸海中的许多岛区分布着一类很吸引人注意的普通的海鸠(guillemot，即乙988)，而在费茄诸岛，据腊拉巴的估计，每五只中只有一只呈现如下的一个变异。它在眼睛周围有一个纯白的圈子，又有一条一英寸半长的弯而窄的条纹从这圈子向后伸展，这一个显著的特征[41]曾经使若干鸟类学者把这类鸟划成一个不同于其他海鸠的种，并把它定名为泪海鸠(uria lachrymans)，现在我们知道它只是海鸠中的一个变种而已。它也和普通的海鸠相配，但在所产生的后代里这一种特征的不同程度的居间状态是从来没有人看到过的。但这也并不奇怪，我在别处曾经指出过，[42]一些突然出现的变异，在往下遗传的时候，要么照样地传，不增不减，要么不传。从这海鸠的例子里，我们看到，在同一地段之内，在一个物种之中，同时存在两个不同的形态，而我们也不容怀疑，如果其中的一个比另一个对这鸟种更为有利，则不久以后，这一形态的数量就会繁殖得越来越多，而另一形态就越来越少。例如，如果斑驳的渡鸟的那一点斑驳，所招来的不是同类的迫害，而是黑色的雌鸟的垂青，在雌鸟眼光里发现它新奇可爱(像上文所说雌孔雀对杂色的雄孔雀那样)，则他们的数量就不会减少，而会很快地增加。而这就成为性选择的一个例证了。

至于那些微小的个体差别则比较普通得多，而一个种中的成员个个都可以或多或少地有份，因此，我们有一切理由可以相信，作为选择的用武之地，它们的重要性要远在上面所说的那种个体

变异之上。第二性征是特别倾向于发生变异的。自然状态中的动物如此，家养动物也未尝不如此。[43]在上文第八章里我们已经看到，我们也有理由可以相信，变异的发生，在雄性个体身上要比雌性个体身上更为容易。所有这些可能出现的情况都是对性选择十分有利的。至于由此而取得的种种特征在往下传的时候只传给两性中的一性，抑或兼传给两性，则我们将在下章看到，要看它们遵循的是哪一种遗传方式，未可一概而论。

雌雄鸟之间的某些微小的差别之所以发生，究竟是由于单纯的变异性的活动，外加受到性别限制的遗传，而没有选择作用的那一部分帮助，抑或得到了这种选择的一臂之力而有所加强，有时候是不容易加以判断而作出意见的。在许多例子里，雄鸟有种种漂亮的色彩或其他装饰手段可以展示，而雌鸟对于这些色相也在轻微的程度上分享到一些，对这些例子，我在这里刚说过的话是不相干的，因为这一类的两性差别的来源，几乎可以肯定地是由于雄的一性首先取得了有关这些色相的特征，而后来又分移给了雌的一性的。但就某些鸟种而言，雌雄鸟之间只是在身体的某一部分，说眼睛罢，在颜色上有些轻微的差别，我们所能作出的结论又是什么呢？[44]在有些例子里，两性的眼珠有着显著的不同，例如在异喙属（乙 1000）的几种鹳（stork），雄鸟的是带黑的榛子色，而雌鸟的则作藤黄色；其在许多种犀鸟（hornbill，即乙 143），我从勃莱思先生那里听说，雄鸟有浓艳的大红眼，而雌鸟的却是白的。[45]在二角犀鸟（乙 144），雄的头盔后部的边缘和喙上隆起的部分的那根条纹都是黑的，而雌鸟就不是这样。我们能不能设想这些黑色的标记以及眼珠的大红色都曾经通过性选择而在雄鸟身上得到了保存和

加强了呢？这是很有问题的。因为巴特勒特先生在动物园里指点给我看过，这种犀鸟的口腔在雌雄鸟之间就有所不同，雄的是黑的，而雌的是肉色的，内部既有此分别，则外貌或美观上的不同大概不是由于性选择的影响可知。我在智利时，观察到[46]神鹰(condor)的虹膜，在约摸一岁大的幼鹰是深棕色的，但到了成熟的年龄，雄的变成带黄的棕色，而雌的则变成鲜红色。雄鹰头上又有一个小小的、纵长的、铅一般颜色的肉峰或冠。许多鹑鸡类鸟种的冠是富有装饰性的，而在求爱的活动期间颜色要变得特别生动。但神鹰的冠的颜色却很呆板，用我们人的眼光看去，一点点也说不上有什么装饰的意味，这又是怎么一回事呢？关于其他许多不同的特征，有如中国鹅(乙 47)在喙的尽根处的球状隆起，在雄鹅要比雌鹅的大得多，我们也可以提出同样的疑问。对于这些问题，肯定性的答复是拿不出来的，但如果我们想起，在人类的一些野蛮民族里，各式各样人为的破相——有如在脸上刻画深痕，使结出的伤疤成为肌肉的各式疙疙瘩瘩的隆起，在鼻中膈上戳个洞，洞里穿插上几根木制或骨制的小棍，在耳朵上、嘴唇上也穿上窟窿，拉得很开，也塞上东西——在我们看来是其丑难当，而在他们却每个人认为是盛装美饰，则我们对于公鹅喙上的球状隆起以及其他雄鸟身上的垂肉之类的附赘悬疣对雌鸟说来究竟美观与否，就不应该妄做解人了。

无论刚才所缕述的两性之间的哪一类不关宏旨的差别是不是通过性选择而得到保存，这些差别，以及其他的一切差别的产生总不得不以变异的一些法则为依据，是没有问题的。根据相关发育(correlated development)的原理，身体上不同部分的羽毛，或全身的羽毛，往往按照同样的方式或格局而发生变异。我们在某几个品种的家鸡身上就可以看到很好的说明。在所有这些品种里，公鸡脖子上和腰部的羽毛都要发展得很狭长而被称为梳齿羽(hackle)。现在如果雌雄两性都取得了一个顶结，而这是事实，是这一属的一个新特征，则公鸡头状的羽毛也变作梳齿状，这一变化显然是从相关的原理而来的，而母鸡头上的羽毛却还是照常不变。在公鸡，构成顶结的梳齿羽在颜色上也往往和颈部腰部的梳齿羽的颜色相关，我们只需把洒金和洒银的波兰鸡(gold-spangled 与 silver-spangled polish)、称为“大球冠”(houdan)和“伤心”(crevecover)的两个法国品种的鸡比较一下，就可以理解这个情况。在自然状态中的鸟种里，在同一些羽毛的颜色上，我们可以观察到与此完全相同的相关现象，锦鸡(gold pheasant)和阿姆赫斯特雉(Amherst pheasant)就是例子。

每一根个别的羽毛的结构一般使得它在颜色的布局上的任何变化总是两边对称的，这我们在镶边的、洒点的、细线纹的各个家鸡品种里都可以看到。而根据相关的原理，全身的羽毛的颜色在格局上往往是一致的。这就使我们在繁育家养品种的时候，比较容易地取得羽毛颜色和标记的对称，几乎和自然鸟种的对称一模一样。在镶边和洒点的家鸡里，各根羽毛的有色的边缘是有着截然分明的界限的。但我曾用一只黑中发绿色光泽的西班牙鸡(Spanish)的公鸡和一只斗鸡种的白色母鸡相配，所得的杂交种鸡的羽毛全部是黑中带绿，只是每根羽毛的尖端是白中带黄，而在此尖端与黑色的羽根之间，又有一道两边对称的深棕色的月牙状的带纹。在有些例子，羽干或羽管决定着羽上颜色的布局，我也曾用上面所说的同一只黑中带绿的西班牙鸡的公鸡和一只洒银的波兰鸡的母鸡交配，所得的杂种的羽毛在这方面就可以提供一些说明，这杂种鸡的躯干上的羽毛的羽管，以及羽管两旁的狭长条表面，合起来是黑中带绿的，其外围是很整齐的一圈深棕色，而边缘则作白中带棕的颜色。在这些例子里，我们看到，羽毛颜色的由浅入深、或由此色转入彼色，总是两边对称的，在自然状态中许多鸟种的羽毛之所以美观，原因就在于此，而在这里，情况也是一样。我也曾注意到，普通家养的鸽子里有这样一个变种，两翼上各有两条横带纹，左右对称，带纹上下都有一道浅色的空间，凡三道，而带纹的颜色是由深入浅而没入这三道空间的。这就和同种的野鸽子不一样，野鸽的两翼是以石板石般的青灰色为底、加上单纯的黑色带纹，而底与花色的界限是截然分明的。

在许多鸟群里，在同群的若干不同的鸟种之间，论羽毛的颜色虽各别，论某些斑点、标记、条纹却是大致相同的。自然的鸟种如此，在家养的鸽子品种里也找得到可以类比的例子，家养的鸽子尽管颜色不一，有红的、黄的、白的、黑的、蓝的，两翼上却都保有两条横带纹，与周围或衬底的颜色完全不同。尤为奇特的一个情况是，一面保持着某些标记，和自然状态中的鸽子一样，而一般的羽毛则几乎和野鸽的恰恰相反。在原始鸽中有一条蓝色或青色尾巴，但最在外边的左右两根尾羽的靠外而靠羽梢一端的羽瓣却是白色的。现在我们知道有一个鸽子的亚变种，尾羽的总的颜色是白的，而不是蓝的，而在原始鸽种的尾羽的白色的地方，在它却不多不少、不偏不倚地变成了黑的。[47]

鸟类羽毛上单眼斑纹的形成和它的变异性。——在动物身上的一切装饰手段之中，几乎什么都比不上见于某些鸟羽上、哺乳动物的毛上、爬行动物和鱼类的鳞上、两栖类的皮上以及许多鳞翅类及其他昆虫的翅膀的眼斑纹（ocellus）那样美丽，这种斑纹是值得我们特别注意一下的。一个眼斑纹是这样构成的：以一个圆斑或圆点为中心，外边围绕着一个圈子，中心与外围的颜色是不同的，好比眼珠，中心是瞳人而外围是虹膜那样，所不同的是，中心与外圈之间往往还套有不止一个的同中心的大小圈子。雄孔雀尾部覆羽上的眼斑纹是大家所熟悉的一个样板，孔雀蝶（peacock butterfly，属乙 993）的翅上的此种斑纹也是谁都知道的。特瑞门先生曾经向我提供关于南非洲的一种蛾，虽在南非，和我们欧洲的蛾种还是有近亲关系的，他说，这种蛾的眼斑纹很宏伟，左右后翅上各一个，几乎把后翅的整个面积都占了；斑纹的中心是黑的，其间还包括一个半透明的新月形的标记，周围是连续的一整套颜色不同的圈子，赭黄、黑、再赭黄、粉红、白、再粉红、棕、再白而不纯白。我们虽不知道这些美丽而复杂得出奇的装饰手段是怎样地一步一步发展出来的，整个的发展过程怕倒是简单的，至少在昆虫是如此。因为正如特瑞门先生写信告诉我的那样，“在鳞翅类，单单就标记或颜色一类的特征而言，最不稳定的莫过于眼斑纹，斑纹的数目和大小都不稳定。”最初唤起我注意这个题目的是沃勒斯先生，他曾经向我出示一系列的我们寻常的草褐色蝴蝶，即马王蝶的一个种（meadow-brown butterfly，即乙 481）的标本，表明从单纯的黑痣般的微不足道的一个小点开始、到一个美丽得像月华似的眼斑纹为止的许多由小到大、由简入繁的层次。在和这一种蝴蝶同属于一个科的南非洲的一种粉蝶，母后蝶（乙 308），眼斑纹的变异

比此更要动荡不定。在有几个标本里(图 53,A),翅膀的阳面有几片黑色,而黑色的中间又含有一些不规则的白记;以这个情状为起点,而逐步进入一个差强人意的完整的眼斑纹(图 53,A^1),也构成一个全套。在另一套里,从包在几乎看不清楚的一个黑线圈里的一些小白点开始(图 53,B),进入又大又圆而辐射性对称的一个个眼斑纹为止(图 53,B^1),我们也可以推数出一系列的步骤来。⑱ 在诸如此类的例子里,眼斑纹的发展所需要的变异与选择过程并不是太长的。

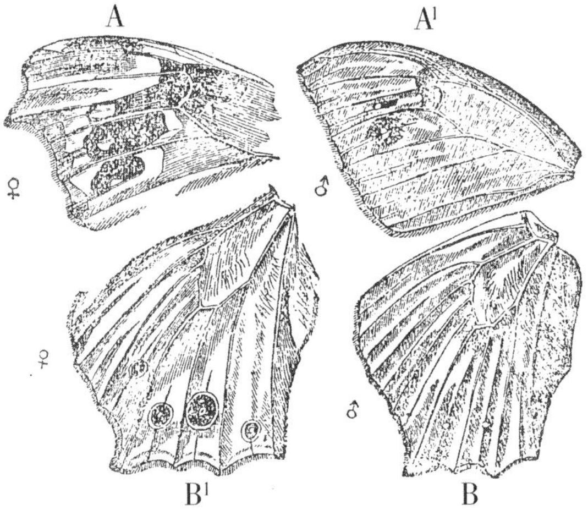

图 53　母后蝶(乙 308),据特瑞门先生所绘图,示眼斑纹的变异,自微入著,跨度极大
A,标本,来自印度洋西部毛里求斯岛,前翅阳面
A^1,标本,来自南非洲纳塔尔,翅面同上
B,标本,来自爪哇,后翅阳面
B^1,标本,来自毛里求斯岛,翅面同上

就鸟类和许多其他动物而言,我们根据若干关系相近的物种的比较而加以推测,中心的圆点看来是由条纹演变而成的,原有的条纹,初则由合而分,成为零星点滴,继则由分而合,收敛而成圆形。在亚洲所产的一类短尾雉,牧羊神雉(tragopan),在雌雉身上的隐隐约约的白浅纹,到了雄雉身上,就成了美丽的白圆斑,⑲ 而大致相类的一种情况可以在百眼雉(argus pheasant)的两性身上观察到。尽管有这些情况,从各方面的现象看来,又似乎强有力地支持这样一个信

念，就是，一方面，在小黑点为中心的此种斑纹，黑点的形成往往是由于四周色素的向心倾向，一面集中成点，一面使四周的颜色趋浅转淡，而成为一圈浅晕；而另一方面，在以白点为中心的此种斑纹，白点的形成是往往由于色素的离心倾向，一面中心成了空白，一面四周出现了个黑圈。无论在哪一样情况下，结果总是一个眼斑纹。此中所牵涉到的色素在分量上看来经常是不变的，只是在分布上有时而向心或时而离心之别而已。普通的珠鸡(guinea-fowl)的羽毛所提供的就是一个白点黑圈或白中黑外的例子，而凡属点子大而比较密集的地方，各自的黑圈会合在一起。在百眼雉，同一根羽毛上可以出现黑点白圈和白点黑圈，而所谓黑白有时候也只是在颜色上有明暗浅深之别罢了。依据了这些情况，我们可以说，眼斑纹的形成，就其最基本的情态而言，看来是简单的一回事。至于那些更为复杂的眼斑纹，中心斑点之外套上了一系列的大小圈子，各有不同的颜色，又是怎样来的，经历过什么一些步骤，我不敢强作解人地加以说明。不过根据不同颜色的家鸡品种的杂交而产生的杂种鸡的单根羽毛上的颜色分层分圈的情况，又根据鳞翅类中许多蝶种或鹅种的眼斑纹的自有其跨度极大的变异性，我们还是可以得出结论，认为它们的形成也并不是一个复杂的过程，由于有关的羽毛所从生长的体素组织起了一些轻微而逐步浸润性的变动，如此而已。

第二性征有深浅不同的级别。——这种级别的例子是重要的，因为它们向我们表明，一些装饰手段，虽然高度复杂，是可以通过微小而连续的步骤而被取得的。为了发现存活在今天的任何鸟种的雄鸟，在取得它的光辉灿烂的颜色或其他装饰品的过程中，究竟走过哪些实际的步骤，我们应该把他的长长的一串已经灭绝了的祖先注视一下，而这显然是做不到的。但如果我们把属于同一个鸟群的所有的鸟种作一个通盘的比较，而这鸟群又是够大而包罗够广的话，我们一般还是可以取得一个线索的。因为在这些鸟种之中，可能有一些至今依然保存着前代的一些特征的哪怕很不完全的遗迹。特征分级的显著的例子可举得很多，各个鸟群里都有些，但逐一加以介绍，不免过于烦琐，最好的一个办法还是举一两个特别显著的例子，有如雄的孔雀来看，就这一种鸟而论，装饰之美的所以得有今日，大概经历了一些什么步骤，然后再看我们在认识上是不是可以得到一些举一反三的好处。雄的孔雀之所以值得我们注意，主要是他尾部的复羽的长度大大地超越寻常，尾巴本身倒并不太长。这些尾羽上沿着羽干的羽枝几乎全都是各自分立的或者说，不通过羽芒而相互勾连的。他这一点不算特别，许多鸟种和某些家鸡和家养鸽的某些品种或变种也有这情况。将近羽干尽头的地方和直到尽头，羽枝却又勾连了起来而成为一片，而且在中心联合构成一个椭圆形的图案，即所谓眼斑纹。世界美丽的物品虽多，这肯定地是属于最前列的一件。就其构造而言，一个鸡心似的中心，除底处有个锯齿状的缺口外，通作深蓝色，烨烨发虹彩光，外围是一整套的颜色圈，最靠中心的是浓绿色，其次古铜色，比较宽，再其次是五个比较窄的圈子，各有其略微不同的能发虹彩光的色晕。整个圆盘形的图案里还有一个值得注意的小小的特点，即，两个圈子之间有一道空隙，当然，也是一个圈子或半圈，是没有颜色的，但不止没有颜色，并且由于构成它的有关的羽枝、在这圈空隙里多少有些光秃、即少生或不生寻常使羽枝能彼此勾连的羽芒、因而不挡光的缘故，看去几乎像是透明的，像是个透明的圈子，这样，画龙点睛，就使整个图案见得更完美了。不过我在别处也曾描写过[50]与此完全可以相类比的变异，就是斗鸡种的某一个亚变种的公鸡在梳齿羽上所表现的一个特点；这种羽的梢部会发出金属般的光彩，原来“这部分和同一根羽毛的下半部不同，它自成在羽干两旁相对称的一节，而由于构成它的那些羽枝是光秃的，即不长羽芒的，所以看去也是透明的”。回到孔雀，眼斑纹的深蓝色的中心的底部，沿着羽干的直线，有个很深的锯齿形的缺口。外围的各道圈子，环行到此，也表现着有些缺陷的痕迹，也可以说有些中断，正像图（图 54）中所看到的那样。印度产的孔雀（乙727）和爪哇产的孔雀（乙 728），虽不同种，却都表现这种缺陷或中断，而这似乎是值得特别注意的，因为它可能和眼斑纹的发展过程有所联系，不过在很长的一段时间内，我没有能猜度出它的意义来。

如果我们承认事物逐渐进化的原理，那么，在雄孔雀的长得出奇的尾部覆羽和所有寻常鸟类的短的尾部覆羽之间，从前一定存在过备有各个长短度的这种尾羽的许许多多鸟种，而同样地，在前者的宏丽的眼斑纹和其他鸟种的比较单纯的眼斑纹、甚或只是一些颜色的斑点之间，也一定存在过逐步渐进的情况；雄孔雀身上的其他一切特征也没有一个能自外于这种情况。现在让我们转向和孔雀相近的鹑鸡类，看看上面所说的居间程度，不论哪一等，至今还有存在的没有。孔雀雉属（乙 790）的各个种和亚种的所居住的本土就在孔雀的家乡附近，它们和孔雀也颇有几分相像，以至人们对它们有孔雀雉之称。我又曾从巴特勒特先生那里得知，它们在

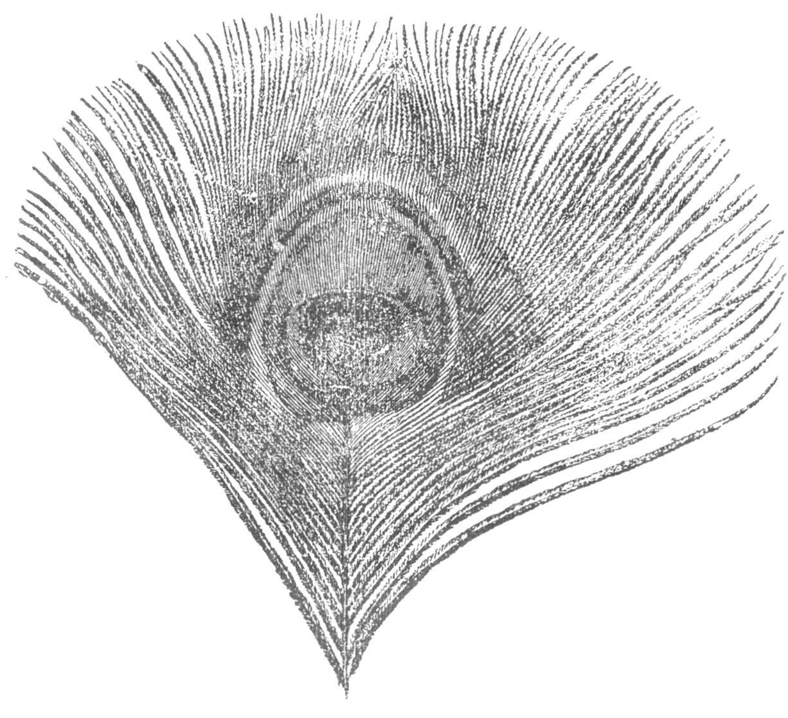

图 54　雄孔雀的尾羽的末梢，大小约当原物的三分之二；据福尔德先生所绘原图。文中所说的透明的一个圈子即盘形图案中最外围的那道白圈子，实际上是个半圈，只限于靠近羽梢的一端

鸣声和某些生活习性上也和孔雀相似。一到春季，雄的孔雀雉，像上文所已描写过的那样，要在装束得比较朴素的雌鸟面前，昂首阔步地走来走去，把饰有许许多多眼斑纹的尾羽和翼羽张得唯恐不开，竖得唯恐不直。我请读者回过头去再看一看一种孔雀雉的插图（图 51，第十三章）。在另一个种（乙 794），光是尾羽上有眼斑纹，翼羽上则没有，但整个背部作浓郁的蓝色，发出金属般的光彩，在这些方面，这一个种的孔雀雉就和爪哇的孔雀相近。又另一个种（乙 792）的头上有个奇特的顶结，这也是有些像爪哇孔雀的。在所有的孔雀雉的各个种里，翼羽和尾羽上的眼斑纹有圆的，也有

椭圆的，每一个是个盘形图案，中心是一片带绿的蓝色或带绿的紫色，美艳而发虹彩光，斑纹的外缘是黑的。在有一种（乙 791），这圈黑边又逐渐转成棕色的一圈，而这个棕色圈子又有一道乳酪色的镶边，所以在这里的眼斑纹就有一套好几道同中心的圈子围绕着，每一道的颜色虽不鲜艳，却是由深入浅，由晦转明，亦有风致。尾部覆羽的特别长是这一属鸟的又一个引人注目的特征。在有几个种里，这种羽或翎要比真尾羽反而短些，有的只有真尾羽的一半长，特长的尾羽和这些相形之下，就更见得突出了。尾部的覆羽上都有眼斑纹，像孔雀一样。由此可知，这一属鸟的若干鸟种，在尾部覆羽的长度方面、在围绕着眼斑纹的圈子方面，以及在其他的特征方面，显然正朝着孔雀的方向逐步或逐级地往前推进。

尽管有上面所说的这种接近于孔雀的趋势，当我第一次检视孔雀雉的这一属的某一个种的时候，一种失望的心情几乎教我半途而废，不再往下探讨。当时我意外地发现两点：一是这种鸟的真尾羽上也饰有眼斑纹，而孔雀的却是素淡的，二是它的眼斑纹，不论在哪一类羽毛上，根本和孔雀的不同，不同在一根羽上有两个，羽干左右各一（图 55）。因此，我当时的结论是，孔雀的早期祖先不可能曾经是一只孔雀雉一类的鸟。但在我继续探讨的过程中，我发现，在有几个种里，这两个眼斑纹靠得很近；又发现，在有一个种（乙 792）的尾羽上，两个斑纹碰到了一起；而最后，更发现，在这同一个种的某些鸟身上，以及在另一个种（乙 793）里，尾部覆羽的两个斑纹真的部分汇合了起来（图 56）。所碰头而汇合的部分既然是两个斑纹中间鼓出的那一部分，则没有汇合的上下两头势必形成两个缺口，而周围的有色圈带到此也随同呈现一个缺陷。结

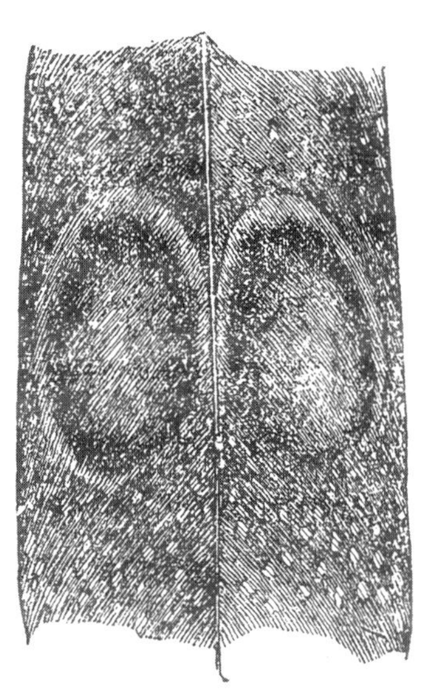

图 55　孔雀雉的一个种(乙 791)的尾部覆尾羽的一部分，示一根羽上有两个眼斑纹；大小与原物相同

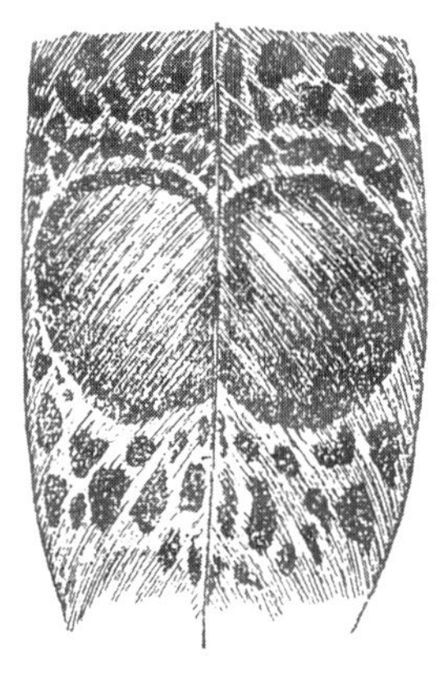

图 56　孔雀雉的又一个种(乙 793)的尾部覆尾羽的一部分，示两个眼斑纹部分趋向于汇合；大小与原物相同

果是，单一的一个眼斑纹终于在每一根尾部的覆羽上产生了出来，尽管由于原先是两个，不免清楚地露些马脚，却毕竟成一个了。这些汇合而成的眼斑纹和孔雀的单一的眼斑纹有这样一个差别，就是，斑纹上下各有一个缺口，而在孔雀，只下面或底部有一个。但这一个差别是不难解释的；在有几个孔雀雉的种里，一羽之上的两个椭圆形斑纹是彼此平行的。但在另外几个种里(有如乙 791)，它们有一头是彼此相向的，如令这一类一端相向的两个斑纹部分汇合之后，在不相向的一端，比起相向的一端来，势必留下一个更大而更深的缺口。还有一点也是显而易见的，即，如果双方一端相向的程度很强，而汇合的又很完密，那么，碰头而汇合的一端的缺口会倾向于消失不见。

孔雀，无论雄的或雌的，在真尾羽上是完全不长眼斑纹的，这显然是和真尾羽的受到特长的覆尾羽的掩盖和隐蔽有关。在这一方面，它们和孔雀雉的真尾羽有着显著的不同，在后者的大多数的鸟种里，真尾羽上饰有很大的眼斑纹，比覆尾羽上的还要大些。因此，我就想起来对若干个种的真尾羽作了仔细的检视，想发现它们的眼斑纹有没有任何倾向于消失的表示，结果是正中下怀，看来这倾向是有的。在有一个种(乙 794)，正中几根真尾羽上羽干两边的各一个眼斑纹是发展得很完整的，但越是在靠外边一些的几根尾羽之上，靠羽干里边的那个斑纹就越来越趋向于暗淡不明，而一到最外边的左右两根尾羽之上，羽干里方的斑纹就剩下一个影子或残迹了。再如，在麻刺甲产的那一个种(乙 793)，覆尾羽上的两个眼斑纹，我们刚才已经看到，已经会合起来(图 56)；而这些覆羽也已经发展得特别长，已有真尾羽的三分之二那么长，所以在这两方面，即覆尾羽的长度和羽上斑纹的汇合为一，这一种孔雀雉的覆尾羽正在向孔雀的覆羽的方向靠拢。至于麻刺甲种的真尾羽，则只有正中的两根饰有鲜艳的眼斑纹，每根上有两个，而在所有其余几根上面，凡在羽干里方的那一个已经完全消失不见。结果是使这一种的孔雀雉，在覆尾羽和真尾羽方面，在结构和装饰上，和孔雀的情况靠拢得很近了。

如果这一类的级别或渐近的层次对孔雀尾羽的所以会有今日的那样宏伟，对其在演进中所经历的一些步骤，能有所发现的话，上面所说的种种也几乎是足够满足我们的需要了。如果我们用我们的想象描绘出孔雀的老祖先的一副真容，而在描绘之际，用今天的孔雀和寻常的鹑鸡类的鸟这两个极端之间的几乎恰恰在正中的

一个中间状态作为蓝本，则描绘出的结果将是和孔雀雉的容色很相近似的一只鸟。若更具体地各言其特征，则：在孔雀这一极端，有的是长得不可开交的覆尾羽，每根上面饰有一个单一的眼斑纹；在寻常鹑鸡类的另一极端，有的是短短的覆尾羽，上面只是简简单单的洒上几个有色的小斑点；而在接近于今天的孔雀雉的中间形态，则所具备的覆尾羽，不但能挺得很直、张得很开，而且每根上面都装点着两个部分已经汇合了起来的眼斑纹，而此种尾羽又已经引申到几乎可以把真尾羽掩盖起来的长度，至于真尾羽本身原有的眼斑纹则已部分归于消灭。今天两个孔雀种[8]的眼斑纹的中心和外圈所表现的缺口或缺陷都明明白白地为这样一个看法说了有利的话，而除此看法之外，这缺口究竟从何而来，也真是无法解释。孔雀雉的雄鸟确乎是很美丽的，但他们的美，近玩则可，若观赏的距离较远，究不能和孔雀之美相比。孔雀的许多女祖先，世世代代以来，一定是懂得欣赏这一点优越性的，因为通过对最美丽的雄孔雀的持续不断地拣选，她们业已不自觉地使雄孔雀成为现有的鸟类之中最光辉的魁首。

百眼雉(Argus pheasant)。——另一个值得探讨的出色的例子是由百眼雉的翼羽上的眼斑纹所提供的，这种眼斑纹在结构与颜色浅深的安排上出奇得像个松脱了的球臼大关节，一边是凸出的圆球，一边是凹进的臼槽，彼此虽已脱开，却还没有分离，因此，这种眼斑纹是不同于寻常的眼斑纹的。在此种球臼关节状的眼斑纹里，颜色上浅深明暗的调配，或画家所称的描影法，是得到了许多有经验的艺人的称道的。但又是怎样来的呢？我想谁也不会把它看成是碰巧碰出来的事——或者说，由于风云际会，种种有色的物质的原子凑在一起，并且凑得太巧，凑出了个图案来。若说这些装饰手段的所由形成，是通过了对许多连续变异的选择作用，而在这些变异之中，没有一个原先受到过什么调配，使前途得以产生一个球臼关节形的图案印象，——这说法大概也没有人会相信的。其为不可信，正好比拉斐尔（Raphael）的圣母像（Madonne）的所以造成，是通过了一长串的青年艺术家对满幅帆布上一大堆的乱涂乱抹之中作了一番选择拼凑，而在这些青年画师之中，当初谁也没有打过主意要画出一个人体像来那样。为了发现这一种眼斑纹的发展由来，在这里和在上面不一样，我们不能追查一长串的祖先，也不能拿许多关系近密的其他鸟类形态来作比较，因为这些现在都不存在。但幸而百眼雉自己翅膀上的若干根羽毛已经足够为我们提供一个线索，来解答这个问题，而这几根羽毛也足以明白地指证出来，从一个单纯的小点点、到一个完整无缺的球臼关节状的眼斑纹，其间也曾有过、至少也是可能有过，一些级别或一些渐进的层次。

带有眼斑纹的翼羽，眼斑纹本身而外，还遍布着一些颜色晦暗的长条纹（图 57），或一串一串的同样暗色的黑点子（图 59），每一根条纹或每一串点子都从羽瓣的边缘斜斜地向羽干一边下行。而终于靠拢一系列眼斑纹中的一个。成串的小点子中，每一点一般都是左右长而上下扁，横截着串条所构成的直线，像一系列的算盘珠。它们也往往和旁近的点子发生汇合，则可以构成上下行的纵条纹，如果是属于异串的点子，即从横里发生汇合，则可以构成左右行的横条纹。一个点子有时候也可以分裂为一堆更小的点子，但分而不散，依旧维持在串上原有的部位。

不妨先叙明一下一个完整的球臼关节形的眼斑纹是什么样的。它是这样组成的，外边是一个深黑色的环或圈子，环中的平面空间在光和影的配合上恰好给人以一个球的形象。福尔德先生对此所画出的图是值得称赞的，做版时也刻得很好，但木刻有它的限制，毕竟不能把极其细致的原状惟妙惟肖地表达出来。黑环一般总有一个小小的缺口或中断处（图 57），在环的上半部，下对球的在描影上比较浅而明的一部分而略微偏右，但有时候在右边通向底部处也有中断的情况。这些小小的缺陷是有重大的意义的。黑环在左上方的一小段又总是粗壮得多，并且它的边缘也有些模糊不清（我们在这里说到上下左右，当然是指一根羽毛在手中持直而羽的阳面对着我们目光时的那些部位，文中各幅插图也是这样画出来的）。在这粗壮的一段的下面，在球面上，有一个斜斜的、几乎纯白的标记，而由此下行，纯白又转而成为浅铅色、而浊黄色、而棕色，从此越向球面的底

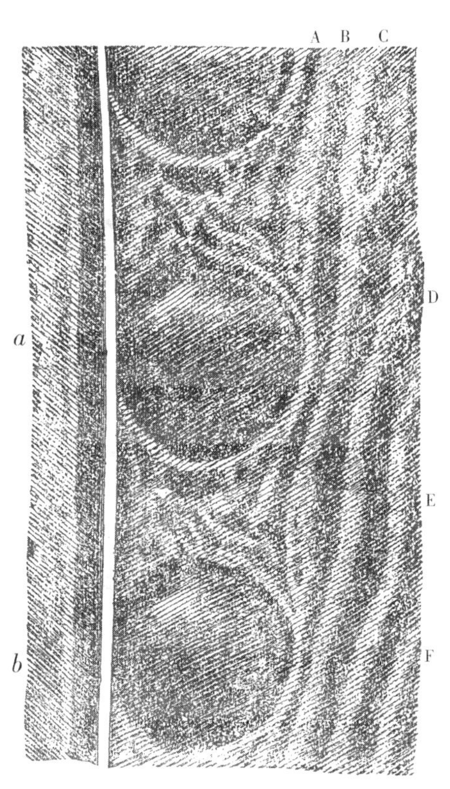

图 57 百眼雉翼羽覆羽的一部分，示两个完整的眼斑纹，a 与 b。A、B、C、D、……示旁行斜下的灰暗条纹，每一条引向一个眼斑纹。附加说明：羽干两边的羽瓣都经割除，左边割除的尤多，故图所示只右羽瓣靠近羽干的一小长片而已

部，颜色就越是晦暗不明，而每两种颜色之间的过渡总是那么“潜移默化”，无丝毫痕迹可寻。恰恰就是这些绘影之妙使我们取得了光线照射在一个凸面上的印象，亦即一个圆球的形象，逼真逼肖。如果我们更仔细地把球面检视一下，我们会看到它的下半部一般作一种棕色，上半部则更要黄些和更像铅一般的颜色，而上下半部之间实际上有一条弯弯的斜行的细线，像是提供了一条分界线，却又很不清楚，这条弯弯的斜行线，对于因光照而呈白色的一片球面所横截了的轴线，亦即对全部射影的轴线，成一个九十度的直角。但上面所说的在细线上下的颜色上的差别（这在木刻的插图里当然无法表示出来），对球面描影的浑成完整，是丝毫不发生不良的影响的。特别应该观察到的一点是，每一个眼斑纹，或则和一条颜色灰暗的蓝条纹，或则和一纵串灰暗色的斑点，清清楚楚地有着联系，而在同一根羽毛之上，这两种情况都可以有，即，所联系的不必全是条纹，也不必全是点串。这种联系，在图 57 中就可以看到：条纹 A 所走向的是眼斑纹 a；B 与 b 的关系也是这样；条纹 C 在上部中断，但走势还是很清楚的，即走向挨着 b 下面的一个眼斑纹，插图中已不及见；D 所联系的是更下面的一个；E、F 也都如此，各有所系。最后我们可以看到，每两个眼斑纹之间都有一小片颜色苍白的平面，衬托着一堆不规则的黑色斑记。

其次，我要叙述一下这一路眼斑纹所由发展的另一头，就是，它在开始发展时的一些迹象。翼羽上最贴近身体的短短的覆羽（图 58），所具备的一些斑记是和其他的翼羽相似的，同样是不很规则的、旁行斜下的、一串串的颜色很灰暗的斑点。在比较下面的五串（最下面的一串不在此数）的最底下的一个斑点，亦即最靠近羽干的那一点，要比同串的其他斑点大一些，在横里也宽阔一些。另一层和其他斑纹不同的是，在它的上面，对着和沿着横宽的一边有一条新月形而作暗黄色的一抹。但除此以外，这一个斑点和其他许多鸟种的羽毛上的斑点差不多，并无什么出奇之处，因此，很容易被看漏了，认为无足轻重。在它上面的最相挨近的那个斑点就和同串而更在上面的其他斑点完全一样，一无特别之处了。而这最底下的一个斑点却不然，除了上面所说的差别而外，更需指出，它所处的地位恰恰相当于更长的翼羽上的发展完整了的眼斑纹的地位。

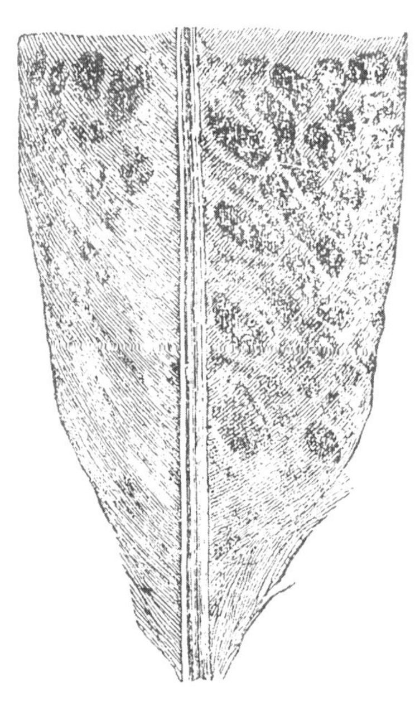
图 58　翼羽上最贴身的覆羽的底部

上面所说的是翼羽中最贴身的覆羽，如果我们进而检视挨着它的那两三根覆羽，我们可以发现，从上面所已叙述的底部斑点，带上最挨近它的那个同串的斑点，做一回事，到达一个很奇特的装饰性的花样，做又一回事，两回事之间也有一系列的渐进的层次，虽然渐进得几乎绝对令人察觉不到，却也还可以逐步推寻出来。至于所说的奇特的花样，一向既没有什么很好的名称，眼斑纹的名称又不适用，我为它起了一个，叫做“月食状花样”，盖取其形似月食时半食的情状，见插图(图 59)。我们在这幅插图里看到好几条斜斜的串子，A、B、C、D 等等(见右方附有字母的线图)。每一串是由寻常的灰暗色的斑记构成的，旁行斜下，接上一个月食状花样，和图 57 中每一根条纹的旁行斜下而接上一个球臼形眼斑纹的情况完全一样。无论看图 59 中的哪一串，说 B 串罢，最底下的一个斑点或记（b）要比同串其余的各斑点粗壮些，也拉长得多，长而靠左的一头是尖的，并且向上钩。在这个黑色斑记之上，作为它的这一部分的边缘，是一片界限分明而相当宽大的空间，中间充满着好几层不同颜色的浅深相入的描影，首先是一窄条棕色，其次过渡到橙黄色，又其次过渡到铅一般的灰白色的一条，而

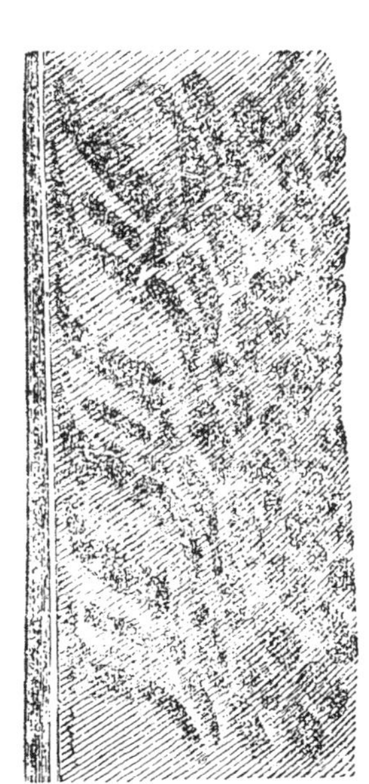

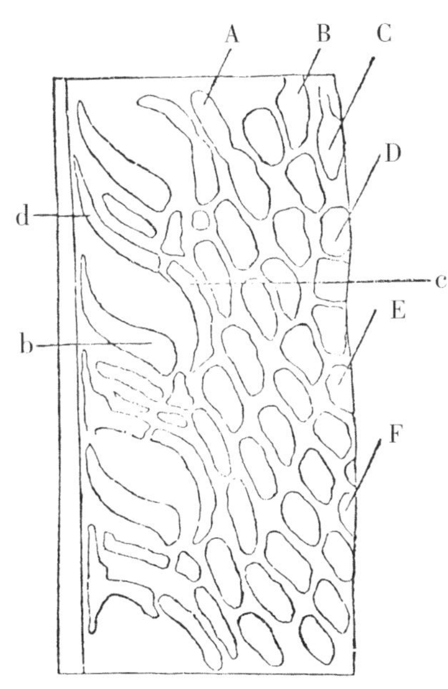

图 59　比较贴身的翼羽的一根覆羽的一部分，示所称“月食状花样”。右方的线图即从左方的底图勾画而来，并列在此，借以用字母、线条说明底图的内容。线图中：
A、B、C、D……示各串斑点，旁行斜下，导向并构成了“月食状花样”
b 示 B 串的最底下的斑点或记
c 示 B 串中最挨近底斑的斑或记
d 指显然是 B 串中 c 斑的一段已经中断了的延伸

此条之中，靠近羽干的一头灰白得特别厉害。这些深浅相入的颜

色，合成一片，实际上是月食状花样的一个组成部分，填满了花样的上面的一大半，下面的一小半就是那黑色的斑记了。这个斑记（即 b），从任何方面看来，实际上相当于上一段文字（以及图 58）中所描述的更简单的覆羽上的那个最在底部的黑斑点，但是发达得多了，颜色也变得更为鲜艳了。这个斑记（仍 b，图 59）和同它可以算在一起的各个颜色层之上，而略偏右，但实际上是和 b 属于同一串的东西，是一条长而窄的黑色标记（同上图，c），两头有些向下弯，对 b 作覆盖状。这一条标记有时候是中断而成为两段的。这标记总的颜色虽是黑的，在下面却镶有一条很窄的暗黄的边。在 c 的上面，偏左，和 c 向着同一个方向倾斜，而总是和 c 分得开而不成一码事的，还有另一个黑色标记（即 d，图 59）。这个标记一般成次三角形，不很规则，线图中所示的例子还算是规则的，不过比一般的窄而长。它显然是标记 c 的中断了的横伸出来的那一段、和更在上面的一个斑点的同样是延伸出来而中断了的另一段汇合而成的，但对于后面这一段，我是不敢肯定的（在线图中也似乎看不出来——译者）。现在可以更清楚地看到，这三个标记，a、b、c 再加上包括在它们中间的各种颜色的描绘，全部合起来，才构成所谓的月食状花样。这些安排得和羽干平行的一连串的花样，在一根羽毛上的部位，一清二楚地是和球臼形眼斑纹相当的。它们的极度的美妙在插图上是领略不到的，因为橙黄同铅灰等色同黑斑记的爽朗利落的对比在图里是无法表现出来的。

以月食状花样为一方，以球臼形眼斑纹为另一方，相比而观，两者之间的层次或级别关系是再完整没有的，完整到使我犹豫不决，究竟在这里该不该用层次或级别的字样。从前者过渡到后者所要求的只是：花样下半部的黑记（b，图 59）向外的一头再拉得长些、而向右上方弯一下，使与原有的向左上方的弯子相对；原有的右上角的 c 尤其要拉长些、变得更弯些；至于那类三角形的或窄长而一头尖的标记 d 则把尖长的一头收缩起来：最后，三方面合拢，就成为一个不规则的椭圆形的环。接着就是这环变得越来越圆、越整齐、同时直径也逐步加大。我在这里准备了另一幅插图（图 60，大小与原物同），以示这种外围的圈子或环当未发展得很完整而合了拢的眼斑纹的例子是真有其事的。在这种例子里，黑环的底部要比月食状花样的底部的斑记（b，图 59）弯得多。环的上半是由两三个不相连的段落构成的，而环的左上角的比较粗壮的一段也只还是一个开头，但已有痕迹可寻。至少环以内的灰白色的描影部分也还没有集中和安排得太好，因而在这灰白部分之下的一片颜色要比一个完整的眼斑纹的显得更为浓艳。这些都不足为怪，因为即便在最完整的眼斑纹里，周围的圈子或环虽无断缺，但当初由三四个拉长了的黑斑记连接起来的痕迹，在衔接点上，也还往往可以侦察得出来。那个不规则的类三角形的狭长的斑记（d，图 59），由于收缩而变得左右上下更为平衡，后来终于形成了一个完整的眼斑纹左上角、亦即灰白片描影上面的那一部分圈子的比较粗壮的一段，这一层也是清楚的。圈子底下的一小段，在一切例子里，都毫不例外地要比其他部分略略粗壮一些（见图 57），这一层的由来也是清楚的，就是，构成月食状花样底部的那个黑色斑记（b，图 59）本来就比上部的斑记（c）要粗大一些。关于汇合和变化的过程的每一个步骤都可以这样地推寻出来，而环绕着眼斑的圆球的那个黑圈子是不成问题地由月食状花样的三个黑色斑记，b、

c、d联合变化而成的。至于每两个眼斑纹之间一些不规则的、七弯八曲的黑色斑记(再看图57)是由原先的每两个月食状花样之间的比较规则的同一类的斑记分裂而成,这也是看得明白的。

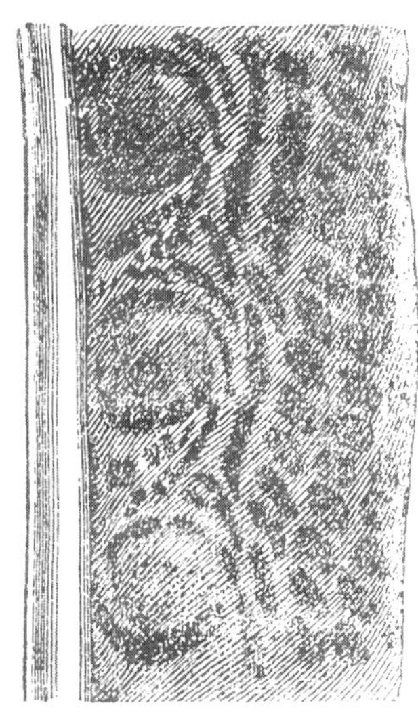

图60　介在月食状花样与完整的球臼形眼斑纹之间的一个中间状态的眼斑纹

球臼形眼斑纹的中心的描影的所由形成的各个步骤,推寻起来,也是一样地清楚。我们可以看出,月食状花样中镶配在底部黑色斑记上面的窄窄的几层颜色,棕色、橙黄、铅灰,变得越来越柔和,其由深入浅之处越来越互相渗入、变谈而过渡于无形,而球面左上角比较浅淡的部分也变得更加浅淡,至于几乎成了白的,并且同时在范围上也收缩了些。不过,我们也可以看到,即便在最完整的球臼形眼斑纹里,在球面的上下两半之间,尽管描影都描得十分浑成,在颜色的配合上是可以有些小差别的,这我们在上文已曾一度指出过。我们也曾说到,上下半之间的分界线是倾斜的,而其倾斜的方向又和月食状花样中各个有色层的倾斜的方向正相吻合。总之,球臼形眼斑纹在形状和颜色方面的每一个纤小的节目,一经推寻指证,都可以被标明为是从月食状花样所原有的内容逐渐递变而来;而月食状花样本身的发展也可以,通过同样的一些细小的步骤,追溯到几乎是两个单纯的黑斑的结合,我说几乎是单纯的,因为其中部位较低那一个黑斑(图58)在它上部的边缘上还镶着一缕呆板的暗黄色,不算太单纯。

带有完整的球臼形眼斑纹的较长的覆羽的末梢，是装点得很奇特的（图61）。各根纵斜的长条纹，上行到此，突然停止，而变得纷纭凌乱，而在凌乱的条纹的尽处、上至羽尖的一段则是一片灰暗的底子衬托着许许多多有小黑环围着的白点子（图 61，a）。在这种覆羽上面，联系着最高的那个眼斑纹的纵斜条纹是很短的，实际上已成一个不规则的黑记，但照样还有这种条纹一般都有的横扁、而又弯弯的托底。这一根条纹既然是这样地突然截得很短，再根据上文所已说过的话，我们也许可以理解为什么它所联系的眼斑纹的黑环的左上角是没有那粗壮的一节的，因为，上面也已经说过，这一节的来历显然和更在上面的一个斑的一段中断了的延伸有些关系。由于环的左上角缺此粗壮的一节，最在上面的那个眼斑纹，尽管在其他一切方面都十分完整，左上方看去却总像削掉了一片似的。我想对于任何相信万物是由创造而来、而百眼雉的羽毛的今日的色相便是当初创造时的色相、一成而未变的人，这最上面的眼斑纹的此种缺而不全的情状应该如何解释，不免成为一个为难的问题。我应

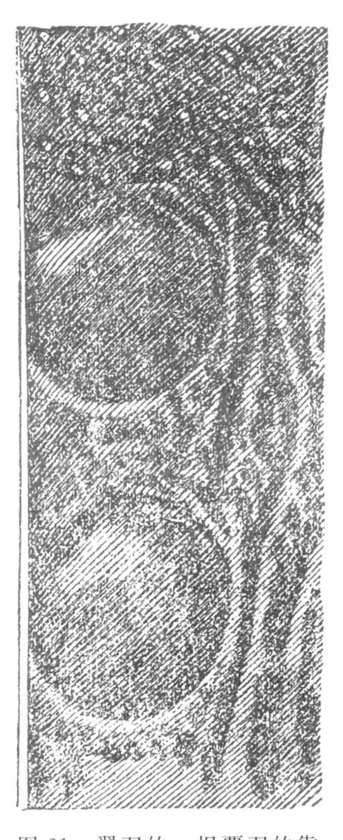

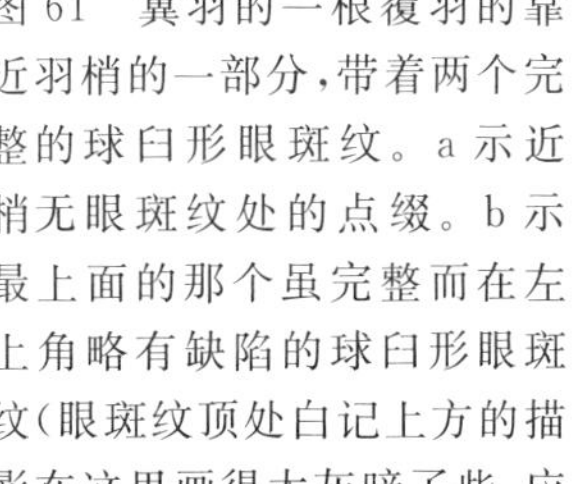

图 61　翼羽的一根覆羽的靠近羽梢的一部分，带着两个完整的球臼形眼斑纹。a 示近梢无眼斑纹处的点缀。b 示最上面的那个虽完整而在左上角略有缺陷的球臼形眼斑纹（眼斑纹顶处白记上方的描影在这里画得太灰暗了些，应该还要浅淡些）。c 示完整无缺的眼斑纹

该补充说明，在最不贴身的羽翼的覆羽上面，所有的眼斑纹都比在其他羽毛上面的小些和不太完整些，并且黑环的左上角也都有一些缺陷，和刚才所说的情况一样。这种的不完整和缺陷似乎和这样一个情况有关，就是，在这里，成串的黑斑点不大倾向于彼此汇合而成为纵条纹；不，它们不但不汇合，反而往往各自分裂，成为更小的斑点，更多的串串，以至有两串或三串旁行斜下，而和同一个眼斑纹联系上的。

讨论到此，还剩下一点奇特的情况值得我们注意，而这是沃德先生最先观察到的。[51] 当初沃尔德（甲 683）先生所给我的那张相片，所摄的是已经制成标本而固定在展翅炫美的姿势上的一只百眼雉，在这里，在竖得笔直的翼羽上，我们可以看到，各个眼斑纹上左上角的代表着光线照射在凸面之上而所发出的反光的那些白记，在部位上要比我们在上文所说的更高一些，更靠近圆球的顶。这不奇怪，因为当此鸟平时在地面上赏弄他的美的时候，光线是从上面照下来的。下面才是奇特的所在：展翅的时候，左右靠外边的几根翼羽是张开得几乎放平的，既然放平了，而和竖得笔直的几根不一样，则它们的眼斑纹上反光的那一部分也应当表现出光线是从上面来、而不是从横里来的，也就是说，这里的眼斑纹上的白记应当在球的上半的侧面，而不会高至于顶。而惊人的是，事实确乎就是如此！因此，不同的翼羽在展示时的部位虽各有不同，就它们和光线来源的关系而论，却没有一根不表明光线是从上面照下来似的，真是和画师在画一只百眼雉时所要画出的描影一模一样。尽管如此，这些羽上的斑纹的白记，严格说来，也并不完全像事理所应有那样地都反映着光线是来自同一个源头的。当有关的羽毛

在开屏时横放得几乎平的时候，这些白记所处的部位并不是恰如其分，而是偏到了另一头去，换言之，就是，横过了头，反而成为不够横了。不过，我们对通过性选择而变得有了些装饰意义的这样一个部分没有权利要求尽善尽美，正好比我们对通过自然选择而变化得有了些实际用途的另一个身体部分也没有权利要求百分之百的合用一样；人的眼睛，作为一个有用的器官，真是再奇妙也没有的了，然而也还不是完善无缺，就是一个例子。而在专家的眼光里，人眼的毛病不是少，而是太多，我们知道当今在这题目上的欧洲的第一把手黑尔姆·霍耳兹说过的一句话：如果一个光学家或眼镜师把制造得这样马马虎虎的一件家伙卖给他，他认为有充分的理由退货找钱。[52]

现在我们已经看到，从简单的一些斑点到令人叫绝的球臼形的装饰花样，一个完整无缺的由简入繁的系列或层次是可以推导出来的。曾经以这些羽毛赠送给我的古耳德先生完全同意这个看法，认为这种层次或级别是应有尽有的。同一只鸟的身上的羽毛，在发展的阶段上，当然不一定能够把这个鸟种的已经灭绝了的祖先辈所曾经历的各个步骤全都向我们表明出来，但它们会给我们一个线索，使我们得以窥测到前代所曾经历过的一些真实的步骤，而它们至少提供了许多真凭实据，说明一个发展的层次是可能有过的。任何人，一面既记住了雄的百眼雉是怎样小心翼翼地在雌雉面前炫耀他的羽毛，再记住使得我们有理由认为雌雉对更为美好的雄雉是懂得选择的许多事实，一面又承认性选择是一种力量而有其作用，就无论如何不会否认，一个简单的灰暗的斑点，边上带有一些暗黄色的彩晕，作为开端，有可能，通过旁近的另一个同样的斑点逐步靠拢、逐步变化，连同在颜色的分量上略微有所增加，而终于转变为一个我所谓的月食状花样，作为成果。很多人看到过这些花样，他们全都承认它们实在是美，而有的人还认为它比球臼形眼斑纹要高出一筹。后来有关的一些覆羽通过性选择而变得长了些，而羽上的月食状花样的直径也随而有了增加之后，花样的颜色由于花样的铺开而不能不有所冲淡，亦即鲜艳的程度不能不有所减退，于是羽毛的装饰性就有必要通过格式和描影的改进而作出新一步的发展；而这一新发展的过程，一经发轫，终于归结到了奇美的球臼形眼斑纹的完成。这样——而依我看来也只有这样，而别无其他的途径——我们对百眼雉的羽翼的当前的装饰情况以及此种情况的由来演变，才能有所理解。

根据级别或层次的原理所给我们的启发——根据我们所知道的有关变异的一些法则——根据我们许多家养鸟种所发生的种种变迁——而最后，更根据幼鸟的未成熟的羽毛的性状（关于这一层，我们将在下文另一章中更清楚地看到）——根据这些，我们有时候是可以有一定分量的把握，敢于指证雄鸟大概是经历了一些什么步骤才取得他们的美丽的羽毛和各式各样的装饰品的，我说有的时候，因为对许多例子或情况来说，我们至今还是如坠五里雾中，惘然不知所措。若干年以前，古耳德先生提醒我注意雌雄鸟之间有着一些奇异的差别的一种蜂鸟（乙 991）。雄鸟除了有漂亮的护喉的羽毛之外，还有黑中带绿的尾羽，而正中的四根尾羽的末梢是白色的，其在雌鸟和其他许多关系相近的蜂鸟种一样，尾羽中靠外边的左右各三根的羽尖是镶白的；所以同样地在某些羽梢上装潢着一点白色，在雄的是中四根，而在雌的是外六根，相异而适相成。使得这个例子见得格外奇特的是，尽管在许多蜂鸟种里，雌雄鸟之间在尾羽的颜色上都有显著的差别，古耳德先生却一直没有发现过第二个这样的蜂鸟种，就是雄鸟的尾羽的正中四根是有白色的羽尖的。

阿尔吉耳公爵，在评论这一个例子的时候[53]，一面撇过性选择不提，一面作难地问道，“对于诸如此类的特殊的变种，自然选择的法则又能提供什么解释呢？”他的答复是，“不能，无论如何不能”；我倒很同意他的话。但对于性选择我们也能这样斩钉截铁地说么？各种蜂鸟的尾羽既然可以如此变化多端，各不相袭，在这一个种的尾羽上的正中四根何独不能如此由变异而取得了一些白羽尖呢？这些变异的由来可能是渐进的，也可能是突然的，例如，不久以前，在波古塔[9] 附近发现的一些蜂鸟的例子，其中有几只，而只有这几只，正中的几根尾羽有着绿得很美的羽梢。在上面所说的那种蜂鸟(乙 991)的雌鸟身上，我注意到，在正中四根黑色的尾羽的靠外边的两根在羽梢上也有一些白色，不过很细微，像是一些残留。所以我们在这里也多少获得一个证明，说明这一个蜂鸟种的羽毛也还是经历过某种变迁的。如果我们承认此种雄蜂鸟的正中的几根尾羽有可能正朝着白色的方向变异，那么我们也可以一点也不以为奇地承认这种变异是性选择造成的。尾羽上的白梢，像此种鸟的耳边的一小撮白羽毛一样，肯定地增加了雄鸟的美丽的程度，而这是阿尔吉耳公爵也承认的；而白色又显然是其他许多鸟类所欣赏的，钟声鸟(bell-bird)的皑皑白色为雌鸟所喜爱，是我们所确知的一些例子中的一个，以彼例此，则此种蜂鸟的雌鸟也有这种嗜好，正未可知。我们不应该忘记黑朗爵士说到过的一些话，就

是，当他所畜的雌孔雀被禁止和杂色的雄孔雀打交道的时候，她就索性不和任何其他的雄孔雀结合，而在那一季里，她就没有孵育出小孔雀来。至于这种蜂鸟在尾羽上的一些变异会特别为了装饰的目的而成为被选择的对象，这也不足为奇，因为蜂鸟科中和此种蜂鸟关系近密而排列在一起的另一个属，由于尾羽的金光闪烁，即赢得了“五金尾”的称号（属名即为五金光尾属，乙 617）。除此以外，我们还有良好的证据，说明各种蜂鸟，在炫耀他们的尾羽的时候，总是悉心尽意，不留余韵；例如，贝耳特先生，[54]在描绘另一个蜂鸟种（乙 413）的美丽之后，说，“我看到一只雌鸟止息在枝头，而两只雄的在她面前各显神通，展示色相。其中的一只会突然像火箭一般腾空而上，又突然张开他的洁白如雪的尾羽，望去像一把倒着张开了的降落伞，然后缓缓地下降，落到她的面前，又慢慢地把身子打个转，把通身前后的色相也展示一番。……张开了的白色尾羽所占有的空间要比他的全身的其他部分的总和大得多，而尾羽的一张一翕无疑地是全部表演的最精彩宏伟的场面。当这一只雄鸟下降的时候，另一个雄鸟会照样地腾空而起，同样地带着张开了的尾羽徐徐降落下来。这全部表演最后以两位演员的一场全武行而告结束，但结束以后，受到雌鸟的赏识的究竟是哪一只雄的，是最美丽的一只，还是最能打的一只，我就不知道了。”古耳德先生，在叙述了上面所说的白尾梢的那种蜂鸟之后，也补充说，这里面“所追求的目的是装饰之美，是花样的新奇，而不落一般俗套，在我是可以说毫不怀疑的。”[55]如果我们承认这话，我们可以认识到，在过去的若干时代里，凡是打扮得最漂亮和最新奇的雄鸟是占了便宜的，占便宜的场合不在日常的生活竞争之中，而在求偶之际和同类的其他雄鸟的争奇斗胜之中，而便宜的结果是留下了更大量的传到了他们所新取得的一些优美的特点的后代。

原　　注

① 诺尔德曼(甲 504)曾叙述过黑龙江迤北地区准鸡尾雷鸟(乙 935)的“巴尔兹”(参本章译注 1)，见莫斯科《皇家自然学人会公报》(丙 42)，第三十四卷，页 264。据他估计，一时啸聚的众鸟有一百只以上，还不算躲在周围灌木丛里的雌鸟在内。这种鸟所发出的声音和鸡尾雷鸟(乙 936)的有所不同。

② 关于上面所说的若干鸟群的聚会，见勃瑞姆，《动物生活图说》，第四卷，页 350；亦见劳伊德，《瑞典境内可供弋猎的鸟类》，1867 年，页 19、78。又瑞查尔曾，《北美洲动物志》，鸟类之部，页 362。关于其他一些鸟类的季节会聚的一些参考，已见上文。关于风鸟类，见沃勒斯文，载《自然史纪事与杂志》(丙 10)，第二十卷，1857 年，页 412。关于鹬类，见劳伊德，同上引书，页 221。

③ 这篇记述的一部分，为沃德先生所征引，见《学者》(丙 140)，1870 年卷，页 125。

④ 见古耳德，《澳洲鸟类手册》，第一卷，页 300、308、448、451。关于上文所说到的那种雷鸟(ptarmigan)，见劳伊德，同上引书，页 129。

⑤ 关于喜鹊，见靳纳尔文，载《哲学学会会报》(丙 149)，1824 年卷，页 21。又，麦克吉利弗瑞(甲 423)，《不列颠鸟类史》，第一卷，页 570，汤姆森文载《自然史纪事与杂志》(丙 10)，第八卷，1842 年，页 494。

⑥ 关于隼，见汤姆森，《爱尔兰的自然史，鸟类之部》，第一卷，1849 年，页 39。关于猫头鹰、麻雀、鹧鸪，见怀伊特，《塞尔保恩自然史》(参本章译注 4)，1825 年版，第一卷，页 139。关于朗鶲，见《娄登(甲 411)氏自然史杂志》(丙 89)，第七卷，1834 年，页 245。勃瑞姆(《动物生活图说》，第四卷，页 991)也谈到鸟类中一天重配三次(若以一天开始时的配偶为原配，则再配实两次——译者)的若干例子。

⑦ 怀伊特(《塞尔保恩自然史》，1825 年版，第一卷，页 140)叙述到春初一小群一小群的雄鹧鸪的存在；而我自己也听到过一些例子。关于某些鸟的生殖器官发育不全的状态，见勒纳尔文，载《哲学学会会报》(丙 149)，1824 年卷。关于三只鸟同居的情况，其有关欧椋鸟和鹦鹉的例子，我得之于介·威尔先生，其有关鹧鸪的例子则来自福克斯先生，我都要表示我的谢意；关于食腐肉的乌鸦也有三鸟同居的情况，见《田野》(丙 59)，1868 年卷，页 415。关于逾期还在为求偶而悲鸣的一些鸟种的例子，见靳宁斯牧师，《有关自然史的一些观察》，1846 年版，页 87。

⑧ 茅尔里斯(甲 476)牧师，根据另一位更高的神职人员，福瑞斯特尔(甲 249)牧师的观察，提供了如下的一个例子(《泰晤士报》，丙 142，1868 年 8 月 6 日)：“今年这里的禽鸟守护人发现一个鹰巢，其中有五只鹰雏。他取出其中的四只杀了，把剩余的一只的翅膀剪了，留下来作为诱鸟，好把老鹰引来，一起除掉。第二天两只老鹰果然来

了，在喂雏鹰吃东西的时候，中弹而死，守护的人认为问题全部解决，就走开了。次日再来，发现又有两只老鹰在窠边，显然是以慈善家的姿态出现的，神情上也有几分义父母的意味；它们负起了救护孤雏的任务。守护人又把它们杀了，离开了。过后又回来探视，发现又来了两个大善士，负有同样的仁慈的差事。他杀了其中的一只，另一只也中了枪，但没有能找到。从此绝迹，没有再来当这种徒劳的差事的了。"

⑨　我感谢牛顿(应是甲 497)教授，因为他向我指出了亚当斯(甲 3)先生在《一个自然学者的游记》(1870 年，页 278)里所叙的如下的一段文字。谈到在笼里饲养的日本产的属于鹇科的五十雀(nut-hatch)，他说："饲养日本五十雀，寻常用它所惯于食用的紫杉实，比较不硬，易于啄开；在有一段时期里，我却改用了榛子，壳很硬。五十雀既无法把它啄开，就一颗颗的把它放进水盂里，用意所在，显然是到时候榛子壳会变得软些——这是这种鸟有它们的智慧的一个有趣的证明。"

⑩　见《色瑟兰郡(Sutherlandshire，英格兰北部——译者)行记》，第一卷，1849 年，页 185。又勃勒尔博士(《新西兰的鸟类》，1872 年，页 56)说，一只雄的朝霞鹦鹉(king lory)被杀之后，"雌的时而暴怒，时而发呆，拒绝饮食，终于伤心而死。"

⑪　《新南威尔斯浪迹记》，第二卷，1834 年，页 62(新南威尔斯为澳大利亚之一州，在东南部——译者)。

⑫　见勃克斯屯议员，《鹦鹉的水土驯习》，载《自然史纪事与杂志》(丙 10)，1868 年 11 月，页 381。

⑬　文见《动物学人》(丙 157)，1847—1848 年合卷，页 1602 。

⑭　黑威特论野鸭文，见《园艺学刊》(丙 80)，1863 年 1 月 13 日，页 39。奥杜朋论野吐绶鸡，见《鸟类列传》，第一卷，页 14。关于反舌鸟，见同书同卷，页 110。

⑮　见《朱鹭》(丙 66)，第二卷，1860 年，页 344。

⑯　关于蜂鸟的有装饰的巢，见古耳德，《蜂鸟科引论》，1861 年，页 19。关于凉棚鸟，见同作者，《澳洲鸟类手册》，1865 年，第一卷，页 444—461。腊姆西文，载《朱鹭》，1867 年，页 456。

⑰　见所著《不列颠鸟类史》，第二卷，页 92。

⑱　见《动物学人》(丙 157)，1853—1854 年合卷，页 3946。

⑲　沃特尔屯，《自然历史论文集》，第二辑，页 42 和 117。此下关于赤颈凫的叙述，见娄登氏《自然史杂志》(丙 89)，第九卷，页 616；又劳伊德，《斯堪的纳维亚探奇录》，第一卷，1854 年，页 452。又迪克森，《玩赏与日用的家禽》，页 137；黑威特文，载《园艺学刊》(丙 80)，1863 年 1 月 13 日，页 40；又贝赫斯坦因，《笼养的鸟类》，1840 年，页 230。最近介·威尔先生又向我提供了牵涉两种鸭或凫的一个例子。

⑳　奥杜朋，《鸟类列传》，第一卷，页 191、349；第二卷，页 42、275；第三卷，页 2。

㉑　见《罕见与得奖的家禽》，1854 年版，页 27。

㉒　参看《家养动植物的变异》，第二卷，页 103。

㉓　见两人合著的《论鸽类……》，1824 年版，页 12。吕卡(甲 414)(《自然遗传学专论》，第二卷，1850 年版，页 296)说他自己也曾就鸽子观察到几乎同样的事实。

㉔　《养鸽术》，1824 年，页 86。

㉕　见《鸟类列传》，第一卷，页 13。参看勃腊恩特（甲 112）博士所说的意义相同的话，见阿楞，《佛罗里达州的哺乳类与鸟类动物》，页 344。（按勃腊恩特，据索引，所论为家鸽对野鸽的偏爱，而非吐绶鸡，今置此注下，交代殊欠明白——译者。）

㉖　见《动物学会会刊》（丙 122），1835 年卷，页 54。斯克雷特尔先生认为这里面的漆黑色的雄孔雀是另外一种，并且为它别立种名为"黑羽孔雀"（乙 729），但依我看来，一些特点似乎只能说明它只能是同种中的一个变种罢了。

㉗　茹道耳斐文，见《人类学贡献丛刊》，1812 年，页 184。

㉘　见《达尔文学说及其对道德与宗教的态度》，1869 年，页 59。

㉙　这一段话见亚当斯先生所著《林原漫步录》一书，1873 年版，页 76，而亚当斯自己的经验也是如此。

㉚　关于孔雀，见黑朗爵士文，《动物学会会刊》（丙 122），1835 年，页 54，和关于此文的评论。又见迪克森，《玩赏的家禽》（此书全名已见上注⑲——译者），1848 年，页 8。关于吐绶鸡，见奥杜朋，同上引书，页 4。关于雷鸟，见劳伊德，《瑞典可供弋猎的鸟类》，1867 年，页 23。

㉛　黑威特先生的话，见引于特格特迈尔，《家禽书》，1866 年，页 165。

㉜　见引于劳伊德，《瑞典可供弋猎的鸟类》，页 345。

㉝　根据勃雷休斯（甲 72）博士（文，载《朱鹭》，丙 66，第二卷，1860 年，页 297），在欧洲境内繁育的鸟类，以种论，毫无疑问的凡四百二十五个，另有六十个，也往往被认为是可以划分得出的种，但还有问题。这六十个之中，勃雷休斯认为只有十个是真正可疑的，而其余五十个可以作为真种，而和它们最近密的亲属一并归入有关科属之内；不过这也说明，就我们欧洲的一部分鸟类说，变异的分量一定是相当可观的。自然学家还有一个未经解决的问题，就是，若干北美洲的鸟的类别，大致和欧洲的某几个种相呼应，而像是异地同种的鸟，但亦互有异同之点，是不是应该分划成另一些种，是不容易决定的。反之，从前被称为种的某些北美洲的鸟，现在看来不是，而只是地方性的变种或亚种而已。

㉞　见《佛罗里达州东部的哺乳类与鸟类动物》（即上注㉕中所引书，唯此多出"东部"二字，自是书名全文——译者），又见《堪萨斯州鸟类采访录》等书。尽管气候对鸟类羽毛的颜色有所影响，要想用它来解释分布在某些地区的几乎所有的颜色呆板或晦暗的鸟种——例如，赤道上及其迤南的加拉帕哥斯（Galapagos）诸岛、南美洲处于温带以内宽广的巴塔哥尼亚（Patagonia）平原；而看来埃及也是这样一个例子见哈尔特肖翁（甲 304 ）先生文（载《美国自然学人》，丙 8，1873 年卷，页 747）。这些地区都很开敞，对鸟类不能提供多大的隐蔽；但这些地区之所以缺少颜色鲜美的鸟种是不是就可以用保护的原理来解释似乎还有问题，因为就巴塔哥尼亚而言，迤北邦巴（Pampa）地区，地面是一样地开敞，尽管多上了一层绿草，其为缺乏隐蔽，容易招来危险，情况并无二致，然而在那里，颜色美丽或鲜明的鸟种是多而常见的。依我有时候的臆想所及，颇以为上面所说各个地区的自然景色的普遍呆板是不是对分布其他的各个鸟种有所影响，使其对鲜美的颜色难于领会。

㉟　参《物种起源》，第五版，1869 年，页 104。以前，我一直认为那些罕见的、突出

的、配得上称为畸形的结构上的歧变(deviation)是很难通过自然选择而保持下来的，即便是对生存大有益处的这种变异，其得以保持下来，在很大程度上也靠碰巧，就是偶然的。以前，我却又一向充分地理会到出现在个体身上的一些差别的重要性，这使我们对人们对动植物所进行的不自觉的选择方式看得异常重要，竭力加以吹嘘，认为重要之处是在把每一品种之中的最有价值的一些个体保存了下来，而不在蓄意地使品种的某些特征发生变化。但后来我在《北不列颠评论》(丙 105，1867 年 3 月，从页 289 起的若干页)读到了那一篇颇见才能的文章，我的看法才有所纠正，从而使我认为，一席话胜读十年书，这一篇评论要比其他任何“评论”对我有用得多；我终于看到，我以前并不认识，要把在少数单一的个体身上所出现的一些变异，微小的也罢，突出的也罢，保存下来，机会实在是太少了。(此注原文殊欠明了。达尔文自己有两点意见，第一点显然本来是对的，第二点则失诸过火；他读了人家的评论之后所得到的纠正，应是在后一点意见的过火的地方。——译者)

㊱ 见其所著《蜂鸟科引论》，页 102。

㊲ 古耳德，《澳洲鸟类手册》，第二卷，页 32、38。

㊳ 奥杜朋，《鸟类列传》，1838 年，第四卷，页 389。

㊴ 杰尔登，《印度的鸟类》，页 108；又勃莱思先生文，载《陆与水》(丙 87)，1868 年卷，页 381。

㊵ 见格腊巴，《费茄诸岛旅行日志》，1830 年，页 51—54。又，麦克吉利弗瑞，《不列颠鸟类史》，第三卷，页 745。又《朱鹭》，第五卷，1863 年，页 469 上有一段文字亦与此有关。

㊶ 格腊巴，同上引书，页 54。麦克吉利弗瑞，同上引书，第五卷，页 327。

㊷ 《家养动植物的变异》，第二卷，页 92。

㊸ 关于这些论点，亦见《家养动植物的变异》，第一卷，页 233 与第二卷，页 73、75。

㊹ 具体的例子，见论蹼足鸟或鹏鹕的一个属(乙 789)和凫翁(乙 426)眼球中虹膜的文字，载《朱鹭》(丙 66)，第二卷，1866 年，页 206；又第五卷，1863 年，页 426。

㊺ 亦见杰尔登，《印度的鸟类》，第一卷，页 243—245。

㊻ 见《皇家船比格尔号航程中的动物学》，1841 年，页 6。

㊼ 关于“孟克氏”鸽(Mocck pigeon)的一个亚变种，见贝赫斯坦因，《德国自然史》，第四卷，1795 年，页 31。

㊽ 图 53 的由来应在此说明一下：特瑞门先生惠然答应我的请求，特地描绘了这幅很美的画，然后据此做了木刻。他在所著《南非洲的蝶类》，页 186，对这种蝴蝶在翅膀的颜色与形状方面的多得出奇的变异，作了叙述；也可以参看。

㊾ 杰尔登，《印度的鸟类》，第三卷，页 517。

㊿ 《家养动植物的变异》，第一卷，页 254。

(51) 见《田野》(丙 59)，1870 年 5 月 28 日的一期。

(52) 见所著《科学普及演讲集》，英译本，1873 年，页 219、227、269、390。

(53) 见所著《论法的统治》，1867 年，页 247。

⑭　见所著《自然学家在尼加拉瓜》，1874 年，页 112。

⑮　见《蜂鸟科引论》，1861 年，页 110。

译　注

1．"巴尔兹"是德语 Balz 的译音；"勒克"是瑞典语 Lek 的译音，意义都是"求爱与交配时期"，达尔文用此二字，当然是因为这种鸟出在德国和斯堪的那维亚，当地既有专用之词，直接加以援引，可以见得更为真切。译者体会到这点用意，故不译意而只音译，并在此略作说明。德语 Balz 已是一个名词，可以直接援用，作者误以为动词，别加"……ing"，是错了的，至少是没有必要的。

2．原文作 rock，遍查未得，疑是 rook 之误，然未敢断定，姑暂作 rook 译出。

3．Beachy Head，地名，英格兰东南部。

4．塞尔保恩，英格兰南部乡村名，旧属罕普郡(Hampshire)，因怀伊特的生平和著作而出名，作者这样地提到怀伊特，一则表示此人此地有不可分割的关联，为当时的英国读者所熟悉，可以不烦作更多的说明；再则姓怀伊特而出名的甚多，叙明了地点，免与其他怀伊特相混。查怀伊特全名为 Gilbert White，生 1720 年，卒 1793 年，是个教区牧师，毕生致力于对当地自然和古迹的观察和记录，著有《塞尔保恩自然史与考古丛录》，白猫头鹰之例即出于此。"塞尔保恩的怀伊特"，这种写法对我们来说，是很不习惯的，故补此一段说明。

5．Blackheath，地名，在英格兰东南部，属肯特郡。

6．"本能的误用"，原文作"mistaken instinct"，意义殊欠明了。揣作者本意，应是幼雏，特别是关系相近的鸟种的幼雏，大小形状相差不多，难于辨认，或错认为自己的子女，才误用了它们的本能。

7．应即 Faeroe，亦作 Faroe，丹麦属岛，在北海中。Faeroe 或 Faroe 为英语，丹麦语作 Färöerne，德语作 Färo；Feroe 则未经见，查亦无着，疑原文拼法小误，或属百年前英语中的某些拼法，亦未可知。

8．指今天仅有的两个，印度产的与爪哇产的。

9．Bogota，南美哥伦比亚首都。

第十五章 鸟类的第二性征——续

论何以某些种鸟只有雄性颜色鲜艳，而另一些则两性都鲜艳——就各种不同的结构和羽色的鲜艳论性限遗传——鸟巢的营构与羽色的关系——为“婚礼”而生成的羽毛临冬脱换。

我们在这一章里准备考虑，为什么许多鸟种的雌鸟没有能取得和雄鸟同样的各种装饰，在另一方面，又为什么在许多其他的鸟种里，雌雄两性装饰得同样或几乎同样的美好？而在下一章里，我们将就雌鸟的颜色比雄鸟更为鲜明的少数例子加以考虑。

我在我的《物种起源》[①]里简短地提到，对正在孵卵期内的雌鸟来说，雄孔雀的长尾巴大概是不方便的，而雷鸟（capercailzie）的雄鸟的显眼的黑色，更是有危险的，因此，通过自然选择，这些特征从雄鸟传递给下一代雌鸟的过程就受到了拦阻。我至今还认为，在某几个少数的例子里，这种情况有可能发生过。但当我就我所已能收集到的事实加以深思熟虑之后，我现在倾向于这样一个看法，就是，如果两性在特征上有所不同，那是因为一些连续的变异，在向下代传递之际，一般地说，一开始就只传给和这些变异所从首先兴起的那一个性别相同的一些个体。自从我在《物种起源》里说那些话以来，沃勒斯先生[②]发表了几篇论文，对羽毛颜色的性的意义问题作了很有趣的讨论，认为，在几乎所有的例子里，这些连续的变异起初是倾向于同等的传递给下一代的雌雄两性的，但雌性一方，由于在取得这些显眼的颜色之后，在抱卵期间不免陷于危险的境地，自然选择才插手进来，搭救了她，没让她取得这些特征。

这一看法使我们有必要就一个困难的题目作一番厌烦的讨论，就是，通过自然选择这个手段，起初两性都可以传递到手的一个特征，到了后来，在向下传递的时候，究竟能不能只以一性为限。我们必须记住，像上文为性选择的讨论做准备的那一章所指出的那样，凡是在发展上只限于一性的一些特征，在另一性身上也总是潜伏着的。我们最好举一个假想的例子来帮助我们看到这问题的困难所在。我们不妨设想，一个饲养玩赏动物的人想搞出如下的一个鸽子品种来，公鸽要成为苍白的蓝色，而母鸽则保持她们原有的石板石般的颜色。就鸽子说，一切种类的特征寻常总是同等地传给雌雄两性的，既然如此，这个饲养师就得想些办法，试图把这个遗传方式转变为限于性别的遗传。他所能做的无非是坚持不懈地挑出每一只表现着哪怕是最轻微的苍白蓝色的公鸽；如果他坚持得够久，又如果苍白蓝这一个变异有强烈的遗传倾向或时常来复的倾向，则育种过程的自然而然的结果是使全部种系成为一色的浅蓝。不过我们这位饲养师在配种之际，总得一代一代地让苍白蓝的公鸽和石板石灰色的母鸽相配，因为他同时希望母鸽要保持这一个颜色，不与公鸽的颜色相混。这样一来，一般又可以有两种不同的结果，要么产生一批灰蓝相间作玳瑁状的杂种，要么，而这是更有可能的，导致苍白蓝的快速而终于全部消失；因为，在遗

传的时候，原始的石板石灰色总是元气足些，劲头大些。不过，我们还不妨假想，在每一代配种之后，居然真可以产生出若干只苍白蓝的公鸽和石板灰的母鸽来，而这些总是尽量地取来作为配种之用，这一来，石板灰的母鸽的血脉里就会有，恕我用到这个字眼，蓝色的血液[1]，因为她们的父亲、祖父等等全都是蓝色的鸟。在这些情况之下，可以设想石板灰的母鸽身上或许有可能对苍白蓝的颜色取得如此强烈的一个潜伏的倾向，使得她们再也不可能在她们的儿子身上把它毁掉（尽管就我的知识所及，没有任何分明而可资借鉴的事例使这种设想在实际上成为可能），而同时她们的女儿依然传到石板灰的颜色。果真如此，饲养师所要求的雌雄两性各有其经久不变的不同颜色的鸽子品种就可以如愿以偿了。

在上述假想的例子里，极度的重要之点、乃至必要之点在于所企求的特征，即苍白蓝，一定要在母鸽身上先行存在，哪怕只是潜伏的存在，然后在下一代公鸽身上才不至于消退而磨灭。为了最好地领会这一点重要性或必要性，让我们看一看下面的事例。赤翟雉（Sœmmerring's pheasant）的雄雉尾巴长三十七英寸，而雌雉的只八英寸；普通雉雄雉的尾巴长二十英寸，雌雉的长十二英寸。如今如果把有短尾巴的雌的赤翟雉和雄的普通雉交配，下一代杂交种的雄雉无疑地要比不杂的雄的普通雉的尾巴长得多。反过来，如果把尾巴比雌的赤翟雉长得多的雌的普通雉和雄的赤翟雉相配，则下一代的杂种雄雉的尾巴要比不杂的雄的赤翟雉的尾巴短得多。③

我们的那位饲养师，为了搞出一个苍白蓝的公鸽而母鸽则维持本色不变的新品种，就得在公鸽一面在许多世代之内不断地进行挑选；又必须使每一个苍白蓝的阶段或程度在公鸽身上固定下来，而在母鸽身上成为潜伏的东西。任务是极度困难的，从来也没有人尝试过，但如果有人进行，或许有可能取得成功。主要的障碍在苍白蓝的颜色，由于必须和石板灰的母鸽逐代杂交，不免于很快地完全消失，因为在母鸽身上，原先并没有可以产生苍白蓝的后代的任何潜伏的倾向。

换一个方面看，如果一只或两只公鸽真的发生苍白蓝一方面的变异，哪怕程度上极为轻微，而这种变异在往下遗传的时候一开始就只传给公鸽，则搞出一个合乎要求的新品种的任务就容易了，因为所需要做的只是把这种公鸽挑出来而让他们和寻常的母鸽交配就行了。真的有过一个可以与此相类比的例子：在比利时有几个鸽子品种，就中只有公鸽在身上有些黑的线纹。④特格特迈尔先生新近也指出⑤，戳鸽(dragon)有时候会产生一些银色的鸽子，例子还不算太少，而这些银色鸽子几乎总是母的。他自己曾经繁育出十只这样的母鸽。反过来，如果有人繁育出一只银色的公鸽来，那是一桩很不寻常的事件。因此，如果有人想搞出一个蓝色公鸽和银色母鸽的戳鸽品种来，倒是不费吹灰之力就可以办到的。这银色的倾向看来确乎是很强烈，终于诱使特格特迈尔先生，当他最后取得一个银色公鸽之后，把他拿来和一只银色母鸽相配，希望从而可以搞出一个两性都是银色的品种来，但是他失望了，因为下一代的公鸽回到了他的祖父的蓝色，仍旧只有母鸽是银色的。不过只要有耐心，由一只偶然的银色公鸽和一只银色母鸽相配而产生出来的幼公鸽的这种所谓返祖遗传的倾向是可以消除的，而一旦消除，公母两性就可以有同样的颜色了，而这一试验过程恰恰就是埃斯葵兰特(甲 226)先生用银色的浮羽鸽(turbit)一直在进行的，

而且已经获得成功。

就家养的鸡说，在遗传上限于雄性一方面的颜色的变异是经常发生的。在上文所说的那种遗传方式流行的情况之下，某一些连续变异被分移到雌性身上的情事也可能时常出现，这一来，雌鸟就会有几分像雄鸟，而这在有些品种里是实际发生的事。更进一步的情况是，变异中大部分的步骤，但不是全部的步骤，有可能都被分移到雌鸟身上，即两性都得到分享，这样，则雌鸟就会很像雄鸟。在大嗉鸽(pouter)，母鸽的嗉囊只比公鸽的略为小些，而在传书鸽或信鸽(carrier pigeon)，母鸽的垂肉比公鸽的也小得很为有限，看来几乎是不成问题地就是这样来的。因为这其间说不上什么选择的原因，饲养玩赏鸟类的人并没有在两性之间进行挑选，多挑些公的，或多挑些母的，他根本没有想到要使这些特征在公的身上比在母的身上表现得更为强烈一些，而这两个品种的鸽子却自已发生了这些情况。

上面所说的饲养师的企图是要把雄鸟搞成另一个颜色，如今如果要把雌鸟搞成另一种新的颜色，从而形成一个新品种，其所要循行的过程，和所要碰上的种种困难，是一样的。

最后，我们的那位饲养师也许想搞出另一个新品种来，就中不但两性之间彼此不同，并且又各和所从来的原品种不一样。这样搞，困难也是极大的，除非先存在一种情况，就是，在这里所牵涉到的一些连续变异一开始就在两性双方都是受到了性别的限制的，即两性各自有其不同的连续变异，果真如此，就没有困难了。在家养的鸡中间，我们就可以看到这种情况，例如，在有细线纹的汉堡鸡(Hamburgh)，公鸡母鸡彼此是大有差别的，而又都和原始的原鸡(乙 433)的公、母鸡不一样。通过持续的选择,今天这品种的雌雄两性都各自能把已经达成的出色的标准保持不变,而其所以能如此的原因就在两性各自的特征在遗传上是受到了性别的限制的。西班牙鸡(Spanisufowl)提供了一个尤为奇特的例子;这品种的公鸡的鸡冠特别巨大,这原是通过许多连续变异的积累而取得的,但看来,通过分移,这些变异的一部分也转到了母鸡身上,因为母鸡的冠也不小,比原鸡的母鸡的冠要大好多倍。不过她的冠和公鸡的冠有一点不同,就是不大竖得起来,时常要倒,而在最近的一个时期之内,玩赏的风尚无形之中提出了不可违拗的要求,认为这种倒冠别有风味,应该长期维持下去。这要求,也就是对饲养师的一个责成,很快地产生了效果,到今天,这种鸡冠侧倒的状态一定已经成为在遗传上限于雌性的一个特征,要不然,它就不免会影响公鸡的冠,使其不能完全直立,而这对每一个饲养玩赏动物的人说来是万难容忍的事。与此相对的一面,公鸡鸡冠的直立不倒也一定变成了一个受性别限制的特征,否则它就不免在母鸡鸡冠上引起故障,使它欲倒不能。

从上述旨在说明问题的例子,我们看到,要通过选择的途径把一种遗传方式转变为另一种遗传方式,即便有可能花费上几乎是无穷无尽的工夫,总是一个极度困难、复杂、甚至或许是做不通的过程。既然如此,既然在每一种情况之下都没有可资借鉴的明显的证据,我很难承认,在自然物种之中,这种遗传方式的转变是曾经发生过的事。与此相反,通过对一开始在遗传上就受到性别的限制的一些连续变异的运用,使雄鸟在颜色上,或在任何其他特征上,变得和雌鸟大大的不同,却是丝毫没有困难;至于雌鸟,一般是被搁过一边，不发生改变，或只发生很少的改变，或为了自卫的要求，经历一些特殊的变化。

各种鲜美的颜色既然对雄鸟在和其他雄鸟争奇斗胜之中有其用处，这种颜色就会被选取下来，初不论它们在遗传上是不是只限于一性或兼顾到两性。因为有这种兼顾的情况，所以我们可以指望，雌鸟往往或多或少地分享到雄鸟的一些鲜美的色彩，而这也正是大量鸟种里所发生的实况。如果所有的连续变异全部不分性别地向下传递，则雌雄两性将彼此完全相像，无从分辨，而这也是许多鸟种中所有的真相。但若为了雌鸟抱卵期间的安全而呆板的颜色成为必不可少，有如许多在平地上讨生活的鸟种的情况，那么，凡属朝鲜美的颜色方向变异了的雌鸟，或通过遗传从雄鸟那边接受了些这种颜色而使显著的程度有所增加的雌鸟，迟早会遭到毁灭。不过在雄鸟方面，这种向下一代的雌鸟传递他们的鲜美的颜色的倾向是无限期地持续下去而不变的，除非遗传的方式起了变化，它才能变，它才能被取消，而根据我们在上文的说明，这又是极其困难的事。因此，如果两性所得于上代的遗传本属相等，即所流行的本是两性均等的遗传方式，则此种表现有鲜美颜色的雌鸟的不断受到毁灭所造成的实际结果更可能是，连雄鸟的鲜美颜色也不免在程度上日就削减，或至于消失，因为他们总得和颜色比较呆板的雌鸟不断地进行交配。其他可能的结果还多，要一个一个地探索下去是令人厌烦的。不过我不妨提醒读者注意，如果有关鲜美色泽的一些变异，虽限于性别，而有时候也在雌鸟身上发生，又即便这种色泽对她们一无害处，因而不至于遭受淘汰，应知这一类的色泽终究是不受欢迎的，或不积极地被选取出来的，原因在雄鸟

一般根本不挑,他可以接纳任何雌鸟,更为美好的雌鸟对他不起作用;因此,在雌鸟身上的这一类变异迟早会趋于散失而不至于影响有关种族的一般性格。我说明这一层,因为它可以帮助我们了解,为什么在鸟类里,雌鸟的颜色一般总要比雄鸟为呆板。

在上文第八章里,我们列举了些例子,而如果要的话,在这里可以补充的例子还多,都说明变异和年龄的关系,先代在一定年龄出现的变异,遗传到了后代,就会在同样的年龄发展出来。在那一章里,我们也曾指出,凡是在生命期中出现得比较晚的一些变异一般只传给和这种变异最初所从出现的先辈同属于一性的后代,而在生命期中出现得比较早的一些变异则倾向于传给所有的后一代,不分性别;也指出,不是所有的性限遗传的例子都可以用晚期变异来解释开。也曾进一步指出,如果雄鸟在鲜美的颜色方面的变异发生得过早,早在幼小的年龄,则这种变异,要在他进入生殖年龄而能和其他雄鸟争奇斗胜的时候,才有用处,在此以前是没有用的。而就生活在地面上而一般要靠呆板的颜色来掩护的鸟种来说,鲜美的颜色对年幼而不更事的幼鸟是非徒无益,而又害之的,其危害性要比对成年的雄鸟大得许多。因此,在鲜美的颜色方面变异得过早的幼雄鸟不免于受到毁灭而为自然选择所淘汰;而那些在同一方面出现变异而出现的时候已接近于成熟年龄的雄鸟则不然,尽管这种变异也在他们生活里添了些危险性,他们却更容易存活下来,而通过受到性选择的青睐,还可以繁殖出同样的后代来。变异出现的生命时期与遗传方式之间既然往往存在着一些联系,而颜色鲜美的幼雄鸟又不免于遭到毁灭,而把求爱而取得胜利的机会只留给成熟的雄鸟,那么,势必的是,只有雄鸟才终于稳定

地取得各种鲜美的颜色而把它们专门传给雄性的后代了。但应该说明,我一面这样说,一面却并不否认,许多鸟种的两性之间在颜色鲜美程度上的巨大差别是由不止一个原因造成的,年龄对遗传方式的影响决不是唯一的原因。

如果一个鸟种的雌雄鸟有所不同,一个有意味的问题是,要判定是不是只有雄鸟一方经受了性选择所引起的变化,而雌鸟则留在一边,毫无改变,或者只是部分地和间接地有些改变;还要判定,为了自卫的原因,雌鸟是不是曾经通过自然选择而经受过一些特殊的变化。因此,我准备比较详细地讨论一下这个问题,甚至比这问题本身内在的重要性所要求的更要详尽一些;因为这样就又方便把侧面而伴随着的若干论点一并考虑一下。

羽毛的颜色这一题目是要讨论的,特别是要联系到沃勒斯先生在这一方面的一些结论,但在此以前,用同样的观点先把几个其他的性的差别讨论一下,也许有些好处。以前在德国有过一个家鸡的品种,⑥母鸡脚上也有距。母鸡很能下蛋,但她们的距总是把鸡窝搞得乱七八糟,以致根本无法进行抱卵,人们也就不让她们抱了。因此我以前曾一度有一个看法,认为未经家养以前的野生的鹑鸡类(乙 428)的母鸡当初或许也有过距的发展,而后来由于它对鸡窝造成像上面所说的伤害,才通过自然选择受到了抑制。和翼上的距参照之后,我对这看法越想越觉得对头,因为翼距是雌雄鸡都有的,而且往往是同样地发达,在较少的例子里,雄鸡的要略微大些,而翼距在抱卵时是不会引起损害的。一般地说,凡雄鸟足上有距,雌鸟也几乎总是表现一些距的残留——有时候这残留可以小到只由一片鳞构成,家鸡一属(乙 432)就是这样。因此,可以这样争论说，母鸡原先是备有发达的足距的，后来由于不用则废，或由于自然选择，而丢失了。但若我们承认这个看法，我们就不能到此而止，还得把它推广到无数的其他的情况；而这一看法也还具有这样一个含义，就是今天还存在的备有足距的各个鸟种的共同祖妣当初也曾为这样一个有危害性的赘疣所牵累。

在少数几个鹑鸡类的属与种，如鹧鸪鸡属（乙 430）、雉类的一个属（乙 9），和爪哇孔雀（乙 728），雌鸟，像雄鸟一样，有发达的足距。从这一个事实，我们是不是就可以推论说，这些鸟属鸟种所营构的巢和它们最为近密的亲串所营构的巢是不属于一个类型的，因此，它们的幼雏不至于受足距的伤害，也因此，此种足距就没有被取消的必要了么？甚至我们是不是可以设想，这些属或种的雌鸟为了保护自己而特别需要足距呢？和实际更为接近的一个结论是，雌鸟足距的有或无原是不同的遗传法则各自运行的结果，与自然选择并不相干。就许多表现着足距残留的许多鸟种的雌鸟而言，我们可以作出结论，认为在雄鸟身上发生得很早而终于发展成为足距的那些连续变异之中，有少数几个后来被分移到了雌鸟的身上。就另一些为数少得多的、雌雄鸟双方都有充分发展的足距的鸟种而言，我们可以作出的结论是，所有有关的各个连续变异全都被分移到了雌鸟身上，而她们又逐步取得了不扰乱鸟窝的习性，并且把这习性传给了后代。

为了发出声音而经历了些变化的器官和一些羽毛，以及为了使用它们所需要的一些相应的本能，在雌雄鸟之间往往是不同的，但也有些彼此相同的例子。在不相同的例子里，其所以不相同，是不是也可以这样加以解释，就是雄鸟先取得了这些器官和本能，而

由于它们也有危害性，即声音发出之后，不免唤起鸷禽猛兽的注意，从而招来祸殃，于是雌鸟就被豁免，没有把它们传授下来呢？这看来大概不会，我们只要想到，“以鸟鸣春”，一到春天，成千上万的鸟毫无顾忌地用它们美妙的鸣声要为郊原平添几许愉快的景象⑦，就明白了。更为稳当的一个结论是，发出声音的器官和其他结构既然只对在求爱过程中的雄鸟特别有用，这些器官和结构是通过了性选择和不断的使用而只在雄鸟身上发达起来的——而有关的一些连续变异和经常使用的影响从一开始就在遗传上或多或少地只限于后代的雄性一方。

我们不妨援引与此可以类比的许多例子来，其中的一个是，在许多鸟种里，雄鸟的冠羽比雌鸟的一般要长些，但也有同样长短的，也间或有雄鸟有而雌鸟没有的——而这些不同的情况可以在同隶于一个种或属的不同鸟种之中发现。这一些两性之间的差别很难用自然选择来解释，而说雌鸟由于冠羽比雄鸟的短些而在生活上，占了什么便宜，因而通过自然选择变得越来越短，以至于全部取消。不能。不过我想再举一个对这种想法更为有利的例子，就是，有关尾巴的长短的。雄孔雀的长尾巴对雌孔雀不但不方便，并且对抱卵和保育幼孔雀时期中的雌孔雀还有危险。所以即便自因推果言之，她的尾巴的发展是完全有可能通过自然选择而受到了抑制的。但也还有些问题，在各种雉类，雌雉所坐的既然是敞开的窝，其暴露给危险的程度显然不下于雌孔雀，然而她们的尾巴还是长得可观。在琴鸟的有一个种（乙 610），雌鸟是和雄鸟一样的有长尾巴的，而他们所营的巢是有顶的，对这样一种大鸟来说，这是大为可怪的事。自然学家们一直觉得费解，不知雌鸟在抱卵的时候是怎样处理她的尾巴的；现在我们已经了解到，[8]她"进窝时，头在前，然后转身过来，尾巴则反贴在背上，但更经常地是从横里把它弯过来缠绕在身体两侧。日子一久，尾巴就扭得有些弯曲，从弯曲的程度多少可以推测她抱卵时间的长短。"澳洲有翠鸟类的一个种（乙 920），雌雄鸟的尾羽的最中间的几根都发展得特别长，雌鸟营巢则利用天然的一个洞穴，而据夏尔普（甲 603）先生告诉我，在抱卵期间这几根尾羽变得屈曲不堪。

在刚说的这两个例子里，特长的尾羽对雌鸟来说在某种程度上总是一个累赘。而在这两种鸟里，雌鸟的尾羽虽长，总还比雄鸟的短一些，人们似乎可以据以立论，认为它们的发展还是通过自然选择受到了几分限制。但若果真如此，则又何以解释雌孔雀的短尾羽呢？雌孔雀的尾羽的发展，有如上文所说，是到了发生不方便和容易引起危害的程度时才受到抑制的，如今照此看法，则她的尾羽的长度比今天她实际上所具有的还不妨加大得多。因为，根据躯干的大小为比例而言，她的尾羽还赶不上许多雉类的雌雉那么长，也并不比母的吐绶鸡为长。我们还须记住，如果按照这个看法，认为雌孔雀的尾羽一旦变得长到一个足以发生危害的程度，就不免在发展上受到抑制，那么，势必她将在下一代的雄孔雀身上不断地发生反响，从而使他无法取得他现有的富丽堂皇的长尾羽。因此，我们可以作出的推论是，雄孔雀尾羽之所以长与雌孔雀尾羽之所以短，是由于雄孔雀为了发展长尾羽所必需的一些变异从一开始就只传给雄性的后一代的。

关于各个不同雉种的尾羽之所以长，我们所被引向的结论是几乎和上述的相同的。在耳雉（Eared pheasant，乙 295），雌雄雉

的尾羽是一般长的，都是十六到十七英寸；其在普通雉，雄的长二十英寸，雌的长十二英寸；其在赤翟雉（Sœmmerring's pheasant，即乙 754），雄的长三十七英寸，而雌的才八英寸；而最后，在瑞氏雉（Reeve's pheasant），雄雉的尾巴有时候真可以长到七十二英寸，而雌雉的才十六英寸。由此可知，在这若干雉种里，雌雉的尾巴和各自本种的雄鸟的尾巴，在长度上都有很大的差别。这种差别究竟从何而来，说法可以有两个，其一以遗传的一些法则为根据——那就是说，一些有关的连续变异，在向下代遗传的时候，一开始就多少很严格地只传给雄性一方——另一个则以自然选择为根据，认为长尾巴在不同程度上对这几个关系相近的雉种的雌鸟都有害处，自然选择的力量就把她们收拾了，留下了短尾巴的；二说相比，依我看来，前一说要更为近乎实情得多。

现在我们可以考虑沃勒斯先生关于鸟类羽毛与性别有关的颜色问题的若干论点了。他相信，原先由雄鸟通过性选择而取得的种种鲜美的颜色，在所有的例子里，或几乎是所有的例子里，都会传到下一代的雌鸟身上，除非这种分移的遗传通过自然选择而受到了抑制。我在这里不妨先向读者提醒一下，在上面论列爬行类、两栖类、鱼类、鳞翅类的各章里，反对这个看法的各种不同的事例我们是早已列举过了的。我们在下章里将要看到，沃勒斯先生的信念主要建立在、但也不是完全建立在下面这一说法之上[⑨]：如果雌雄两性的颜色都很显眼，则这种鸟的巢在构造上会使坐窝的鸟被隐蔽起来，但若两性的颜色成显著的对比，雄鸟美艳，而雌鸟呆板，则巢的上面是敞露的，坐窝的鸟从外面可以看到。这一层事物的耦合，从表面看来，似乎是肯定地有利于这样一个信念，就是，在露顶的巢上坐窝的雌鸟是为了自卫的目的而经历过一些特殊的变化的；不过我们一下子就要看到，也还有另一个而更为近情的解释就是，营构有顶盖的巢也有本能的关系，而在取得此种本能的一些例子之中，颜色显眼的雌鸟为数要比呆板的雌鸟更多罢了。沃勒斯先生承认，而这也是我们意料所及的，他那两条准则各有一些例外，不过问题尚不限于此，而是此种例外是不是太多了，多到了足以推翻他的准则的地步。

首先我们要提出阿尔吉耳公爵的一句颇有道理的话，[10]他说，一个大而有顶盖的巢比一个小而露顶的巢更显著，更容易为敌人所发现，尤其是为所有的经常在林木中盘桓的食肉动物所注意。我们也决不要忘记，在许多营构露顶巢的鸟种，雄鸟也坐窝抱卵，并且帮助雌鸟来喂养幼雏，美国境内最华丽的鸟种之一，夏红雀（乙 812）[11]，就是这样的一个例子，这种鸟的雄鸟是朱红色的，而雌鸟则作浅的棕绿色。如果颜色的鲜艳真的对坐露顶窝的鸟有了不起的危险的话，那么这一类例子中的雄鸟早该吃过大亏了。事实怕是恰好相反，就雄鸟来说，为了制胜其他的雄鸟，这种华丽的颜色正复有其不少的重要性，而此种重要性是足以抵消上面所说的危险性而有余的。

沃勒斯先生承认，在俗称王鸦的一种伯劳（King-crow，属乙 346）、各种金莺（Oriole）、八色鸫科（乙 776）的一些鸟种，雌鸟的颜色是鲜明的，然而所造的巢却是露顶的，不过他辩解说，三类鸟之中，第一类的鸟高度地好斗，能保卫自己；第二类的鸟特别细心，不让窝暴露出来，但也并不老是这样，也有马虎的时候；[12]而第三类

方面的雌鸟虽有鲜明的颜色，这种颜色主要是在腹部。这几类例子之外，还有各种鸽子，有的鸽种是艳丽的，而所有的鸽种几乎全都有鲜明的颜色，它们容易遭到鸷鸟的袭击是有名的。这对上面所说的准则就提出了一个严重的例外，因为，在自然状态下，它们所营的巢几乎总是没有顶盖而露天的。在另一个范围不小的科，蜂鸟科（乙 969）里，所有的鸟种都营构露顶的巢，而就中最为华丽的几个种的雌雄鸟在颜色上还是不分的咧；而在这一科的大多数的鸟种，雌鸟虽没有雄鸟那么艳丽，却还是有很鲜明颜色的。所有各蜂鸟种的雌鸟都是带几分绿色的，然而人们也不能因此而为她们辩解，说颜色尽管鲜明，却不易被敌人觉察；这辩解难于成立，因为有几种雌鸟的背部也有些红、蓝以及其他颜色，不全是绿的。[13]

至于筑巢在洞穴里或筑圆顶巢的各个鸟种，像沃勒斯先生说的那样，除了易于隐蔽之外，还有其他便利之处，例如遮雨，更加暖和，在气候炎热的地方可以挡太阳。[14] 因此，许多雌雄鸟颜色都呆板的鸟种也未尝不营构有隐蔽性的鸟巢的这一情况[15] 是不大好用来反驳沃勒斯先生的看法的。例如印度和非洲的犀鸟（hormbill，属乙 143）的雌鸟，一到抱卵的季节，要把自己特别周到地掩护起来，用她自己的排泄物糊满她准备在里面坐窝的洞穴的口子，只留一个小小的窟窿，好让雄鸟从外面喂她；在全部抱卵时期，她就这样地把自己紧密的禁锢起来，[16] 而我知道，犀鸟的雌鸟，比起躯干大小相同而只造露顶巢的其他许多鸟种的雌鸟来，在颜色上并不更为引人注目。在少数几个雄鸟艳丽而雌鸟晦暗的科属里，雌鸟虽晦暗，而用来抱卵的也是有圆顶的巢，这是对沃勒斯先生的看法的一个更为严重的反证，而他自己也承认这一点。这方面的例子有澳洲的几个鸟科和鸟属（包括鹊鹦，即乙 456 和善啭鸟，即乙 595，鸣禽类的琴鸟科）、和太阳鸟（即绣眼儿科，乙 651）的各个鸟种；还有澳洲吸密雀科，一称绣眼儿科（honey-sucker，即乙 605）中的若干个鸟种。⑰

如果我们再看一下英国的鸟类，我们会见到，在雌鸟的羽色和她们所营造的鸟巢之间，并没有什么密切和一般性的关联。我们在不列颠大约有四十个鸟种（不包括身材较大而能自卫的那些）把窝做在河岸、山石和大树的洞穴里，或构造有圆顶的巢。如果我们拿金碛鹨（goldfinch）、照莺（bullfinch）或山乌（blackbird）的雌鸟的颜色作为一个显眼程度的标准，而我们知道这种显眼的程度对坐窝的雌鸟来说是不算很危险的，那么，上述四十个鸟种之中，只有十二个的雌鸟是显眼到了一个足以引起危害的程度的，而其余二十八个种的雌鸟则在标准程度之下，可以说是不显眼的。⑱在同一个鸟属之内，雌雄鸟之间在颜色上的显著的差别和鸟巢的性状之间，也不存在什么密切的关系。家雀（乙 724）的雌雄雀的差别是很大的，而树雀（乙 725）的雌雄雀则几乎全无差别，而这两种雀所营构的隐蔽得很好的窝却是一样的。普通的鹟（fiy-catcher，即乙 639）的雌雄鸟是很难分辨的，而斑鹟（pied fly-catcher，即乙 640）则两性之间颇有差别，而这两种鸟却都在洞穴里构造隐蔽性的巢。山乌（blackbird，即乙 976）的雌雄鸟相差得很多，颈圈鸫（ring-ouzel，即乙 980）的两性相差得少些，而普通鸫（common thrush，即乙 978）的两性则几乎全无差别，然而它们都构造没有顶盖的巢。而另一方面，在和这几个鸟种关系不很远的鹪皃（water-ouzel，即乙 260），雌雄鸟相异的程度和颈圈鸫的一样，而所营

造的巢却又是有圆顶的。黑松鸡和红松鸡(red grouse,即乙 933 与乙 932)都在隐蔽得好的地点营构没有顶的巢,而这两种鸟的雌雄鸟之间,一则差别很大,一则无什么差别。

尽管有上文一些反面的意见,我在阅读沃勒斯先生出色的论文之后,又放眼把全世界的鸟类总起来看了一下,我不能怀疑,在雌鸟颜色显眼的鸟种之中,一个巨大的过半数(而此数之中,除了极少数的几个例外,雄鸟是同样地惹人注目的)是营造能隐蔽的巢而取得保护的。沃勒斯先生历数了⑲一长串可以用他的准则来说明的鸟群,但我们无须在这里全部转录,只需举如下的一些大家所比较熟悉的鸟群,也就可以概括了:鱼狗或翠鸟(kingfisher)、巨嘴鸟或鵎鵼(toucan)、美洲的热带啄木鸟(trogon)、佛法僧或三宝鸟(puff-bird,科名乙 166)食蕉鸟(plantain-eater,属乙 642)、普通的啄木鸟和鹦鹉。沃勒斯先生相信,在这些鸟群里,雄鸟一面通过性选择逐步取得他们鲜美的艳色,一面就随即把它们分移给雌鸟,而由于她们已经享受到那种特殊方式的鸟巢所提供的保护作用,它们在雌鸟身上就没有受自然选择的淘汰。根据这句话里的看法,则她们对现有营巢方式的取得在时间上要早于对现有颜色的取得。但依我看来,更可能而近乎实情的是,在多数例子里,雌鸟一面通过从雄鸟方面来的遗传的分享而逐步变得越来越明媚,一面也就牵牵扯扯地为了寻求掩护而在本能上逐步改变她们营巢的习性,就是改营圆顶,或有隐蔽性的巢(假定原先她们是营构露顶巢的)。任何人只要研读过诸如奥杜朋所作的关于美国南北部一些种同而营巢方式有所不同的一些鸟的记载,⑳就不会感觉到有任何多大的困难来承认鸟类中的这一情况,就是,或则通过习性的

改变(是在严格意义上的改变),或则通过自然选择对本能上的一些所谓自发变异所起的作用,它们有可能相当容易地被导引而走上使营巢方式有所变化的道路。

这样来看雌鸟颜色的鲜美和她们构巢的方式之间的关系,哪里有这种关系,哪里就这样看,是可以得到发生在撒哈拉沙漠地带的某些例子的一些支持的。在这里,像在多数的其他沙漠地带一样,各种不同的鸟种以及其他动物,长期以来,早已使它们的颜色和周围地面的颜色发生了我们所意想不到的适应。然而据牧师特瑞斯特腊姆先生告诉我,一般适应的通例之中也还有些奇特的例外,有如岩鸫(乙 630)的雄鸟作鲜明的蓝色,很显眼,而雌鸟的羽毛作棕白相间的麻栗色,几乎是同样地显著;善走鸟属(乙 356)中有两个种的雌雄鸟都是黝黑得发光;所以就这三个鸟种说,它们从羽色上是得不到起码的保护的,但是由于它们已经养成在洞穴里或石缝里躲避危险的习性,它们还是有能力生存了下来。

关于上述那些雌鸟颜色鲜美而习于营构隐蔽性的鸟巢的鸟群,我们并没有必要设想每一个各别的鸟种的营巢本能要经历一番特殊的变化。所要设想的只是,每一个鸟群的早期的祖先逐步被带上营构有圆顶式有隐蔽作用的鸟巢的路,习惯成了自然,成了本能,后来这个本能,连同鲜美的颜色,传给了下一代,从而使它们也起了变化。在某种可以信赖的限度以内,这样一个结论是有意趣的,就是,性选择协同着两性的均等、或几乎是均等的遗传,间接地决定了一整群一整群鸟种的营巢的方式。

据沃勒斯先生说,即便在雌鸟由于在抱卵时期得到了圆顶巢的保护而她们鲜美的颜色没有通过自然选择而遭受淘汰的那些鸟群里，雄鸟与雌鸟之间还往往有轻微的差别，而间或在少数例子里，这差别还很可观。这是一个有意义的事实，因为这种颜色上的差别只能有一个解释，就是，雄鸟身上的与此有关的变异的一部分从一开始就只传给下一代同一性别的个体，而雌鸟是没有份的。因为我们很难维持这一看法，认为这种差别，特别是在程度上很轻微的那些，对雌鸟来说，会起什么保护的作用。即如在美洲热带啄木鸟（trogon）所构成的整个漂亮的鸟群里，所有的鸟种全都是营巢在洞穴里的。而古耳德先生也曾经提供一些数字，[21]说明二十五个种的雌雄鸟之间，除去一个不完全的例外，在颜色上都有不同程度的差别，有的轻微，有的显著——尽管雌鸟也美丽，而雄鸟总是更为美好。翠鸟（kingfishers）的所有的各个种也都是把窝做在洞穴里的，而在大多数的翠鸟种，雌雄鸟也是同等艳丽的，到此为止，是与沃勒斯先生的准则相符合的。但在澳洲的翠鸟中，有几种雌鸟在颜色上就赶不上雄鸟那样的鲜明生动，而在有一个种里，尽管漂亮，雌雄鸟却相差很远，远到起初一度被人错认为属于两个不同鸟种的程度。[22]夏尔普先生特别研究过这个鸟群，他为我指出美洲有几个种（斑鴗属，即乙 220）的雄鸟胸部都有一条黑色的带纹。再如在翠鸟的又一个属（乙 172），两性的差别也是显著的：雄鸟的背面做暗蓝色，加上黑色阔条文，而腹面局部做淡的黄褐色，头部有不少的红色；雌鸟的背面是红棕色加黑色阔条纹，腹面则白色加上一些黑记。在笑鴗属（乙 332）里有三个种，雄鸟与雌鸟的不同之处只在尾巴做暗蓝色，加上黑的阔条纹，而雌鸟的尾巴则做棕色，也有阔条纹，但不那么黑，这和上面的那一个翠鸟属（乙 172）的背面的情况完全可以等量齐观——都能说明在关系相近的物种形态之间，和性别有关的花色的安排自有它的共同的奇特的格调，这也是一个有意趣的事实。

在也利用洞穴来做窝的各种鹦鹉里，我们也发现可以类比的种种例子。在多数的鹦鹉种里，两性都是彩色缤纷而难以分辨的；但在不太少的几个种里，雄鸟的彩色要比雌鸟更见得鲜明生动一些，或甚至两性各有不同的花色。例如，朝霞鹦鹉(King Lory，即乙 77)的雌雄鸟就很不相同，除了羽色以外的其他定出的差别不论外，雄鸟整个的腹面做猩红色，而雌鸟的喉部与胸则做绿色而略微带些红色；其在鹦鹉的又一个种(乙 400)，两性的差别也有与此相似的情况，更加上另一点不同，就是，雌鸟的脸部和两翼覆羽的蓝色要比雄鸟的苍白一些。㉓ 在营构隐蔽性鸟巢的山雀科(tit，即乙 718)里，我们普通的青山雀(tomtit，即乙 720)的雌雀“远不如雄雀的颜色鲜美”；而印度产的被称为“速檀”[2] 的华丽的黄山雀(Sultanyellow tit)，则两性间的差别比此还要大些。㉔

再如在由一般啄木鸟所构成的广大的鸟群㉕ 里，两性一般是几乎相同似的，但在大啄木鸟(乙 603)，头、颈、胸等处在雄鸟都做鲜艳的深红色的各部分，一到雌鸟，全成素色，这使我想起，如果雌鸟在这些部分也做深红色，那只要她的头从隐藏着她的窝的洞穴中偶一探出，就随时可以引起敌人的注意而发生危险，因此，符合于沃勒斯先生的信念，这早先她可能有过的颜色就遭到了淘汰。根据马勒尔勃(甲 434)所说的关于印度啄木鸟(乙 516)的话，我这看法得到了加强，他说，雌的幼鸟，像雄的幼鸟一样，头上是有些深红的，不过一到成年就消失了，而在雄的则更加发达起来。但下列的一些考虑又使这个看法大成问题：一则这类鸟的雄鸟也分担一部分抱卵的责任，[26]他岂不是几乎同样可以发生危险？再则在许多个种里，两性成年鸟的头部是同等地深红色的，何以这些种的雌鸟却又未经受任何淘汰作用呢？三则，在其他一些种里，深红或猩红的程度虽有些差别，雌鸟的要淡一些，但所差极其有限，不能说这有限的一点点就足以对危险有所招架。最后，两性头部的颜色，除上面所说的而外，也还有些其他轻微的差别显眼的地方，初不限于深红色一端而已。

截至目前为止，我们所举的例子全都关系到营构圆顶巢或其他足供隐蔽的窝的鸟种；它们所属的各个鸟群，雌雄鸟之间在颜色上的差别都是轻微而渐进性的，而雌雄鸟在外表上，一般地说，也是彼此相像的。但在其他一些鸟群里，一面此种渐进性的两性差别一样地可以看到，两性之间一般的在外表上的近似也一样地有，然而其所营构的巢却是没有顶而上面敞开的。我在上面既然已经举过澳洲各种鹦鹉的一些例子，多少在这方面已有所说明，在这里，我可以再举些有关澳洲各种鸽子的例子，但不准备深入细节。[27]值得特别注意的是，在所有这些例子里，两性之间在羽毛颜色上的差别，无论就轻微的大多数例子来说，或就很少数的差别较大的例子来说，差别的一般性质是一样的。很能说明这一点的例子很多，上面已经叙述到过几个翠鸟种的例子，两性之间，有的只是在尾巴上有些不同，有的在身体的整个上半面有些不同，而不同的方式与性质是一样的。如今在各种鹦鹉和鸽子里也可以观察到类似的情况。而同一个鸟种之中雌雄个体之间在颜色上的差别，和同群而不同种之间在颜色上的差别也可以相比，即，在一般性质上也未尝不是一样的。因为，在各个种的雌雄鸟一般相似的一个

鸟群之中，即便在少数几个种里，雄鸟和雌鸟颇有一些不同，这种不同也不过是颜色程度上较大的出入，而并不构成另外一种风格，标新立异之事是说不上的。因此，我们不妨作出推论，认为：在同一个鸟群之中，如果雌雄鸟相似，则所相似的那些特殊的颜色，和如果雄鸟和雌鸟有所不同，无论轻微的也好，或比较大些的也好，则雄鸟所不同于雌鸟的那一部分颜色，就大多数的例子而言，都是由同一个一般的原因所决定的，这原因就是性选择。

我们在上面已经说过，两性之间在颜色上的差别，如果很微小，雌鸟所差的那么一点点大概起不了什么保护的作用。但假定它也还起些作用，而把这一类的雌鸟看做正在过渡之中的例子，行不行呢？大概不行；没有什么理由可以使我们认为许多鸟种，在任何一个时期里，正在经历着改变的过程。因此，我们很难承认，在数量繁多的、两性之间在颜色上表现着很微小的差别的鸟种里，雌鸟，为了要求保护，如今都在开始变得越来越晦暗不明。即便用两性差别略微显著一些的例子作为考虑的对象，有如，糠碛鹨（chaffinch）的雌鸟头部的颜色——照莺（bullfinch）的雌鸟胸口的深红色——绿碛鹨，亦称普通莺（greenfinch）的雌鸟的绿色——黄冠欧鹪（wren）的雌鸟的羽冠，我们能不能认为，为了保护，通过自然选择的缓慢的过程，都已经变得不如以前的鲜明了呢？我认为不能，对这一类比较显著的差别既不能这样看待，对那些营构隐蔽性的鸟巢的雌雄鸟之间的更为轻微的差别显然是更不能了。从另一个方面来看这问题，两性之间在颜色上的不同，无论大小，在一个很大的程度上，却可以用另一个原理来说明，那就是，首先由雄鸟通过性选择而取得的一些有关的连续变异，在通过遗传而分移给雌

鸟的时候，从一开始就或多或少地有些限制，即不是全部分移。至于这种限制的程度在同一鸟群的不同鸟种之间也不免高下不等，这对任何多少研究过各个遗传法则的人是并不奇怪的。这些遗传的法则是极其错综复杂的，只有在我们对它们一无所知的情况之下，它们的活动或运行才会见得不可捉摸，莫名其妙。㉘

据我所能发现，在各个鸟群之中，全部鸟种的雌雄鸟都彼此相像、并且都有华丽的颜色的情况是有的，但这样的鸟群的范围一般都不大，真正这样的大鸟群是几乎没有的；但我从斯克雷特尔先生那里听说，食蕉鸟（plantain-eater，属乙 642）是这样的一个大鸟群。反过来，我也不相信，世上会存在另一方面的大鸟群，就中全部鸟种的雌雄鸟彼此在颜色上都大相悬殊：而据沃勒斯先生告诉我，南美洲的黄连雀科（chatterer，即乙 287）提供了最好的例子之一。但这科里有几个种还只能算是例外，有的雄鸟的胸部是红色的，很鲜艳，而雌鸟的胸部也有几分红色，有的雌鸟也表现雄鸟颜色的一些痕迹，如绿色或其他颜色。无论如何，在若干鸟群之中，要在全群范围之内两性之间最近密的相似性或最悬殊的相异性，这两个群已经是最为接近的了。联系到我们方才说过的话，认为遗传这样东西在性质上是如何地波动不定，难于捉摸，这种高度的一致性已经是一个有些值得惊奇的情况了。但转念同样的一些遗传法则大体上会在关系相近的动物之间流行无阻，亦是理所当然，无足惊怪。家养的鸡，自古以来，不知产生了多少品种和亚品种，而在这些品种里，公母鸡在羽毛颜色上一般有着相当大的差别，因此，如果在某些亚品种里居然出现一些两性相似的情况，就不免有人惊诧为不可多得的奇遇。在另一方面，家养的鸽子的情况正好

与此相反，鸽子也同样地产生了无数的分得清的品种和亚品种，而除了极难得的例外，这些品种里公、母鸽总是彼此一模一样，难于分辨。因此，如果鸡属（乙 432）和鸽属（乙 270）中的别的鸡种鸽种也有机会得到家养而在人工培育之下发生变异，我们敢于不怕冒失地预断，控制着两性之间的相似性或相异性的那些准则将以遗传的方式为依据而在这两个设想的例子中同样地发挥作用。在自然状态之中，同样的遗传方式也一般地在先后相同的一些鸟群中发挥作用，显著的例外尽管有些，却并不妨碍这个通例。例外是有的，在一科之内，甚至在一属之内，两性在颜色上有十分相似的鸟种，也有很不相同的鸟种。属于同一个属的这方面的例子，上文已经提过麻雀、鹟（fly-catcher），鸫（thrush）和松鸡（grouse）。在雉类这一科，几乎所有鸟种的雌雄鸟是不相似得出奇的，但在耳雉（eared pheasant，即乙 295），两性却又很相近似。在雁类的有一个属（乙 246）中，有两个种的雌雄鹅除了身材大小不同而外，是无法分辨的，而在另外两个种，则两性的差别大到了一个地步，教人很容易把它们错误地分隶于两个不同的鹅种。[29]

只有通过一些遗传的法则才能对如下的几个例子作出解释；在这些例子里，雌鸟在生命期的相当晚的一个阶段里会取得正常是属于雄鸟的某些特征，终于变得和雄鸟完全相像，或几乎完全相像。在这里，保护的因素是很难有活动的余地的。勃莱思先生告诉我，黑头黄莺或金莺（乙 679）和几个关系相近的鸟种的雌鸟，一到足够成熟而能繁育的年龄，在羽毛上和成年雄鸟可以有相当大的差别，但经过第二次或第三次换毛之后，她们所不同于雄鸟的只是喙上有些轻微的绿色而已。在鸦的一属，普通称矮麻鸦（dwarfbittern，即乙 94)，也据勃莱思先生说，“雄鸟在第一次换毛之后就取得了他的正式服装，而雌鸟则要到第三次或第四次换毛之后，而在未取得以前，她的服装是介乎幼鸟和成年雄鸟的服装之间的一个中间状态。在已取得之后，则和雄鸟的一样地正式了。”普通隼(乙 406)也有这情况，雌隼取得她的蓝色羽毛要比雄鸟晚些。斯温霍先生说，在伯劳(drongo shrike)的一个种(乙 347)，雄鸟几乎还在雏幼的年龄便把细软的棕色羽毛脱了，而换上一身润泽有光的墨绿色的新装，而雌鸟则在她的一些副羽上一直保持白色的线纹和斑点，要到三年之后才完全换上一身和雄鸟一色的装束。这同一位出色的观察家又说到中国的篦鹭(spoonbill，即乙 779)，雌鸟要到第二年的春天才和第一年的雄鸟相像，而看来要到第三个春天才取得和雄鸟同样而在他则久已取得了的那一身成年的羽毛。念珠鸟(乙 124)的雌鸟和雄鸟没有多大分别，但装点在翼羽上的一串串火漆似的红珠子㉚在她的生命期中的发展没有雄鸟的那么早。印度产的一种鹦哥，称爪哇鹦哥(parrakeet，即乙 706)，雄鸟的上嘴从小就做珊瑚红色，而在雌鸟，据勃莱思先生对笼居鸟和野生鸟的观察，上嘴起初是黑的，至少要到满岁才变红，而到此，她才和雄鸟在一切方面都变得相像。野生的吐绶鸡的雌雄鸟最后都在胸前备有一撮刚毛，但雌雄鸟发展的迟早很不相同，其在雄鸟，满两岁时，这撮刚毛大约有四英寸长，而在同岁的雌鸟身上，则几乎连踪影都还看不到，一直要到第四年，雌鸟胸部的刚毛才发展到四、五英寸长。㉛

我们决不能把这些例子和有病或衰老的雌鸟因生理上发生变态而表现的一些雄鸟的特征混为一谈。繁殖力强或良好的雌鸟，当她们幼年的时候，间或也通过变异或一些我们还弄不清楚的原因，㉜而取得一些雄鸟的特征，这些和上面所说的也不是一回事。不过所有这一切的例子，不论哪一方面的，也有许多共同之处，这些共同之处是要依据泛生论（pangenesis）的假设来解释的：雌性身体里也未尝没有雄性的成分，而且每一部分都不缺，平时这些成分是潜伏不动、而无所表现的，但若雌性的体素组织（constituent tissues）在化学上所谓的选择亲和力（elective affinities）方面起些轻微的变动，某些潜伏的雄性部分就会活动起来，派生出一些胚粒子（gemmule），影响有关器官或结构，使终于表现出雄性的特征来。

关于羽毛的变迁和一年四季的关系，在这里有必要补一段简短的讨论。根据上文所已归结到过的一些理由，几乎不成问题的是，诸如几种鹭（egret，heron）以及其他许多鸟种的漂亮的通身性羽毛、长而下垂的一些翎羽、各式冠羽等等，尽管两性身上都有，而由于它们只在夏季发展出来，而过此便尔脱换，是用来装饰和满足“结缡”的需要的。这样一来，雌鸟在抱卵时期就变得更惹人注目了，不像冬季那样的朴素。不过像各种鹭（egret，heron），这也不打紧，它们有的是自卫的能力。但由于这种装点性的羽毛大概多少是个累赘，更由于它们在冬天肯定没有用处，一年换毛两次的习性，夏天上装，冬天卸装，从而抛却累赘，有可能就是这样地通过自然选择而逐步地被取到手的。不过这样一个看法有它的限制，要把它引申到其他许多涉水的鸟种（即乙 455）身上就说不通了，因为它们的冬夏两季羽毛在颜色上没有多大的差别。就缺乏自卫能力的若干鸟种而言，它们中间，一到繁育的季节，有的两性都变得十分显眼，有的只是雄鸟在羽毛颜色上特别突出——更有的，只是雄鸟临时取得些特长的翼翎或尾翎，长得成为飞行时的障碍，例如在夜鹰属（cosmetornis）和寡妇鸟属（vidua）——在这点上就没有问题了，一看就可以肯定，第二次的换毛、即换上冬装这一习性的取得大概是专门为了卸脱盛装，免招祸殃。尽管如此，我们还须记住，别有一些鸟种，有如某几种的风鸟、百眼雉（argus）和孔雀，冬天是不脱换羽毛的；我们也找不到什么理由来说，这些鸟种，尤其是属于鹑鸡类（乙 428）的雉和孔雀，在体质上有什么特殊，使它们不可能一年之内换毛两次，因为我们知道，同属于这一类鸟的雷鸟（ptarmigan）却一年要换三次之多。[33] 因此，我们对于许多到了冬季要脱卸装饰性的羽毛或褪去鲜美的颜色的鸟种，其所由取得此种习性，究竟是不是为了减轻负担或避免祸殃，还只能认为是个存疑待决的问题。

因此，我的结论是：一年换毛两次的习性，就大多数、甚至全部的例子来说，起初是为了某一个分明的目的而取得的，这目的也许是寒冬可以保温；而和产生夏季羽毛有关的一些变异是通过性选择而逐步积累起来的，随即又传给了下一代，让它们在每年的相应的季节里发展出来。至于传授到这些变异的后一代所包括的是子女双方，或只是雄性一方，那就得看遗传的方式而定，未可概论。另有一个看法是，所有这些鸟种本来趋向于保持它们的装饰性的羽毛，一直过冬，但由于它是个包袱，既增添了麻烦，又不免招来横祸，于是自然选择便插手进来，使它们终于把它摆脱了。看来上面的结论比这个看法要更为符合于实际的情况。

有人持有这样的看法，认为今天只限于雄鸟身上才有的种种武器、彩色以及各式各样的装饰手段，原先是两性身上都具备的，但后来，由于自然选择把遗传的方式变换了一下，把原先对两性的均等的遗传变换成只对雄性一方的遗传，于是才有今天的情况。他们也提出了些论点支持这一个看法。在这一章里，我所已做的就是试图指出这些论点是靠不住的。对许多鸟种的雌鸟的羽毛颜色，看法也有分歧，有人认为有关这些颜色的一些变异，一开始就从雌鸟传给雌鸟，而由于这种颜色有保护的作用，就一直保持了下来：这看法也是可疑的。但要在这方面作进一步的讨论，目前还不相宜，留待我在下一章里对幼鸟和成年鸟在羽毛上的差别有所处理之后，再来进行，更为方便。

原　　注

① 第四版，1866年，页241。

② 《威斯特明斯特尔评论》(丙153)，1867年7月。又，《旅行杂志》(丙84)，第一卷，1868年，页73。

③ 特明克(甲646)说，赤翟雉(乙754)的雌雉的尾巴只有六英寸长，见《彩色图片集》(法文)，第五卷，1838年，页487与488：这里的尺寸是斯克雷特尔先生为我测定的。关于普通雉，见麦克吉利弗瑞(甲423)，《不列颠鸟类史》，第一卷，页118—121。

④ 见夏布伊博士，《比利时的传书鸽》(法文)，1865年，页87。

⑤ 见《田野》(丙59)，1872年9月。

⑥ 见贝赫斯坦因，《德国的自然历史》(德文)，1793年，第三卷，页339。

⑦ 巴尔仑屯的看法与此不同(《哲学会会报》，丙149，1773年卷，页164)，他认为，雌鸟不鸣，或极少有鸣的，可能是因为在抱卵时期鸣声会带来危险。他又表示，雌鸡的羽毛之所以不如雄鸟美，这一看法也可能加以说明。

⑧ 见腊姆西先生文，载《动物学会会刊》(丙122)，1868年卷，页50。

⑨ 见默尔瑞所编《旅行杂志》(丙84)，第一卷，1868年，页78。

⑩ 同上引书，页281(按此注欠明了，所云“同上”，“上”指的是什么？是本章注⑨中的书或刊物么？大概不是。查第十四章近末，一再征引到阿尔吉耳，附注㊸又提到他所著书，《论法的统治》，同上之上，应指此书——译者)。

⑪　奥杜朋,《鸟类列传》,第一卷,页233。

⑫　杰尔登,《印度的鸟类》,第二卷,页108。古耳德,《澳洲鸟类手册》,第一卷,页463。

⑬　例如,大尾蜂鸟(乙399)的雌鸟,头和尾是深蓝的,而腰部是某一种不纯的红色;又一个种的蜂鸟(乙536)的雌鸟背部是墨绿的,而眼端与喉部两侧是深红色的;再一个种的蜂鸟(乙397)的雌鸟只是头顶和背部作绿色,腰和尾则作深红。雌鸟羽毛美艳而不限于绿色的其他例子,可举而不必举的还有很多。见古耳德先生关于这一科鸟类的宏伟的专门著作(《蜂鸟科专论》——译者)。

⑭　萨耳温先生在危地马拉看到(《朱鹭》,丙66,1864年卷,页375),各种蜂鸟遇到很炎热的天气时,比阴凉多云、或霖雨的日子,更不愿意离开它们的窝,因为太阳晒得厉害,像是要晒坏它们所下的蛋似的。

⑮　作为此方面的实例,即颜色呆板的鸟种也未尝不营构有隐蔽作用的巢,我可以具体地提出古耳德先生在《澳洲鸟类手册》(第一卷,页340、362、365、383、387、389、391、414)里所叙述的分隶于八个澳洲鸟属的若干鸟种。

⑯　见霍尔恩先生文,《动物学会会刊》(丙122),1869年卷,页243。

⑰　关于澳洲的这些鸟种的营巢习性和羽毛颜色,见古耳德,《……手册》,第一卷,页504、527。

⑱　在这个问题上,我参考了麦克吉利弗瑞的《不列颠鸟类史》;就四十个鸟种中的有几个而言,在鸟窝的隐蔽程度上,和在雌鸟羽色的显眼程度上,尽管令人心中存有怀疑,下列若干下卵在洞穴或有顶巢的鸟种的雌鸟,用上述的标准来衡量,却很难扯上显眼两字:燕雀属(乙722),两个种;白头翁属(乙905),属中的雌鸟在鲜艳的程度上要比雄鸟差得相当多;河乌属(乙259);黄鹀(乙634)(?);鸲属(乙389)(?);灌木鹟属(乙424),两个种;岩鹟属(乙855);朗鹟属(乙843),两个种;莺属(乙908),三个种;山雀属(乙719),三个种;长尾鸟属(乙601);三斜尾属(乙45);旋木雀属(乙206);䴓属(乙884);鹟鸮属(乙999);鹟属(乙638),两个种;燕属(乙485),三个种;和雨燕属(乙329)。又下面十二个属或种的雌鸟,根据同一个标准,是可以被认为显眼的:白头翁的一个属(乙726);白鹀(乙633);荏雀(乙721)和青山雀(乙720);戴胜属(乙895);啄木鸟属(乙763),四个种;佛法僧属(乙279);鱼狗属(乙20);和蜂虎属(乙616)。

⑲　见默尔瑞所编《旅行杂志》(丙84),第一卷,页78。

⑳　见《鸟类列传》中许多有关的叙述。亦可参看贝托尼(甲54)所作关于意大利鸟类的一些有奇趣的观察,载《意大利自然科学会会刊》(丙29),第十一卷,1869年,页487。

㉑　见其所著《美洲热带啄木鸟科(乙973)专论》,第一版。

㉒　这一个种隶翠鸟的一个属(乙301)。见古耳德,《澳洲鸟类手册》,第一卷,页133;亦见页130、136。

㉓　在澳洲的各个鹦鹉种里,两性间在颜色方面的差别大小是各种程度都有的,可以逐步推排出来。见古耳德,《……手册》,第二卷,页14—102。

㉔　见麦克吉利弗瑞,《不列颠鸟类史》,第二卷,页433。又见杰尔登,《印度的鸟

类》,第二卷,页 282。

㉕ 此处下文的各个事例系采自马勒尔勃先生的宏伟的《啄木鸟科(乙 762)专论》,1861 年(法文)。

㉖ 见奥杜朋,《鸟类列传》,第二卷,页 75。又见《朱鹭》(丙 66),第一卷,页 268。

㉗ 详见古耳德,《澳洲鸟类手册》,第二卷,页 109—149。

㉘ 参看我在《家养动植物的变异》,第二卷,第十二章中所说的意义相同的一些话。

㉙ 见《朱鹭》,第一卷,1864 年,页 122。

㉚ 当雄鸟向雌鸟求爱时,这些装饰品会在张开的两翼上颤动,雄鸟"用它来卖弄风情,效果很大";见亚当斯,《林原漫步录》,1873 年,页 153。

㉛ 关于麻鸦属(乙 94),见勃莱思先生对居维耶,《动物界》(法文)的英译本,页 159,附注。关于普通隼(乙 406),见勃莱思先生文,载《查氏自然史杂志》(丙 44),第一卷,1837 年,页 304。关于伯劳的一个属(乙 346),见《朱鹭》(丙 66),1863 年卷,页 44。关于篦鹭(乙 779),见《朱鹭》,第六卷,页 366。关于念珠鸟(乙 124),见奥杜朋,《鸟类列传》,第一卷,页 229。关于印度产的爪哇鹦哥(乙 706),亦见杰尔登,《印度的鸟类》,第一卷,页 263。关于野生吐绶鸡,见奥杜朋,同上引书,第一卷,页 15;但我从法官凯屯(甲 141)那里听说,在美国伊利诺伊州的这种吐绶鸡,雌鸟极难得有此种刚毛撮。和这些例子可以相类比的还有一种鸟(乙 743)的雌鸟,夏尔普先生曾有所提供,见《动物学会会刊》(丙 122),1872 年卷,页 496。

㉜ 关于这方面的例子,勃莱思先生(居维耶,《动物界》,英译本,页 58,附注)记录了一些,牵涉到的鸟类有鸥(乙 538),朗鹟(乙 843)、红雀(乙 558)、凫(乙 30)等属。奥杜朋(《鸟类列传》,第五卷,页 519)也记录到有关夏红雀(乙 812)的一个例子。

㉝ 见古耳德,《大不列颠的鸟类》。

译　　注

1. 蓝色的血液系原文"blue blood"的直译,在英语,本是一个惯用的词,意指贵族或高门华阀的血统,作者行文到此,一面有需要用这个词来率直表达他的意思,一面又可能怕字涉双关,开罪于英国的贵族阶级,所以有"恕我……"云云的一句声明。当然也可能是存心开个玩笑。

2. Sultan,英语指伊斯兰教国家的政治首领,辞书译作"苏丹",未免和非洲的一个国家的名称相混,未便照译,兹改用《明史》以来一部分史籍中所用的译音,"速檀"。

第十六章　鸟类的第二性征——续完

未成熟时的羽毛与两性成年时的羽毛的特性有关——六类例子——关于亲缘近密或有代表性的各个鸟种的雄鸟之间所表现出的性征方面的差别——雌鸟具有雄鸟的一些性状——幼鸟的羽毛与成年鸟冬夏两季羽毛的关系——论世间鸟类的美丽有所增加——保护色——颜色显眼的一些鸟种——禽鸟懂得领会新奇——鸟类四章总述。

我们现在必须把受年龄限制的一些特征的遗传和性选择的关系考虑一下。某些特征在上下世代同一或相应的年龄发展出来的这一遗传原则——简称异代同龄的遗传原则或法则——的真实性和重要性用不着在这里讨论，因为我们在这个题目上已经说得够多的了。幼鸟和成年鸟在羽毛上的种种差别，就我的知识所及而言，是遵循着若干颇为复杂的准则的，或者说，所有的例子是可以分成几类的，但在列举这些准则或类别之前，我们不妨说几句别的但有关的话，作为预备。

在无论什么种类的动物里，如果成年和幼年之间在颜色上有所不同，而幼年动物的颜色。据我们所能看到的而言，又说不上有任何特殊的用途，那么，一般地说，我们不妨把这些颜色与许多不同的胚胎期中的结构同样看待，而认为是一个早先的特征的保留未变。但要毫不犹豫地维持这一看法，我们还须有一个条件，就是，若干有关而不同物种的幼小动物要彼此很相近似，而同时这些幼小动物又要和同一科属之内的其他一些物种的成年动物互相近似，因为后者，即成年动物，提供着活的证据，说明这一类状态的事物在早先是可能存在过的。幼小的狮子和南美洲狮(puma)身上是有轻微的条纹或一排一排的斑点的，而我们又知道，和它们关系相近的许多物种，无论幼小或成年，都表现着这一类的标志，凡是相信进化论的人，在把这两宗事实联系起来之后，就会毫不怀疑地认为狮子和南美洲狮的祖先是一只有条纹的动物，而在今天的狮与南美洲狮只在幼小时还保存着这种条纹的痕迹，正像黑猫所生的小猫那样，小猫有条纹，而成长以后便泯然无迹了。鹿也有这种情况，有许多种的鹿，幼小时是有斑点的，而一到成熟，就没有了，而另有少数的几种则进入成年以后还表现着这种斑点。同样地，在整个的猪这一科(乙 907)，以及和它关系相当远的某些动物，例如貘(tapir)中间，幼动物身上都有黑色的横长条纹；但在猪与貘，情况稍有不同，就是，这条纹的特征显然是来自一个今天已不再有直接的孑遗的祖先，所以在所有的物种里，只有幼小的动物还保持着它。在所有这些例子里，成年动物，在漫长的年代里，都改变了它们的颜色，而幼动物则维持原状，极少变动，而这种情况之所以造成是通过了异代同龄的遗传原则的。

这同一原则也适用于属于许多不同群体的鸟类，就中幼鸟彼此都很相像而和它们各自的成年父母却又很不相同。几乎所有的鹑鸡类(乙 428)以及某些和鹑鸡类关系比较远的鸟类、例如鸵鸟的幼雏身上盖满了由幼毛或绒毛所构成的长横条纹；但这一特征

是太古老了，它指向的那种状态简直渺茫得几乎和我们搭不上关系。交喙鸟（乙 572）的幼鸟的喙或嘴起初是和其他雀类的喙一样的直的，而未成熟的羽毛标有线纹这一点却像成年的红冠鸟（red-pole，小碛鹟之类）和雌的成年的金翅雀（siskin），同时也像黄斑碛鹟（goldfinch）、莺（greenfinch）以及其他关系相近的鸟种的幼鸟。许多种的鹀白鸟（bunting，隶鸸属，即乙 373）的幼鸟彼此都相像，而在其中的一个种，即普通的鹀白鸟（乙 374），成年鸟也和幼鸟没有什么不同。在称为鸫（thrush）的这一大类鸟里，几乎所有的鸟种的幼鸟在胸口都有些斑点，而这一特征在许多种鸫里是终身保有的，在另一些种里则一到成年便几乎完全消失，例如候鸫或美鸫（乙 977）。也在鸫类里，有许多种鸟的背上的羽毛，在第一次换毛以前，也是有些斑驳或麻点的，换毛后便不然了，但是在东方的某几种的鸫里，背羽是终身斑驳不变的。好多种的鵙或伯劳（乙 538）、若干种的啄木鸟，一种印度鸽，一称金鸠（乙 222）的幼鸟胸部和腹部有横条纹，而某几个和它们关系相近的鸟种，乃至整整的几个鸟属的成年鸟，也有这种条纹。在某几种关系很相近密而色彩很美的印度产的杜鹃或鸤鸠（乙 251）里，成年鸟在颜色上各自不同，差别相当明显，而它们的幼鸟却一模一样，无从辨认。一种印度雁（乙 851）的雏雁，在羽毛上，和关系相近的一个鸟属、树鹊属（乙 341）的成年鸟十分相似。[①]关于某几种苍鹭的同样的一些事实下面还有机会叙述到。黑松鸡（乙 933）的幼雏和另外几种松鸡，例如红松鸡（乙 932）的幼雏和成年鸟都相像。最后，我引勃莱思先生的话来结束这一小段讨论，他周密地注意过这题目，他说：许多鸟种的自然亲属关系的近密程度最能在未成熟的羽毛上表现出来。这话说得好，而一切有机物体的真正的亲密关系既然是从一个共同的祖先一脉相承而来，这句话有力地证实了我们这一信念，就是，未成熟或幼鸟的羽毛所表示的是有关物种的早先或祖辈的那个状态。

尽管分属于各个不同的科的许多雏鸟使我们能够窥测到它们远祖的羽毛状态，有如上述，却也还有好多的其他鸟种，无论羽毛晦暗的也好，或艳鲜的也好，幼雏和成年父母是十分相像的。在这种例子里，不同鸟种的幼鸟之间的相像程度当然不可能高出亲子之间各自相像的程度之上，它们长大之后也不会像是属于关系十分近密的几个鸟种。至于它们祖先的羽毛作何花色，它们也就不能给我们什么窥测的便利了，不过如果在整个群体之内，如一科或一属之内，所有的鸟种的幼鸟和成年鸟在羽毛的颜色和花样上表现得大致相同，那么，我们还可以作些窥测，认为它们祖先的羽毛大概也是这样或相差不多的。

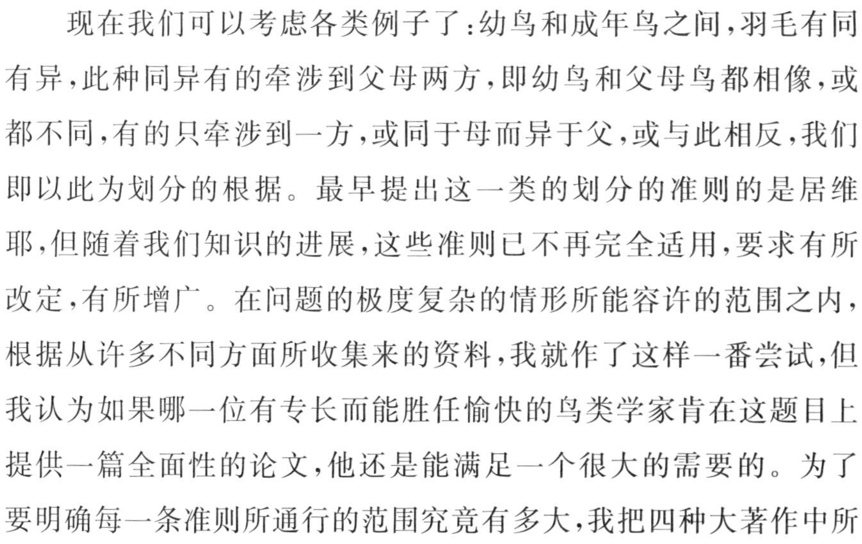

现在我们可以考虑各类例子了：幼鸟和成年鸟之间，羽毛有同有异，此种同异有的牵涉到父母两方，即幼鸟和父母鸟都相像，或都不同，有的只牵涉到一方，或同于母而异于父，或与此相反，我们即以此为划分的根据。最早提出这一类的划分的准则的是居维耶，但随着我们知识的进展，这些准则已不再完全适用，要求有所改定，有所增广。在问题的极度复杂的情形所能容许的范围之内，根据从许多不同方面所收集来的资料，我就作了这样一番尝试，但我认为如果哪一位有专长而能胜任愉快的鸟类学家肯在这题目上提供一篇全面性的论文，他还是能满足一个很大的需要的。为了要明确每一条准则所通行的范围究竟有多大，我把四种大著作中所记载的事例归纳而列成表格，这四种是，麦克吉利弗瑞论大不列颠的鸟类奥杜朋论北美洲的鸟类，杰尔登论印度的鸟类和古耳德论澳洲的鸟类。我不妨在这里先说明两点：第一，各类例子或各条准则是循序渐进、逐步过渡的；第二，当我们说幼鸟像它们的父母，这并不意味着它们是和父母完全一模一样，因为虽说相像，它们的颜色几乎总没有父母的那样鲜明生动，一根一根的羽毛也总是比较软些，并在式样上也往往有所不同。

准则，或例子的类别

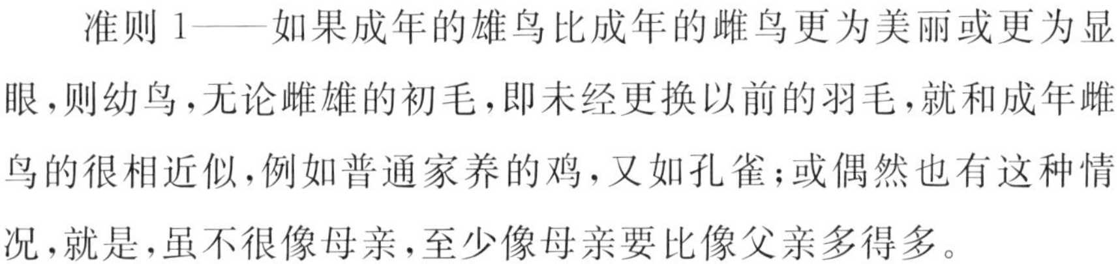

准则 1——如果成年的雄鸟比成年的雌鸟更为美丽或更为显眼，则幼鸟，无论雌雄的初毛，即未经更换以前的羽毛，就和成年雌鸟的很相近似，例如普通家养的鸡，又如孔雀；或偶然也有这种情况，就是，虽不很像母亲，至少像母亲要比像父亲多得多。

准则 2——如果成年雌鸟比成年雄鸟见得更为显眼，而这一情况尽管难得，却也还有，则雌雄两性幼鸟的初毛就和成年雄鸟的相似。

准则 3——成年雄鸟和成年雌鸟彼此相像，而雌雄两性幼鸟的初毛则自成一格，不同于父母，例如知更鸟（robin）。

准则 4——成年雄鸟和成年雌鸟彼此相像，而雌雄两性幼鸟的初毛也就和成年鸟一样，没有什么差别，例如翠鸟、某几种鹦鹉、各种乌鸦、各种篱鹨（hedge-warbler）。

准则 5——如果雌雄两性成年的鸟，冬夏两季都有两套不同的羽毛，不论两性之间在花色上有无差别，则幼鸟的羽毛一般像两性成年鸟的冬季的那一套，也有像夏季的一套的，但这种情况要少得多，也有单单像成年雌鸟而不像成年雄鸟的。幼鸟的羽毛也可以有一种中间的状态，就是介乎成年雌雄鸟的特征之间；也还可以有另一种情况，就是，幼鸟冬夏两季的羽毛和成年鸟的都有很大的不同。

准则 6——在若干个很少数的例子里，幼鸟的初毛因性别而异，雄的幼鸟或多或少地像成年雄鸟，而雌的幼鸟则或多或少地像成年雌鸟。

第一类——在这一类里，雌雄两性的幼鸟或多或少地像成年雌鸟，而成年雌雄鸟之间则彼此互异，而且往往相差很远，极为显著。在鸟类的所有的几个目里，我们可以在这方面举出无数的例子来，但我们只需想到普通的雉、寻常的鸭、家雀，就已经够了。这一类的例子在同异之间可以有各种大小不同的程度，而如果由大入小，排成一队，在小的一头我们可以看到在一些例子里，雌雄两性成年鸟之间的差别，和幼鸟和成年鸟之间的差别，都已轻微到这样一个地步，使我不免发生疑问，这些例子究竟应该不应该放在这一类里、还是放进下面要说的第三类或第四类呢？还有一种情况，在这一类里的幼鸟，虽说两性之间很是相像，却也还有些轻微的差别，而这又不免和第六类的例子有些混淆不清。但这些过渡性的例子毕竟不多，或至少比起那些严格地应当归入这一类而毫无疑问的例子来，并不那么突出而引人注目。

当前这一条准则或法则的力量倒是在另一些鸟群里容易得到说明。在那些鸟群里，作为一个通例来说，两性的成年鸟和幼鸟原是彼此全都相像的（参准则 4 和第四类——译者），但如果，也是在那些鸟群里，成年鸟的两性之间确乎有些不同的话，例如某几种的鹦鹉、翠鸟、鸽子等等就真有这种情况，那么，幼鸟无论是雌的或

雄的，也就会和成年的雌鸟相像[2]。在某些寻常规的例子里，我们也可以看到这一事实，并且看得更为清楚，即如在蜂鸟的一个种（乙 470），雄鸟和雌鸟有显著的不同，不同在雄鸟脖子上有颈甲似的一圈羽毛而左右耳朵上又各有一撮细软的羽毛，而雌鸟的特色是她有一条比雄鸟长得多的尾巴，而在这样一个情况之下，雌雄两性的幼鸟依然是像它们的母亲（除了胸口的青铜色斑点这一层而外），一切方面都像，包括尾巴特长的一层在内，而雄的幼鸟，一到成长，原有的长尾巴反而真的变短了，这实在是一个极不寻常的情况。[3]再如，秋沙鸭（goosander 即乙 615）的雄鸭的羽毛在颜色上要比雌鸭更为显眼，同时肩胛部分的羽和两翼的一些次列拨风羽也比雌鸭的要长得多。但据所了解的而言，他和别的任何鸟种的雄鸟不同的是，成年雄鸭的冠羽虽比雌鸭的要宽些，却反而要短不少，只长一英寸多一点，而雌鸭的则长两英寸半。如今在秋沙鸭，雌雄两性的幼鸭是完全像它们的母亲的，而因此它们的冠羽，尽管窄些，却比父亲的要绝对的长些。[4]

如果幼鸟和成年雌鸟彼此十分相像而都和成年雄鸟有别，则最显而易见的结论是，在进化的过程中只有雄鸟经历过变化。即便在上文所说的不寻常规的那一种蜂鸟（乙 470）和秋沙鸭的两个例子里，在进化中所经历的情况可能是这样的，就是成年的雌雄两性蜂鸟的尾羽，和成年的两性秋沙鸭的冠羽都是拉得特别长的，但后来由于某种我们还不能说明的原因，在雄的成年鸟方面部分丢失了这些特征，尾羽或冠羽都变得短些了，而随后又把这些打了折扣的状态单单传给他们的雄的后一代，让它们一到相应的成熟年龄时，也同样地发展出来。我们这样一个信念，认为，在这第一类里，单就成年雄鸟为一方而成年雌鸟和幼鸟为又一方之间的一些差别而言，经历过变化的只是成年雄鸟一方，是得到了有力的支持的；这种支持来自勃莱思先生所记录下来的一些引人注目的事实，[5]关涉到进化上关系很相近密而在世界各地又彼此能相互代表的一些鸟种。

因为，在这些互有代表性的鸟种里，有好几种成年雄鸟经历过一定分量的变化是彼此可以被辨别出来的，而这几个鸟种的雌鸟和幼鸟，尽管来自世界各个不同的地方，却是分辨不出来的，而因此我们可以知道，是绝对没有经历过什么变化的。有这种情况的鸟种是某几个种的印度的黄连雀（chats，即乙 938）、某几个种的吸蜜鸟（honey-suckers，即乙 651）、伯劳（shrike，即乙 925）、某几个种的翠鸟（乙 919）、卡力奇（kalij）雉（即乙 431）和树鹧鸪（tree-partridge，即乙 81）。

在若干可以与上述相类比的例子里，即在冬夏羽毛不同而雌雄两性之间却分别不大的一些鸟种里，某几个鸟种，尽管关系近密，根据他们的夏季或所谓“结缡”羽毛，是容易分辨出来的，但若根据冬季羽毛或未成熟的幼鸟的羽毛，却还是认不出来。印度产的几个关系近密的鹡鸰属（wagtail，即乙 632）的鸟种就是如此。斯温霍先生[6]告诉我，在彼此相互代表不止一个大陆的、三个鹭鸶种（同隶于一个属，乙 93），在夏季羽毛的装束之下，是“再清楚没有地不相同的”，但到了冬季，便几乎完全分不出来了。这三种鹭鸶的幼鸟的未成熟的羽毛也和成年鸟的冬季装束十分相像，难于辨认。这个例子特别有趣，因为在同隶这一属（乙 93）的另外两个种里，雌雄两性的鸟，无论冬夏，保持着几乎是和前三种鸟的冬季装束同样的打扮，而这一打扮，既然为若干分明是相同的鹭鸶种所共有，而且在不同年龄、不同季节里都可以表现出来，那就无异向我们说明，当初这一属的共同的祖先的羽毛大概是什么颜色的了。在所有这些例子里，我们不妨假定，原先由成年雄鸟在繁育季节里所取得、而随后通过遗传的转移，又成为两性成年鸟在相应的季节里所同具的所谓“结缡”羽毛是经历过变化的，而冬季羽毛和未成熟的羽毛则一直维持原状，未尝有所变化。

这样就很自然地引起了一个问题：为什么在后面这些例子里的两性的冬季羽毛、而在前面那些例子里的成年雌鸟的羽毛以及幼鸟的未成熟的羽毛，完全没有受到影响呢？那些互相代表着世界上不同地面的各个鸟种所处的环境和所经受的生活条件总不免有所不同，但如果变化是由于环境条件的影响的话，我们就说不通为什么这种影响只引起了雄鸟羽毛的变化，而把雌鸟和幼鸟放过不问。在这里我们看到了几乎没有任何事实能够比鸟类的两性之间的惊人的差别更足以说明：生活条件的直接作用，比起通过选择而日积月累的不可捉摸的一些变异来，是处于什么一种更为次要的地位了。因为，不言而喻，两性所消耗的是同样的食物，所经受的是同样的气候。当然我们也并不排斥这样一个信念，认为在漫长的时间过程里，新的生活条件有可能产生一些直接影响，而影响所及，有的不分性别，有的由于体质上的差别，则以两性中的一性为主。在这里我们只是看到，和选择所累积起来的结果相比，生活条件的地位居于次要罢了。但我们还可以从一个广泛的类比的角度来作出一些判断，如果一个物种迁移到一个新的地方（而在地方上有代表性的物种得以形成之前，这必然是个先行的条件），新地

方有新的生活条件，这物种的成员在经受与适应新条件的过程中，势必要经历到一定分量的波动不定的变异性。在这样一个情况下，一贯要靠一个易变或善变的因素——即雌性动物的爱好和欣赏——来发挥作用的性选择到此就会有一些新的颜色、或颜色的新的深浅度、或其他新的差别来作为新的用武之地，而把它们逐渐积累起来；而性选择既然是无往而不在活动的事物（又根据我们所知道的人们在家养动物身上所取得的种种不自觉地选择的结果，而加以推论），生活在新地方的动物，在和旧地方业经隔绝之后，在新旧之间再也没有机会因交配而发生混合，从而把新取得的特征混合掉的情况之下，如果，经过一段足够长久的时期之后，还是依然故我，不发生一些和迁移以前不同的变化，那才是一件奇怪的事了。这些话是泛泛地说的，但同样适用于若干鸟种的"结缡"或夏季羽毛，无论这羽毛只是雄鸟有，或为雌雄两性所共有。

尽管上述的许多关系近密或有代表性的鸟种的雌鸟连同她们的幼鸟几乎是彼此全无差别，难以辨认，而只是雄鸟才分得清楚，在和它们同隶一属的大多数的其他鸟种中间，不同种的雌鸟还显然是有差别的。不过这些差别毕竟要比雄鸟与雄鸟之间的来得小，差别一般大的例子是绝无仅有的。在整个鹑鸡类（乙 428）里，我们就清楚地看到这一点，例如在普通雉和日本雉（似即山鸡）之间、在银雉（即白鹇）和野生鸡之间、而尤其是在金雉（即锦鸡）和阿姆赫尔斯特雉（Amherst pheasant）之间，雌雉在颜色上是彼此很相近似的。但彼此的雄雉则大不相同。黄连雀科（乙 287）、雀科（乙 423）以及其他许多科中的多数鸟种的雌鸟也是如此。说实在话，雌鸟在进化中所经历的变化，作为一个通例来说，要比雄鸟为少，是可以无疑的了。但也还有少数鸟种是独特的、是无法解释的例外，有如普通风鸟（乙716）和新几内亚风鸟（乙717）之间，雌鸟的互异的程度就要比雄的为大；⑦新几内亚风鸟的雌鸟的胸腹是纯白的，而普通风鸟的雌鸟在这部分是深棕色的。再如，我从牛顿教授那里听说，在毛里求斯岛（Mauritius）和布尔朋岛（Bourbon）[1] 上彼此可以相互代表的两个种的伯劳（shrike，即乙700）⑧，雄鸟在颜色上彼此几乎没有分别，而雌鸟则相差很大。在布尔朋岛上的那种伯劳，雌鸟似乎是局部地保持了幼鸟的未成熟的羽毛状态，因为乍然看去，她"有可能被错认为毛里求斯岛那种伯劳的幼鸟。"这些差别的发生又显然和人工选择不相干。⑨

我既然如此地借重于性选择来说明关系相近的各个物种的雄性一方的种种差别，试问对刚说过的这些雌性之间的差别，即便就所有的寻常例子而言，又将如何解释呢？在这里，我们不需要考虑属于不同的几个属的鸟种，因为对于这些，不同的生活习惯以及其他环境的势力一定起过些作用。至于同一个属内的若干鸟种的雌鸟之间的差别，在把各个不同的大的鸟群逐一看过一遍之后，依我的见解，我几乎可以肯定，造成这些差别的主要力量和过程还是，首先通过性选择由雄鸟取得了这些有关的特征，然后通过遗传，或多或少地分移到了雌鸟身上。在若干种不列颠产的碛鹨（finch）里，雌雄鸟之间，有的差别很小，有的比较大些，而如果我们把绿碛鹨（greenfinch）、糠碛鹨（chaffillch）、金碛鹨（goldfinch）、莺（bullfinch）、交喙鸟（crossbill）、麻雀等等的雌鸟彼此比较一下，我们会看到她们之间的主要不同之点也就是她们和各自本种的雄鸟局部相似之点，而各个种的雄鸟的颜色是可以归因到性选择而不会有多大问题的。就许多鹑鸡类的鸟种说，两性的差别是极大的，例如孔雀、雉、家鸡，而就同类中其他一些鸟种说，则雄鸟有把他的一些特征局部或全部分移给雌鸟和她共享的情况。若干种孔雀雉属（乙 790）的雌鸟也表现有雄鸟羽毛上的那些漂亮的单眼纹（ocellus），只是要晦暗得多，并且主要是限于尾部。雌鹧鸪（partridge）所不同于雄鹧鸪的只在胸口的红记要小一些，而雌的吐绶鸡所不同于雄鸡的地方亦只在颜色要暗得多。珠鸡（Guineafowl）的两性是分不清楚的。这种鸡的朴素而又用珠斑来点缀得很别致的羽毛，追溯来源，看来也未尝不是由于雄鸟首先通过性选择取得了它，然后又把它不分性别地遗传了下来，因为这种珠斑和牧羊神雉（tragopan）身上鲜艳得多的羽毛所表现的斑点根本上没有什么分别，而在后者却只有雄的才有这副羽毛。

我们应该说明，在有一些例子里，特征从雄鸟身上分移到雌鸟身上这一转变显然是发生得非常之早，而事后雄鸟又经受到种种特征上的巨大变化，此种后来变化而出的特征却完全没有被分移到雌鸟身上。举个例，黑松鸡（black grouse，即乙 933）的雌鸟和幼鸟，与红松鸡（乙 932）的雌鸟、雄鸟和幼鸟都相像，相像的程度相当高；因此我们不妨推论，认为黑松鸡是从古老的、类似红松鸡那样的雌雄鸟在颜色上几乎是相同的一个鸟种嬗递而来的。而在红松鸡，既然雌雄两性身上的横带纹在繁育季节里要比任何别的时候表现得更为清楚，而雄鸟在颜色上又既然和雌鸟略有不同，即羽毛的红棕色更为显著，⑩则我们不妨得出结论，认为雄鸟的羽毛至少在一定程度上是受到过性选择的影响的。果真如此，则我们又不妨进一步推论，认为与此几乎相同的黑松鸡雌鸡的羽毛也是在某一个早先的时期里这样产生出来的。但自从这时期以来，黑松鸡的雄鸡却取得了他的美好的黑色羽毛，又加上尾部那几根分叉而向外卷的长羽，而除了雌鸟在尾羽上有一点点分叉和卷曲的痕迹而外，这种新取得的特征几乎是完全没有向雌鸟身上分移。

因此，我们不妨作出结论，关系相近而分得清的各个鸟种的雌鸟的羽毛之所以变得多少各有不同，关键往往在雄鸟的一些特征以不同的程度分移到了她的身上，而在雄鸟，这些特征原是通过性选择取得的，取得的时代有的很早，有的比较晚近。但值得特别注意的一点是鲜艳或绚丽的颜色，比起其他颜色来，是极其难得这样地分移的。例如，项下有一片红色的瑞士蓝胸雀(blue-breast，即乙 302)的雄鸟的胸部作浓郁的蓝色，其中包含一个不正的三角形的红记；其在雌鸟身上差不多同一式样的标记倒也是有的，是分移到了的，不同的是中心不是红色，而是暗黄色，周围的羽毛也不是蓝的，而是麻栗的。鹑鸡类也提供许多可以类比的例子，因为其中如鹧鸪、鹌鹑、珠鸡等等，全都没有鲜艳的颜色，而雄鸟羽毛的花色是大都分移给了雌鸟的。雉类在这方面最能发人深省，一方面，一般的雉种的雄雉要比雌雉更为明艳得多；但在耳雉(Eared pheasant，即乙 295)，两性却是十分相像，颜色都很呆板。我们甚至可以相信，这两个雉种的雄雉，如果在羽毛色彩上有任何特别鲜艳的部分的话，这部分不会被分移到雌雉身上。这些事实有力地支持了沃勒斯先生的这一看法，认为就孵卵季节中处境富有危险因素的各种鸟来说，鲜明的色彩从雄鸟分移到雌鸟身上的这一过程是受到了自然选择的限制的。但我们也切不可忘记上文所已经说到过的另一个解释也是有可能的，那就是，经历过变异而成为鲜

艳的雄鸟之中，一些少不更事的个体，固然不免招摇惹祸，从而一般地遭到了毁灭；但另一方面，老成持重些的个体，尽管变异的方向与方式相同，不但会生存下来，并且会在和其他雄鸟抗衡之中取得胜利。我们知道，在生命的较晚时期中所发生的变异倾向于只传给同一性别的下一代，因此，在这里，十分艳丽的颜色在下传之际，是轮不到雌鸟的。与此相反，不那么显著的种种装饰，像耳雉和瓦氏雉所具备的那些，就不会惹祸招殃，而如果出现得早，早在成熟年龄之前，一般就会不分雌雄地遗传下来。

除了由于从雄鸟的特征向雌鸟部分转移所产生的影响而外，关系近密的若干鸟种的雌鸟之间的某一些差别可以归因到生活条件的直接和具体的作用。[11]就雄鸟而言，这一类的任何作用一般会被通过性选择而取得的鲜艳的颜色所掩盖过去，而看不出来；而在雌鸟则不然。我们在家禽中所看到的羽毛花色上的万千变化当然不是偶然的，每一个变化都有它的来历，都是某一个具体原因的结果。而在自然和更为一律的生活条件之下，各种颜色中的某一个颜色，如果在任何方面没有什么妨碍的话，就几乎没有疑问地会被保留下来而迟早成为最通行的颜色。交配当然也有它的影响，属于同一个种的许多个体的自由支配最后又倾向于使这样引逗出来的颜色的变化在性格上更趋于一律。

谁也不怀疑，在许多鸟种的雌、雄鸟，颜色的发展是为了适应自卫的要求；而在有几个鸟种里，有可能只有雌鸟才为了这样一个目的而经历过一些变化。我们在前一章里指出过，要通过选择把一种遗传方式转变为另一种遗传方式是个困难的过程，甚至是做不到的事。这是对的，但现下不是这样一个问题，现下的问题是，雌鸟单方面的，而与雄鸟的颜色不相为谋地要通过一些变异的不断积累，而使她自己的颜色对环境条件作出适应。这倒是轻而易举的事，因为这种变异的遗传一开始就是只限于她这一性的一边的。如果许多变异不这样地受到限制，那雄鸟方面的鲜明的颜色就有褪化而被破坏的危险。但这是一番推理的话，许多鸟种的雌鸟，光是雌鸟，是不是真正这样特殊地经历过一些变化，以目前的知识而言，还是个很大的疑问。我但愿能追随沃勒斯先生的意见到底，因为接受了他的意见，有些疑难问题可以获得解决。这样，任何一些变异，只要对雌鸟不起什么保护的作用，就会立刻被磨灭掉，而不是由于得不到选择而单纯地受到丢失，也不必等到在自由交配中因混合而才得到消除，也不烦通过遗传而分移到了雄鸟身上、而由他发现其为有害无利之后，才终于受到抛弃。也只有这样，雌鸟的羽毛才能在性格上维持一个不变的常态。我们也但愿承认许多鸟种里雌雄两性所同具有的晦暗的颜色是为了自卫的目的才取得和保存下来的，因为这样承认也可以解除一些困惑，或者松一口气——例如，在篱鹨（hedge-warbler，即乙 6）或普通欧洲鹪鹩（kiitywren，即乙 972），雌雄两性的颜色都是晦暗的，至于这种颜色是不是由于性选择的直接作用，我们还没有足够的证据。不过我们在作出所谓呆板或晦暗的结论时应该小心。因为在我们看去是呆板的花色，安知对某些鸟种的雌鸟没有它的可爱之处呢？我们应该记住诸如家雀一类的例子，就中雄鸟和雌鸟颇有不同，但雄鸟并不表现任何鲜艳的颜色。大概谁也不会出头争论，认为许多习惯于在露天地面上生活的鹑鸡类之所以有今天的各种颜色至少是部分为了保护自己。它们在这种颜色之下究竟得到了多少保护，我们是知道的。例如，我们知道，雷鸟（ptarmigan）当它们把冬季羽毛换成夏季羽毛的时候，总不免受鹰隼一类鸷鸟的袭击，大受荼毒。而这两季羽毛说来都是有保护作用的。难道我们相信，颜色上或斑纹上的一些微不足道的差别，诸如发生在黑松鸡和红松鸡的雌鸟之间的那些，真正起什么保护作用么？鹧鸪一类的鸟，就它们现有的颜色来说，是不是比备有另一种颜色的羽毛的鹌鹑类，真正多得到了些保护呢？如果它们和鹌鹑相像，是不是就少得些保护了呢？普通雉、日本雉和金雉的雌雉之间的一些微小的差别是不是也有保护作用、她们的羽毛是不是可以彼此互换而谁也不至于吃亏了呢？沃勒斯先生根据他对东方某些鹑鸡类鸟种的生活习性的观察，认为这一类细微的差别是有好处的。依我的愚见，我只能说我还没有能被说服。

以前有一个时候我也曾倾向于强调这种保护的作用，认为它足以解释雌鸟的颜色为什么大都这么呆板。当时我的想法是，在最初的时候，两性的成年鸟以及幼鸟可能都同样地有过鲜明的颜色，而后来，雌鸟则由于孵卵时期所难以避免的危险，幼鸟则因少不更事而容易招来殃祸，为了掩护和防患未然，颜色才变得呆板起来。但现在我知道，这一想法是得不到任何证据的支持的，因此是不近实情的，我们只是在意象上假想以前的雌鸟和幼鸟的处境是如何如何的危险，因而又如何如何的有必要来设法庇护她们的后代，而不经变化是无法庇护的。接着我们又不得不设想，雌鸟和幼鸟的所被假定的颜色又如何逐渐通过自然选择的过程而递减到或简化到几乎是彼此恰恰相同的颜色和标记，并且把它们传给同一性别的后一代而在相应的生命时期中发展出来。我们假想，雌鸟和幼鸟，对取得和雄鸟一样鲜明的颜色的这一趋势所经历的全部变化过程的每一个阶段，都参加了进去，在这一假想之下，有一桩事实也就见得有些奇怪，无法解释，就是，雌鸟的颜色变得呆板了，而幼鸟竟然也跟着变，同样地参加了这一改变的过程。雌鸟呆板、而幼鸟不呆板的鸟种，据我所能发现，是一个例子也没有的。只有某几种啄木鸟的幼鸟提供了一个局部的例外，它们“头部的上半是全部作红色的”，但一到成年，有的则无论雌雄，都缩减为光是一圈红线，有的，则在雌鸟头上，几乎完全消失不见了。⑫

最后，就我们现下的第一类例子来说，最近实情的看法似乎是，雄鸟在相当晚的生命时期里在身上所出现的关于鲜明的颜色或其他装饰性的特征方面的一些连续变异，而且仅仅是这些变异，是保持了下来的，而所有这些变异，或其中的多数，由于在年龄上出现得比较晚，一开始就只传给成年的雄鸟，即传给他们之后，也要到成年才发展出来。在雌鸟或幼鸟身上出现的任何有关鲜艳的颜色的变异，对它们来说，是没有什么用处的，因此也就没有被选取下来，不仅如此，如果可以造成危害的话，还会被淘汰掉。这样，雌鸟和幼鸟要么一直没有经历过什么变化，要么（而这是两者之中更为寻常得多的）通过分移的遗传途径从雄鸟那里取得他的某一些连续的变异，从而局部地经历了一些变化。雌雄两性的鸟，在所处的环境里生活既久，都有可能接受过生活条件的一些直接作用的影响，但在雌鸟，由于她从别的方面所经受到的变化要少些，就最能把这方面的任何影响表露出来。这方面所引起的改变以及其他一切的改变又通过许多个体之间的自由交配而得以长期维持其划一性。在有些例子里，尤其是一些专在地面讨生活的鸟种，雌鸟

和幼鸟，为了自卫的目的，有可能经受过和雄鸟一方全不相涉的一些变化，因此才取得了同样呆板的羽毛颜色。

第二类。如果成年雌鸟比成年雄鸟见得更为显眼，则雌雄两性幼鸟的初毛和成年雄鸟的相似。——这一类恰恰和上一类相反，因为在这里，雌鸟的颜色要比雄鸟更为鲜美或更为明显；而幼鸟，据我们的知识所及，不像成年的雌鸟，而像成年的雄鸟。但在这一类里，两性成年鸟之间的差别，比起第一类里的许多鸟种来，在程度上要小得多，大于第一类或和第一类勉强可以相比的程度是没有的，这第二类的例子实际上也比较少见。沃勒斯先生是唤起我们对如下的一桩事实的注意的第一个人，就是，雄鸟颜色的比较呆板，和在孵卵期间雄鸟要执行一些任务这两事之间存在着一些联系，而这种联系是奇特的。他极为看重这一层联系，[13]认为晦暗的颜色之所以取得是为了孵育幼鸟期间的自卫，如有此联系，他这看法就经受了考验，可以十足地肯定下来。但我认为另一个看法似乎更接近于事实。这种例子既然奇特，而又不多，我准备把我所能发现的全部材料简短地介绍出来。

在鹬类的一个属，三斑鹑属（乙 981），和鹌鹑相似的一些鸟，有几个种的雌鸟是全无例外地比雄鸟为大（在澳洲的各个种里，有一个种的雌鸟要比雄鸟几乎大一倍），这在鹑鸡类里是个很不寻常的情况。在这一个属的大多数鸟种里，雌鸟在颜色上也比雄鸟更为鲜明爽朗，[14]但在其他少数几个鸟种里，两性的颜色是相似的。就印度产的南鹬（乙 982）这一个种来说，雄鸟“在喉部和颈上缺乏雌鸟所有的那块黑的颜色，全身羽毛的色调，比起雌鸟来，也要淡些而不那么突出。”雌鸟的鸣声也显得粗大些，而好勇狠斗，无疑的是远在雄鸟之上,因此当地人畜养而用来像斗鸡一般相斗赌胜的往往不是雄鸟,而是雌鸟。像英国捕鸟的人把雄鸟露放在外,作为媒鸟,来诱致和激发野外好斗的雄鸟,从而逮住他们那样,在印度捕捉南鹌,就用雌鸟当媒鸟了。雌的南鹌这样地被露放在外面之后不久,就"呜呜的叫唤起来,叫得很响,很远都可以听到,在呜呜声所到达的距离以内的雌鸟很快地就会飞拢来,而开始和笼中的雌鸟相斗。"这样,一天之内,捕鸟的人可以捕到十二只到二十只,全都是准备繁育的雌鸟。当地的人说,雌鸟下了蛋以后就和其他雌鸟合起群来活动,把蛋留给雄鸟来抱。我们没有理由来怀疑这一番话,而这话也得到了斯温霍先生在中国所作的观察的支持。⑮勃莱思先生相信,这种鸟的幼鸟,不分性别,都和雄的成年鸟相像。

玉鹬或彩鹬属(pointed snipe,即乙 836)(图 62)的三个种的雌鸟比雄鸟不但要大些,并且颜色要浓厚得多。⑯在所有其他的鸟类,如果两性之间在气管的结构上有所不同,总是雄鸟的比较发达,比较复杂。但是在彩鹬的一个种澳洲玉鹬(乙 837),雄鸟的气管是单纯的,而在雌鸟,则气管在进入肺脏以前要清清楚楚地打上四个转。⑰由此可知这一个鸟种的雌鸟事实上取得了一个显然是属于雄鸟的一个特征。勃莱思先生检查过这属鸟的好多个种,确认在孟加拉玉鹬(乙 838),雌雄两性的气管都是不打转的,孟加拉玉鹬在外形上是和澳洲玉鹬极为相像的,要不是因为脚趾短了一些,就根本和后者分不出来。这一事实提供了又一个突出的例证,说明即便在关系十分近密的动物形态之间,第二性征的殊异往往会达到多么大的一个程度,尽管,在这里,这种殊异所关涉到的是些雌性动物,这一层倒是件稀罕的事。孟加拉玉鹬的幼鸟,无论

图 62　南非玉鹬(乙 839)(采自勃瑞姆)

雌雄，就它们未换羽毛以前的初毛而言，据说是和成年的雄鸟相像的。[18]也有理由可以相信，孟加拉玉鹬的雄鸟负担起抱卵的责任，因为斯温霍先生[19]发现雌鸟在夏季结束以前进行着成群结队的生活，和三斑鹑雌鸟中间所发生的情况是一样的。

鲭鹬(乙 746)和红领鹬(乙 747)的雌鸟比雄鸟大，而就夏季羽毛说也"装束得比较华美"。但两性在颜色上虽有差别，相差的程度却很不显著。据斯汀斯特茹普(甲 626)教授说，在鲭鹬，抱卵的任务是完全由雄鸟负责的，这一点从他们繁育季节里胸部羽毛的特殊状态上也可以看出来。小䳓鸻(dotterel plover，即乙 396)的雌鸟也比雄鸟大些，腹部的红色和黑色、胸部月牙形的白色标记、眉头的条纹也比雄鸟的更为突出。抱卵的任务，雄鸟至少要担当一部分；但雌鸟也参与对幼鸟的保育工作。⑳我没有能发现，在这些鸟种里，幼鸟是不是像成年雄鸟比像成年雌鸟更要多些，因为由于幼鸟要换毛两次，在这方面要作出比较是有些困难的。

如今我们转到鸵鸟这一目：任何人会把普通的食火鸡(cassowary，即乙 178)的雄鸟错认为雌鸟，因为他身材小些，而身上的一些悬附的点缀品以及头部没有羽毛而光秃的部分在颜色上远不及雌鸟的鲜艳；而巴特勒忒先生对我说，在动物园里所畜的普通的食火鸡，抱卵和保育幼鸟的任务肯定地是归雄鸟担负的，雌鸟完全不问。㉑又据沃德先生说，㉒在繁育季节里，雌鸟表现极度好斗的性情，同时她项下的垂肉充血扩大，颜色也变得更为浓艳。鸸鹋(emu)中的一个种，斑鸸鹋(乙 355)的雌鸟也有这种情况，她比雄鸟要大得多，头顶上比雄鸟多一小撮球状的羽毛，但此外在花色上是和雄鸟不分的。但当她发怒或因其他原因而感情激动、至于像吐绶鸡的公鸡那样把脖子上和胸口的羽毛直竖起来的时候，"她变得比雄鸟更为强劲有力。她通常也比雄鸟更为勇敢，更善搏击。老拳一击，作中空而像出自一只大喉咙的轰隆声，又有几分像敲打小铜锣的震荡声，特别是在万籁俱寂的夜间。雄鸟身躯的机架比较细弱，性情也比较柔顺，在发怒的时候，也只能作半吞半吐的吁吁声，或咯咯声。"他不但负担抱卵的全部责任，并且还须保护幼鸟，使免于母亲的袭击，"因为母鸟只要一瞧见她的子女，就会立刻暴跳如雷，不管父鸟的多方抵御防护，总像不遗余力地要把它们扑杀才甘心似的。抱卵后总要有好几个月父母鸟不能待在一起，在

一起就一定要恶斗一场，而斗一场，雌鸟大概总要赢一场。”㉓由此可见，就这一种的鸸鹋说，不但父母的天性、即父性或母性本能，包括抱卵的本能，完全对调，连两性寻常各自具备的一些道德品质也彼此互换，适得其反，雌性一方变得野蛮、好争吵、叫嚷得多，而雄性则是温良恭让的一方。但非洲鸵鸟的情况与此很不相同，雄鸟要比雌鸟大得一些，羽毛也光亮些，不同颜色的对照也更为分明些，不过抱卵的全部责任还是由雄鸟负担起来的。㉔

我还要就我所知道的少数几个别的例子具体地叙述一下，就中雌鸟在颜色上比雄鸟要更为鲜明，但对于抱卵的责任究归何方，则全无资料。就福克兰德(Falkland)诸鸟专食腐肉的白尾鹰(carrion-hawk，即乙 620)来说，我曾经解剖过不止一只这种鸷鸟，出乎我意料的发现是，一身羽毛的各种颜色都比较鲜明、而喙上的蜡膜和两腿都作橙黄色的几只鸟竟然不是成年的雄的，而是成年的雌的。而羽色呆板、两腿作灰色的几只全是雄鸟或幼鸟。在澳洲产的旋木鸟(tree-creeper，即乙 262)，雌鸟所不同于雄鸟的是“在喉部打扮得有一片辐射形的红棕色羽毛，而雄鸟在这一部分是没有什么花色的。”最后，在澳洲产的一种欧夜鹰(night-jar)，“雌鸟在身材上和颜色的鲜美上，总要超过雄鸟，没有例外，但也有一点不如雄鸟，雄鸟两翼的初列拨风羽上的两个白点比雌鸟要来得鲜明。”㉕

我们在上文看到了这一类的例子——即雌鸟在颜色上比雄鸟更为显眼、幼鸟未成熟的羽毛肖父而不肖母，恰好和前一类相反的例子——尽管在各个鸟目里部分布得有一些，在数量上是不太多的。论两性之间所存在的差别的分量，则此一类也要小得多，几乎

小得不能相比，至少和前一类中很大一个数量的例子相比是如此；因此可知所以造成这种差别的原因，姑不论这原因究竟是什么，在这一类中的雌鸟身上所起的作用，比起在前一类中在雄鸟身上所起的作用来，不是劲头使得差些，便是坚持有所不足。沃勒斯先生认为，雄鸟在色彩上的所以比较平淡是由于他在抱卵期间需要掩护，但两性的差别，在上述各例之中，几乎没有一例是大到了一个程度，足以使我们心安理得地接受他这一看法。在有几个例子里，雌鸟的比较鲜明的色彩几乎全都限于腹部，而如果雄鸟在这部分也有到同样鲜明的颜色，他在抱卵的时候，岂不是正好可以把这部分盖藏起来而决不至于惹祸招殃么？还有一点我们也应该记住，雄鸟不但在颜色的鲜明上比雌鸟要略微差些，在身材体力上也要小些、弱些。不仅如此，他们又取得了抱卵的母性本能，比起雌鸟来，又不那么好斗，鸣声也不那么多而响亮，而在有一个例子里，全部和发音有关的器官要简单一些。总之，在这里已经形成了一个两性之间，在本能、习性、情趣、色彩、身材以及在某些结构方面几乎是全部颠倒的格局。

怎样加以解释呢？我们不妨假设，这第二类中的雄鸟已经丢失了雄性动物通常所具备的那种热情，使得他们不再有多方追求雌鸟的一股切切于心的愿望。或者，我们又不妨假定，在某一个时期里，雌鸟在数量上变得特别多了起来，大大超过了雄鸟的数量——而这是有些事实根据的，在印度产的一个种的鹬或三斑鹑（乙 981）里，人们碰到雌鸟的机会“要比碰到雄鸟的寻常得多”。[26]如果这些假设可以成立，那就有可能导致这样一个情况，就是，两性之间的追求，不再发自雄的，而发自雌的动物了。就一般鸟类而论，有几种鸟，在某种程度上，事实上已经有这种情况，我们已经看到过，孔雀、吐绶鸡、若干种的松鸡，就有些这样。根据鸟类中绝大多数雄鸟的习性，作为引导而加以推论，三斑鹑和鸸鹋的雌鸟之所以有较大的身材、较强的体力，以及很不寻常的好斗性，只能有一个意义，就是，为了争取雄鸟，可以用来把众多的对手，即其他的雌鸟，打败，轰走。而根据这样一个看法，一切事实就都变得清楚了，因为，在这里，需要被诱引或激发的是雄鸟，而最能诱引或激发他们的大概是通过她们的色彩、其他装饰手段以及高大的鸣声而被认为最美的一些雌鸟了。性选择就在这基础上进行工作，点滴而稳步地把雌鸟的美继长增高起来，同时，雄鸟和幼鸟就被搁置一边，变化得很少，或完全不发生什么变化。

第三类。——成年雄鸟和成年雌鸟彼此相像，而雌雄两性幼鸟的初毛则自成一格，不同于父母。——在这一类里，雌、雄鸟一到成年就彼此相像，而和幼鸟则不一样。有这种情况的各种鸟为数不少。雄的知更鸟（robin）和雌的很难分辨，但幼鸟则很不相同，幼鸟有晦暗的橄榄色与棕色相间的一套幼毛，看去是有些麻栗的。漂亮的绯红色的朱鹭（乙 508）即红鹤的雌鸟和雄鸟是相似的，而幼鸟则作棕色，而成年鸟的绯红色，尽管为两性所共有，也还显然是一个性的特征，因为在作为笼鸟而被拘禁的情况下，两性都发展得不太好，其在雄鸟，鲜红的颜色往往会部分消褪。在许多种的鹭（heron），幼鸟和成年鸟之间差别很大；而成年鸟的夏季羽毛，尽管不限于一性，也分明有“结缡”的性质和意义。天鹅（swan，即乙 307）的幼鸟是石板石一般的青灰色的，而成熟的天鹅是纯白的。其他的例子没有再举的必要了。幼鸟和成年鸟之间的所以会有这些差别显然是由于，像上面所举两类的例子那样，幼鸟一直保持着早先的，即古老的羽毛状态未变，而两性的成年鸟则取得了一套新的羽毛。如果成年鸟有鲜美的颜色，我们不妨根据刚才说过的关于红鹤和许多种鹭的一段话，也可以取来和第一类里许多鸟种的情况类比一下，而作出结论，认为：这种色彩是首先由将近成熟年龄的雄鸟通过性选择而取得的；而和前两类的情况有所不同的是，在向下代遗传的时候，尽管年龄相应，即在同一年龄发展出来，接受这种遗传的却不限于雄鸟一方，而是兼顾了雌雄两方的。因此，两性一到成熟就表现为彼此相同而和幼鸟则相异了。

第四类。——成年雄鸟和成年雌鸟彼此相像，而雌雄两性幼鸟的初毛也就和成年鸟一样。——在这一类里，幼鸟、成年鸟、雌鸟、雄鸟，颜色无论鲜美也罢，晦暗也罢，全都彼此相像。这一类的例了，依我估计，比上面第三类的例子要更为普通一些。在英国，我们有的例子是翠鸟，又有几种啄木鸟、樫鸟(jay)、鹊、鸦以及许多躯干小而颜色呆板的鸟种有如篱鹨(hedge-warbler)或小欧鹪(kiity-wren)。不过幼鸟与成年鸟之间在羽毛上相像的程度是从没有完全的，总是从像逐步朝着不像的方向过渡。例如翠鸟一科中某些成员的幼鸟不但颜色不如成年鸟那样明艳，而且具有许多根在底面镶有一条棕色边缘的羽毛[27]——而这一点大概是从前旧有的羽毛状态的一个遗迹。往往在同一科的鸟种里，甚至同一属的鸟种里，例如澳洲的小鹦鹉一属(parrokeets，即乙781)，有几个种的幼鸟是酷似成年鸟的，而在另几个种里，则和父母鸟有着相当大的差别，而父母鸟自己之间是相像的。[28]在普通的樫鸟，两性的成年鸟和幼鸟是酷似的。但在加拿大樫鸟(乙739)，幼鸟和父母鸟差得很远，前人不察，竟有把它们作为两个不同的种而分别叙述的。[29]

在我再往下讨论之前，不妨在此说明一句，在这一类和下面两类的例子里，所罗列的事实是如此复杂，而所提出的结论又是如此难于肯定，如果任何读者对这题目不是感到特别有兴趣，宁可跳过不读。

在这一类里，作为许多鸟种的特点的美丽或鲜明的各种颜色很难说对它们有什么保护的作用，甚至是全无此种作用。因此，这些颜色大概还是由雄鸟首先通过性选择取得，然后分移给雌鸟和幼鸟的。但也有可能，雌鸟首先取得这些颜色，然后通过雄鸟对更为美好的雌鸟的挑选，从而从下一代起，传给了所有的子女，不分雌雄；这种结果是和雌鸟向更为美好的雄鸟进行挑选而取得的结果一样的，不过这一可能，作为一个设想，是可以的，若作为或然的事实，则就雌雄鸟大致相似的各个鸟群来说，例证是极难得的，乃至找不到的；因为，这里有这样一个道理，在遗传之际，即便只有极少数的几个连续的变异漏掉了，没有能传给下一代的两性，则雌鸟的颜色之美将不免略微地胜过雄鸟。而在自然状态中所发生的实际情况恰恰与此相反。实际的情况是，在几乎所有的雌雄鸟大致相似的各大鸟群里各有少数几个鸟种，就中在羽毛颜色的鲜美上稍胜一筹的总不是雌鸟，而是雄鸟。当然还可以提出另一个设想，就是，一开始雌雄鸟各自有其不同的美好程度，雌鸟选取更为美好的雄鸟，而雄鸟则选取更为美好的雌鸟。但这样一个双重而交互的选择是不是真有可能发生过，是可以怀疑的，因为两性对求偶的心情是不一样的，总是只有一性特为迫切；这种选择是不是比单方面的选择更富有效率，也是一个问题。因此，最近乎实情的看法是，在现下这一类例子里，只就有关装饰的一些特征而言，最近情的看法是，性选择是按照整个动物界一般的准则行事的，那就是说，它的作用是起在雄鸟一方的身上的，而他们又把逐步取得了的一些颜色，相等地或几乎是相等地传给了雌雄两性的后一代。

另有更为可疑的一点是，在雄鸟一方首先出现的连续变异，就年龄论，究竟出现在将近成熟的时候呢，还是幼小的时候呢。无论如何，性选择一定要到他不得不为争取雌鸟而和其他雄鸟角逐的时候才能在他身上发生作用，也

无论如何，这样取到手的一些特征后来总是不分性别、不分年龄地传了下去。但这些特征，如果雄鸟在取得它们的时候已在壮年，则起初往下传的对象也许只是成年的下一代，即后者要到同样的壮年时才发展出来，又到了后来某一个时期才分移到幼鸟，即在幼年便能发展出来。因为我们知道，异代同龄的遗传法则如果失效，则子女遗传到而把特征发展出来的年龄就要提早，早于当初它们在父母身上出现的年龄。㉚在自然状态中，显然是属于这一性质的例子曾经有人在鸟类中观察到过。举例来说，勃莱思先生看到过伯劳类中赤褐鸡(乙 539)和潜水鸟的一个种绯色阿比(乙 272)的活标本，明明是幼鸟，却很违背常理地早已披戴上成年鸟的羽毛，和它们的父母一样。㉛普通的天鹅(乙 307)的幼鹅寻常要长到十八个月以至两年才脱去灰暗的初毛而换上一身白羽，但福瑞耳(甲 248)博士曾经描写过一窝很健壮的小天鹅，四只之中有三只一孵出来就是纯白的。这三只幼鹅决不是先天缺乏色素的天老(albino)，因为它们的喙和腿都是有颜色的，和成年的天鹅差不多。㉜

我们也许值得用燕雀一属(乙 722)的奇特的情况㉝把现下这一类各个鸟种的父母子女的所以会变得彼此相像的方式——上面举了三个可能的方式——举例说明一下。在家雀(house-sparrow，即乙 724)，雄雀是和雌雀、幼雀很不相同的。幼雀和雌雀则彼此相似，而在很大一个程度上和巴勒斯坦的短趾雀(乙 723)的雌、雄雀和幼雀相像，和另外几个关系相近的雀种也是一样。因此，我们不妨假定，家雀的雌雀和幼雀大致不差地表现了这一属的远祖的羽毛状态。说到树雀或琉雀(乙 725)，这种雀的雌、雄雀和幼雀都很像家雀的雄雀，因此可知它们全都发生过同样的变化，而离开了它们远祖的典型的羽毛颜色。变化大概是从琉雀的某一代雄的祖鸟开始的，他是发生变异的第一只鸟，而变异发生的迟早则有几个可能：第一，是将近成熟的年龄；第二，是在很幼小的年龄，而无论是哪一个年龄，总是通过遗传把他的变化了的羽色递给了雌鸟和幼鸟；第三个可能是，变异发生在成熟的年龄之内，而通过遗传，把变化了的羽色递给了下一代的雌雄鸟，让它们在同样年龄中表现出来，但后来在某一个时期里，这条异代同龄的遗传法则失了效，于是就提早地在幼鸟身上发展了出来。

在现下这一类的全部例子里，要就这三个可能的方式之中判定究竟哪一个最为通行，是不可能的。不过第二个可能，即变异发生在雄鸟的幼年，然后传给了它们的子女，这一方式还是比较最近情的。我不妨在此说明，为了想判定，在鸟类中，上一代发生变异的年龄或生命阶段，对特征向下一代遗传时所牵涉到的性别，即只限于一性，抑或兼及两性，一般究竟能起多大的决定性的影响这一问题，我曾经参考了许多文献，但收获极为有限。时常被引到的两条准则（即，在个体生命中发生得晚些的变异只能传给同一性别的下一代，而早期的变异则下一代的两性都能传到）对第一㉞、第二和这第四类的例子显然是都有效的；但对第三类是无效的，对下面的第五类㉟和较小的第六类，也往往是用不上的。但据我所能判断，这两条准则所适用的范围还是很广，包括所有鸟种的一个可观的大多数，而我们也决不能忘记马尔歇耳博士关于若干鸟种的头部所表现的一些隆起或赘疣所作出的动人视听的囊括性的论断。无论这两条准则是不是一般有效，我们根据上文第八章里所铺陈的事实，应可得出结论，认为变异在生命期中的迟早是决定遗传方式的一个重要因素。

就鸟类而言，一个困难的问题是，变异的出现，究竟用什么标准来作出迟早的判断，究竟怎样算迟，怎样算早，这标准该是用寿命作比照的年龄呢，还是生殖能力的有无呢，还是一个鸟种所经历的换毛的次数呢？鸟类的换毛，即便在同一个属之内，有时候可以有说不上任何理由的很大的差别。有几种鸟换毛换得如此的早，甚至在第一次的翼羽充分长好之前，全身的初毛便已经几乎完全卸下了。我们很难相信这是原先本来有的一种事物状态。在换毛的时期这样的加速而提前的情况之下，成年羽毛的颜色初次发展出来的年龄在我们看来也像是提早了，而实际却不然。我们可以用某些专门饲鸟的人的一些习惯的做法来说明这一点，他们为了要确定幼鸟的性别，如在牛碛鹞(bull-finch)，则在胸口拔去几根毛，又如在金雉或锦鸡(gold-pheasant)，则在头部或颈部拔掉几根。原来，如果这些幼鸟是雄的，拔去的毛很快就会被有颜色的羽毛所补上。㊱关于鸟类的寿命，我们所知的只有很少的几个种，因此很难用来作为判断的标准。而说到取得生殖能力的年龄，则问题也很大，一件奇特的事实是，很多不同的鸟种有时候在还保持着未成熟的羽毛或乳毛尚未脱换的时候便已开始繁育下一代了。㊲

乳毛未脱便已生子这一事实似乎和我们再三阐明的一个信念大有抵触；我们相信，至少我相信，在授予雄鸟以富有装饰性的色彩、羽毛等等的过程中，性选择曾经起过重大的作用，而在许多鸟种里，又通过均等遗传的道理，而分移到了雌鸟的身上。现在人们就可以用这一事实来对这个信念提出驳论。如果年纪较轻而打扮得较差的小雄鸟，在赢得雌鸟和繁殖后代的竞争中居然能和更老成、更美丽的雄鸟取得同等的成功，那我承认这驳论是有效的。但我没有理由来设想实际的情况是这样的。奥杜朋说到在朱鹭或红鹤的一个种（乙 509），未成熟的雄鹤也有能生殖的情况，但认为此种例子是极为难得的，斯温霍先生说到金莺一属（乙 678）的幼雄鸟㊳，情况也如此。如果任何鸟种的雄鸟，在羽毛尚未成熟的情况下，真的比成年鸟更能赢得配偶，那么，成年时期的那一套羽毛很快就会消失，因为，越是能保持未成熟的那一套羽毛而历久不换的雄鸟将越来越占上风，而有关鸟种在这方面的特征就会这样地经历一番变化。㊴但反过来，如果年轻的雄鸟争取不到雌鸟，则提前生殖的这一习性大概迟早会受到淘汰，因为它终究是多余的，并且又牵涉到精力的无谓的消耗。

某些鸟种的羽毛，在充分成熟之后的好几年里，在美丽的程度上是不断有所增进的，孔雀的长尾、某几个种的风鸟（birds of paradise）的羽色，某几个种的鹭（heron），例如卢氏鹭（乙 90）的冠羽，㊵都是如此。不过这种羽毛之美的所以继续发展，究竟是不是由于连续而有利的一些变异得到了选择（尽管就风鸟来说，这是最近情的看法），还是由于单纯的生长，还是一个没有定论的问题。鱼类中多数的鱼种，只要健康无碍而食物有余，是可以长得越来越大的，也许性质有些近似的一条法则也在鸟类的翎羽上起着作用，正未可知。

第五类。——如果雌雄成年鸟都有冬夏不同的羽毛，不论两性之间在花色上有无差别，则幼鸟的羽毛一般像父母鸟的冬羽，也有像夏羽的，但例子极少，也有单单像母鸟一方的。幼鸟的羽毛也可以是一种中间状态，即介乎父母鸟的特征之间；也还可以有另一种情况，即冬夏的羽毛都和父母鸟的很不相同。——这一类中的例子是特别错综复杂的，这不奇怪，因为它们所凭借的遗传受到多方面的不同程度的限制，即性别的限制、年龄的限制、一年之中的季节的限制。在有些例子里，属于同一个鸟种的成员至少要经历过五个不同的羽毛状态。在有些鸟种，雌雄成年鸟羽毛的有所分异只限于夏天一季，或者，更为难得的，冬夏两季都有所不同，㊶则幼鸟一般总是像母鸟的，例如北美洲被称为金碛鹨（gold-finch）的一种鸟，澳洲的羽毛灿烂的称为“麻路里”(Maluri)的一种鸟㊷看来也是如此。在另一些鸟种,就中父母鸟的羽毛,季节间虽有不同,两性间却无分异,则幼鸟与成年鸟之间或同或异的情况有如下的几个可能,第一,像成年鸟的冬装;第二,而这是远为少见的,像成年鸟的夏服;第三,处于中间状态,即介乎上述两种情况之间的状态;第四,四季装束都和成年鸟大不一样。印度的一种白鹭(egret,即乙 151)就是四种情况中第一种的一个实例,白鹭的幼鸟和父母鸟在冬季是一色全白的,但成年鸟一到夏季就变作浅的金黄色。印度的张口鹳(gaper,即乙 36)也有类似的情况,不过在颜色上和白鹭有些相反,即幼鸟与父母鸟在冬天全是灰黑的,而父母鸟一到夏季就转为白的了。㊸作为第二种情况的一个例子,我们举有剃刀形喙的一种海雀(英语即称“剃刀嘴”,razor-bill,林纳分类名见乙 19),这种鸟的幼鸟的早期羽毛是和成年鸟的夏季羽毛同一颜色的;再一例是北美洲的白顶雀或白顶碛鹨(乙 420),这种鸟的幼鸟,一到长翼羽的时候,头部就同时会长出若干漂亮的白条纹,但一到冬天,无论老少,这些白条纹都没了。㊹至于第三种情况,即,幼鸟羽毛的特性介乎成年鸟冬夏两季羽毛之间的那一种情况,亚瑞耳(甲 726)坚决地认为在能涉水的各个鸟种里是可以碰上不少例子的㊺。最后,幼鸟自成一格,和父母的冬夏羽毛都很不相同的情况,则见于北美洲和印度的某几种鹭和白鹭——只有幼鸟是白的。

我准备就这些复杂的例子只简短地说几句。如果幼鸟和在夏装中的母鸟相像,或在冬装中的父母鸟相像,这样的例子所不同于第一和第三类例子的只在于,原先由雄鸟在繁育季节里所取得的一些特征,在向下一代遗传而表现出来的时候,只以同一的季节为限,这还是容易解释的。但若成年鸟的冬夏羽毛分明有不同的两套,而幼鸟又自有一套,和成年鸟的冬夏两套羽毛都不相同,这种情况就更难理解了。我们可以认为,幼鸟的羽毛有可能是一个古老的状态,一直保留了下来。我们也可以用性选择的道理来说明成年鸟的夏季或“结缡”羽毛的由来。但对成年鸟的分明是另成一套的冬季羽毛的由来我们又能作些什么说明呢?如果我们可以承认这种冬装在所有的例子里起着保护的作用,则其所由来或所以取得的问题就简单了,可惜的是我们似乎没有什么良好的理由来这样承认。或许可以提出这样一个看法,说冬夏两季的生活条件大不相同,而这种不同的条件在成年鸟的羽毛上直接发生了作用。这也许产生过一些影响,但我们所看到的冬夏两季羽毛的差别有时候是如此之大，使我对这个追溯因由的说法难以置信。更为可能的一个解释是，先有一个古老的羽毛格调，作为底子，等到夏季羽毛出现之后，这样新的羽毛的某些特点，通过遗传的分移作用，在这底子上引起了局部的变化，而这个局部变化了的底子被成年鸟保留了下来，而在冬季表现为这一季节的装束。最后，在当下这一类的所有的例子里，一些特征的由来，除了首先由成年雄鸟取得这一层之外，表面上看来显然要依靠多方面受到限制的遗传，即年龄的限制、季节的限制和性别的限制。但要把这其间一些复杂的关系试图来个寻根究底，怕是不值得的了。

第六类。——幼鸟的羽毛因性别而异，雄的幼鸟或多或少地像成年雄鸟，而雌的幼鸟则或多或少地像成年雌鸟。——这一类的例子，尽管散布得很广，在许多不同的鸟群里都可以找到，数量却不太多；但幼鸟一开始就多少有些像和它属于同一性别的成年鸟，然后逐步变得和父鸟或母鸟一样，看来这是最符合大自然的实际了。黑冠莺(black-cap，即乙 909)的成年雄鸟的头是黑的，而成年雌鸟的是红棕色的。勃莱思先生告诉我，我们对这种鸟的未成熟的雌雄鸟，即便在雏幼的阶段，也可以根据头部的这两种颜色而辨认出来。在鸫类(thrush)这一科里，我们看到许多同样的情况，多得有点出乎意外，例如山乌(blackbird，即乙 976)的雌雄幼鸟在窝里就可以分得出来。反舌鸟(mockingbird，即乙 979)的雌雄鸟差别很小，但是在很幼小的时候就容易辨别出来，因为雄鸟比雌鸟更为洁白。㊻ 林鸫(forest-thrush，即乙 682)和石鸫(rock-thrush，即乙 742)的雄鸟的羽毛有很大的一部分是纯正的蓝色的，而雌鸟则作棕色，至于这两种鸟的幼雏，则在翅膀和尾巴的几根主要的羽毛上各有一条边，雄的作蓝色，而雌的作棕色。㊼ 在山乌的幼鸟，翼羽的取得它们的成熟的性格而变成黑色要在其他羽毛之后，而在刚才所说的两个鸟种里，幼鸟翼羽的变成蓝色要在其他羽毛之前。关于这第六类例子的最为近情的看法是，这一类里的雄鸟，和上文第一类所发生的情况有所不同，不同在把他们的颜色遗传给后一代雄鸟而在他们身上表现出来的年龄提早了，早于这些颜色第一次被取得的年龄。因为，如果当初有关这些颜色的变异发生得太早，早得像目前幼鸟表现它们的年龄一样的话，则遗传所及，怕不会只限于雄鸟，而将兼及雌雄两性的下一代了。㊽

在蜂鸟(humming-bird)的一个种(乙 18)，雄鸟的颜色是黑绿相间，灿烂

可观，而尾羽中有两根拉得特别的长，而雌鸟只有寻常的尾巴和不显眼的颜色。雄的幼鸟却并不按照普通的规矩，即，和雌的成年鸟相像，而是一开始就长上这一鸟种的雄鸟所应有的颜色，而且不久以后他的尾羽也就拉得很长。我要为这一笔资料向古耳德先生表示我的谢意，下面更为出人意料而尚未发表过的例子也是他提供给我的。有两只同隶于一个属（乙 404）的蜂鸟，颜色都很美丽，生长在胡安费尔南德慈诸岛[2]的同一个小岛之上，一向被认为是属于两个不同的蜂鸟种的。但后来终于得到确定，两只鸟实在是一种，其中全身作栗壳般深棕色而头部则作金红色的一只是雄鸟，而全身绿白色相夹杂得甚为漂亮而头部是碧绿得发出金属般的光彩的另一只是雌的。至于这个鸟种的幼鸟，则一开始就有些像成年鸟，雄的像父，雌的像母，而年事越长，相像的程度就逐步地越来越完整。

在考虑这最后一个例子的时候，如果我们像以前一样，用幼鸟的羽毛作为一个指引，则看来情况是，雌雄两性的鸟一开始就是各自取得其羽毛之美的，而不是由一性首先取得、然后再局部地分移给另一性的。雄鸟的彩色显然是通过性选择取得的，其取得的方式和上文第一类的例子有如孔雀和雉一样，而雌鸟所由取得的方式则和我们第二类例子里的那个玉鹬属（乙 836）和三斑鹑属（乙 981）的雌鸟一样。但要理解这两种方式怎样会在一个鸟种的雌鸟和雄鸟身上同时发生效果，还是有很大困难的。我们在上文第八章里已经看到过萨耳温先生的话，说分布在同一地方的许多种蜂鸟里，有几种是雄鸟特别多，而另外几种则雌鸟特别多，都大大超过了异性的数量。既然有这种情况，则我们不妨假定，从前在某一段漫长的时期里，胡安费尔南德慈岛上的蜂鸟种的雄鸟在数量上曾经一度大大超过了雌鸟，而在另一段漫长的时期里则雌鸟大大地超出了雄鸟，而这样，我们就有可能理解，雄鸟在一个时期里，而雌鸟在另一个时期里，先后通过对异性中更为美好的个体的选择，而彼此都变得各自不同地美丽起来，而随后双方在把自己的特征传给幼鸟而让它们表现出来的年龄又要比寻常提早得相当多些。至于这样一个解释究竟正确与否，我自己是不敢断言的，但这一例子实在是太惹人注意了，不容不加理会而轻易放过。

到此我们已经看到，在所有的六类例子里，幼鸟和成年鸟——

或只一性,或兼及两性——的羽毛之间存在着一些密切的关系。根据如下的原理,即:两性之一——这就绝大多数的例子而言是雄性——,通过变异和选择,首先取得了一些鲜明的颜色或其他装饰用的特征,然后按照受到了公认的一些遗传法则,这样或那样地传给了后代。这些所说的关系是可以得到相当好的说明的。至于种种变异为什么会在生命的不同阶段里发生,甚至在属于同一个鸟群的若干鸟种里有时候也如此参差不齐,我们就不知道了,我们只知道变异最初出现的年龄是决定遗传方式的重要原因之一。

根据异代同龄的遗传原则,再根据这样一层道理,就是:在雄鸟身上幼年发生的一些变异是得不到选择的——往往恰好相反,因其不免惹祸而遭受淘汰——而正逢或将近生殖时期所发生的一些同样的变异则保存了下来。可知幼鸟的羽毛往往是被放过一边,不经历什么变化的,或至多只经历过分量很有限的变化。而因此,通过幼鸟,我们对现存鸟种的远祖的羽毛颜色作何情况,又得以窥测一二。在一个大得难以估计的数量的鸟种里,也就是在六类例子的五类之中,成年鸟的两性之一,或两性都在内,都是有鲜明或鲜艳的颜色的,至少在繁育的季节中是如此,而幼鸟则毫无例外的是,或则鲜明或鲜艳的程度要差些,或则呆板得无法和成年鸟相比,因为,就我所能发现,在颜色呆板的鸟种里要找颜色鲜明的幼鸟,或在颜色鲜明的鸟种里,要找比成年鸟更为鲜艳的幼鸟,是一只也没有的。只有六类中的第四类可以提供一些例外,在这一类里,由于幼鸟和成年鸟彼此相像,有许多鸟种(但绝不是全部鸟种)的幼鸟是有鲜明的颜色的,而这些鸟种既然合起来构成若干整个的鸟群,或则一科,或则一属,我们可以推论,认为它们早年的祖

先也是颜色鲜美的。我们搁过这方面的例外不论，而纵览全世界的鸟类，我们似乎可以看到，自从它们的未成熟的羽毛为我们留下了不完全的记录的那个时代以来，它们的美丽有了很大的增长。

论羽毛颜色与保护作用的关系。——我们在上文已经看到我不同意沃勒斯先生的信念，认为只限于雌鸟才有的呆板的颜色，就多数的例子而论，是专门为了保护才取得的。当然，像我以前说过的那样，我不怀疑有许多鸟种的雌鸟和雄鸟，为了避免敌人的注意，在羽毛颜色上起了些变化；或者，在另一些例子里，为了不让它们所准备捕捉的弱小动物觉察到它们的来临，而也发生了些变化，恰恰像猫头鹰那样，把羽毛变得异常轻软，好悄悄地飞行，不让这一类动物听到。沃勒斯先生说[49]，“只有在热带地区，在冬季不落叶的丛林中，我们才找到以绿为主要颜色的整科整属的鸟群”。不错，凡曾经尝试过的人都承认，要在绿叶成荫的树上认出一只鹦哥来是何等不容易的事。不过，我们还须记住，许多鹦鹉的打扮里也有深红、正蓝、橙黄等颜色，这些却很难说有什么保护的作用了。再如啄木鸟是树居鸟、即以树为家的鸟的一个突出的例子，绿色的而外，还有不少黑的和黑白色相间的种——而就环境中所可以遇到的各种危险而论，所有的种显然全是一样的。因此，近乎实情的看法是，就树居的鸟种而言，鲜明的颜色还是通过了性选择才取得的，而由于绿色又能提供保护的好处，所以在所取得的各种颜色之中，绿的频数要大得一些罢了。

关于习惯于在地面上生活的许多鸟种，谁都承认它们的颜色是以地面周围的颜色为蓝本而加以摹拟的。要看到伏在地上的一

只鹧鸪(partridge)、鹬(snipe)、山鹬(woodcock)、某些千鸟(plover)、云雀(lark)、欧夜鹰(night-jar)也是很不容易的事。居住在沙漠地带的动物提供了最多的突出的例子,因为沙面是光秃不毛的,不提供任何掩护,几乎所有的较小的四足类、爬行类和鸟类动物只有依靠自己的颜色来取得保护之一法。特瑞斯特腊姆先生曾经谈到过居住在撒哈拉沙漠里的动物,说它们全都受到它们自己的"淡黄色或沙色"的掩护。[50]我因此想起南美洲沙漠地带的一些鸟种,以及不列颠的生活在地面上的多数鸟种,记忆所及,在这类例子里,似乎雌雄两性的颜色一般都是相似的。为此我又就撒哈拉沙漠的鸟种这一方面,特地向特瑞斯特腊姆先生请教,承他惠然许可,向我提供了如下的资料。在这一地带的鸟类之中,在羽毛的颜色上明显地有保护意味的鸟种凡二十六个,分隶于十五个属,而由于这里面大多数的鸟种的羽色和其他属同而种异的鸟不一样,所以见得更为突出,而说明它有到此种用途。不过,二十六个种之中,十三个种的雌雄鸟是双方颜色相同的,但这十几种所分隶的几个属一般都是雌雄之间不存在多大差别的,因此它们对我们的用处不大,即,对沙漠中的鸟类、如果两性颜色相同,此种颜色便有保护的作用这一看法,未能有所说明。其他十三个种之中,三个种所分类的各个属一般是雌雄鸟不相同的,而在这里,雌雄鸟却是相同了。至于剩下的十个种,雌雄鸟是有差别的,但这差别主要是限于通身羽毛的下面的一部分,即胸腹部分,当这些鸟伏在地面上的时候是瞧不到的,而在头部和背部则两性都是共黄沙一色。由此可知,在这十个种里,为了保护的关系,通过自然选择,雌雄鸟的暴露在上面的身体部分都起了些变化,而成为彼此相似,而只有雄鸟的胸腹部分，为了装饰的关系，才通过性选择而和雌鸟有所差异。在这里，两性既然同等地得到了良好的保护，我们可以清楚地看到，雌鸟并没有受到自然选择的阻碍，而得不到从父鸟一方递下来的那一份颜色的遗传。到此，我们就有必要求之于性限遗传的法则了。

在世界各地，许多备有软喙的鸟种的雌雄鸟，尤其是惯于在蒲苇里来往的那些，颜色都是晦暗的。无疑的是，如果不晦暗，它们就更不免于暴露在它们的敌人面前，但它们这种呆板的颜色是不是专为保护而取得，就我所能作出的判断而言，似乎还是很有疑问的。当然，若说这种呆板的颜色之所以取得是为了装饰，那就更不能不受到怀疑了。但我们也决不能忘记，雄鸟的颜色尽管呆板，却往往和同种的雌鸟有不少的差别（例如普通的麻雀），而这些颜色上的差别，由于总有几分漂亮之处，便诱使我们相信它们还是通过选择而被取得了的。许多种软喙的鸟善鸣，是些歌手。我们该不至于忘记上文有一章里的一节讨论，指出最好的歌手是难得用鲜美的颜色来打扮自己的。看来雌鸟向雄鸟进行挑选，作为一个通例来说，所根据的不是妙音，就是美色，而不是兼而有之，即既要妙音，又要美色。有几个明显的备有保护色的鸟种，有如小真鹬(jack-snipe)、山鹬和欧夜鹰，呆板的羽色上也还有些标记，有些深入浅出，用我们人的鉴赏标准来看，也是极其漂亮的。就这一类的例子说，我们可以作出结论，为了保护和装饰的双重目的，自然选择和性选择曾经并力合作地发挥过作用。世间是不是存在有任何鸟种，它的两性之一竟然全不具备足以诱引异性的任何美妙之处，是可以怀疑的。如果雌雄两性的颜色真是晦暗得无以复加，使

我们实在无法援引性选择来说明它的由来，如果勉强援引，就不免见得过于轻率，而如果从保护作用的角度来看，又提不出任何证据来加以证实，那么，我们最好是老老实实承认我们对其原因的十足的无知，或者，把结果归因到生活条件的直接作用上面去，而这样做实际上还是等于承认了自己的一无所知。

许多鸟种的雌雄鸟，虽不艳丽，却很鲜明，有的黑、有的白，有的黑白相间像玳瑁，而这些颜色大概也是性选择的结果。寻常的山乌（blackbird）、雷鸟（capercailzie）、松鸡（blackcock）、黑凫（black scoter-duck，即乙 665），甚至风鸟类的一个种（乙 569），只有雄鸟是黑的，而雌鸟则是棕色的或麻栗的。在这些例子里的黑色无疑地是由性选择而来的一个特征。由此可知，有些鸟种的雌雄鸟的通体黑色或局部黑色，有如各种鸦、某几种白鹦（cockatoo）、鹳（stork）和天鹅（swan），以及许多种的海鸟，在某种程度上也可能是性选择的结果，外加遗传上又不限性别而雌雄均等；所以这样说，是因为黑色是无论如何说不上有多大保护作用的。有若干鸟种，有的只是雄的是黑的，有的雌雄鸟都是黑的，而喙或头部不生羽毛的皮肤的颜色却很鲜艳，和黑色两相对照，更增加了它们的美丽；雄的山乌的喙作蜡黄色，松鸡和雷鸟的眼睛上面都有一弯深红色的皮肤，雌的黑凫（乙 665）的喙的颜色不但鲜艳，并且不限一色，乌（chough，即乙 282）、黑天鹅和黑鹳的喙都作红色——都让我们看到了这一点。这使得我不禁要说，连鵎鵼、即巨嘴鸟（toucan）的无与伦比的大喙或许也得归功于性选择，不大就不足以炫耀喙上的既生动而又繁变的彩色条纹，我认为我这一说法并没有扯得太远，而令人难以置信。[51] 喙的尽根处和眼睛周围的光皮

肤也往往有冶艳的彩色。而古耳德先生在谈到巨嘴鸟的某一个种[52]的时候说，巨喙的色彩“无疑地是以交配的一段时期最为漂亮、最为灿烂。”我们知道，印度的百眼雉（Argus pheasant）和某些其他鸟种的雄鸟，由于翎羽特别长，飞行时成了一大负担，如今鹦鹉，为了展示他的美色（这一目的在我们看来却误认为无怪宏旨），长上这样的硕大无朋的喙，尽管内部结构是海绵状的，分量并不太重，推想起来，其为行动的一个累赘，大概不下于印度百眼雉的翎毛，这推想大概是不错的。

在许多不同的鸟种里，如果只有雄鸟是黑的，则雌鸟的颜色一般总是呆板的：而与此可以相比的情况是，在少数几个鸟种里，例如南美洲的几种钟声鸟（bell-bird，即乙 233）、南冰洋雁（乙 111）银雉（即白鹇）等等，如果只有雄鸟是通身白色或局部白色，则雌鸟便是棕色的或灰溜溜的麻栗色的。参考到这一类的事实，再根据上文所已说过的原理，可知许多种鸟的雌雄鸟，有如各种白鹦、几种羽毛美丽的鹭、某几种朱鹭或红鹤、白鸥、燕鸥（tern）等等，都是通过了性选择而取得各个不同完整程度的白色羽毛的。在这些例子里，有的要到成熟的年龄羽毛才变白。有某几种塘鹅（gannet）、热带的海鸟（tropic-bird）等等，就是如此，而白雁或雪雁（snow-goose，即乙 48）也未尝不是一例。白雁是在“光秃的地面”、即没有雪掩盖的地面上孵育小雁的，而它多少又是一种候鸟，到冬季要移徙他方，所以我们没有理由设想成年鸟的雪白的羽毛有什么保护的作用。而在张口鹳（乙 36）身上，我们找到了比此更为良好的证据，说明这种白色羽毛是属于“结缡”性质的，因为只是在夏季才发展出来，而幼鸟的不成熟的羽毛和两性成年鸟的冬装

分别是灰色和黑色的。在许多种的鸥鸟(乙 540),到了夏天,头部和颈部变成纯白,而在冬天却是灰色或麻栗色的,像幼鸟那样。在另一方面,在身材较小的几种鸥鸟,即小海鸥(sea-mews,即乙443),和在某几种的燕鸥(tern,即乙 900),情况恰恰与此相反;一岁以内的幼鸟和成年鸟到了冬季,头部都是纯白的,或虽不纯白,颜色要比繁育季节里的苍白得多。刚才的这些例子提供了又一笔证据,说明性选择在发挥它的作用的时候,会见得如何地变化多端,不可捉摸。[53]

水鸟的羽毛多白色,在种类上要比陆鸟多得多,其故大概在水鸟的身材较大,飞行力较强,在鸷鸟前面容易自卫或脱逃,同时,遭逢鸷鸟的机会也要少些。因此,在这里,性选择没有受到干扰,或被引向起保护作用的那个方向。这一点是无疑的,即,在空阔的海洋面上浪游的各种鸟种,如果备有显著的颜色,不是全白,就是深黑,雌雄鸟彼此寻觅,就要方便得多;因此,对它们来说,这些颜色所起的作用可能相当于陆鸟彼此遥相呼应的鸣声。[54]当一只白色或黑色的水鸟发现水面上漂着、或在海滩上被波浪抛上来的一具腐尸肉的时候,人们从很远的地方就可以望见他啸聚着同种或异种飞驰而来,一下子就把腐肉收拾光了。这种情况,就最初发见腐肉的鸟来说,不但不占什么便宜,并且实际是吃亏的。一种之中最白的个体或最黑的个体并不比不太白或不太黑的个体张罗到更多的食物。因此可知显豁的颜色之所由逐步取得是不可能为了这样一个目的而通过了自然选择的。

性选择所依仗的既然是如此波动不定的一个因素,叫做嗜好或鉴赏,我们就可以理解为什么在同一鸟群、如一个鸟属之内,生

活习惯几乎相同，而居然会有全白、或相当白、全黑、或相当黑的鸟种——例如白鹦和黑鹦、白鹤和黑鹤、白鹳和黑鹳、白天鹅和黑天鹅、白燕鸥和黑燕鸥以及白海燕和黑海燕(petrel)。在同一科或属里，黑色和白色的鸟种之外，有时候也还有玳瑁花色的，例如黑颈白天鹅、某几种燕鸥和普通的喜鹊。看来鸟是懂得欣赏颜色的强烈对照的，我们只要把任何规模较大的鸟类标本收藏参观一下，看到同种之中，一对雌雄鸟之间便存在着一些对照，例如在身体的同样的一些白的部分，雄鸟比雌鸟要更纯白一些，而有深色的部分，雄鸟的颜色要比雌鸟更浓郁一些——我们只要看到这些，就可以得出这个结论了。

甚至还有这种情况，就是，像人们爱时髦的东西一样，一点点新鲜或新奇的变化，哪怕很小，哪怕没有多大意义，只是为变化而变化，似乎有时候对雌鸟也会起着魔的作用。例如有几种鹦鹉的雄鸟，用我们的鉴赏标准来看，很难说比雌鸟要更为美丽，然而他和雌鸟还是小有不同，不同在一个玫瑰红的颈圈，而不是"一个绿油油的像翠石似的窄窄的颈圈"；或者是个黑颈圈，而不是"个黄色而只围着脖子前面的半颈圈，凡有这样颈圈的雌雄鹦鹉的头部也略有分别，雄的是半褪的蔷薇色，雌的是青梅色"。[55]有许多鸟种的雄鸟把特别拉长的尾羽或特别抬高的冠羽作为主要的饰物，而反过来，上文叙述到过的一种蜂鸟的雄鸟则以尾短见长，而雄的秋沙鸭则以冠低擅胜，这似乎就和我们在我们自己服装上所欣赏的许多时式的变化可以媲美了。

鹭这一科的有些成员在羽色的新奇上所提供的例子比此更为出人意料，而看来它们所领略的就是那么一点点新奇，则无其他用意。苍鹭(乙 86)的幼鸟是白的,而成年鸟是石板石般的青灰色的;但一到和它关系相近的一种印度鹭(乙 151),不但幼鸟是白的,连成年鸟的冬羽也是白的,而成年的白羽,到了繁育季节,则转而为大有光泽的淡金黄色。这两个鸟种和同属一科的另有几个鸟种的幼鸟[56]又有什么特殊的理由一定要有纯白的羽毛呢?这不是在敌人面前自找麻烦么?真叫人难以理解。而两种之中的一种的成年鸟,所散布的既明明不是冬天会满地盖上白雪的地方,又为什要不惮其烦地特地换上一套白色的冬装,也有些莫名其妙。但转念一想,这是可以理解的,有很好的理由让我们相信,许多鸟种的白色原是作为和性生活有关的一种装饰才取到手的。既然如此,我们不妨得出结论,认为:苍鹭和那种印度鹭的某一代的老祖先最初取得了一套白色的羽毛,以供"结缡"之用,随后就把这颜色传给了幼鸟;因此幼鸟和成年鸟都变成了白的,像今天某几种白鹭(egret)那样;但后来只是幼鸟保持了白色,而成年鸟自己却又改换成一些更为突出的颜色。但若我们有办法再向过去追溯一下,追溯到这两种鸟的更早的一辈共同祖先,我们大概会看到,这祖先辈的成年鸟的颜色是晦暗的。我是从许多其他鸟种和这两个鸟种的类比而推论出这一情况的,在其他鸟种里,幼鸟是晦暗的,到成年才变白。但推论的尤为重要的根据是另一种鹭、灰鹭(乙 88),灰鹭的颜色变化恰好和苍鹭相反,灰鹭的幼鸟色暗,而成年鸟则色白,幼鸟的暗色原是早先的一个羽毛状态被保持了下来。由此看来,可知在长长的一系列世代的过程之中,苍鹭、印度鹭和若干关系相近的鸟属鸟种的共同祖先,在成年的羽色上,经历过如下的三个阶段:第一阶段,灰暗;第二阶段,纯白:而第三阶段,由于时式

(如果我可以用这样一个词来说明问题的话)的又一次改变,终于成为今天的石板石般的灰中带青、或灰中带赤,或浅黄色。这些连续的变化只能根据一个道理才讲得通,就是,喜爱新奇,而新奇本身就是目的。

有好几位作家根本反对性选择的理论,他们假定:就动物和野蛮人而言,雌的动物和女子对某些颜色或其他用来修饰的东西的嗜好不可能经历许多世代而一成不变;受到爱好的颜色先是某一种,后来又是另一种,因此,经久的影响是无从产生的。我们可以承认嗜好这样东西是波动不定的,但也不那么随便。嗜好的养成很大一部分要看习惯,像我们在人类中看到的那样,据理言之,在鸟类和其他动物中大概也是如此。即便就我们自己的服装来说,服装的一般性状可以维持很久,而变化之来,在一定程度上,是逐步的。我们将在下文的有一章里,在两个场合,举出丰富的例证,来说明许多民族的野蛮人曾经世世代代地欣赏过同样的用力在皮肤上斫出的瘢痕,同样的又丑又可怕的穿了窟窿的嘴唇、鼻孔和耳朵,同样的通过压力而使变了样的脑壳,等等,而这些人为的变形或残缺在一定程度上是可以和各种动物的自然的装饰相类比的。然而野蛮人的这些时尚也不是永远不变的,在同一个大陆上,在关系相近的若干部落之间,同一种为了装饰的人工毁伤也可以有许多变化,它们既可以因地而不同,可知也未尝不可因时而有所不同了。再如饲养玩赏动物的人,他们当然特别爱好某些品种,世世代代地维护着这些品种的特色,不使发生变化,同时却也急切地盼望不变之中会发生些轻微的小花样,来表示有所改进。但太大、太剧烈的变化是要不得的,被认为是最大的倒霉。就生活在自然

状态中的鸟类而论，即便大些和剧烈些的变异时常出现，我们没有理由设想它们会欢迎一套在格调上完全不同于既往的羽毛颜色。这种设想是完全要落空的。我们知道，寻常鸽舍里的鸽子是不会自愿地同供玩赏而花样翻新的品种的鸽子来往的。我们也知道白色的鸟一般不容易找到配偶；我们在上文也已听说过费罗(Feroe)诸岛上的渡鸟(raven)把羽色黑白相间的同类轰走。但剧烈的变化是一事，轻微的变化却是另一事，对前者的厌恶并不排斥对后者的欢迎，人类固然如此，鸟类也不例外。总之，嗜好所由养成的因素虽不一而足，其中一部分的因素离不开习惯，而另一部分又不外对新奇的喜爱，据此而论一般的动物，可知不是不可能的一种情况是，它们一面能长期欣赏一种装饰或其他美好的事物的一般风格，而另一面却也能领会在颜色、形态、或声音上所发生的一些分量很小的变化。

论鸟四章总说。——许多鸟种的雄鸟是在繁育季节里高度地好勇狠斗的，而其中若干种还备有适应和其他雄鸟为争取雌鸟而进行斗争的武器。但最善斗和武器最好的雄鸟也难于或不可能专凭武力把情敌轰走或除掉，而取得胜利，而还须有些诱引雌鸟的一些特殊手段。因此，有的鸟会唱，有的会发出怪叫，有的会放出一些器乐，其结果是雄鸟在发音器官和某些羽毛的结构上便和雌鸟有所不同。根据产生各式各样声音的五花八门的手段，我们在认识上有所提高而得出一个概念，即，这一种求爱的手段是何等地关系重大。许多鸟种又试图用舞蹈或耍小把戏的方式来达成这个目的，所用的场合不一，地面上、半空中，间或也有一些预先准备好了的特定的地点。但最为普通而比上面所说的要多出许多的手段是在装饰一方面，其中包括各种最艳丽的颜色、顶冠、垂肉、美丽的一般羽毛、特别长的翎羽、顶结，等等，不胜枚举。在有些例子里，光靠一点点新奇或新鲜就似乎足以发挥诱惑的作用。雄鸟的装饰对他们自己来说，一定是非同小可的，因为在少数个别的例子里，这种装饰手段的取得是冒着生命危险的，装饰得越是突出，就越容易招来敌人，甚至在和同类对手斗争之际，也不免付出实力上要打些折扣的代价。许许多多鸟种的雄鸟要到成熟的年龄才装备上有文采的服饰，或者只是在繁育季节里才换上，或者只是在这季节里把平时的羽色变得更为鲜明生动一些。在求爱的行动过程中，某些装饰性的附赘悬疣也变得放大、充血而变硬、颜色也变得更为鲜明。雄鸟在这过程中总要把他们一切有诱惑力的装备认真仔细地展示出来，以取得最好的效果，而这当然是在雌鸟面前进行的。求爱的过程有时候拖得很长，为此许多雌雄鸟要集中到一个特别的场合。如果我们认为雌鸟不懂得领略雄鸟之美，那就等于承认后者的华丽的装扮，全部的排场和演出白费工夫，一无用处，而这是不能相信的。鸟类是有细微的辨别能力的，而在某些少数的例子，我们可以明白指证它们是有些审美能力的。不仅如此，有人知道雌鸟对某些个别的雄鸟有时候还会显著地表示出一片赏识或厌恶的心情。

如果我们承认雌鸟会赏识而选取更为美丽的雄鸟，或者会不自觉地为这种雄鸟所激发而动情，那么雄鸟就会通过性选择慢慢地、而却把稳地变得越来越美。在进化过程中，两性之中经历过变化的一性主要是雄鸟，而不是雌鸟；这样一个推论是有事实根据

的，就是，在两性之间具有差别的几乎每一个鸟属里，这一个种的雄鸟与那一个种的雄鸟之间的差别要比雌鸟之间的差别大得多。而很能说明这一点的是，在某几个关系近密而互有代表性的鸟种之间，彼此的雌鸟几乎是无法辨认，而雄鸟则较然分明，一望可知。生活在自然状态中的鸟类经常提供一些个体的差别，使性选择有足够广阔的用武之地。但我们也看到，它们也不时再三提供一些更为强烈而突出的变异，而如果这些变异对雌鸟有些诱惑的作用，它们也就会立刻受到选择而被固定下来。有关变异的一些法则，对最初一些变化的性质，肯定地有其决定的力量，而对于变化的终于被固定下来而成为特征，也肯定地提供了重大的影响。我们在关系相近的各个鸟种的雄鸟身上所观察到的某一特征的深浅不同的层次指证了连续变异所曾经历的一些步骤的性质。这种变异也极其有趣地说明了某些特征最初是怎样开始的，例如，雄孔雀尾羽上附有锯齿形的单眼纹，和印度百眼雉翼羽上的球臼关节状的单眼纹。不言而喻的是，许多种雄鸟的鲜明彩色、顶结、漂亮的羽毛等等不可能是作为自卫的手段而取得的；说实在话，这一类特征有时候还要招来横祸。我们也可以有把握地认为，它们的形成和生活条件直接而具体的作用无干，因为雌鸟是在同样的生活条件之下过日子的，而在特征上往往和雄鸟有着极大程度的差别。环境条件的变迁，经过长时期的发挥作用之后，在某些情况下，有可能在雌雄两性身上，有时候也可能只在一性身上，产生一些具体的影响；但这一类的影响是次要的，环境条件所产生的更为重要的结果是促进了变异的趋势，或提供比寻常更为突出的一些个体身上的差别，而这些差别便构成一个出色的基础，使性选择得以发挥作用。

其次谈和选择不属于一回事的遗传的一些法则。雄鸟所取得的一些特征，装饰性的也罢，有关发出各种声音的也罢，旨在便利在同类中进行斗争的也罢，在往下递给后一代的时候，究竟只递给一性呢，还是同样地递给两性呢，而在递到之后，特征的表现究竟是经久的呢，还是只限于一年之中一定的季节呢，——对于这些，作出决定的看来是这些遗传的法则。为什么各种不同的特征，在向下一代进行传递之际，有时候是这样，有时候是那样，就多数例子而言，我们还不清楚，但可得而言的是变异性活动的迟早往往像是个决定的原因。如果两性把上代所有特征都同样地遗传到手，它们必然彼此相像；但由于上代的一些连续变异的向下传递是不一律的，是参差不齐的，其在下一代各个个体身上的表现，即便在同隶一属的各个鸟种里，就会有种种大小或深浅不一的程度或层次，因此，雌雄鸟之间，从最近密的相似到最悬殊的相异，也就等差不一了。就许多关系近密而生活条件也大致相同的鸟种说，雄鸟与雄鸟之间的所以变得彼此不同主要是通过了性选择的作用的，至于雌鸟之间的所以不同主要是由于或多或少地各自分享了本种的雄鸟通过这一途径所取得的特征。雌鸟所不同于雄鸟的还有一点，就是，生活条件的具体作用在雌鸟身上的影响是得不到掩饰的，不像雄鸟那样，既备有种种强烈突出的色彩和其他装饰性的特征，而这些又会通过性选择而不断地积累起来，其结果是把这种影响掩饰得看不见了。一个种之中两性的一切个体，无论所受的影响如何，在每一个连续的时代之内，总还是维持一律，或几乎一律，这是由于许多个体不断自由交配的缘故。

在两性之间有差别的一些鸟种里，理论上有可能而实际上也

会发生这一情况，即，某一些连续变异往往倾向于均等地传递给下一代的雌雄鸟。不过如果真有这种情况发生，雌鸟由于孵卵期间所难于避免的毁灭，是不可能从雄鸟那边分取到鲜艳的色彩的。我们没有证据说明自然选择有可能把一种传递方式转换成另一种传递方式。但通过对一些连续变异的选择，要使雌鸟的颜色变成呆板，而同时让雄鸟依然保有他的颜色鲜美，却是毫无困难之处，因为这些变异在传递的方式上原是一开始就是限于雄性这一边的。许多鸟种的雌鸟实际上是不是真的这样地经历过变化，在目前还只能是个存疑的问题。如果，通过特征的两性均等遗传这一法则，而雌鸟的颜色变得和雄鸟一样地显眼，那么，看来她们往往会在本能上也经历一些变化，导致她们在营巢的时候，不营一般露天的巢，而是有顶盖而可以把自己隐蔽起来的巢。

在数量不大而很奇特的一类例子里，两性的特征和习性全部调了一个个儿，雌鸟要比雄鸟高大些、强壮些、嘈杂些、颜色也鲜美些。她们也变得如此其喜爱吵闹，至于为了占有雄鸟而时常厮打，像在其他好斗的鸟种里雄鸟为了占有雌鸟而厮打一样。看来大概会有这样一个情况，如果这样的雌鸟习惯于把对手们、即其他的雌鸟轰走，又通过卖弄她们的彩色和其他诱惑的手段努力把雄鸟吸引到自己一边，我们可以理解她们是怎样地通过性选择和性限遗传而逐渐地比雄鸟变得更为美丽起来——而雄鸟则停留在一边，没有经历过什么变化，或只经历过少量的变化。

凡在异代同龄的遗传法则进行活动而性限遗传的法则不活动的情况下，如果发生在父母身上的变异发生得较晚一些——，而我们知道，这在家禽和其他鸟类是常有的事——则下一代的幼鸟，作为幼鸟，将不会随同起变化，起变化的是下一代的成年鸟，雌鸟雄鸟都是一样。如果这两条遗传法则都流行，而父母一代的父或母在较晚的年龄发生变异，则下一代随同变化的只是同于父或母的那一性，即，父变子亦变，或母变女亦变，而另一性成年鸟和所有的幼鸟则不受影响。如果有关鲜美的颜色或其他显著的特征的一些变异发生得早，而这无疑地也是常有的事，则幼鸟都可以遗传到手，而由于尚未进入生殖年龄，性选择对它们是不起作用的。因此，如果其中有些对幼鸟有危险性的变异，即一些足以招来祸患的特征，则它们就会通过自然选择而遭受淘汰。这样我们就可以理解为什么在生命期中发生得比较晚一些的变异往往为了雄鸟的装饰的目的而被保存了下来，而雌鸟和幼鸟则几乎完全被搁置一边，不受影响，因此，它们之间是彼此相像的。就冬夏两季各有一套羽毛的各个鸟种说，就中雌雄成年鸟之间，或冬夏皆同、或冬夏皆异、或只夏羽有所不同，则幼鸟和成年鸟之间的同似可以有各种不同的程度和类别，极尽复杂之能事，而此种复杂性，经过分析，也还显然离不开如下的过程，即，首先雄鸟取得的一些特征作为基础，其次，这些特征向下代遗传之际，由于受到年龄、性别和季节的限制，采取了多种多样的方式和深浅不同的程度。

由于如此多的鸟种的幼鸟，在颜色上，在其他装饰手段上，没有经历过多少变化，我们就有可能对它们早期祖先辈的羽毛状态加以窥测，而作出一些判断。而根据幼鸟未成熟的羽毛所提供的间接的记录，我们又得以作出推论，认为自从那些祖先辈所存活的年代以来，纵观鸟类这一整个的纲，今昔一路相比，羽毛之美是大大地所有增进了的。在许多鸟种，尤其是那些主要是在地面上讨生活的鸟种，为了自卫，羽毛和颜色无疑地是要晦涩一些。在有些例子里，雌雄鸟背部暴露在外的羽毛是晦暗的，而雄鸟的胸腹部却还通过性选择而维持着花色不同而有装饰之用的一些羽毛。最后，根据四章中所列举的事实，我们可以作出结论，认为战斗用的武器、发声用的器官、种类繁多的装饰手段、鲜明和显眼的颜色，一般总是通过变异与性选择由雄鸟首先取得，然后依据若干条遗传的法则用种种不同的方式传递给后代——雌鸟和幼鸟是被搁置一边，而比较起来只经历过极为有限的变化的。[57]

原　注

① 关于鹟类、伯劳类和啄木鸟类，见勃莱思先生文，载《查氏自然史杂志》(丙44)，第一卷，1837年，页304；又见其所译居维耶著《动物界》，页159，注。我所举关于交喙鸟、即鹖(乙572)的例子就以勃莱思先生的资料为依据。关于鹟类，又见奥杜朋，《鸟类列传》，第二卷，页195。关于鸤鸠的一个属(乙251)和金鸠属(乙222)，亦出勃莱思，而见引于杰尔登，《印度的鸟类》，第三卷，页485。关于印度雁，见勃莱思文，载《朱鹭》(丙66)，1867年卷，页175。

② 可参阅的文字不一而足，例如，古耳德(甲274)先生所作(载《澳洲鸟类手册》，第一卷，页133)关于翠鸟的一个属(乙301)的记述，不过，在这里，雄的幼鸟虽和雌的成年鸟相像，颜色鲜艳的程度要差些。在翠鸟或鱼狗的又一个属，笑鸮属(乙332)的一些种里，雄鸟的尾巴是蓝色的，而雌鸟是棕色的；而夏尔普先生告诉我，在笑鸮的一个种(乙333)，雄的幼鸟的尾巴起先也是棕色的。古耳德先生也曾叙述到(同上注①所引书，第二卷，页14、20、37)某几种黑鹦(black Cockatoo)和朝霞鹦鹉(“King Lory”)的雌雄成年鸟，说它们中间行的是同样的一个规矩。又杰尔登，(《印度的鸟类》，第一卷，页260)论到红鹦哥(乙707)，说幼鸟像母鸟比像父鸟为多。奥杜朋(《鸟类列传》，第二卷，页475)也说到过鸽子的一个种(乙271)的雌雄成年鸽和幼鸽的情况。

③ 这一份资料是古耳德先生惠然提供给我的，他还让我观看了标本：又见他所著《蜂鸟科(乙969)引论》，1861年，页120。

④ 见麦克吉利弗瑞，《不列颠鸟类史》，第五卷，页207—214。

⑤ 见所著的那篇值得赞赏的论文，载《孟加拉亚洲学会会刊》(丙74)，第十九卷，1850年，页223，又见杰尔登，《印度的鸟类》，第一卷，序页29。关于下面所说的翠鸟属(乙919)，希雷格耳(甲581)教授向勃莱思先生谈到过，他只有把成年雄鸟比较一下，就可以分出好几个种族来。

⑥　亦见斯温霍先生文，载《朱鹭》(丙 66)，1863 年 7 月，页 131；又早先另一论文，载《朱鹭》，1861 年 1 月，文中页 25 上并有勃莱思先生给他的书札的一个摘要。

⑦　见沃勒斯，《马来群岛》，第二卷，1869 年，页 394。

⑧　泊楞(甲 530)在《朱鹭》(1866 年卷，页 275)曾描写过这些鸟种，并有彩色插图。

⑨　见《家养动植物的变异》，第一卷，页 251。

⑩　麦克吉利弗瑞，《不列颠鸟类史》，第一卷，页 172—174。

⑪　关于这一题目，参见《家养动植物的变异》，第二十三章。

⑫　奥杜朋，《鸟类列传》，第一卷，页 193。又麦克吉利弗瑞，《不列颠鸟类史》，第三卷，页 85。又参看以前举过的关于印度啄木鸟(乙 516)的例子(见第十五章——译者)。

⑬　见《威斯特明斯特尔评论》(丙 153)1867 年 7 月，和默尔瑞文，载《旅行杂志》(丙 84)，1868 年卷，页 83。

⑭　关于澳洲的这方面的鸟种，见古耳德，《澳洲鸟类手册》，第二卷，页 178、180、186 和 188。在不列颠博物馆里，我们可以看到澳洲游原岛(Plain-wanderer，即乙 731)的一些标本表现着相似的性的差别。

⑮　吉尔登，《印度的鸟类》，第三卷，页 596。又斯温霍先生文，《朱鹭》，1865 年卷，页 542；又 1866 年卷，页 131、405。

⑯　杰尔登，《印度的鸟类》，第三卷，页 677。

⑰　古耳德，《澳洲鸟类手册》，第二卷，页 275。

⑱　《印度阵地》(丙 67)，1858 年 9 月，页 3。

⑲　《朱鹭》，1866 年卷，页 298。

⑳　这里所叙述到的若干个实例系采自古耳德《大不列颠的鸟类》。牛顿教授对我说，根据他自己和别人的观察，很早就肯定地认识到，在上述两种鸟类，雄鸟是把抱卵的任务全部或大部分承担了下来的，并且说他们“遇有危险，比雌鸟更能表现对幼鸟的悉心爱护。”关于欧西北鹬(乙 557)以及其他少数几个种的涉水鸟，他所告诉我的话也是如此，而在这些鸟种，雌鸟也比雄鸟要大些，羽毛上不同颜色的对照也要鲜明些。

㉑　马六甲的西兰(Ceram)岛的当地居民肯定地说(沃勒斯，《马来群岛》，第二卷，页 150)，抱卵期间，雄鸟和雌鸟是轮流地伏在卵上的；但巴忒勒忒(甲 37)先生认为这话也许不确，雌鸟在这时期里随时要到窝里来，为的是下卵，不是孵卵。

㉒　《学者》(丙 140)，1870 年 4 月，页 124。

㉓　关于这一种鹂鹋在笼居生活中的习性，贝奈特先生写过一篇出色的记录，见《陆与水》(丙 87)，1868 年 5 月，页 233。

㉔　关于各个种的非洲鸵鸟(乙 903)的抱卵的习性，见斯克雷特尔(甲 590)先生文，《动物学会会刊》(丙 122)，1863 年 6 月 9 日。达氏美洲鸵，一称游鸵(乙 831)的情况也是如此，默斯特尔斯(甲 492)上尉说(《和巴塔哥尼亚人在一起》，1871 年，页 128)，雄鸟比雌鸟高大些、强壮些、跑起来快些，颜色也稍微深些；然而抱卵和保养幼鸟却全部是他的职守，像鸫鹋(乙 830)、即普通的美洲鸵鸟一样。

㉕ 关于鹰的一个属(乙 619)的一些鸟种,见《比格尔号航程中的动物学》,鸟类之部,1841 年,页 16。关于啄木鸟和欧夜鹰的一个属(乙 402),见古耳德,《澳洲鸟类手册》,第一卷,页 602,又页 97。渎凫的一个种,新西兰的盾耙凫(shieldrake,即乙 914)提供了一个不寻常规的例子;雌鸟的头部是纯白的,而背部比雄鸟更红些;雄鸟的头部则作浓密的深青铜色,而背部则披有一层有细线纹的石板石般的青灰色的羽毛,所以总起来看,两性之中,他可以被认为是更好看的一性。他也比雌鸟大些,更好斗些,也不管抱卵的事。因此从各方面看来,这一鸟种理应被纳入我们的第一类例子之中;但斯克雷特尔先生(文见《动物学会会刊》(丙 122),1866 年卷,页 150)大非意料所及地观察到这种鸟的两性幼鸟,在孵出后约三个月的时候,头部和背部的晦暗的颜色是像成年的雄鸟而不像雌鸟的;因此,就这例子说,看来经历过变化的是雌鸟,而雄鸟和幼鸟则一直保持着早先的羽毛状态。

㉖ 杰尔登,《印度的鸟类》,第三卷,页 598。

㉗ 杰尔登,同上引书,第一卷,页 222、228。又古耳德,《澳洲鸟类手册》,第一卷,页 124、130。

㉘ 古耳德,同上引书,第二卷,页 37、46、56。

㉙ 奥杜朋,《鸟类列传》,第二卷,页 55。

㉚ 《家养动植物的变异》,第二卷,页 79。

㉛ 《查氏自然史杂志》(丙 44),1837 年卷,页 305、306。

㉜ 见《佛杜沃(Vaudoise,意、法等国的一个基督教新教教派——译者)宗派信徒自然科学会会报》(丙 41),第十卷,1869 年,页 132。波兰鹄(天鹅),即亚瑞耳(Yarrell)分类中所称的不变鹄(乙 306)的幼鸟总是白的;但据斯克雷特尔(Sclater)先生对我说,这种天鹅实际上是家养天鹅(乙 307)的一个亚种而已。

㉝ 关于燕雀属的资料,我是从勃莱思先生那里得来的,谨在此致谢意。巴勒斯坦的麻雀在分类上是这一属的一个亚属,石雀亚属(乙 744)。

㉞ 例如,夏红鸟(乙 916)和蓝碛鹨(乙 419)的雄鸟需要三年,碛鹨的一个种(乙 418)的雄鸟需要四年,他们美丽的羽毛才能完全长成(见奥杜朋,《鸟类列传》,第一卷,页 233、280、378)。斑斓鸭,即晨凫(harlequin duck)要三年(同上引书,第三卷,页 614)。我从介·威尔先生那里听说,金雉或锦鸡(Gold pheasant)的雄鸟,在孵出后大约三个月,便可以同雌鸟分得出来,但一直要到次年九月,才取得他的饱满的色泽。

㉟ 例如,红鹤的一个种(乙 509)和美洲鹤(乙 457)都要四年,羽毛才长得丰满,火烈鸟(Flamingo)要好几年,卢氏鹭(乙 90)要两年。见奥杜朋,《鸟类列传》,第一卷,页 221;第三卷,页 133、139、211。

㊱ 见勃莱思先生文,载《查氏自然史杂志》(丙 44),第一卷,1837 年,页 300。关于金雉的话,是巴特勒忒先生对我说的。

㊲ 在奥杜朋的《鸟类列传》里,我注意到如下的几个例子。美洲的朗鹟(redstart,即乙 641)(第一卷,页 203)。朱鹭或红鹤的一种(乙 509)要四年才完全成熟,但有时候在第二年已能孵育幼鸟(第三卷,页 133)。美洲鹤(乙 457)也要这么多时间才成熟,但在取得长足的羽毛以前便已繁育下代(第三卷,页 211)。鹭的一个种(乙 87)的成年鸟

是蓝色的，而幼鸟则白色而有些麻栗；成熟而变为蓝色的都可以被看到一起在繁育下一代(第四卷，页 58)；但勃莱思先生告诉我，某几种鹭的雄鸟看来是两形的(dimorphic)，同年龄的白色鸟和有色鸟都可以看得到。斑斓鸭，即晨凫(harlequin duck，即乙 33)要三年才取得长足的羽毛，但许多个体到第二年已能繁育(第三卷，页 614)。白头隼(乙 405)，有人知道，也有在未成熟状态下繁育下代的(第三卷，页 210)。金莺属(乙 678)里有几个种〔据勃莱思先生和斯温霍先生在《朱鹭》(丙 66)，1863 年 7 月，页 68〕也在达成羽毛完全成熟的年龄之前便已能繁育了。

㊳　参看本章的最后一个注。

㊴　属于很不相同的其他几个纲的动物也有这种情况，有的在完全取得他们成年的种种特征之前已能习惯于繁育后一代，有的则偶一为之，并不经常。在鱼类里，斑鳟(salmon)的幼公鱼就有这情况。有人了解，若干种两栖动物，在还保持着未经蜕变以前的结构的情况之下，便已繁育起来。缪勒尔指出(《有利于达尔文的种种事实与论点》，英译本，1869 年，页 79)若干种片脚类甲壳动物(amphipod crustacean)的雄的，虽尚幼小，性方面便已成熟；我因此推论，这是早熟的繁育的一个例子，因为这时候它们用来抓住异性的钳(clasper)还没有发育完成。所有这些事实是值得深思的，因为它们和这样一个道理有关，就是通过不同的手段，物种在特征上可以起巨大的变化，而早熟的繁育就是此种手段之一了。

㊵　杰尔登，《印度的鸟类》，第三卷，页 507，有关于孔雀的话。马尔歇耳博士认为，在风鸟的雄鸟中，老成而更为鲜艳的要比幼鸟更占便宜；见《荷兰文库》(法文)，第六卷，1871 年。关于鹭属(乙 85)，见奥杜朋，同上引书，第三卷，页 139。

㊶　如需要足以说明情况的例子，可参看麦克吉利弗瑞，《不列颠鸟类史》，第四卷论鹬的一个属(乙 961)等等，页 229、271；论弯刁鸟属(乙 589)，页 172；论鸻的一个种(乙 231)，页 118；论鸻的又一个种，雨鸻(乙 232)，页 94。

㊷　关于北美洲的金碛鹞或金翅雀(goldfinch，即乙 422)，见奥杜朋，《鸟类列传》，第一卷，页 172。关于鸣禽的一个属(乙 596)，见古耳德，《澳洲鸟类手册》，第一卷，页 318。

㊸　关于印度鹭属(乙 150)的资料我要感谢勃莱思先生；亦见杰尔登，《印度的鸟类》，第三卷，页 749。关于张口鹳属(乙 35)，见勃莱思，同上引书，1867 年，页 173。

㊹　关于“剃刀嘴”，见麦克吉利弗瑞，《不列颠鸟类史》，第五卷，页 342。关于白项碛鹞，见奥杜朋，同上引书，第一卷，页 89。我在下面还须提到某几种鹭(heron)和白鹭(egret)是白的。

㊺　见《不列颠鸟类史》，1839 年，页 159。

㊻　奥杜朋，《鸟类列传》，第一卷，页 113。

㊼　见腊埃特(甲 720)先生文，载《朱鹭》(丙 66)，第六卷，1864 年，页 65。又杰尔登，《印度的鸟类》，第一卷，页 515。关于黖鸟，又见勃莱思文，载《查氏自然史杂志》(丙 44)，第一卷，1837 年，页 113。

㊽　还不妨在这里补举如下的一些例子：美洲红鹞(乙 917)的雄的幼鸟是可以同雌的分得出来的(奥杜朋，《鸟类列传》，第四卷，页 392)，而印度的一种蓝色的五十雀

(nuthatch，即乙 342)的幼雏的情况也是如此(杰尔登，《印度的鸟类》，第一卷，页 389)。勃莱思先生也告诉我，岩䳭(stonechat，即乙 856)的雌雄鸟在很早的年龄里就可以辨认出来。萨耳温先生(《动物学会会刊》(丙 122)，1870 年，页 206)举了一个有关一种蜂鸟的例子，情况和上文叙到过的有关另一个属(乙 404)的蜂鸟的例子相似。

㊾　见《威斯特明斯特尔评论》(丙 153)，1867 年 7 月，页 5。

㊿　见《朱鹭》(丙 66)，1859 年，第一卷，页 429 及其后的若干页。不过柔耳弗斯博士在一封信里对我说，根据他对于撒哈拉沙漠的经验，这话是说得过重了些。

(51)　关于巨嘴鸟的喙的所以如此之大，一直没有满意的解释，至于巨喙上的鲜艳的色彩，解释就更难令人满意了。贝茨先生(《自然学家在亚马孙河上》，第二卷，1863 年，页 341)说，巨喙是用来够上和啄取高枝尽头的果实的；而别的一些作家也说，是用来向别的鸟的巢里啄取鸟卵和小鸟的。但贝茨先生也承认，"为了适应这样一个用途，巨喙也很难说是一件很完美无缺的工具"。喙的体积太大，无论从宽度、深度或长度来看，单单作为把握用的器官看待，实在难于理解。贝耳特先生相信(《自然学家在尼加拉瓜》，页 197)，巨喙的主要用处是防卫，特别是当雌鸟在树洞中保育幼鸟的时候。

(52)　这鸟是巨嘴鸟或鵎鵼的一个种(乙 829)，见古耳德，《鵎鵼科(乙 828)专论》。

(53)　关于鸥(乙 540)、小海鸥属(乙 443)、燕鸥或鸳(乙 900)诸属，见麦克吉利弗瑞，《不列颠鸟类史》，第五卷，页 515、584、626。关于雪雁(乙 48)，见奥杜朋，《鸟类列传》，第四卷，页 562。关于张口鹳属(乙 35)，见勃莱思先生文，《朱鹭》，1867 年卷，页 173。

(54)　在这里我们不妨也提一下在陆上高空翱翔的面很广而和洋面上的一些水鸟可以相比的各种兀鹰(vulture)里，三种或四种是几乎全白的或主要是白色的，而其余的许多种是黑的。因此我们又不免想到，显眼的颜色对雌雄鸟在繁育季节里的彼此寻觅，可能有些帮助。

(55)　关于这一属鹦鹉，即鹦哥属(乙 705)，见杰尔登，《印度的鸟类》，第一卷，页 258—260。

(56)　美国产的鸡鹊(乙 92)和与它隶于同一个属的一种鹭(乙 87)的幼鸟也都是白的，而成年鸟则各自有其颜色，有如两种的分类专名中所表示的那样(按前者带红色，后者带蓝色——译者)。奥杜朋(《鸟类列传》，第三卷，页 416；第四卷，页 58)叙述到这里，似乎有些高兴，因为他想到这种羽毛颜色的变化莫测不免"把分类学者们弄得很窘。"

(57)　斯克雷特尔先生为我审阅过关于鸟类的这四章和下面关于哺乳类的几章的稿子。这样才使我对若干鸟种的名称避免了错误，也使我不至于把错误的东西当做事实介绍出来，这一类的错误，在他这样一位声誉卓著的自然学家是一看就知道的。我要在此向他表示深厚的谢意。不过我在这里征引了许多不同作家的话，这其间如果有任何不够准确的地方，斯克雷特尔先生当然是完全没有责任的。

译　注

1. Mauritius 和 Bourbon 均为印度洋西部岛屿，今马尔加什之东。
2. Juan Fernandcz，位于南太平洋。

第十七章　哺乳类的第二性征

战斗的法则——只是公兽有特殊的进攻用的武器——母兽所以没有武器的原因——两性都备有武器，但首先取得的还是公兽——这类武器的其他用途——武器的高度重要性——公兽的体形更为高大——自卫的手段——论四足类动物，即兽类，无论公母，在求偶时都有爱挑选的表示。

就哺乳动物说，公兽在赢取母兽的过程中，通过战斗法则的成分，看来要比通过卖弄风情的成分为多。在恋爱的季节里，哪怕是没有任何武器装备而平时见得最胆怯的一些动物也会进行你死我活的搏斗。有人目击过两只野兔相斗，直到一只被斗死为止；鼹鼠也往往相斗，结果也时有死亡；公的松鼠也时常斗得不可开交，"往往双方都受到重伤"；公的海狸也是如此，因此，"没有伤疤的海狸皮张几乎是一张都找不到的"。①我在南美帕塔哥尼亚时，在驼羊(guanaco)的皮张上也曾观察到同样的事实；而有一次我还目击到几只驼羊酣斗，唯其斗得酣，竟至旁若无人地在我身边追逐而过。利芬斯东谈到南非洲许多动物的公的，说它们几乎全部表现一些过去的搏斗所留下的伤疤。

在水生哺乳动物中间，战斗的法则是像在陆生哺乳动物中间一样地通行的。在繁育季节里，海豹的自相搏斗是如何地爪牙并用、不顾死活，是谁都再三听说而有些厌烦了的，而它们的皮张也一样地往往是布满了疤痕的。在这季节里，公的抹香鲸（sperm-whale）是彼此很相猜忌的，而在搏斗之际，“它们的牙床往往交相锁紧不放，而侧翻了的身体也绞在一起”，因此，它们的下牙床往往发生变形的情况。②

一般都知道凡是备有特殊的斗争武器的公的动物都会进行凶狠的战斗。牡鹿的好勇狠斗是常见于记载的事；在世界各地所发现的鹿的骨骼时常有两副牡鹿头角难解难分地交锁在一起的情况，说明当初这两只鹿，不论谁胜谁负，是怎样悲惨地同归于尽的。③大象在交尾季节中最为可怕，世界上找不到像正在交尾期中的大象那样危险的动物。坦克尔菲耳（甲 641）勋爵曾经就奇林根苑囿（Chillingham Park）里野牛战斗的景况向我提供过一个书面的描绘，说明硕大无比的原牛牛（乙 133）的子孙，在身材上尽管已经退化，在勇气上却还不减祖风。1861 年，苑里的若干只野牛互争雄长，有人观察到青年的公牛之中有两只合力攻击一向带领群牛的老公牛，把它打倒，并且折伤它使不能再战，守苑的人认为它躺在附近的丛林里身负重伤奄奄待毙而已，哪知道不多几天之后，当打败它的两只青年公牛中的一只独自走近丛林的时候，这“猎场之王”早已策励自己做好复仇的准备，奔出林来，很快地把对手杀了。接着它就悄悄地回到苑中的牛群里，依然当它的把头，好久谁也没有敢再碰它。海军司令塞利文爵士告诉我，当他驻扎在福克兰德诸岛的期间，他把一只英国产的年轻的牡马运进岛上，平时和八只牝马一起在威廉港附近的小山里放牧。山里原有两只野的牡马，各带领一小队的牝马；“可以肯定的是，平时这两只野牡马是从

来不在一起的，在一起就要打架，每一只野牡马先后试图和英国马较量一番，并占有它的牝马，但都失败了。有一天，这两只马结伴而来，合力攻击英国马。负有管马责任的那个上尉军官望见了这个情况，骑马到场，发见两马之一正和英国马厮打，而另一只正在把牝马赶走，并且已经有四只被它赶开。上尉把全部马匹，野的家的，牡的牝的，一起赶回了马栏，解决了这问题。野牡马何以也听命了呢？原来他们不愿离开自己的牝马。"

备有为了日常生活目的之用的牙齿的雄性动物，如在食肉类（乙 176）、食虫类（乙 517）和啮齿类（乙 840），可以用牙齿来进行切断，或进行撕破，效率很高，这几类的动物一般就不具备为了在同类中争雄之用的特殊武器。在许多其他动物的公的方面，情况便与此很不相同。我们看到了各种鹿和某几种的羚羊，公的有角，而母的没有，就明白这一点了。有许多动物中间，公的和母的在犬牙上有差别，公的上犬牙或下犬牙要比母的为大，或上下犬牙都要大些，母的甚至根本没有犬牙，或虽有而只是一个残留，隐而不显。某几种羚羊、麝、骆驼、马、野猪、各种人猿、各种海豹和海象，都是例子。海象的母的有时候是看不出有什么长牙的。④ 在印度产的大象，在儒艮，即人鱼⑤ 公的动物的上门牙成了进攻性的武器。在公的一角鲸（narwhal），左边的上犬牙发展成为有名的螺旋针形的所谓角，有时候可以长九英尺到十英尺。一般相信公鲸用这"角"来互相厮打；因为，"被捞捕到的鲸的'角'难得有不破损的，而间或又发现一两支破损处夹有别的'角'的碎片的'角'。"⑥ 这鲸的同一边的下犬牙却只是一个残留，不过十英寸长，深藏在下牙床里；但左边上下犬牙同样发达的例子也不是没有，不过极其难得。至于

母鲸，则这两只牙全都是发育不全的残留。公的真甲鲸（cachalot）的头比母的为大，这无疑地有助于他在海中的战斗。最后一例，鸭獭（乙 681）的成年的公的前腿上有一个奇特的装备，一种距一般的东西，和毒蛇的毒牙很相像，但据哈尔廷（甲 301）说，这个距虽然也备有腺体，分泌物却并不毒，母獭的腿上则相应地有一个凹处，显然是交尾拥抱时用来接纳这个距的。⑦

如果公的备有武器，而母的没有，这就几乎没有疑问地说明武器是用来和其他公的进行战斗的；也说明他们之所由取得是通过了性选择的，并且在遗传之际，只传子而不传女。母的为什么没有取得这类武器呢？是因为对她们没有用处么、多余而累赘么、甚至反而有害么？这大概不是，至少就大多数的例子来说不是。我们应该反过来想，因为，即便在公的，用处也往往不止一端，同类相斗之外，主要是用来招架异类的敌人，保卫自己，难道母的就不需要自卫了么？因此，我们应该感觉到奇怪的是，为什么在许多动物的母的身上这类武器是如此地得不到发展，或甚至几乎完全没有呢？就牝鹿来说，要一年一度地长一副庞大而有丫杈的角来，或就母象来说，长一对又长又大的象牙，将会是对精力的一个巨大的消耗，而如果一无用处，更将是一大浪费。因此，可以设想，其他动物的母的当初也可能有过这一类的装备，但后来通过自然选择，就逐渐地趋向于被淘汰掉了。那就是说，这种导致淘汰的逐步变异的遗传是只限于母的这一性的，设或不然，设或也牵涉到公的一边的遗传，那公的就不免受到有害的影响，而公的武器如果遭到削减，那将是一件更大的坏事，为事理所不能容许。因此，就一般的情况说，再根据下面所要叙到的事实加以考虑，看来实际的情况可能

是，如果两性在武器的配备上有所不同，这种不同一般是以一向通行的那种遗传方式为依据的，也就是限于性别的那种遗传方式。

在整个的鹿科里，牡鹿牝鹿都有角的装备的仅仅只有驯鹿(reindeer)一种，尽管牝鹿的角似乎要小些细些、丫杈也不那么多。既然有此情况，我们就自然地会想到，至少就这一个例子来说，角在牝鹿的生活里总还有一些特别的用处。牝鹿的角的完全成长是在每年的九月，从这时候起，经过一冬，直到来年四月或五月产出小鹿的时候，她一直是有角的。克饶契先生曾在挪威为我特别进行过查访，据他说，在生育的季节里，看来牝鹿，为了产子，要躲起来约两个星期，产后再露面，就不再有角了。但在诺伐斯科夏[1]，据瑞克斯(甲 547)先生对我说，牝鹿保持她的角的时期有时候比这还要久一些。在牡鹿一方，角的脱落却要早得多，将近十一月底就脱落了。牝牡两性对生活的要求和在生活习惯上既然一样，而在冬季，牡鹿也既然不再有角，则牝鹿的冬季有角，而冬季要占她全部有角时期的一半以上，看来是说不上有什么特别用途的了。由于全球各地其他鹿种的牝鹿都没有角，看来驯鹿的牝鹿的角也不会是鹿科中某一老祖先所遗传下来的特征；因此，我们不妨作出结论，认为它是这一群动物在形成鹿科以前的更为原始的一个特征。⑧

驯鹿的角的出现，在年龄上是特别早的，早得异乎寻常；但特早的原因何在，我们不知道。而特早的后果显然是使下一代的两性都把角传受到了。我们应该记住，就任何鹿种说，角的传递，总得通过母体，而母体自己也未尝没有发展角的潜在的能力，老牝鹿生角，或病的牝鹿生角，我们都是看到过的。⑨还有一层，有些别的鹿种的牝鹿正常地或偶然地表现角的残留；例如麝(乙 216)的牝麝就有“几撮直挺的刚毛，不长成角，而在尖头上合成一个圆球”；而“在美洲麋（乙 212）的牝的，大多数的标本在角的部位上都表现有一个尖的骨质的隆起”。⑩ 根据这些不止一方面的考虑，我们不妨作出结论，认为牝的驯鹿之所以获有比较发达的角，首先是由于最初的牡鹿，因为有和其他牡鹿斗争的需要，作为武器取得了这种角；这是第一性的根源。其次，又由于角在牡鹿身上发展出来的年龄特别早，尽管我们对这种特早的原因现在还不知道，而只知道，正唯其早，所以终于能在遗传的时候，也分移到了牝鹿身上；这是第二性的根源，由于这第二性的根源，于是两性才都有了角。

转到另一种角，即反刍类的鞘状的角。就羚羊类来说，我们在这方面可以排成一个循序渐进的系列：以母羊完全没有角的一些羚羊种开始——中间经过母羊的角极小、小得近乎残留的另一些羊种，例如美洲叉角羚（Antilocapra americana）的母羚，但并不全有，大约四只或五只中有一只有之⑪——再经过母羚的角虽比较发达而比起公羚的来明显地要小些、细些，而有时候形状也还有所不同的一些羚羊种⑫——最后以两性具有同样发达、同等大小的角的一些羚羊种告终。像驯鹿的情况一样，在羚羊方面，上文已经指出过，我们也可以看到，角的发展而出现得迟早，和它在遗传之际只传给一性或兼传给两性，这两者之间是存在着一种关系的。因此，某些羚羊种的母羚的有或没有角，以及另一些羚羊种的母羚有着不同程度的发展的角，所依凭的，不在角的有无特殊的用途，而单单在遗传的方式。即便在同一个范围有限的属以内，在有些羚羊种里光是公羚有角，而在另一些里，则两性都有角——有了上面所说的看法，这一事实也就见得理有固然，并不奇怪了。另一个引人注意的事实是，尽管粪石羊（乙 59）的母羚的正常的情况是没有角的，勃莱思先生却见到过不下于三只有角的这种羚的母羚，而我们又没有什么理由来推测这几只羚羊是老了，或有病态，才长出角来。

在所有野生的山羊和绵羊种里，公羊的角都要比母羊的为大，有时候母羊的角可以小到几乎等于没有。⑬在家养的山羊和绵羊里，有若干品种光是公羊有角；而在有些品种里，例如北威尔斯的绵羊，尽管两性都是正常地有角的，母羊时常发生不生角的情况。有一位可靠的有亲身经历的人，在有目的地视察了这一品种的绵羊正在产育季节里的一个羊群之后告诉我，初生的公羊的角一般要比初生的母羊的发展得更为充分。皮耳（甲 518）先生交配了几个绵羊品种，一种是他自己一向畜养的两性都有角的郎克羊（Lonksheep），作为一方，另两种是勒斯特羊（Leicester）和希洛普郡草原羊（shropshire Downs），都是无角的，作为另一方。结果是，下一代的公羊的角都缩小了不少，而母羊则完全没有角。这几桩事实都指明，就绵羊而言，母羊的角的所以为一个特征，比起公羊的来，要不稳定得多，而这也使得我们想到角这样东西是名分专属的起源于公的一性的。

在成年的麝香牛（乙 698），公牛的角要比母牛的为大，而母牛的双角的底部不相接触。⑭至于寻常的各个牛种，勃莱思先生说，“在大多数的野生牛种里，公牛的角要比母牛的长些粗些，而‘班腾’牛（banteng——马来群岛一带土名，即爪哇牛，乙 134）的母牛的角特别小，并且向后倾斜得很厉害。在家养的各个牛种里，包括项部作瘤状或不作瘤状的各类型在内，公牛的角短而粗，母牛和骟牛的角长而细；而在印度的已驯化的野牛种(Indian buffalo)，公牛的角是更短更粗，而母牛的更长更细。其在野生而未驯化的‘高厄尔’牛(gaour，即乙 131)，大多数公牛的角要比母牛的为更长更粗。”⑮梅吉尔博士也告诉我，新近在阿尔诺河谷[2]发现了一具化石的颅骨，据信是一只无角牛(乙 130)的母牛的，而这牛是完全没有角的。我不妨再加一例，在白犀(乙 834)，母犀的角一般比公犀的为细长有余而强劲不足；而在另几个犀牛种里，据说母犀的角要短些。⑯从这些来自各方面的事实出发，我们不妨作出推论，认为一切种类的角，即便是两性发展得大小强弱相等的那一种角，就其根源来说，也还是由公的动物为了战胜其他公的而首先取得的，而随后又传给了母的动物，有的传得完整些，有的不那么完整。

阉割的影响是值得注意的，因为它对这问题有启发。牡鹿一次经过阉割的手术，就再也不换新角了。但驯鹿的牡鹿必须除外，因为虽经阉割，他照样换角。这一例外的事实，结合上在这一鹿种里两性都有角的事实，乍然看去，似乎可以证明，这一鹿种的角并不构成一个性的特征；⑰但驯鹿的角既然发展而出现得特别早，早在两性的体质尚未分异之前，则阉割的所以对他们不发生影响，也就不足为怪了，尽管驯鹿的角最初也是由牡鹿首先取得，而后来才传到牝鹿身上，也不妨碍这一解释。就绵羊论，两性是正常的名分上都有角的；而有人告诉过我，英国威尔斯绵羊(Welsh)的公羊，一经阉割，换出的新角就要小不少，但究竟小多少，很大一部分要看阉割的手术是在什么年龄施行的，而这是其他动物也未尝不表现的一种情况。美利奴绵羊(Merino)的公羊角很大，而母羊则“一般说来没有角”。在这一品种里，阉割所产生的影响似乎要大些，所以如果手术施行得早，角就“几乎完全不发展出来了”。⑱ 在几内亚滨海有一个绵羊的品种的母羊是从来不生角的，而经过阉割的公羊，据瑞德先生向我说，也就几乎是全不生角了。至于牛的一类，公牛经过阉割以后，角会发生很大的变化，它们不再是短而粗，而变为细而长，和母牛的相似，而长度则还是超过了母牛。羚羊类中的粪石羚（乙 59）提供了与此大致可以类比的例子：公羚的角长而直，作螺旋形，几乎是并行地向后伸展；母羚一般没有角，间或有少数有角的，角的形状很不同，不作螺旋形，不向后而向左右伸展，最后又弯过来而使角尖指向前。到此值得特别注意的是，在经过阉割的这种羚羊的公的，角的形状变了，变得和母羚的一样地奇特，所不同的只是更长些粗些。如果我们可以根据类比而作出判断，我们可以说，就这里所讨论的牛和羚羊的两个例子而言，母牛和母羚羊的角所代表的有可能是更为古老的一种情况，即各自表现着早期某一代祖先的角的形态。但对于阉割之举何以会使一种古老的状态重新出现，我们就很难提出任何肯定的解释了。尽管如此，有这样一个可能的解释，就是，这是体质受到了扰乱所致，我们知道，种与种的杂交，或亚种与亚种的杂交可以引起这种扰乱，而往往在后一代身上导致某些丢失已久的特征的重新出现，⑲ 如今阉割也造成了体质上的扰乱，因此，也就产生了同样的效果。

大象的长牙，在各个不同的象种或象的亚种里，各有不同，其不同的程度和反刍类的角几乎一样。在印度和马六甲的大象，只有公的有很发达的长牙。大多数自然学者认为锡兰的大象属于另一个亚种，有几个自然学者更认为是属于另一个种，不同于印度和马六甲的，而在这里，“一百只象中找不到一只有长牙的，而极少数有长牙的象则全都是公的。”[20]非洲的大象无疑地是又一类，和亚洲的截然分明，这里的母象也有巨大而发展得很好的长牙，尽管比起公象来还是小了一些。

所有这些：各种与各亚种的象在长牙上的差别——各种鹿在角一方面的巨大的变异多端，尤其是野生的驯鹿所表现的那种情况——羚羊类中粪石羚的母羚的偶然有角，以及美洲叉角羚（乙58）的母羊的时常没有角——极少数的一角鲸的公鲸竟然会有上下两只长牙——有些母的海象会完全没有长牙——凡此，全都是例子，说明第二性征可以有极大的变异性，以致在关系很近密的若干动物形态中，也有随时发生差别的倾向。

长牙与锐角的发展，尽管在所有的例子里看来首先和主要是作为同类相攻的武器、而与性的功能分不开，却往往也还有些别的用途。大象用长牙来攻击老虎；根据勃茹斯（甲108）说，他也用它来把大树干刻画出一道深痕，使可以被一拉便倒，也可以用来挖取棕榈树干中心的粉质，而在非洲，他又时常用一只牙，而且总是那一只，来试探所经过的地面的虚实，看能不能承担他全身的重量。普通的公牛用角来保卫他的牛群；而瑞典的大麋（elk），据劳伊德说，有人知道，曾经用大角的一击打死一只狼。诸如此类可举的事实很多。在动物的角也间或可以有这一类次要的用途的例子里，最奇特的是赫屯（甲343）上尉所观察到的关于喜马拉雅山区的野山羊、即角羱（乙167）的一个，[21]他看到一只公羊失足而从一个高处往下坠，这羊在空中就把头向里弯，好让大角先着地，用角的弹性来抵消冲击的力量。而据别人说，另一个种的野山羊大角羊（乙507）也用这办法。这办法对母羊来说是不适用的，因为她的角小，但母羊的性情比较文静，她不大需要这种用角作为盾牌的做法。

每一只公的动物都有他自己的使用武器的特殊方式。普通的公羊总是先来一个冲锋，用他双角的根部顶撞，力量之大，足以把一个强壮有力的男子像一个小孩似的撞一个四脚朝天，这是我亲眼看到过的。各种山羊和有几种绵羊，例如阿富汗的旋角羊（乙699）[22]则先把前蹄腾空，然后不但顶撞，"并且用他的形同偃月刀而前面又像九节鞭似的角向下砍一下，再向上抽一下，正像我们用佩刀一样。一只家养的身材高大的普通山羊的公羊，平时以斗争中善于折伤别的羊得名，有一次和一只这种旋角羊相遇，后者进行攻击，一战就把家羊打败，而其所以取胜之道全凭他的战术的新颖，使家羊措手不及，他一上场，总是立刻向对手一方迎上前去，做出对垒的把势，把头角在敌方的头脸鼻子上面伸将过去，把敌方夹住，然后急剧地向后一抽，予敌方以惩创之后，紧接着就蹦一下，跳出场合，敌人想要还击，已经是来不及了。"英国品勃罗克郡（Pembrokeshire）有一群山羊，在好几代以前脱离家养，变成野生，群中有一只公羊，是一群的盟主，有人知道他和其他公羊单独作战时杀死过好几只对手。这羊的角特别巨大，两角的角尖直线相距宽达三十九英寸。谁都知道普通的公牛用角刺进敌方身体，然后把它挑起来，向空一抛。但据说意大利的野牛种从来不用他的角来战斗，而是用他的凸出的前额先来一个沉重的撞击，然后用两膝向倒在地上的对手乱蹂一顿——这是普通的公牛所没有的一种本能。[23]因此，一只用咬住鼻子不放的方法来盯住这种牛的狗会立刻被他踩死。但我们必须记得，意大利的野牛种是早经养驯了的，他的野生的远祖当年是不是也有这样一双备而不用的角，我们是无

法断定的。巴特勒忒先生向我谈过一个例子：当一只好望角野牛种的母牛，一称猴犺（乙 141）被放进一个围场而和一只同种而已家养的公牛同处的时候，她立即向公牛进攻，公牛很粗暴地向她反攻，但只是把她东推西挤而已。巴特勒忒先生看得很清楚，认为要不是因为家养的那只公牛自认为有身份、能克制，只需用他的粗大的尖角横里一挑，就可以很容易地把她弄死。长颈鹿的角不长，外面又有皮和短毛包住，牡鹿的角比牝鹿的要略微长些，牡鹿也会用角来攻击，但由于脖子长，用法很奇特，他把头向前沉倒，然后用脖子左右摇晃，而劲头甚大，我曾经看到，由于他的角的一击，一条硬木板上平添了一个陷得很深的印痕。

就羚羊一类说，有时候我们很难设想它们究竟有什么好的方法来使用它们各式奇形异状的角。例如南非的跳羚（springboc，即 63）的角相当短，向上直挺，但角尖是向里弯的，几乎弯成九十度直角，两个角尖彼此相对，巴特勒忒先生不知道这里是怎样使用的，但他有个想法，认为攻打时它们可以在敌手的脸部两侧造成惨重的创伤。又一个羚羊种（乙 691）（图 63）的角是轻微地弯弯的，很长，几乎是并行地向后伸展，角尖一直越过背脊的中部。这样的角看来是特别地不合于战斗之用；但巴特勒忒先生告诉我，当两只这种的羊准备战斗的时候，他们都跪下，把头倒伸进前腿之间，在这样一个姿势之下，双角就贴近地面，并且几乎和地面平行，这样，角就伸向前面，而角尖稍稍向上翘起。然后双方慢慢地向前挪动，越来越靠近，彼此都试图把翘起的角尖伸到对方的腹部下面，如果一方成功，他就突然蹦起来，同时把头向上一摔，这样，就可以使对方受伤，甚至洞穿对方的肚子。两羚相对，总是各先跪下，这样才能

尽量地防护自己被挑，而也可以挑刺对方。有人记录到过，一只这

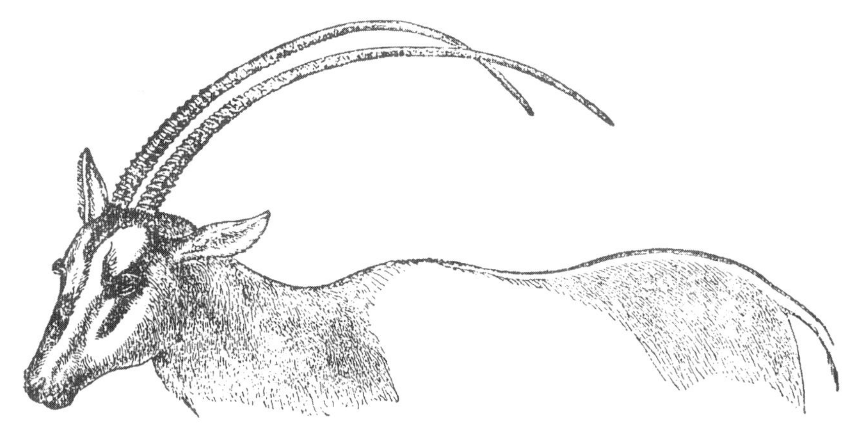

图 63　羚羊的一个种(乙 691)的公羚的头。采自诺士雷(Knowsley)动物苑

种羚羊曾经运用这种武术，而有效地应付过一只狮子；但由于他为了使角尖向前向上而不得不把头倒夹在前腿中间，在受到任何别种动物攻击的时候，他的地位是很不利而不免吃大亏的。因此可知，他们的角的所以变化，而取得今天的特长的尺寸和奇特的部位，看来大概是和抵御猛禽猛兽的目的并不相干的。然就同种内部的斗争来说，我们可以设想，当初这种羚羊的某一代祖先一旦取得了比较长而不太长，且又稍稍向后伸展的角，他在和别的公羚打架的时候，就不得不把头向里弯些，也就是向下弯些，像今天有几种鹿的牡鹿那样。而这样就牵连到又一个可能的情况，就是，为了更便于使用这样的角，他最好下跪，起初只是偶一下跪，后来经常下跪，终于取得了下跪的习惯。在这样的情况之下，我们又几乎可以肯定地认为，长角的公羚要比短角的占便宜，越长就便宜越大。于是，通过性选择，角的长度就渐渐地变得越来越大，直到今天，就取得了现在的异乎寻常的长度和部位。

就许多鹿种来说,牡鹿的分枝形的角提出了一些特别困难的问题。因为,就战斗的需要而言,一支单一的直而尖的武器要比分枝而多头的武器更有巨大的杀伤的威力。在埃格尔屯(甲 215)爵士的私人博物室里陈列有一支赤鹿或红鹿(乙 213)的角,长三十英寸,和“不下于三十个分枝”;而在德国第瑞兹堡[3] 至今还保存着一对红鹿的角,是 1699 年腓特烈一世(Frederick I)的猎获物,其中一支有三十三个分叉,真是多得出奇,另一支也有二十七个分叉,一起共六十个分叉。瑞查尔曾画有一幅一对野生驯鹿的角,一起也有二十九个尖头。㉔根据鹿角的分叉的方式,特别是根据有些人所知道的情况,表明两鹿相斗,有时候是用前脚相踢,㉕而不一定用角,贝雷(甲 27)竟然得出这样一个结论,认为角之于鹿,坏处比用处还大!不过这位作家忽视了牡鹿之间的认真而拼死的战斗的一面。我自己也曾为鹿角的分叉的用途或好处而很感到迷惑不解,因此,曾向科隆塞[4] 的麦克尼耳(甲 430)先生请教,他对于红鹿的习性作过长期和仔细的观察,他回答我说,他从来没有看到某一些分支被派到过用处,但角的第一支或最靠近额部的一支,由于它向下倾斜,对额部有很大的保护之用,而这一支上的几个分尖也可以用来攻击。埃克尔屯也为我谈到红鹿和小红鹿(fallowdeer)的情况,说,相斗的时候,双方突然对冲,各用角把对方的身体顶住,然后不顾死活地厮打起来。到一方最后被迫屈服而掉头跑的时候,胜利的一方就试图用两角的第一支戳进他的已经被打垮了的身体。这样看来,似乎角的上部的一些分叉是主要或专门用来顶撞和抵御的。然而在有的鹿种里,这些在上部的分叉也未尝不用来作为进攻的武器;有一次在加拿大渥太华城的法官凯屯的园子

里，一个人遭到了一只美洲麋（即乙 212）的袭击，好几个人想走过去救他，而这只牡麋“一直没有把他的头从地上抬起来，不仅如此，连他的脸都一点没有动，一直几乎紧贴着地面，鼻子几乎是夹在两蹄之间，他只有一次把头向旁边晃了一下，但那是为了向蹄下的人进行一度刺击之前，先要看一看准”，而不是为了别的。原来在这样一个按兵不动的姿势之下，他的角的各个分尖正好针对着前来营救的人。“他在把头晃一下的时候，他必然要把它略微抬高一些，因为他的角实在长，如果只晃而不抬，一边的角势必与地面相碰。”这只牡麋，通过这样一个架势，渐渐地教营救的队伍知难而退，退在一百五十到二百英尺之外，而那个受袭击的人终于遭到杀害。㉖

牡鹿的角尽管是件用之有效的武器，我还是毫不迟疑地认为备有一个单一的矛头的武器要比一支分叉的鹿角更足以制胜。法官凯屯对于鹿类有过很丰富的经验，完全同意我这个论断。还有一层，分叉的角，作为牡鹿之间进行战斗的一个自卫手段，尽管有其高度的重要性，却也还有缺点，就是，即使为了自卫的目的，它也还有不尽适应之处，因为两个鹿的角容易交相锁住，固结不解。因此，在我的思想活动里就油然涌现一种猜测性的想法，就是，角的用途之中，可能还有装饰的一途。牡鹿的分叉的角，某几种羚羊的有琴弦纹的角，加上这种角的双重或双重以上的左右弯曲（图64），即便用我们人的眼光来看，也很漂亮、很美妙，其为有装饰的意味，谁也不能否认。如果是这样，即如果角这样东西，像中古时代武士身上的装束和其他点缀那样，足以对鹿和羚羊的华贵的形象有所增加，那么，尽管它们实际的用途是在战斗一方面，它们有可能在这一方面，即装饰的一面，也即为了装饰的目的，而在进化的过程中发生过相应的变化，正未可知。但这只是我的想法，我还拿不出什么证据来。

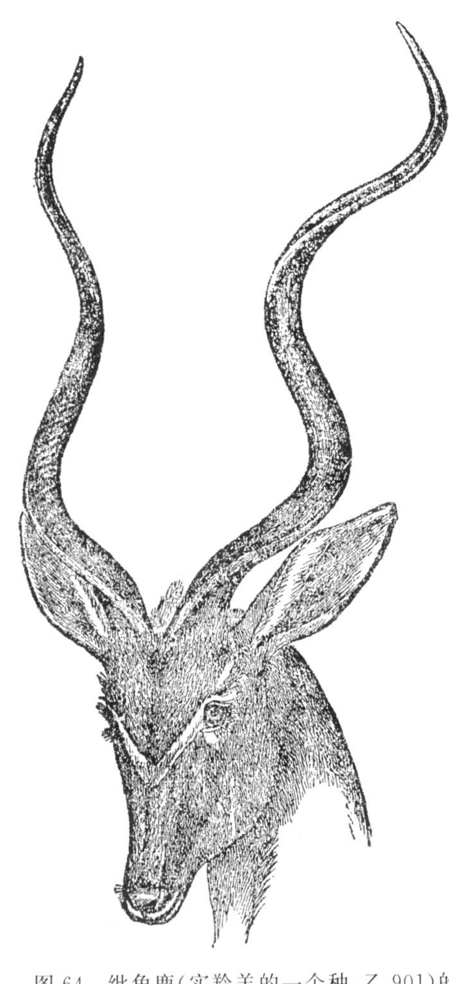

图 64　纰角鹿（实羚羊的一个种，乙 901）的头角。采自斯米思爵士，《南非洲动物学》

最近有人发表了一个有趣的例子，从这例子看来，在美国的某一个地区里，有一种鹿的角似乎正在通过性选择与自然选择而发生着变化。有一位作家在一种出色的美国刊物㉗上说，他在过去二十一年中一直在弗吉尼亚鹿或白尾鹿（乙 219）的集中产地阿迪郎代克山区[5]行猎。大约在十四年前，他第一次听到“钉角鹿”（spikehorn buck）这个名称。年来年去，这种鹿繁殖得越来越多，大约五年前他打到了一只，后来又是一只，现在时常有所猎获。“所猎获的鹿的钉角和一般弗吉尼亚鹿的角有着很大的差别。钉角由一根单一的大钉似的结构构成，比这种鹿的普通的角要细，长也只有普通角的一半，还不到一些，从额角上向前方伸展，末梢特别尖锐。这种钉状角比一般弗吉尼亚鹿的角要更为轻便合用。钉角鹿在密林和灌木丛中来去，因此而可以跑得快些(凡是行猎的人都知道牝鹿和不到两岁的小牡鹿要比长有重笨的角的大牡鹿跑得快得多)。此外，钉角比起这种鹿的普通的角来，也是一件效用更高的武器。有了这样一个便利，钉角鹿的数量就逐年赶上和赶过了普通的弗吉尼亚鹿，而迟早要在阿迪郎代克山区里完全取而代之。毫无疑问的是，第一只钉角鹿只是造化出了差错，是自然界的一个畸形物体，是完全偶然的。但钉角既为他敞开了方便之门，他就有了更大的繁育后一代的机会。他的子孙，既然有同样的便利，也就随着比例的级数繁殖得越来越多，其随身的便利也越推越广，终于要逐渐地把他们所生聚的地区里原有的长有普通的角的鹿种排挤出去。”有一个评论家对上面这一篇记录提出了不同的意见，他提得很不错，他质问说，简单的钉角既然如此地大有好处，那么，其所从来的那种分叉型的亲缘形态以前又怎样会发展出来的呢？对于这样一个问题，我只能答复说，用一种新的武器来进行一种新的攻击方式大概是一个巨大的便利，上面所举的旋角羊(乙 699)就是这样地把一只家养的公羊战败，而这只家羊一向是个有名的打手，已经是一个这一类的例子了。一只有分叉型的角的牡鹿，在和同类的其他牡鹿相斗的时候，尽管可以适应得很好，有简单的丫杈式的角的一派鹿，逐步演进而终于取得又长而分叉又多的角，如果他所与竞争的始终只是同类的一些其他牡鹿，尽管也可能有些好处，但如果所相与周旋的，或想要击败的是武装得很不相同的一个对手，那么，复杂的、分叉分得多的角就不一定同样地适合和有利了。就上文已经举过的那个羚羊种(乙 691)的例子说，我们几乎可以确认，胜利之所归属该是短角些的那一只羚羊，该是正为角短而用不着下跪的那一

只羚羊，在所与战斗的只是一些同类的对手的情况之下，保持原有的长角，乃至发展得更长一些的角，尽管对这种羚羊还可能有些好处，我们刚才提出的一个比较还是站得住的。

备有长牙的属于四足类的公的动物使用长牙的方式也不相同，像角一样。野猪用它来横击和向上冲击；麝用来向下戳，效果很大。[28]海象尽管脖子短，身体笨重，难于转动，"长牙却十分灵活，上下左右同样地运用自如。"[29]不久以前去世的福耳肯纳尔（甲231）博士告诉过我，由于长牙发展得各不相同，印度大象在战斗中用牙的方式也不一，要看牙的位置和弯向而定。如果牙尖发展得向前向上，他可以把一只老虎挑起来，扔出去——据说可以远到三十英尺之外，如果牙不太长而牙尖又向下，他就试图出其不意地把老虎钉在地上，因此，对骑象打猎的人这是一种危险，如不警惕，可以从象背椅子上被摔出来。[30]

四足类动物的公的，很少为了适应与同类相斗的用途而备有两种特殊的、性能不同的武器的。但爪哇小鹿或羌鹿一属（munt-jac-deer，即乙207）的牡鹿是个例外，他既有角，又有向嘴外突出的犬牙。不过根据下面所要说的话，我们不妨先作出推论，认为两种武器不是并存，而是在交替的过程之中，在漫长的演进的年代中，一种方式的武器被另一种所替代是常有的事。就反刍类动物而言，角的发展，一般地说，和犬牙的发展，哪怕是不太发达的犬牙，两者之间存在着一种反比例的关系。例如骆驼、骆羊（guanaco）、香鹿（chevrotain）、麝都没有角，而有很顶用的犬牙。这些犬牙"在公的动物身上总是要比母的大些"。骆驼科的动物（乙161），除真性的犬牙而外，在上颚还有犬牙形的一对门牙。[31]其他鹿种的牡鹿和各种羚羊的公羊是有角的，而一般没有犬牙，有犬牙是极少见的，而如果有，也总是非常之小，是不是在战斗中会起什么作用，是个问题。在高山羚(乙 65)，幼公羚有犬牙，但只是一个残留，一长大就消失不见了，而在母羚是终其身不出现的，但据有人知道，在有几个别的羚羊种和鹿种里，母羚和牝鹿也间或表现一些犬牙的残留。[32]公马有犬牙，不大，而母马则几乎完全没有，或至多有些残留。但看来公马是不用犬牙来打架的，他平时咬东西，用的也只是门牙，而在战斗时也不像骆驼和骆羊那样把嘴张得大大的。凡是成年的公的有犬牙，但现在已不甚中用，而母的不是没有，便是只有些残留：我们遇到这种情况时，就不妨作出结论，认为有关物种的祖先当初是有过中用的犬牙、而且也曾部分地分移给母的动物的。而公的动物的犬牙之所以削减似乎是由于战斗的方式有了改变，而战斗方式之所以改变则往往由于新的武器的发展(马当然不在此例)。

长牙大角，对持有它们的动物来说，显然有高度的重要性，因为它们的发展要消耗很多的有机物质。亚洲产的一种大象——这是带长毛的一种，现在已经灭绝——的长牙，和非洲产的另一种大象的长牙，据有人知道，一支可以重到一百五十、一百六十、乃至一百八十磅；而有几位作家所记录到的象牙的分量甚至还有大于一百八十磅的。[33]鹿的角是一年要换一次的，因此，对体质的消耗必然是更大；例如美洲麋(moose)的一对角重五十到六十磅，而一种已经灭绝的爱尔兰麋(elk)的双角的重量是在六十到七十磅之间——而与此成对照的是，这种麋去了角的整个的颅骨平均只重五又四分之一磅。绵羊的角虽不逐年更换，但据许多农学家的意见看来，这种角的发展对育种的人来说也还多少是个累赘。就牡鹿来说，角更是一个麻烦，他们在躲避想捕捉他们作为食物的猛兽的时候，角是一个额外的负担，势必影响着逃跑的速度，而在穿过树丛密林的地带时，更是一个很大的包袱，阻碍着前进。例如在美洲麋，两角角尖之间可以宽到五英尺半，平时闲步，尽管悠游自在，左右逢源，连一根小树枝都不受到磕碰，在一伙狼猛力追逐而不得不逃命的情况之下，却就不那么灵便了。“当他前进的时候，他仰着头，鼻子朝天，两支大角横搭在后面。在这样一个姿势下，他连地面都瞧不清楚”，㉞更不要说别的了。爱尔兰大麋的角更伟大，角端相距不折不扣地有到八英尺的，情况一定是更糟了！在红鹿，在约有十二个星期的时间里，角是包在一层丝绒似的茸毛里的，感觉特别灵敏，经不起撞击，因此，在德国，这种鹿的牡鹿在这时期里多少要改变一些他们的生活习惯，避开浓密的老林，而在小树林和灌木丛中来往。㉟这些事实使我回想起，有的鸟类的雄鸟为了取得羽毛之美，不免要付出降低飞行速度的代价，而为了取得其他方式的一些装饰，又不免在和同类中其他雄鸟进行斗争的时候，要付出战斗力打些折扣的代价。

在哺乳动物中间，如果两性的身材大小不同，而这是常有的情况，则几乎总是公的要比母的长大些、强壮些。古耳德先生告诉我，这一比较就澳洲的有袋类（乙 600）动物来说是特别适用的，这一类动物的公的看来似乎一直在长高长大，直到一个非常晚的年龄才停止。但两性大小悬殊得最为出奇的例子来自海豹类的动物，在硬鼻海豹（乙 158），一个长足的母的，比起一只长足的公的来，在重量上还不到六分之一。㊱吉耳（甲 265）博士说，在以公的动物之间相斗得很野蛮而出名的那些一夫多妻的各种海豹中，公的要比母的高大得多，但在实行一夫一妻的各种海豹里，两性的大小是差不多的。鲸鱼类（即游水类，乙221）也提供一些证据，说明在公鲸的好斗性，和他的身材的大于母鲸，两事之间存在着一些关系，正鲸（right-whale）的公鲸是不相斗的，他们不但不比母鲸为大，反而似乎小得一些；在另一方面，抹香鲸（sperm-whale）的公鲸是相斗得很厉害的，他们身上"往往被发现带有不少的别的公鲸所咬出来的伤疤，牙齿的印痕赫然可见"，而这种鲸鱼的公鲸要比母鲸大一倍。至于公的动物的更大的体力，则亨特尔很早就说到过，[37]总是没有例外地表现在和其他公的战斗之际用得最多的一些身体的部分——例如公牛的大大有分量的脖子。四足类动物的公的，比起母的来，也有更大的勇气和更强的好斗性。我们几乎可以毫无疑问地认为，所有这些特征的所以被取得，部分是通过了性选择，也就是，由于比较强壮而勇敢的公的动物在和比较柔弱、比较胆怯的对手的战斗中不断地赢得了胜利，而部分则通过不断使用所引起的遗传的影响。体力、身材、勇气等方面的再三连续的变异，出乎单纯的变异性也罢，或由于长期使用的影响也罢，总是逐渐累积起来而成为四足类的公的动物所取得的这些有标志性的特点，但这一类变异的发生总要在生命的一个略微晚些的时期里，所以，遗传之际才在很大的一个程度上只传给同一性别的后一代——这样一个看法大概也是对的。

由于我有这些考虑，我渴望要在苏格兰产的猎鹿犬或鹿猩（deer-hound）方面收集一些资料，因为这种狗的两性在身材上的差别要比任何其他狗的品种为大（尽管在另一种猎犬，血猩——

blood-hound，两性的差别也相当大），也比我所知道的任何野生的狗种为大。因此，我就向克普耳斯先生请教，这位先生是以善于繁育这品种的猎犬知名于世的，他曾经称过和量过自己养的许多狗，也曾很费心思地从许多不同的来源为我收集到如下的一些事实。发育良好的公的猎鹿犬，从地面到肩头的身高，高低不等，从最低的二十八英寸到最高的三十三英寸，甚至有到三十四英寸的；体重则从最轻的八十磅到最重的一百二十磅，也还有比这更重的。母狗的身高则最低的为二十三英寸，而最高的二十七英寸；体重则从五十到七十磅，个别的也有重到八十磅的。[38]克普耳斯先生的结论是，公狗平均体重九十五到一百磅，而母狗平均体重七十磅，这样两个平均数，虽非绝对准确，大致不差；但也还有理由教我们认为以前有过一个时期这种狗的两性的体重要比现在为大。克普耳斯先生曾经称过出生满两星期的一窝小狗，四只小公狗的平均体重比两只小母狗的要多出六英两半；在另一窝，四只小公狗的平均体重比一只小母狗的体重要多一两不到一点；出生满三星期后再称，则两窝小公狗所越出于小母狗的平均重量是七两半；而一满六星期，两性重量的平均差数是将近十四两。耶尔德斯雷庄（Yeldersley House）的腊埃特先生写信给克普耳斯先生说："我曾就许多窝的小狗把身材和体重记录下来，而据我的阅历所及，我发现在出生满五个月或六个月以前，小公狗和小母狗的差别一般是很小的；满五六个月以后，小公狗就开始在身材与体重上长得很快，显著地赶过了小母狗。初生时和在后来的几个星期里，有只把小母狗可以比所有的小公狗为大些、重些，但后来总是要被它们赶上和赶过的。"克隆赛庄（Colonsay——亦小岛名，已见上——译者）麦克尼耳先生所得出的结论是，“小公狗要到满两岁以上才充分地生长成熟，而小母狗的完全成长则比他要早。”根据克普耳斯先生的经验，小公狗的身材的成长一直要到出生后十二个到十八个月才到顶点，而体重的增长则一直到生满十八个月至二十四个月才停止；而小母狗则比此为早，身材是从出生后九到十四或十五个月，而体重则从出生后十二到十五个月，过此便不再增加了。根据这些来自不同方面的结论，我们可以清楚地看到，苏格兰猎鹿犬的两性之间的差别，一直要到生命的相当晚的一个阶段才充分地达成而表现出来。在打猎的时候，人们用来逐鹿的差不多全是公狗，因为，像麦克尼耳先生对我说的那样，母狗的体力和分量都差，不足以拖垮一只长成的鹿。我也从克普耳斯先生那里听说到，从传说里所留下的许多狗的名字，可知在很古老的年代里，享有盛名的是些公狗，而母狗只是作为这些名狗的母亲才被提到。由此可知，许多世代以来，只是这种猎狗的公的才主要地在体力、身材、疾走和勇气等方面受到过考验，而最经得起考验的、最优良的才被用来繁殖后一代。但公狗既然一直要到相当晚的年龄才充分建成他们的高大身材与分量，他们就倾向于按照我们一再指出的那条法则办事，就是，把他们的特征只传给他们的公的后一辈；在苏格兰猎鹿犬的两性之间为什么会在身材上表现这样大的不平等，这大概就是一个解释了。

少数几种四足类动物的公的备有专供自卫和提防其他公的侵犯的一些器官或部分。我们已经看到，有几种鹿用他们角上的长在高处的一些分叉来保护自己，这是这些分叉的主要用途，甚至是唯一的用途。而羚羊的一个属（乙 690），据巴特勒忒先生告诉我，也善于运用他的细长而微微作月牙形的角来防卫自己，不过他的角同时也是进攻的工具。这同一个观察家也说到犀牛在相斗的时候，也各自用角来挡住对方从侧面来的进攻，两角相击，做很大的格格声，野猪用长牙相斗，也做此声响。野猪相斗，尽管不顾死活，然据勃瑞姆说，任何一方所受到的致命的创伤倒也是难得的，因为承受对方的长牙的不是别的，就是此一方自己的长牙，或肩膀上那块像软骨似的、被德国猎人称为"盾牌"的厚皮；而在这里我们就找到为了防御之用而特殊变化出来的身体的一个部分的例子了。在正在壮年的野猪（见图 65），下颚的两支长牙是用来战斗的，但到了老年，据勃瑞姆说，它们变得越来越向里和向上弯曲，其尖端转到了鼻子的上面，就不再能这样使用了。但反攻为守的用处还是有的，甚至还更为有效。作为一种补偿，补偿长牙不再能作为攻击的损失，一直是向左右两旁突出一些的上颚的长牙，到了老年，就越长越长，也越向上弯曲，适合于攻击之用。尽管如此，一只老野猪，比起六七岁大的野猪来，对人来说，毕竟是不那么可怕了。㊴

图 65　普通正在壮年的野猪的头。采自勃瑞姆

就西里伯斯（Celebes）产的马来野猪，一称豚鹿（乙 109）的成年的公猪（图 66）来说，下颚的长牙真是令人望而生畏的一种武器，像欧洲的壮年的公的野猪一样；而上颚的长牙，由于太长，牙尖也太往里面卷，卷得有时候可以接上前额，却完全不能用来作为进攻的武器。它们已经不大像牙齿，而更像一对角，而作为牙齿，又

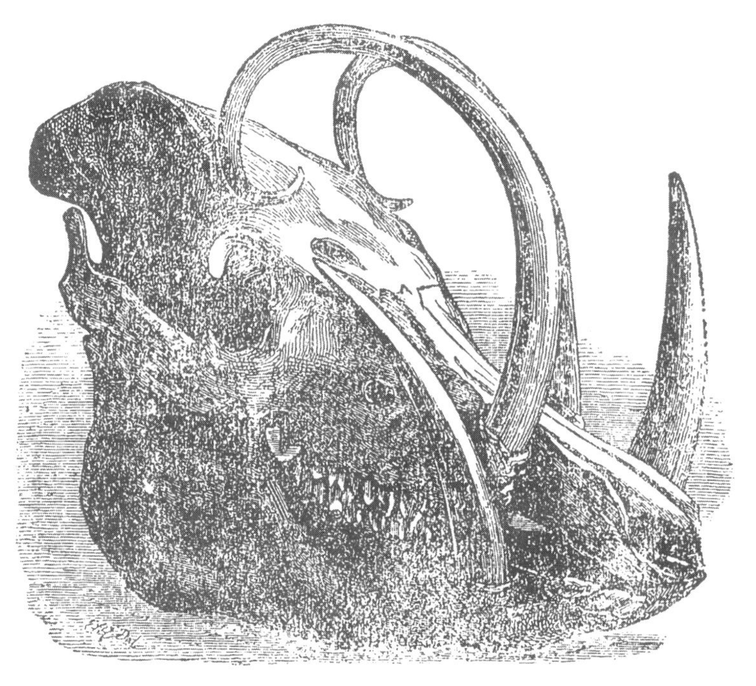

图 66 马来野猪公猪的颅骨。采自沃勒斯,《马来群岛》

显然如此地一无用处,以致有人曾经认为野猪在休息的时候用它们来把头钩挂在树枝上的!但如果野猪把头稍稍向横里转一下,这对长牙的向前凸出的一面却有出色的守护的作用;在被猎获的年老的野猪头上,这对牙“一般像是经历过战斗而已经折断了似的”,[40]看来原因大概就在这里了。这里,我们在马来野猪身上,在他在壮年时期一直具备的上长牙上面,找到了一个奇特的例证,说明这一类的武器,由于它们的结构特殊,显然只能适合于防卫之用。其在欧洲的公的野猪,情况与此略微有些相反。欧洲野猪一到老年,下长牙变得更长更弯而不得不改变用途、反攻为守,但长与弯的程度不如马来野猪那么厉害罢了。

在非洲的疣头猪(wart-hog,即 745)(图 67),公猪的上长牙在

图 67　非洲疣头猪的母猪的头(采自《动物学会会刊》,丙 122,1869 年卷),所示特征和公猪的一样,只是尺寸小些而已。——注:当这幅图制成铜版的时候,我错误地认为这头是公猪的

壮年时期是向上弯的,而由于牙尖相当锋利,也是很可怕的进攻性武器。下牙床的长牙比上牙床的更为犀利,但太短,似乎很难用来进行攻击。但由于平时的磨用,使牙尖可以服帖地抵住上长牙的牙根,所以在战斗的时候,一定可以大大地加强上长牙的力量。无论上长牙或下长牙,看来都没有经过什么特殊的变化而使它们适合于防御之用,尽管它们在某种程度上是不成问题地有这方面的用处的。但马来野猪并不缺乏其他特殊的自卫手段,在他的脸部的两边,在眼睛下面,各有一块长方形的既相当坚硬而又有弹性的由软骨构成的垫子(图 67),向外突出约有两三英寸。当巴特勒忒先生和我一同观看这种公猪的一头活标本的时候,我们都认为,如果这头猪受到敌手的长牙的自下而上的攻打,这两块垫子就向上翻,从而配合得很好的使多少有些鼓出的眼部可以得到保护。我还可以根据巴特勒忒先生的富有权威的话在这里添上一句,这种野猪相斗起来是取一个直接面对面的姿势的。

最后，非洲的河猪（river-hog，即乙 801）在脸部眼睛之下左右各有坚挺的由软骨构成的球状突出，在部位与性质上都相当于疣头猪的有弹性的垫子；在上颚骨上，在鼻孔上面一点点，他又有两个骨质的隆起。不久以前，动物园所畜的一只河猪突破栅栏而进入了疣头猪的笼子。他们斗了一整夜，到第二天被发现时，双方都已精疲力竭，但都没有受什么重伤。不过河猪的球状突出和骨质隆起上面满是血，划开和擦破的痕迹七横八竖、模糊难辨，疣头猪的脸部也是如此，这一层倒是有意义的，因为它正好说明了这些鼓鼓囊囊的结构起了保护的作用。

尽管猪这一科的许多成员的公的动物都装备有一些进攻的武器以及我们在上面刚刚看到的一些防御手段，这些武器和手段的取得，就地质年代来说，似乎是相当晚的。梅吉尔博士分别叙录过[41]好几个中新世的猪种，而在这些猪种里，在公猪方面，看来都还没有发展出很大的长牙来，一种都还没有，而茹迂提迈尔教授对这桩事实也表示有过深刻的感受。

公狮子的长鬣也构成一个良好的自卫性的装备来应付其他公狮子的攻击，而对他作为兽中之王来说，这也是唯一的危险了。因为，据斯米思爵士告诉我，公狮子之间所进行的战斗是很可怕的，一只幼小的公狮子对老的公狮子望而生畏，不敢靠近。1857 年，在勃朗姆威奇（Bromwich）动物园，一只老虎突入了一只狮子的笼子，一场恶战展开了，“狮子由于长鬣的掩护，颈部和头部算是保全了，受了些轻伤，但最后老虎终于成功地撕破了狮子的肚皮，而在几分钟之内狮子就死掉了。”[42]加拿大的林[illegible]XX或大山猫（lynx，即乙 409）脖子上和项下有宽宽的一圈颈毛，很长，公猫的比母猫的更要长些。但这是不是也起保护的作用，我不知道。海豹类动物的公的也以彼此拼死地相斗出名，而在有的海豹，例如海狮（乙694）[43]，公的有长大的鬣，而母的则很短小，或者没有。在好望角一带的大狒狒（乙 319），公狒狒的鬣和犬牙要比母狒狒的长大得多，而鬣的用处大概也就在保护，为此我曾经问过动物园的管理人员；而没有向他们透露我所以提出问题的目的，我问的是，各种猿猴之中，每种在自己之间相斗的时候，有没有那一种特别爱向对方脖子的背部进攻，而我得到的回答是，谁都不爱这样攻击，但有一个例外，就是上面所说的那种狒狒。关于另一个种的狒狒，树灵狒狒（乙 316），埃仑贝尔格（甲 216）曾经以成年的公狒狒的鬣和幼小的公狮子的鬣相比，认为大小差不多，而幼小的狒狒，不分公或母，和母狒狒都是几乎不长鬣的。

在美洲的野牛或骙犎（乙 116），公牛有巨大的鬣，比母牛的要发达得多，蓬蓬松松的又长又软的一大堆几乎挂到了地面，依我看来，这在他们之间的狠斗中大概也起保护的作用。但一位有经验的猎手对法官凯屯说，他从来没有观察到过任何有利于这样一个看法的情况。牡马的鬣要比牝马的更为浓密与饱满，我在这方面曾向经管过许多全马（未经阉割的马）的两位兼营训练和育种的马师打听过，他们确凿地告诉我说，牡马彼此厮打，总是“毫不例外地试图咬住对方的脖子”。但这样一句话并不一定说明，尽管脖子上的长毛有时候起些保护的作用，其当初之所以发展，目的正是在此。在有的例子里，这保护的目的是比较清楚的，大概可以肯定下来的，例如上文已说过的公狮子的长鬣，但不是一切例子都是如此。麦克尼耳先生向我说过，在赤鹿（乙 213）的牡鹿，喉部的长毛大有保护的作用，因为在围场上，追逐他的猎犬一般都试图一口咬住他的喉部，但如果说牡鹿喉部的长毛所以发展的目的也正在防狗咬，那看来也不是事实，因为如果是，那么幼鹿和牝鹿也该有同样的保护措施才行，但它们是没有的。

四足类动物，无论公的或母的，在求偶时要进行挑选——我在下章中将进而叙述四足类动物的两性之间在喉音、臭气的发放和各种装饰配备等方面的差别，在这以前，现在是个方便的时机先来考虑一下，两性的动物，在交配之前，是不是要进行一番挑选。在若干只公的动物，为了争取优胜，有可能进行一场战斗之前或之后，一只母的动物是不是会看中其中某一只特定的公的动物？也可以这样问，一只公的动物，如果他不是一个一夫多妻者，是不是也会看中某一只特定的母的动物？育种家中间，一般的印象似乎是，公的可以接纳任何母的，而这一印象，由于公的在情欲上特为迫切，就大多数的例子说，大概是正确的。但，反过来，作为一个通例，母的是不是也这样随便，可以接纳任何公的，那就值得怀疑得多了。在上文第十四章里，论到鸟类，我们提出了很不小的一批直接与间接的例证，说明雌鸟对她的配偶是要进行选择的；鸟类既然如此，如果在进化的阶梯上站得更进了一步、而具有更高的心理能力的四足类动物的母的却一般地，或至少经常地，不进行某些程度的这种挑选，那倒是有悖常理的一件奇事了。如果一只进行求爱的公的动物取不到母的动物的欢心，也没有能力激发她的情欲，就大多数的例子说，这样一只母的总可以躲开不管，如果追求她的是好几只公的，而这是通常发生的情况，她在他们正在争雄斗胜的当

儿，往往有机会和其中某一只公的相率溜出场合，结成配偶，或者至少和他临时地合在一起。这后一种情况，据埃格尔屯爵士和另外有些人告诉我，在苏格兰的红鹿的母鹿中间，是常常可以观察得到的。[44]

在自然状态之内的四足类动物的母的究竟做些什么来挑选她们的配偶，关于这一点，我们势必不可能知道得太多。下面关于有耳海豹的一个种，硬鼻海豹（乙 158）在求爱过程中有奇趣的详细情况是有来历的，[45]勃腊恩特上尉在这方面有过广泛的观察的机会，而这就是他的话。他说："许多母海豹在到达她们准备在那里繁育的岛屿之后，看来都渴望和某一只特定的公海豹重新团聚，她们时常爬上四周的大石边缘，向附近海中嶙峋的石堆张望，叫叫、听听，像是期待着一个熟悉的回音。期待不着，又转移到另一处，照样地叫着、听着……期待有着，母海豹便下到岸边，最靠近的一只公海豹就从石上下来和她相会，一面走，一面像母鸡呼小鸡似的咯咯做声。他向她鞠着躬，不断地抚慰、引逗，直到让自己把稳了介乎海水和母海豹之间的一个地位，使她无法下水脱逃。到此，他的态度一变，作狼一般的嗥声，粗犷而低沉得可畏，然后把母海豹赶到作为他的后宫似的母海豹集中的地方。这种后宫分高低不等的几排，上面所说的做法一直要进行到低的一排将近排满为止。后宫是随时需要防卫的，一有疏忽，蹲在高处的而在求偶问题上不那么幸运的另一些公海豹就会看准时间下来偷取集中的母海豹。他们是这样偷的，先把要偷取的母的用嘴咬住，高高举起，掠过同排的其他母海豹的头顶，然后放进他们自己的那排后宫里去，全部过程正像母猫搬运她的小猫一般。更在高处的公海豹也来这一

套，一直到整块地面挤得满满时才停止。两只公海豹之间，为了争夺同一只母海豹，也时常发生战斗，彼此把母的咬住不放，几乎要把她扯成两半，或至少把她咬得遍体鳞伤。到整块地面装满之后，作为一群之主的老的公海豹就到场巡行一周，踌躇满志地把全部家族检阅一番，把拥挤和捣乱的分子责骂一顿，把所有不属于这一群体而闯进来的分子轰出去，这种巡查使他不停地忙忙碌碌。”

对在自然状态中的动物的求爱的情况既然不可多得，我就转向家养的四足类动物一方面，试图发现它们在求偶这件事上，是不是表现出有所挑选。狗提供了最良好的观察机会，因为它们经常受到人的细心照管，人对它们也很熟悉。而在这问题上，许多育种家也曾表示过一些坚定不移的看法。例如，梅休（甲 451）先生说，“母狗是懂得表示她们的情爱的；而过去的一些温存的回忆，像我们所知的属于其他高等动物的一些例子一样，对她们是可以发生作用的。但母狗在她们的恋爱生活里，却不一定那么懂得好歹，她们很容易和低级的草狗往来，而委身给他们。如果和体貌粗俗的公狗养在一起，双方会打得火热，而且那份感情可以维持得很久，时间再长也冷不下来。而这种感情的长期维系变得要比浪漫的爱更为强烈一些，简直就是热爱，只有热爱的说法才名副其实。”梅休先生所经营的主要是些较小的品种，他肯定地认为，身材高大的公狗对这些品种的母狗有着强大的吸引力。㊻知名的兽医勃雷恩（甲 67）说，㊼他自己畜养的一只母的狮鼻狗（pug）看上了一只长毛狗（spaniel），还有一只母的立指犬（setter）看中了一只草狗，都搞得难解难分，一直过了好几个星期，才肯和他们自己品种的公狗相配。我又收到过性质相同而也真实可靠的两份记录，分别说到一

只母的拾遗狗(retriever)和一只母的长毛狗都倾倒于另一品种的猎犬,搜穴狗(terrier)。

下面所举的例子就更奇特了,而克普耳斯先生向我说明他本人可以担保所说的有关情况是精确可靠的。一只名贵而伶俐得出奇的母的搜穴狗爱上了邻居人家的一只拾遗狗,形影不离,弄得主人时常要把她从拾遗狗那里硬拖回来。后来算是终于分开了,不再来往,但从此以后,尽管她的乳头上时常分泌出一些乳汁,她再也不接受任何其他公狗的求爱,而很教她的主人懊丧不已的是,她再也不生小狗。克普耳斯先生也说,1868 年,在他的狗窦里的一只母的猎鹿犬生了三窝小狗,每次在怀胎以前,对同窦的四只公的猎鹿犬的态度是不一样的,这四只狗都正在壮年,她所特别垂青的是其中最高大、最漂亮而对于调情求爱却最不热心的那一只。克普耳斯先生又观察到,母狗一般喜欢同相处已久而两相熟悉的公狗相配,她的羞涩和畏怯,在求偶的初期里,倾向于使她拒绝一只陌生的公狗。而公狗则与此相反,似乎更愿意和不相熟的母狗相配。公狗拒绝和任何特定的母狗相配的情况,看来是很难得的,但耶耳德斯雷庄(Yeldersley House)的腊埃特先生,以对繁育狗种有巨大经验的专家的资格对我说,他知道这种例子还是有一些的,他举了一个,是他自己的若干猎鹿犬中的一只,这只公狗对准备和他相配的一只特定的母獒(mastiff)连瞧一下都不干,结果只好另换一只公的猎鹿犬来和这只母獒配对。可举的其他例子还有些,但这些已经是足够了。我只再添一个,巴尔(甲 32)先生细心地繁育过许多追踪犬(bloodhound),说在几乎每一个作配成功的例子里,公狗与母狗彼此都很清楚地表现出恰如心愿,没有配错。最

后，克普耳斯先生，在又为我花上一年的工夫注意这个题目之后，写信告诉我，“我以前说过，狗在相配而准备繁育的时候，公、母之间，是肯定地互相挑选、要彼此中意才行的，而影响它们挑选的往往是身材的大小、颜色的晦暗、个体所独具的一些特征。以及在相配以前彼此熟悉的程度；现在我可以更充分地证实这个说法了。”

关于马，当世最大的赛马育种家勃冷基朗（甲 74）先生告诉我，牡马在选择对象的时候常常三心两意、不可捉摸，拒绝这一匹牝马，接受另一匹牝马，都看不出有什么理由来，因此，我们在配种的时候，不得不习惯于装些假象、玩些花样。例如，著名的赛马“马王”（“Monarque”）从来不肯向产生另一匹名赛马“角斗士”（“Gladiateur”）的那匹种母马自觉地瞧上一眼，逼得人们不能不玩个手法，才使配种得以完成。我们从牡马对于选择配种的对象的如此挑剔，多少可以看到一些为什么名贵的赛马种的牡马，各方面的要求既如此之大，至于供不应求，却有绝种的危险的理由。据勃冷基朗先生的经验，他就从来不知有牝马拒绝牡马的任何例子。但这也不尽然，腊埃特先生的马厩里就发生过这种情况，结果是必须设法把牝马欺骗一下，她才肯配。吕卡在征引了许多来自不同方面的法国作家的话之后，说，㊽“我们看到，一匹牡马只要一爱上一匹牝马，就把其他的牝马全都抛弃了。”接着他又根据巴埃郎（甲 24）的资料列举了一些事实，说明公牛也有同样的情况，而瑞克斯先生也确凿向我说到，属于他父亲的一条有名的短角种公牛“一贯地拒绝和一头黑色的母牛相配”。霍弗贝尔格（甲 321）在叙述拉普兰（Lapland）的家养的驯鹿时说，㊾“牝鹿比较喜欢让更强壮有力的牡鹿接近，趋之若鹜而躲避那些年轻牡鹿的纠缠，迫使它们逃

窜。”有一位繁育过许多猪的教会中人说，母猪往往在拒绝一只公猪之后，立刻把另一只接受下来。

根据上面这些事实，我们可以毫无疑问地认为，就大多数家养的四足类动物而言，在求偶之际，两性的个体时常表现强烈的爱憎或好恶的心情，而母的动物所表现的比公的要更为普通得多。既然如此，则在自然状态中的四足类动物大概不会把求偶这件事完全付诸机遇，一并碰巧了。不会的，更有可能的实际情况是，母的动物要被那些在更高的程度上具有某些特征的特定的公的动物，而不是一般的公的动物，所吸引，所激发，而终于结成配偶；至于这些特征究竟是什么，我们就很难、甚至永远不可能十分确切地发现出来。

原 注

① 关于两只野兔的战斗，见沃特尔屯文，载《动物学人》(丙 157)，第一卷，1843 年，页 211。关于鼹鼠，见贝耳，《不列颠四足类动物史》，第一版，页 100。关于松鼠，见奥杜朋与巴赫曼，《北美洲的胎生四足类动物》，1846 年，页 269。关于海狸，见格瑞恩(甲 280)文，载《林纳学会会刊，动物学之部》(丙 76)，第十卷，1869 年，页 362。

② 叙述海豹相斗，见阿博特(甲 1)上尉文，载《动物学会会刊》(丙 122)，1868 年卷，页 191；亦见勃朗先生文，同上刊物，同年卷，页 436；亦见劳伊德，《瑞典境内可供弋猎的鸟类》，1867 年，页 412；亦见彭南特(甲 519)文(文载何处，未详——译者)。叙抹香鲸，见汤姆森(甲 651)先生文，载《动物学会会刊》(丙 122)，1867 年，页 246。

③ 关于红鹿(Cervus elaphus)相斗时角的交锁，见斯克茹普，《猎鹿追踪术》，页 17。瑞查尔曾在《北美洲动物志》(1829 年，页 252)里说，不同的麋种和野生驯鹿的角都有时相交锁而分解不开的情形。斯米思爵士在非洲好望角发现两只角马(gnu)的骨骼的情况也是这样。

④ 拉芒特(甲 380)先生(《同海马在一起的几个季节》，1861 年，页 143)说，一只公海象(即海马，皆 walrus 一字的意译，此种动物英语普通亦称 Sea-Horse，拉芒特书名中用之，当是因其比 walrus 更为通俗易懂——译者)的长牙，生长得好的，重四磅，比母海象的要长些，母海象的重约三磅。他也说公海象相斗是很凶狠的。关于母海象有时候缺乏长牙，见勃朗先生文，载《动物学会会刊》(丙 122)，1868 年卷，页 429。

⑤ 欧文,《脊椎动物解剖学》,第三卷,页283。

⑥ 见勃朗先生文,载《动物学会会刊》(丙122),1869年卷,页553。关于这些长牙的同原的(homologous)性质,见特尔奈尔教授文,载《解剖学与生理学刊》(丙77),1872年卷,页76。又关于公的动物身上两支长牙的发展,见克拉尔克先生文,载《动物学会会刊》(丙122),1871年卷,页42。

⑦ 关于真甲鲸和鸭獭,见欧文,同上注⑤中所引书,第三卷,页638、641。哈尔廷的话,见引于楚特菲恩博士所作的关于本书的荷兰文译本,第二卷,页292。

⑧ 关于驯鹿的角的结构和脱换,见霍弗贝尔格文,载《适意学会》会刊(丙5),第四卷,1788年,页149。关于美洲的驯鹿种或亚种的这方面的情况,见瑞查尔曾,《北美洲动物志》,页241;亦见克音上校,《行猎者在加拿大》,1866年,页80。

⑨ 见泽弗沃圣迪莱尔,《普通动物学论》,l841年,页513。角以外的其他公的动物的特征有时候也被转移到母的身上,例如博纳尔(甲85)先生(《巴威山中猎羚记》,1860年,第二版,页363)谈到臆羚(chamois)的母羚时说,"不但她的头看去很像公羚的头,而且沿着脊背也有寻常只有公羊有的由长毛构成的那么一条脊梁。"(巴威,Bavaria,德国南部——译者。)

⑩ 关于爪哇小鹿或羌鹿(乙207),见格雷博士,《不列颠博物馆哺乳类标本目录》,第三篇,页220。关于美洲麋,见法官凯屯文,载《渥太华自然科学院》院刊(丙106),1868年5月,页9。

⑪ 这一项资料来自坎菲尔德博士,我谨在此致谢意;又见他所著文,载《动物学会会刊》(丙122),1866年卷,页105。

⑫ 例如南非跳羚(乙63)的母羊的角就和分明是另一种的羚羊角相似,就是善女羚(乙61)的一个亚种(乙62),见德马瑞(甲189),《哺乳动物学》("*Mammalogie*"),页455。

⑬ 见格瑞,同上《……标本目录》,第三卷,1852年,页160。

⑭ 瑞查尔曾,《北美洲动物志》,页278。

⑮ 见所著文,载《陆与水》(丙87),1867年卷,页346。

⑯ 斯米思爵士,《南非洲动物学》,图片第十九。又欧文,《脊椎动物解剖学》,第三卷,页624。

⑰ 这是赛德利兹(甲598)的结论,见所著《达尔文学说》("*Die Darwin'sche Theorie*")1871年,页47。

⑱ 在这里我很要感谢一下凯茄斯教授,因为他为我就这题目在德国撒克逊尼进行过查访。纳图休斯在《家畜饲养学》("*Viehzucht*"),1872年版,页64上说,阉割得早的绵羊要么不长角,要么只长出一些残留来;但我不知道他指的是美利奴羊,还是普通品种的绵羊。

⑲ 我在我的《家养动植物的变异》,第二卷,1868年,页39—47上列举了许多试验和其他证据,说明情况是这样的。

⑳ 见滕能特爵士,《锡兰》,1859年版,第二卷,页247。关于马六甲,见《印度群岛杂志》(丙81),第四卷,页357。

㉑　见《加尔各答自然史刊》(丙 43),第二卷,1843 年,页 526。

㉒　见勃莱思先生文,载《陆与水》(丙 87),1867 年 5 月,页 134;他所根据的资料来自赫屯上尉和另外几个作家。关于品勃罗郡的野山羊,见《田野》(丙 59),1869 年卷,页 150。

㉓　见贝雷先生文《论角的用途》,载《自然科学纪事刊》(丙 9),第二卷,1824 年,页 369。

㉔　关于红鹿的角,见欧文,《不列颠化石的哺乳动物》,1840 年版,页 478;瑞查尔曾论驯鹿的角,见《北美洲动物志》,1829 年,页 240。关于第瑞兹堡的资料是凯茹斯教授所提供的,我感谢他的雅意。

㉕　法官凯屯(《渥太华自然科学院》院刊,丙 106,1868 年 5 月)说,美洲的鹿,在"一群之中谁是最为优越的问题一经解决而得到公认"之后,就不再用角,而用前腿来相斗了。又参见上注㉓所引文……页 371。

㉖　见我所已征引过的法官凯屯的那篇论文的附录中一段极为有趣的记录(参上注⑩和㉕——译者)。

㉗　见《美国自然学人》(丙 8),1869 年 12 月,页 552。

㉘　见帕拉斯,《动物学拾遗集》,第十三分册,1779 年(按似应作 1799 年,1779 年为第八分册——译者),页 18。

㉙　拉芝特,同上注④所引书,页 141。

㉚　关于长牙不太长的那种大象,即所称"莫克那"(Mooknah)象,用长牙来攻击其他的象的方式,亦见考尔斯(甲 165)所著文,载《哲学会会报》(丙 149),1799 年卷。页 212。

㉛　欧文,《脊椎动物解剖学》,第三卷,页 349。

㉜　关于鹿和羚羊的犬牙,外加马尔廷先生关于一只美洲母鹿的附识,见茹迁佩耳(甲 565)文,载《动物学会会刊》(丙 122),1836 年 1 月 12 日,页 3。亦见福耳肯纳尔(甲 231)单叙一只成年母鹿的犬牙的话(《古生物学的回忆与集录》,第一卷,1868 年,页 576)。公麝到了老年,犬牙有时候可以长到三英寸,而在老年母麝,作为残留而突出于龈肉之外的犬牙还不到半英寸(见帕拉斯,《动物学拾遗集》,第十三分册,1779(?1799)年,页 18)。

㉝　滕能特,《锡兰》,第二卷,页 275;欧文,《不列颠化石的哺乳动物》,1846 年,页 245。

㉞　瑞查尔曾,在《北美洲动物志》(页 236、237)中,也曾叙到美洲的一个麋种,掌状角麋(乙 21)。关于双角左右撑开之广,见《陆与水》(丙 87),1869 年卷,页 143;关于爱尔兰大麋,亦见欧文,《不列颠化石的哺乳动物》,页 447、455。

㉟　见博纳尔,《林居动物》,1861 年,页 60。

㊱　见阿楞所著的一篇很有趣的论文,载英国剑桥哈佛学院《比较动物学博物馆馆刊》(即丙 38),第二卷,第一期,页 82。其中所叙述的体重又曾经一位平素细心的观察家勃腊恩特上尉核对无误。亦见吉耳(甲 265)博士文,载《美国自然学人》(丙 8),1871 年 1 月(原注无"亦见"二字,文义未全,疑有脱误,联系上文斟酌,应补此二字较

妥——译者)。关于鲸鱼的两性在身材上的比较,见谢勒尔(甲 601)教授文,载《美国自然学人》1873 年 1 月。

㊲ 《动物经济学》,页 45。

㊳ 亦见瑞查尔曾,《养狗手册》,页 59。在斯克茄普所著《猎鹿追踪术》一书中,有着麦克尼耳先生所提供的关于苏格兰猎鹿犬的不少的宝贵资料,猎鹿犬两性之间在身材上的等差这一点,实际上也是麦克尼耳先生首先提付大家注意的。克普耳斯先生打算把这一著名品种的情况和历史详细写出,公诸于世,我在此表示希望,他不要放弃这个计划。

㊴ 勃瑞姆,《动物生活图说》,第二卷,页 729—732。

㊵ 见沃勒斯先生关于这一动物的一段有趣的记载,《马来群岛》,1869 年,第一卷,页 435。

㊶ 见《意大利自然科学会会刊》(丙 29),1873 年,第十五卷,第四分册。

㊷ 见《泰晤士报》(丙 142),1857 年 11 月 10 日。关于加拿大的大山猫,见奥杜朋与巴赫曼,《北美洲的四足类动物》,1846 年,页 39。

㊸ 关于海狮或海驴属(乙 693)动物,见默瑞博士文,载《动物学会会刊》(丙 122),1869 年卷,页 109。阿楞先生在上面已经引过的那篇论文(参上注㊱——译者)中对于此种动物的颈毛在公的要比母的为长、而被称为鬣这一点表示怀疑,认为颈毛虽长,不一定就构成鬣。

㊹ 博尔纳先生,在他那段关于德国红鹿生活习性的出色的描写(《林居动物》,1861 年版,页 81)里说,"正当群中的牡鹿,为了维护他的权利向进犯者中的一个撑柜的时候,另一个进犯者已侵入他的神圣的'后宫',把胜利品一只一只劫取出来。"如今海豹的情况恰好也是如此;参阿楞先生,同上引文,页 100。

㊺ 见阿楞先生,同上引文,页 99。

㊻ 梅休(皇家兽医外科学会会员),《狗与狗的管理》,第二版,1864 年,页 187—192。

㊼ 见引于沃克尔,《异种婚配论》,1838 年,页 276、又参见页 244。

㊽ 《自然遗传学专论》,第二卷,1850 年,页 296。

㊾ 见《适意学会》会刊(丙 5),第四卷,1788 年,页 160。

译注

1. Nova Scotia,加拿大东部滨海省区。
2. Val d'Arno,意大利中北部。
3. Moritzburg,古堡垒建筑,在今德国西部哈勒城(Halle)。
4. Colonsay,小岛名,苏格兰迤西。
5. Adirondacks,美国东北境山脉。

第十八章　哺乳类的第二性征——续

嗓音——海豹类的一些突出的性征性的特点——臭气——毛的发展——毛色和肤色——有背常例的母兽比公兽更为盛装的例子——颜色与一些装饰由性选择而来——为了保护而取得的颜色——为两性所共有的颜色也往往来自性选择——关于四足类动物身上的一些斑点、条纹在成年后的消失——关于四手类动物，即猿猴类的颜色和装饰——哺乳类总述。

四足类动物的嗓音用途不一，危险当前，用来作为信号，同一队伍中的成员彼此招呼，或母亲寻觅不见了的子女，或子女要求母亲的保护，则都用来叫唤；但这些用途无须我们在这里考虑。我们所关心的只是两性之间在嗓音上的差别，例如公狮子和母狮子、公牛和母牛之间在这方面的不同。几乎所有的公的或雄的动物，在叫春的季节里要大用其嗓音，比任何别的时候要多得多，而有的动物，例如长颈鹿和箭猪，[①]据说除了叫春时节之外是完全像哑巴似的。牡鹿的咽喉（合喉头与甲状腺而言[②]），一到繁育季节开始，总要一年一度的放大，据此，也许有人就以为牡鹿的强大的嗓音一定有什么非同小可的作用，但这一想法是很有问题的。据两位有经验的观察家，麦克尼耳先生和埃格尔屯爵士所提供给我的资料看来，三岁以下的小牡鹿是不鸣的，而三岁以上的，在进入繁育季节的时候，为了寻找牝鹿，烦躁不安地东西流浪，才开始呦呦地鸣，而起初也不常鸣，鸣声也不大。和情敌作战的序幕却是用大鸣特鸣揭开的，鸣声不但洪亮，并且持续不休，但在实际的战斗中却又不做声了。习惯于使用嗓音的所有的各种动物，在强烈的情绪的激动之下，例如在被激怒和准备战斗的时候，总要迸发出各种不同的声音来。但这也许只不过是神经紧张的结果，神经的紧张导致了几乎全身所有的肌肉的痉挛性收缩，而此种收缩引起了嗓音的迸发，一个人在盛怒或极端苦恼之下，不免咬牙切齿、紧握两拳，也是这个道理。牡鹿用鸣声来彼此挑战，而进行拼死的斗争，这是无疑的，但嗓音强大的牡鹿，除非同时在体力上、在蹄角的装备上、在勇敢上，也高出一筹，在情敌面前是不能操任何胜算的。

公狮子的吼可能也有同样的用途，就是，先声夺敌方之气，因为当他被激怒的时候，他同样地会把鬣竖起来，从而出乎本能地试图在敌手面前显得越威风越好。牡鹿像牛哞似的鸣声，尽管或许也有这种用途，我们也还很难设想，他这用途居然如此其重大，以至有必要使咽喉发生季节性的扩大。有些作家提出牡鹿之所以高鸣是为了叫唤牝鹿，但上文所已经提到的两位有经验的观察家告诉过我，尽管牡鹿一心一意地要搜寻牝鹿，而这一点，说实在话，原是在意料之中的，因为我们知道其他四足类动物的公的都有这个习惯——而牝鹿却不找牡鹿。但牝鹿的鸣声很快地会把一只或不止一只的牡鹿引到她那里，③ 而这是习惯于山林生活而能模拟她的鸣声的猎人们所熟悉的事。如果我们可以这样设想，认为牡鹿通过他的鸣声就足以打动和诱致牝鹿，那么，根据性选择的原理、以及这种由选择而来的特征会传给同一性别的后一代，和在后一代身上在同年齿同季节里出现等道理，我们就不难理解他的发音器官为什么要一年一度地扩大了，但可惜我们没有什么证据来支持这一想法。目前可以肯定的情况是，牡鹿在繁育季节里的高鸣看来不像有任何特别的作用，为求爱、为与情敌周旋、为任何其他目的，都没有什么用处。但难道我们就不能设想，认为在恋爱、嫉妒和愤怒的强烈的刺激之下，嗓音的长期使用，持续到许多世代之久，最后还是有可能在牡鹿的发音器官上产生一番遗传的影响，别的公的动物既大都如此，牡鹿该不例外么？是的，在我们目前的知识情况之下，我个人认为这是最接近事实的看法。

成年的公的大猩猩(gorilla)的嗓音是大得惊人的，而像成年的公的猩猩(orang)一样，④他具有一只喉头囊。长臂猿之属(gibbon，即乙 419)也是在啼声最为响亮的猿猴之列的，而在苏门答腊的一个种，叫联趾猿的(乙 499)，也备有一只空气囊；但有过许多实地观察机会的勃莱思先生并不认为这种猿的公的比母的叫得更响。因此，这后一类的猿猴有可能以嗓音作为两性之间互相叫唤之用，而这在某些四足类动物是肯定地这样的，例如海狸。⑤长臂猿属的另一个种，敏猿(乙 495)是特别引人注意的，它有能力完全而正确地提供整个八音程的音乐声调，⑥而我们可以合情合理地来推测这是有取媚于异性的用处的，但我在下章还要谈到这个题目，现在姑不多说。在美洲的吼猴的一个种(乙 647)，公猴的发音器官要比母猴的大出三分之一，叫起来非常有劲。一到暖季，清早和夜晚，满林全是这种猴子的啼声，此呼彼应，嘈杂不堪，掩盖了其他一切声响。在这可怕的音乐会里，开场的是公猴子，而一开场要持续好几个钟头，母猴子有时候也应和进来，声音要小一些。仑格尔⑦是一个出色的观察家，却没有能看到这些猴子之所以开始叫嚷是由任何具体的原因激发出来的，他只认为它们像许多鸟类一样，喜欢听自己的音乐，并且试图各显身手，互相较量而已。上面所说的各种猿猴，就其大多数而言，它们强大的啼声之所以取得，究竟是不是为了互相争胜，为了媚惑异性，而它们的发音器官之所以加强与扩大又究竟是不是由于长期持续使用所引起的遗传影响，而此种加强与扩大却又不提供任何特别的好处——关于这些，我不敢强作解人地提出回答，但这两个看法之中，我看前一个看法，即有所为而为的看法，至少就敏猿的例子而言，是最近乎实情的。

我在这里不妨把海豹类所具有的两个很奇特的性的特点提一下，因为有些作家认为它们对海豹的嗓音有影响。海象，即海伽耶(乙 592)的公的，一到繁育的季节，鼻子要变得大大地拉长，而且能挺直起来，而一挺直，有时候可以长到一英尺。而在母的海象则终身没有这种变化。公的吼声粗野，咯咯作响，像发自一张大破嗓子，很远都听得到，有人认为这是长鼻子把它加强了的缘故，而母的嗓音便不然。勒森把长鼻的挺直和家鸡类公鸡项下的垂肉的胀满相比，因为这种胀满也发生在求爱的时候。另一种与海伽耶相近的海豹，叫做冠海豹或袋鼻海豹的(乙 331)，头上盖着一大块巾状或囊状的东西，巾状物的支柱就是鼻子中间的膈膜，膈膜向后伸展得特别长，到尽头处又上升而为一个隐而不见而高可达七英寸的峰状的东西，这就是头巾的支柱了。头巾外有毛，内有肌肉，里面可以鼓气而成囊，鼓足了气的囊比头本身还要大些！当叫春的时节，公的冠海豹在冰上斗得很凶，他们的吼声"之大，据说有时候相距四英里之远还可以听见”。在受到攻击的时候,他们也吼;而凡是在被激怒的情况之下,鼻囊就鼓气胀大,并且会颤动不休。有些自然学家把这种海豹的嗓音之所以强大归因于这个异乎寻常的结构,但它的用处似乎不限于这一端。勃朗先生认为在各式各样的危险或不测的情况里,它起保护的作用;但这看法怕是不对的,因为拉芒特先生确凿地对我说过,母的海豹的鼻囊只是一个发育不全的残留,而公的在幼小的时候又还没有发展出来,可见是和保护的作用很不相干的了。拉芒特先生在这方面是个很有经验的人,经他手猎杀的冠海豹有六百头之多。⑧

臭气——对有几种动物,例如美洲臭名远扬的黄鼠狼,亦称臭鼬(skunk),所放出的压倒一切的臭气似乎除了保护自己之外,别无用处。在鼩鼱,亦称臊鼠(乙 886),两性的腹部都有臊腺,肉食的猛禽猛兽都远而避之,不吃它的肉,看来它的臭气有保护的作用是可以无疑的,但作用并不止此,雄鼩鼱到了繁育的时节,臊腺也会变大。在许多其他四足类动物,两性身上的这种腺体是一般大的,⑨但它们的用途还不清楚。在一些别的物种里,或者只有公的有这种腺,或者两性都有而公的尤为发达;而不论哪一种情况,到了叫春时节,几乎全都要变得更为活跃一些。在这季节里,公的大象脸边的臭腺会放大,而发出一种有强烈的麝香味道的臭气。在许多种类的蝙蝠中,公的在身体的这一部分或那一部分都有腺和可以鼓气的囊,而母的则一般没有,有人认为这种腺与囊是会发放臭气的。

公山羊的强烈的膻气是人所熟知的,而某几种鹿的公鹿的臊味特别大,并且历久不散。我在拉帕拉塔河(La Plata——乌拉圭与阿根廷两国间——译者）两岸发现附近有一群原野鹿（乙 211），而下风半英里之内的空气里便充塞着公鹿的臭味，我的一块丝手帕，当时曾用来包一小片鹿皮，回家以后，经过许多次的用和洗，而每次打开，总还会放出些微臊味，直到一年又七个月之后，才不再闻到。这种鹿要长大到一岁以上才会放出他的强烈的臊气，但若在此以前即加以阉割，他就一辈子不放了。⑩ 某几种反刍类动物（例如麝香牛，乙 132），在繁育季节里，除了通身渗透着臊味之外，好几种鹿、羚羊、绵羊和山羊，在不同的身体部分，都备有臭腺，但以在脸部的为多。所称泪囊，或眼下孔穴，也属于这一类。这些腺体分泌一种半液体而有臭味的物质，有时候分量很多，可以流得满脸，我自己在一只羚羊的脸上就看到过这一情况。公的身上的这种腺体“通常要比母的身上的为大，而公的一经阉割，它们的发展就停止了”。⑪ 据德马瑞说，羚羊属中的一个种，香泪羚（乙 71）的母羚是完全没有这种腺体的。由此看来，它们和生殖的功能有着密切的关系是可以无疑的了。在和这些动物在演化关系上很相近的其他动物形态里，有的有这种腺体，有的没有。在成年的公的麝（乙 631），尾巴桩周围有块不长毛的空白，总是湿潮潮地分泌着一种有臭气的液体，而在成年的母麝和不满两周岁的幼公麝，这块空白的地位上是有毛的，也不发放什么臭气。麝所长有的麝香囊，由于它所处的身体部位，必然地是只有公麝才能有，而这是上述尾巴根之外的又一个发臭器官。有些奇怪的一点是，据帕拉斯说，麝香腺所分泌的物质，在叫春的季节里，性质上既无所变化，分量上也无所增加；然而这位自然学家也承认，腺的存在和生殖的活动还是有某些说不清楚的联系的。但他对于这一用途只提出了一些猜测

性而不能教人满意的解释。⑫

在大多数的例子里，如果只有公的在繁育季节里放出强烈的臭气，这种臭气的作用大概是在激发和引诱母的。在这一问题上，我们绝不能用我们自己的好恶来作出判断，因为我们都知道，普通的耗子为某几种植物香精油所吸引，猫喜爱缬草香，而我们对于这些有臭味的物质都不爱闻，狗虽不吃死动物，却爱用鼻子来嗅它们或在它们上面打滚。我们在上面讨论牡鹿的喉音的时候，曾经提出过一些理由，如今我们根据这些同样的理由，认为我们得放弃这样一个看法，以为这一类的臭气可以从远处把母的动物招引过来。像在讨论发音器官时所说的长期而活跃的使用所起的作用这一点，在这里是不适用的。但对公的动物来说，这一类臭气的放出一定有相当大的重要性，否则，又大又复杂的腺体，为了使气囊可以倾倒而出的一些肌肉装备，以至于在有的例子里，气囊上所发展的可以开关的口子，都成为全无意义的东西了。但通过性选择的原理，可知这些器官的发展是可以理解的，那就是说，越是臭气多而强烈的公的动物便越能赢取母的动物，而能产生越是多的后代来把越来越完善的腺体和越来越浓郁的臭气传递下去。

毛的发展——我们已经看到，公的四足类动物脖子和肩膀上的毛往往要比母的发达得多；我们已经举过不少例子，可举而不必举的例子还不一而足。这对公的动物有时候在战斗中可以起保护的作用；但在大多数的例子里，这些部分的毛的所以特别发达，是不是端的为了这个目的，是很可以怀疑的。如果肩膀上的毛只是薄薄的一层而脖子和背上的也只是窄窄不太高的一条，那我们感觉到我们几乎可以肯定是和这一目的不相干的，因为这样窄的一撮毛，这样一条鬣，很难提供任何掩护，何况背脊又不是轻易会受到伤害的一个地方呢？尽管如此，这种鬣有时候却只有公的动物有，或两性虽都有，而在公的一方要发达得多。有两个种的羚羊，一个种是丛灌羚（乙 954）[13]（见图 70），又一个种是巨羚羊（乙 799），不妨举出来作为例子。如果牡鹿被激得发怒，或突然受惊，鬣毛就会竖得笔直，公的野山羊也是如此。[14]但我们不能因此而认为这种鬣毛之所以得到发展仅仅是为了向敌方示威。后一种的羚羊，大羚羊在项下还有一大把分明像帚子似的黑毛，也是两性都有，而公羚的要大得多。北非洲有一个种的绵羊，叫砂羊（乙 26），前腿的下半几乎完全被一大撮从脖子和前腿上半部挂下来的又长又密的毛遮得看不出来，而这也是在公羊身上特别发达，但巴特勒特先生认为这一件斗篷似的东西对公羊的生活是最没有用处的。

许多种四足类的动物的公的，在脸的某些部分，比母的有着更多的毛，或不同形色的毛。例如只有公牛在额上有一撮鬈毛，[15]而母牛没有。在山羊科下面有三个关系很近密的亚属里，只有公羊有须，普通称羊胡子，有时候很长；在另外两个亚属里，公羊母羊都有须，但在有几个家养的山羊品种里，现在已消失不见了，所以短角羊（乙 473）的公母两性都没有须。大角野山羊（乙 507）在夏季没有须，在别的时候也长得很短，可以说是一种残留。[16]在许多种猿猴里，只公的有须，例如猩猩，或公的要比母的长得多，例如上文提到过的吼猴属的一个种（乙 646）和丛尾猴属（乙 772）的魔猴（乙 775）（图 68）。有几种猕猴（乙 581）属的猴子的颊须也有同样的情况，[17]而有几种狒狒的鬣毛也是如此，这是我们在上面已经看到了的。不过就大多数种类的猿猴而言，两性之间脸部与头部一撮一撮的毛是没有什么差别的。

图 68　魔猴，公的(采自勃瑞姆)

牛科(乙 135)各属成员的公的以及某几个羚羊种的公的都备有牛胡，即脖子下面挂着的一大片垂肉或皮折，这在母的也是要小得多。

如今我对这一类的性的差别又能下什么结论呢？没有人敢说，某几种山羊的公羊的须，或公牛的牛胡，或某几种羚羊的公羊的鬣，在日常生活里，对这些动物会有任何用处。公的魔猴的庞大的胡须，以及公猩猩的也不算小的须髯，有可能在战斗的时候对喉部起些保护的作用，因为动物园的管理人员告诉我，猿猴打架，彼此爱向对方的喉部进攻。但若说须的发展只有这样一个分明的目的，而和颊须、髭以及脸部其他一撮一撮的毛的所以发展的目的是截然两回事，看来也不像，谁也不会认为这些不同部位的毛也都有什么保护的作用。我们又能不能把公的动物的毛或皮这一方面的一切附赘悬疣全都推到漫无目的的变异性而不加深究了呢？不可否认这是有可能的，因为在许多种家养的四足类动物里，某些显然不是通过返祖遗传、即追回到任何野生的祖代形态而得来的特征是只有公的才有的，或虽两性都有，而在公的一方要更为发达——例如，印度产的犎牛或瘤牛（Zebu）的公牛肩上的大瘤、肥尾羊公羊的尾巴、好几种绵羊品种中公羊的穹形的前额，以及，最后，柏尔布腊[1]（Berbura）山羊的公羊的鬣、后腿上的长毛和项下的垂肉。⑱非洲产的绵羊品种也只是公羊有鬣，鬣是一个真正的第二性征，因为我从瑞德先生那里听说过，骟过的公羊是不长鬣的。像我在我的另一本著作《家养动植物的变异》里说过的那样，我们应该特别小心，不要轻易下结论，认为任何特征，即便是半文明民族所养的家畜身上的特征，没有经受过人工的选择，并从而得到增强，尽管如此，在上面刚刚说过的那些具体的例子里，这是不会没有的，尤其是因为在这里所说的一些特征是只限于公的才有，或虽不这样限制，而公的一性要更为发达些。如果我们有方法可以确切地知道上面所说的那种非洲绵羊的公羊是和其他品种的绵羊出自同一个原始的种系，即同为这一种系的子孙，又如果上面所说的带鬣、带垂肉等等的那头柏尔布腊公山羊也和其他品种的山羊有着同一的来源，那么，在人工选择从未适用到过这些特征的假定之下，所由造成它们的只能是单纯的变异性、结合上限于性别的遗传了。

我们似乎还可以把这样一个牵涉到单纯的变异性的看法引申到生活在自然状态里的动物身上，而也不觉得没有什么不合情理

之处。但我还是无法说服自己，而认为这看法一般地适用得上，即以上面所说的砂羊（乙 26）的公羊项下和前腿的毛斗篷为例，或以魔猴的大胡子为例，都讲不通。我对自然界的生物所能作出的研究，尽管有限，却使我相信，凡是高度发展的身体的某些部分或某些器官，这种高度的发展是在进化的一定时期里为了一定的目的而取得的。有几个羚羊种的成年的公羊比母羊的颜色来得深，有几个猿猴种的公猴子，脸上的毛安排得很漂亮，并且有各种不同的颜色，就这些来说，特别是就公猴子脸上的一撮一撮或一绺一绺的毛来说，其为装饰的目的而取得，看来是有可能的，而我知道有几位自然学家也有同样的意见。如果这意见是正确的，则我们几乎可以毫不怀疑地认为，这些特征之所以取得，或至少，所以起了些变化，是通过了性选择的。但这样一个看法，就其他哺乳类动物来说，究属能引申而适用得多远，也还是一个问题。

毛和无毛的皮肤的颜色——我首先简要地把我所知道的四足类动物中公母之间颜色不同的事例列举出来。就有袋类（乙 600）动物说，据古耳德先生告诉我，两性之间在这方面难得有什么不同，但是体形巨大的赤袋鼠是个突出的例外，“母袋鼠身上某几块通常是嫩青色的部分在公袋鼠身上却是红的。”⑲ 在该岩[2]（Cayenne）出产的有袋负鼠，一称鼶（乙 348）的母鼠据说要比公鼠红得多些。关于啮齿类（乙 840），格雷博士说，“非洲产的各种松鼠，尤其是在热带地区所见到的几个种，毛色在一年之中的某些时候要比别的时候显得鲜明生动，而公的毛色一般要比母的更为鲜明。”⑳ 格瑞博士对我说，他特别把非洲产的松鼠提出来，因为在它们不寻常的鲜明的毛色这一点上，它们最能表现两性的不同。在鼠属的俄国产的一种么鼠或巢鼠（乙 636），母鼠的颜色比公鼠更为苍白，更显得龌龊相。在许多种的蝙蝠里，公的毛色比母的要浅淡一些。㉑多勃森先生也说，关于这些动物，“有的公蝙蝠比母的毛色要鲜明得多，有的公的身上还有些颜色深浅不同的点点条条之类的标志，更有的公的在身体某些部分的毛长得特别长些，有的专凭上面所说的第一点以别于母的，有的则兼凭后面的两点。诸如此类的真正显著到可以教人领会的程度的两性差别只有在果食而视力有了良好发展的蝙蝠中间才碰得到。”最后这一句话是值得注意的，因为它关涉到鲜明的颜色是否因为有装饰的作用能为公的动物提供一些好处的这样一个问题。在树懒类（sloth）的有一个属里，也据格瑞博士说，现在已经确定，“公的和母的打扮得不一样——那就是说，公的在两肩之间有一小片软而短的细毛，一般多少是橙黄色的，而在有一种树懒里，是纯白的。而在母的，则没有这样一个标记。”

陆地上的肉食类和食虫类动物难得表现任何方式的性的差别，颜色也不例外。但墨西哥产的豹猫（ocelot，即乙 410）却不在此例，母的斑驳的颜色比起公的斑驳的颜色来，“不那么显著，黄褐色的部分更暗淡些，白的不那么纯白，条纹不那么粗，而圆斑不那么大。”㉒和豹猫相近的另一个种，山猫（乙 411），两性也不相同，但在程度上不及豹猫那样明显，在母的，颜色一般要浅淡些，而斑点也不那么黑。在另一方面，海里的肉食类，即海豹类动物，两性在颜色上的差别有时候大得相当可观，并且，我们已经在上文看到，它们之间还表现一些其他显著的性的差别。例如南半球海驴属或海狮属的黑海狮(乙 695)的成年的公的，背上是深棕色的，而成年的母的却是深灰色的，并且要比公的更早地发展出来，至于幼海狮，则两性都作深的可可色。北半球海豹属的格林兰海豹(乙 758)的公的是带黄褐色的灰色，而背上有一个颜色更深的式样很奇怪而近乎马鞍形的标记；母的躯干要小得多，形状也很不相同，而“颜色是灰白的或枯黄的草色，只是背上有些褐黄色”；而幼小的动物则是纯白的，和“周围的冰丘雪地几乎分辨不出来，因而起着保护色的作用”。㉓

就反刍动物说，两性在颜色上的差别比其他各目的任何一目更为通常。在总称为“纰角鹿”(即乙 901 之属)的那一类羚羊里，这种两性差别是普遍的，例如印度产的巨羚羊(当地称 nilghau，即乙 799)的公羚的青灰色要比母的深得多，而项下那片四方形的白色、蹄上的用白毛构成一些标记，以及耳朵上用黑毛构成的斑点都要比母的明显得多。我们在前面已经看到，在这一个种的羚羊里，一些毛绺毛撮，在有角的公羚要比无角的母羚为发达。勃莱思先生告诉过我，这种动物的公的不换毛，只是一到繁育的时候毛色要一年一度地变得深些。幼小的动物，在大约不到周岁以前，公母是不能用毛色来分辨的，而如果在此年齿之前把公的骟一下，也据这同一位权威作家说，他就再也不会变成成年的毛色了。最后这一点事实，作为巨羚羊的颜色有其性的来源的证据，是重要的，我们曾经听说，㉔弗吉尼亚鹿(即白尾鹿，乙 219)，虽经阉割而红色的夏服和青色的冬服完全不受影响，两相对照，这一证据的重要性就显而易见了。就从灌羚属(乙 954)的所有的或大多数的喜爱盛装的羚衣种而言，公羚的颜色都比母羚为深，而毛绺毛撮也长得更为

饱满。就那种十分漂亮的南非洲产的称为德贝因(Derbyan)的羚羊,亦即岬麋(俗称 eland)来说,公羚比母羚躯干要更红些,整个脖子要黑些,而把这两种颜色前后分隔开来的白条子要宽阔些。在好望角产的这种羚羊,公的比母的在颜色上也稍微要深一些。㉕

羚羊属中又有印度产的一种黑羚羊(black buck,即粪石羚,乙 59),公的颜色很深,几乎是黑的,而没有角的母羚却是淡黄褐色的。像勃莱思先生同我说的那样,我们在这一种黑羚羊的例子里所遇到的一连串的事实和在巨羚羊(乙 799)的例子里所遇到的正好完全一样,即公羚一到繁育的季节要换颜色、这种颜色的变换因阉割而受阻,和幼小的动物的性别难于分辨等事实,无一不同。另一种黑羚羊,黑羚(乙 66)的公羚是黑色的,而母羚和幼羚,不分性别,都是棕色的;羚羊属的又一个种,滑腻羚(乙 69),公羚的颜色要比无角的母羚鲜明得多,而胸与腹却比母羚的更来得黝黑。在又一个种,狷羚(乙 60),身体各部分的标记和条纹,在公羚是黑色的,而在母羚则是棕色的;其在有斑纹的角马或母夜叉羚(gnu,乙 64),也是羚羊的一个种,"两性的颜色是几乎一样的,只是公的要深些而更有光泽些。"㉖羚羊方面其他可以类比的例子还多,不一一列举了。

马来群岛所产的称为"班腾"的一个种的牛,爪哇牛(乙 134)的公牛是几乎黑色的,而臀部和四肢是白的,母牛和大约三岁以下幼牛都是鲜明的黄棕色的,但小公牛一满三岁就很快地改变了。半途受到阉割的成年的公牛会褪到母牛和幼牛的颜色。在称为凯玛斯(kemas)的一种山羊,母羊的颜色要浅淡些。而在山羊属的一个种,角羚羊(乙 167),据说母羊全身的颜色要比公羊为平均一致。鹿类的两性之间在颜色上的差别是罕见的。但法官凯屯告诉过我，美洲麋（wapiti，即乙 212）的牡麋，比起牝麋来，颈部、腹部和四肢的颜色都要深得多，但一到冬季，这种深颜色会逐渐消退而终于看不出来。我在这里也不妨提一下，法官凯屯在他自己的苑囿里畜养着弗吉尼亚鹿，即白尾鹿的三个亚种，两性的颜色都差不多，所不同的几乎只限于这样的一点，即牡鹿一到冬季将近繁育的时候要一度换上青灰色的服装；这使我想起上文讨论马类时的一些例子，认为可以与此相比，在有若干关系很相近或互有其代表性的马种里，两性之间的差别也只限于繁育时期里一部分羽毛的变换而已。[27] 在另一种鹿，南美洲的泽地鹿（乙 217），牝鹿和幼鹿，无论牝牡，都没有成年的牡鹿所具有的特点，就是，鼻子上的黑色条纹和胸前的棕黑色线纹。[28] 最后，据勃莱思先生告诉我，在白点鹿（乙 210），颜色和斑点很美的成熟的牡鹿，在全部毛色上比牝鹿要深得不少，但一经阉割，这种深度也就永不出现了。

最后我们需要考虑的一个目是灵长目（乙 803）。狐猴（乙 544）的一个种，黑狐猴（乙 543）的公猴一般是黑得像煤的，而母猴则作棕色。[29] 在新大陆的四手类动物里，吼猴属（乙 646）中的一种（Mycetes caraya，乙 647）的母猴和幼猴都是灰黄色的，都很相像，但幼的公猴子一到第二年就变成棕红色，而到了第三年，除了肚子以外，又进而成为黑色，再进而到了第四年或第五年，肚子也变得很黑了。在另外两个种的猴子，赤吼猴（乙 648）和卷尾泣猴（乙 186），两性之间在颜色上的差别是特别显著的，而前一种猴子的幼猴则和母猴相似，我相信后一种也有这情况。在白头丛尾猴（乙 773），幼猴也和母猴相似，都是腰背作棕黑色而胸腹作浅的锈红色，至于公猴，则是全黑的。在蛛猴属的一个种（乙 104）脸部周围的毛，在公的是黄的，而母的是白的。以上都是新大陆的。转到旧大陆，阿萨姆长臂猿（乙 496）的公的，除额上有一条白的带纹而外，全身总是黑的，但母的则深浅不同，从淡棕到深棕色，有的还夹上一些黑色，但全黑的是没有的。[30]其在形态很美的嫦娥猴或白须猴（乙 202），成年的公猴的头部作深黑色，母猴的则作深灰色，公猴胯下的毛作漂亮的浅黄褐色，母猴的则比较暗淡一些。在长尾猴属（乙 199）的又一个种，即虽美而有些奇特的髭猴（乙 200），两性之间唯一的差别是在尾巴上，公的作栗色而母的作灰色，但巴特勒特先生告诉我，公的一到成年，所有的毛色要变得更为突出，而母的则不变，和成年以前一样。据缪勒尔所提供的彩色的图形，在细猴属（乙 866）的一个种（乙 867），公猴是几乎黑的，而母猴是淡的棕灰色。在长尾猴属的另两个种，犬尾猴（乙 201）和青灰猴（乙 203）公的前半身有毛，而毛作极为鲜艳的蓝色或绿色，和后部无毛而作血红的肤色合成突出的对比。

最后，说到狒狒这一类（乙 311），犬面狒狒的一个种，树灵狒狒（乙 316），公狒狒所不同于母狒狒的不止是他有巨大的鬣，并且毛色和无毛而形成了老茧的皮肤的颜色也不很一样。在黑面狒狒（drill，即乙 317），母狒狒和幼狒狒的颜色比成年的公的要暗淡得多，并且不那么绿。成年的公的大狒狒（mandrill），在整个哺乳纲的成员中在颜色上是最为奇峰突出的。他一到成熟的年龄，满脸作纯正的蓝色，而其间的鼻梁和鼻尖却是最鲜明的大红色。据有几位作家的观察，脸上还有些灰白的条纹，而且也有些因黑色而见得荫翳的地方，不尽是蓝色，看来脸色是因不同的狒狒而有些变异，并不完全一律。额上有一大撮竖起而作冠状的毛，而颔下有一撮黄须。“大腿的上部和面积广大而不生毛的整个臀部是同样的一片鲜艳夺目的红色，又加上混在中间的一些蓝色，合起来看，真不能算不漂亮。”㉛ 如果大狒狒因刺激而感到紧张，则凡属无毛而裸露的部分的颜色都变得比平时更为生动得多。好几位作家在描绘大狒狒的这些浓艳的颜色的时候，都不吝使用最为强烈的词句，并拿它们来和鸟类的种种奇丽的彩色相比。另一个突出的特点是，当这种动物的巨大的犬牙完全长好的时候，牙床骨也相应地长得特别大，两颊也就高高地隆起，左右各构成一条上下行的长槽，外面包着一层无毛而斑斓的脸皮，有如上文所说（图69）。在成年的母的大狒狒和公母两性的幼小的大狒狒脸上，则左右颊上的隆起是几乎看不出来的，而脸皮的颜色也要朴素得多，是深灰中带蓝。不过成年的母的大狒狒的鼻子，每隔一定的时

图69　公的大狒狒的头面（采自泽尔费，《哺乳动物自然史》）

期，要有规律地变得红一下（按即当其周期性行经的时候，达尔文在这些地方说话往往带几分隐讳——译者）。

我们到此所已列举的例子都表明公的动物的颜色比母的要深些、浓些或更为鲜艳，而和幼小的动物，无论性别，也不相同。但也有例外，恒河猴（乙 588），猕猴（乙 581）的一个种的母猴在尾巴根周围有一大片无毛的皮肤，作明艳的洋红色，而据动物园的管理人员确切地对我讲，每隔一定长短的时期，红色显得更为生动活泛，脸部也同时呈暗红色。这就和少数几种的鸟类中雌鸟要比雄鸟为冶艳的情况，可以相比了。因为，在成年的公猴和无论哪一性别的幼猴方面（这我自己在动物园里观察到过），尾部裸露的部分和脸部，是一丝一毫的红晕都没有的。但据有一些发表出来的记录看去，这种猴子的公的，偶尔或在一定的季节里也还呈露一些。尽管这种公猴子在打扮上比不上母的，他的更高大的身材、更粗壮的犬牙、更茂盛的颊胡、更突出的眉脊，还是遵循着一条共同的规矩，就是，公的超过母的。

到此我已经把我所知道的有关哺乳动物两性之间在颜色上的差别的一切例子列叙完了。其中有些差别有可能是变异的结果，只限于一性有之，而遗传起来，也只限于传给同一的性别的后一代，有此特征的动物个体也并不因此而得到什么好处，因此，和选择的力量无干。在有几种家养的动物里，我们就可以找到这方面的一些例子，如某些猫的公的是锈红色的，而母的是斑驳或所称玳瑁色的。在自然状态之下，也找得到可以类比的例子，巴特勒特先生曾经看到过许多种黑色的美洲虎（jaguar）、豹、狐尾袋鼠（vulpine phalanger）和袋熊（wombat），而他可以肯定他们全部或几乎全部是公的。在又一方面，狼、狐狸和美洲的许多种松鼠显得也有这种情况，公母两性有时候一生出来就是全黑的。因此，很有可能的是，就某些哺乳动物来说，两性之间在颜色上的差别，尤其是如果这种差别在初生时便已存在了的话，只不过是进化过程中发生了一次或多次的变异的结果，而不假手于选择的力量，并且一开始这些变异的遗传就是受到性别的限制的，即只限于两性之一。然而问题怕不是这样的单纯，若说某些四足类动物两性之间在颜色上如此其变化多端、活泼生动而可以鲜明对照的种种差别，有如上文各种猿猴和羚羊所表现的那些，就可以这样地解释开，那大概是做不到的。我们该记住，这些颜色的出现于成年的公的身上，并不在其初生之际，而只是正在或将近成熟的年龄。又有和寻常变异不同的一点是，如果遭到阉割，也就丢失不见了。总起来说，有可能的是，这些公的四足类动物的彰明较著的色彩以及其他有装饰之用的特征大概对他们在和其他公的同类争雄之际总有几分好处，因而才能通过性选择而被接受下来。可以进一步加强这一看法的是，我们从上文所收集的事例中可以看到，这一类两性之间在色彩上的差别的出现和分布并不是泛泛的，而是几乎只限于哺乳类的某几个目与科乃至比目与科更要小的物群的范围以内，而这些哺乳动物在色彩之外同时又显著地表现有其他方面的种种第二性征，并且这些性征也是同样地通过性选择而取得的。

四足类动物显然是懂得辨别颜色的。贝克尔爵士屡次观察到，非洲的大象和犀牛攻击起马群来，对白马和灰马特别凶狠。我在别处[32]曾经指出过，在半家半野的马群中间，公马显得喜欢同自己颜色相同的母马相配，而不同颜色的苍鹿(fallow deer)群，虽生活在一起，平时却总会自动地分成以毛色为依据的若干小队伍，可以在群里分辨出来。更有意义的一个事例是，一只母的斑马起初拒绝一只公驴子的亲近，后来人们在驴子身上画上条条，多少像只斑马，于是，据亨特尔说，“她就很容易地把他接受了下来。在这桩有趣的事实里，我们看到本能的激发是单凭颜色的，颜色的足以产生了强烈的效果真是胜过了其他的一切。但在公的动物却不要求这一点，只要母的是多少有些像他自己这样一种动物，就足够把他激发起来了。”㉝

在前面有一章里，我们曾经看到，高等动物的心理能力，和人在这方面的能力比起来，特别是和低等而半开化的人的各种族相比，在性质上没有分别，而在程度上有很大的差距，现在看来，在美的欣赏能力一方面它们似乎和四手类的动物相去也不太悬殊。正好像非洲的黑人那样把脸上的肉提得高高的，成为若干条并行的脊梁，“也就是，刻画出若干高出于脸的平面的长条瘢痕，而把我们所认为很丑陋的毁伤看做修容上的一大美事”㉞——又好像黑人和世界许多地方的野蛮人那样满脸画上红的、蓝的、白的或黑的横条纹——非洲的大狒狒看来也就是这样地为了使自己更能赢得母狒狒的欢心而终于取得了他那副丘壑高深而彩色斑斓的嘴脸。野蛮人也喜爱在身体的下部涂上颜色，作为装饰，甚至比脸上涂得更为光怪陆离，这在我们看来也一定以为是异想天开、莫名其妙，但等到我们看见许多鸟种也特别喜欢在尾巴上下工夫，来打扮自己，以此喻彼，也就不以为奇了。

就哺乳动物说，我们现在还不占有任何证据，说明公的动物会

不遗余力地把他们的色相在母的动物面前炫耀出来。而鸟类和其他动物的雄的在这方面所费的苦心则大不然，这番苦心是有利于这样一个信念的最强有力的论据，也就是它最能说明：雌的或母的动物是懂得欣赏在她们面前所展示的各种色彩和各式打扮的，并且能感受到它们的激发。但在哺乳类与鸟类之间，在它们所有的一切第二性征上面，有如情敌之间为战斗而使用的武器、如供装饰之用的许多附赘悬疣、如各种色彩，一种并行现象是显著地存在的。在这两个纲里，如果成年的两性之间有所不同，不成年的幼小的两性之间则几乎总是彼此相似的，而在很大的一个多数的例子里，这幼小的两性又和成年的母动物相近似。也在这两个纲里，公的或雄的动物都是在进入生殖年龄不久之前才表现他们所属性别所应有的种种特征，而如果在此以前遭到阉割，这些特征就再也不出现了。也在这两个纲里，颜色的变换有时候是按季节的，而裸露无毛的各部分所呈现的色泽在叫春的活动期间有时候会变得更为鲜明生动。也同样地在这两个纲里，公的一性的颜色几乎总是比母的一性要更为活泛、更为浓烈，而装饰用的毛丛羽撮以及其他富丽的结构也要丰盛壮大一些。这两个纲在这方面也同样地各有其少数的例外，就是母的一性要比公的装饰得反而更为富丽一些。就许多种哺乳类动物和至少一种鸟类动物的例子来说，公的臭气或臊味要比母的为大。也同样地在这两个纲里，公的嗓音或鸣声要比母的更为强劲有力。这些都是并行现象的部分，一经考虑到这种并行现象，我们就会想到，同样的一个原因，初不论这原因是什么，几乎是毫无疑问地在哺乳类和鸟类身上起过作用。而此种作用，至少就有关装饰的种种特征而言，终于归结到这样一个情

况，就是，一性之中的某些个体对另一性之中的某些个体进行长期持续的挑选，而于挑选之后成功地留下了更大数量的后代来把它们的更为优越的特征传递了下来。

装饰性诸特征的不分性别地向后代传递——就许多种的鸟来说，和其他动物类比之后，我们相信，它们种种装饰性的特征原先是由雄的一性取到手，而不分性别或几乎不分地传给下一代的，说明已见上文。现在我们要问这样一个看法是不是也适用于哺乳动物，适用的程度又如何。就很可观的一部分哺乳类的物种说，特别是体格较小的一些物种，两性都是带些颜色的，这是为了保护自己，与性选择无干。但根据我的知识所能作出的判断，我以为这种情况虽存在，比起大多数的更低等的各个纲来，例子却不那么多，程度也不那么显著。奥杜朋说，他时常把蹲在一条浑浊的河的滩头的麝鼠(musk-rat)[35]当做一小堆土，彼此实在是十分相像，难于分辨。一只快跑的野兔子是利用颜色而得到掩护的一个大家所熟悉的例子。但就和它关系很近密的另一个兔种，家兔种而言，这原则就不完全适用了，因为当它向它的地洞跑的时候，它的白尾巴要高高竖起，从而把它自己暴露给追逐它的人或搏噬的兽类。没有人怀疑居住在盖满了雪的地区的四足类动物自身也变得通体雪白，一则便于保护自己，使不受敌人的侵害，再则便于自己向所要捕食的动物偷袭。在雪要融化的地方，一身白毛却要招来祸害；因此在世界比较温暖的各地带，这一颜色的物种是极少见的。值得注意的是，居住在不太寒冷的地带的四足类，尽管不穿白的服装，一到冬季，毛色也要变得苍白一些，而这显然是他们长期以来所相

与周旋的环境条件的直接的结果。帕拉斯[36]说，在西伯利亚，发生这种性质的变化的有狼，有两个种的鼬鼠（属乙 643）、有家养马、有蹇驴（Equus hemionus）、有家养牛、有两个种的羚羊、有麝鹿、有西伯利亚鹿、有麋、有驯鹿。例如，西伯利亚鹿的夏装是红的，而冬装是灰白的。冬装的用途也许就是在于自卫，好让它在木叶尽脱而洒遍着旧霜新雪的灌木丛中往来游荡，而不受干扰。如果上面所说的各种动物有机会逐渐扩大它们的分布范围而进入经年积雪的地区，它们灰白的冬装大概就会通过自然选择变得愈来愈白，直到像雪一般为止。

瑞克斯先生曾经提供给我一个奇特的例子，说明一种动物凭借着身体的特殊颜色而得到了好处。他在一个围着高墙的果园里饲养过五十到六十只棕白两色相杂的所称斑驳兔（piebald rabbit），同时在屋里又养有几只同样杂色的猫。我自己见过，这种猫在白天是很显眼的，但一到黄昏，当然就难辨了；一到这时候，这几只猫总是要到兔子洞口守着，兔子见了不辨，以为是自己的同类。结果是，十八个月之后，斑驳兔全部完了，显然是猫干的事。又一例，颜色似乎对黄鼠狼，即黄鼬，也有便利，其实这一类便利之处在其他纲的动物中也不乏其例。由于黄鼠狼在受到刺激时要放出臭气，平时没有动物会自动地向它进攻。但黄昏以后，臭气虽照放，黄鼠狼究竟在哪里是看不清楚的，因而还是有被其他动物袭击的危险。因此，贝耳特先生认为[37]黄鼠狼才备有一大根白色的蓬蓬松松的尾巴，可以用作宣明的警告。

尽管我们不得不承认许多四足类动物之所以取得它们现有的颜色是为了保护自己，或为了迷惑所要捕捉的其他动物，我们却要知道,就一大堆的物种来说,颜色实在太显著,而且安排得太奇特,要单单用这两个用途来解释是很有困难的。我们不妨举某几种羚羊作为例子来说明这一点:当我们看到羚羊项下那片四方的白毛、蹄上白毛所构成的一些标志、耳朵上的一些圆的黑斑——而这些在大羚羊(乙 799)都是公羚比母羚更为显著——的时候;又当我们看到岬麋(亦羚类)的一个种(乙 677)的公羚比母羚有着更为生动的颜色,和身体两侧上下行的细白条纹和肩头的宽白横纹更为分明的时候;再当我们在打扮得很奇怪的丛灌羚的一个种(乙 954)(图 70)的身上看到两性之间也有这一类浅深明晦的差别的

图 70　丛灌羚(乙 954),公羚(采自诺士雷 Knowsley 动物苑)

时候——我们很难相信这一类的差别对两性中的任何一性在日常

生活之中会有什么用处。看来可能性要大得多的结论是，这些斑纹是最先由公羚取得的，斑纹的颜色随后又通过性选择而得到了加深，而在遗传之际又把斑纹部分地转移给了母羊。如果我们承认这个看法，则几乎可以肯定地认为其他许多种羚羊所同具而各有其特点的色泽和斑纹，哪怕是两性之间没有差别，大概也是这样得来，而同样地遗传与转移的。说两性的花色没有差别，可举称为纰角鹿(koodoo，即 901)(图 64)的那一种羚羊为例，这种羊的两性的身体两侧后半部都有几根白色的直线纹，而在额上都有漂亮的带有棱角的白色标记。又如白额羚属(乙 334)的各种羚羊，两性颜色的配备一样地很奇特。在其中的一个种(乙 336)背部和颈部都是紫红色，下至身体两侧，则紫红逐渐转成黑色，而一到腹部和臀部则又截然成为白色，臀部虽非全白，却有一大片平面是白的；至于头部，安排就更奇特了，脸部正中是一大块长方形的白色，上自眼际，下至鼻尖，还镶上一圈窄窄的黑边，活像一副面具(图 71)：额上有三道白纹，耳朵上也有些白的标记。这一个种的羚羊的幼羊是一色的浅棕黄。又如这一羚羊属的另一个种，即名实更相符的白额羚(乙 335)，颜色的安排与刚才的那一个种略有不同，额上的白纹不是三道，而是一道，而耳朵则几乎是全白的。[38] 在把包括所有的纲在内的各类动物的两性差别竭我的能力作了研究之后，我无法避免地得出这样一个结论，就是，许多种羚羊安排得很奇特的颜色，尽管两性之间没有什么不同，也还是性选择首先适用到公的动物而随后又推广到母的一个结果。

同样的结论或许对老虎也可以适用：老虎是世界上最美的动物的一种，公母之间的颜色是一样的，即便在捕猎野兽和贩卖皮张的人也不能用花色来区别公母。沃勒斯先生认为[39]虎皮上的条纹"对竹林中一竿一竿的笔直的竹子模拟得如此其逼真,有力地帮助了它,使它可以不被它所要捕食而已近在咫尺的动物所发现"。但我认为这看法还不能令人满意。我们有一点点证据来说明老虎之美也还可能和性选择分不开,因为在猫属(乙408)里有两种具有可以和老虎相类比的条纹,而这两个种的公的在颜色与斑纹上似乎比母的多少要更为鲜明一些。斑马的条纹是突出地显眼的,照说这种条纹在南非洲的宽敞的原野之上是不可能提供任何保护作用的。柏尔契耳在叙述一群斑马的时候说,[40]"它们平滑的肋部在太阳里闪闪发光,它们有条纹的服装,如此其鲜明,如此其齐整,所提供的那幅图画的奇美,怕是没有任何其他的四足类动物所能出其右的。"不过马科(乙385)所包括的一整批的动物里,两性在颜色上是完全一致的,我们在这里当然找不到性选择的证据。然而凡是把各种羚羊身上左右两侧黑白相间的直条纹归因于性选择过程的人大概会把自己的看法引申而适用到上面两种动物,一是兽中之

图71　白额羚的一个种(乙336),公羚(采自诺士雷动物苑)

王，一是马中之美。

我们在上面有一章里已经看到，不论所属的是哪一个纲，如果一个物种的幼小动物，一面在生活条件和习惯上和它的父母没有多大的分别，而另一面在颜色的配备上却又和父母不同，我们就不妨作出推论，认为它们是把某一辈古老而早已失传的祖先的颜色的配备保留了下来。在猪的一科里，和在貘类(tapir)动物里，幼动物身上有些纵的条纹，这是和现在存活的属于这两类的各个物种的成年动物全不相同的。在许多种的鹿中间，幼鹿身上有许多漂亮的白点，而在它们的父母身上是连斑点的痕迹都没有的。从白点鹿起，到另外几个鹿种止，我们可以就这一个特征排成一个循序渐进的系列，在白点鹿，不论是何年龄，也不论是何季节，两性都有很美的白点(牡的比牝的在深浅上要略微更显著一些)，而在系列的末尾的一些鹿种，无论壮少，都没有白点。我准备就系列中间的有几个步骤，作些具体的介绍。满洲鹿(乙 215)是常年有白点的，但据我在动物园里所见，当夏季通身的颜色淡些的时候，白点要清楚得多，而到了冬季，通身颜色变深了，角也长足了，白点就不那么清楚。豚鹿(乙 491)当夏天通身作红棕色的时候，白点十分鲜明，一到冬天通身变成棕色的时候，就隐约得几乎看不见了。[41]在这两个鹿种里，幼鹿是都有白点的。在弗吉尼亚鹿，即白尾鹿(乙 219)，幼鹿也是有白点的。至于成年的鹿，据法官凯屯告诉我，在他的苑囿里的这种鹿中间，约有五分之一，一到红色的夏季服装正要换成青灰色的冬季服装的时候，左右两侧各有一排白点要出现一个短暂的时期，清楚的程度虽大有不齐，点的数目却是一定的。从这一情况再进一小步，就到了有些鹿种，只是幼鹿有白点，而成

年的则完全没有，可不论季节间的变化了；而最后便是不论年龄、不论季节都没有白点的那些鹿种的情况了。由于这样一个整整齐齐的系列的存在，尤其是由于这么多的鹿种的幼鹿拥有白点，我们可以得出结论，认为鹿科中现在存活的所有的成员是从某一个，像白点鹿（乙 210）那样，不分年龄、不分季节都表现有白点的古老的鹿种传布下来的。比这个古老的鹿的祖先更为古老的一个祖先大概是或多或少像现存的原鹿（乙 503）那样的一种动物——因为这种动物是有斑点的，而没有角的公的有突出嘴外的大犬牙，并且这一特点至今还有少数几种真的鹿保存着一些残留。这原鹿属（乙 502）的动物，作为把两大类别的动物联系起来的一个居间形态，也是一个有趣的例子，原来在某些骨骼的特征上，它的地位恰好在厚皮类（乙 701）动物和反刍类（乙 841）动物之间，而在这一层被发现以前，这两类动物是被认为彼此截然分开，不相关涉的。[42]

这里就发生了一个奇异的困难问题。如果有颜色的点点条条是首先作为装饰取得的，那么为什么由有斑点的始祖所传下来的今天许多的鹿种和由有条纹的始祖所传下来的今天所有的猪种和貘种，一到成年，就失掉这些原先有过的装饰了呢？我不能圆满地答复这个问题。我们可以感觉到几乎不成问题的是，在今天这些物种的始祖身上，在当初，一到成年，或将近成年，这些点点条条就已经掉了，也只是在幼小时期保留不失而已，而根据年龄上相呼应的这一遗传法则，世代相传，也只以幼小的一段时期为限。斑纹的存在与否是牵涉到利害问题的，即以狮子和南美洲豹（puma）为例，它们是以空阔的原野为家的，容易被它们所要捕食的动物所发现，因此，条纹的失落，对它们来说，会是一个很大的好处；而如果这种失落的过程，亦即取得此种好处的过程，通过连续不断地变异，发生在狮和豹的生命的较晚的时期，那么，在幼狮和幼豹身上还会保留这些条纹，而现在实际的情况就是如此。至于鹿、猪和貘，缪勒尔曾经向我提过这样一个看法：这些动物通过自然选择而卸下了点点条条，这就使得它们不太容易被敌人所看到；他又提到，当第三纪的各个时代里，肉食类的动物正开始进化得越来越高大，数量也越来越繁多，这样一种保护作用就显得更有必要。这解释可能是正确的，但不可解释的是，为什么幼小的动物并没有放弃这些斑纹，难道它们就不需要保护了么？更不可解的是，为什么至今有些物种的成年动物，每年在一定的一个时期之中，还部分或全部地保持着这些点点条条呢？我们知道，当家养的驴子发生变异，而变成红棕色、灰色或黑色的时候，肩膀上、甚至背脊上的条纹常常会消失不见；但原因何在，我们也是说不上来的。除了黄棕色一路的马而外，现在在身体不拘任何部分还有条纹的马是极少的了，但我有良好的理由可以相信原始的马在腿上、背脊上、并且可能在肩膀上是有条纹的。[43]因此，我们今天的成年的鹿、猪、貘的点点条条之所以失落也许是由于通身的颜色起了变化的缘故，但这一变化又从何而来，是由于性选择或自然选择，还是由于生活条件的直接影响，还是由于一些其他我们所不了解的原因，我们就无从判定了。斯克雷特尔先生所作的一番观察很能说明我们对于调节此种斑纹的发展和消退的那些法则是如何地惘然无知了。他看到生活在亚洲大陆上的各种驴子（乙 100）是完全不长条纹的，连横过肩头的那一条都没有，而生活在非洲的各个种，除只有称为半斑马的一个种（乙 101）以外，都有很清楚的条纹，而半斑马或驴也不完全例外，因为它未尝没有肩膀上的那条条纹，而一般在腿上也还有些横条，只是隐约模糊而已，而有趣的是，这一驴种的产地是几乎正介在亚非两洲之间的上埃及和阿比西尼亚。[44]

四手类动物（乙 816）——在我们结束以前，不妨就猴子的装饰作一个简短的讨论。在大多数的猿猴种里，两性在颜色上是彼此相似的，但我们已经看到，在有几个种里，两性是有差别的，尤其是在裸露无毛部分的颜色，以及在须、颊须和鬣的发展等方面。许多种猴子的颜色是如此其异乎寻常与搭配得如此其冶艳袭人，再加上奇特而也悦目的东一撮西一绺成峰成岭的丛毛的点缀，使我们再也不能避免把这一类的特征看成是其来有自，绝不偶然，就是，为了装饰才取到手的。文中几幅附图（图 72—76）就是用来表明这些毛丛在好几种猴子的头上与脸部是如何安排的。很难想象，这些像小峰小岭似的东西，以及毛和皮肤的种种颜色的强烈的对照只不过是变异性的结果，而和选择的推动全不相干；也

图 72　红细猴或皂隶猴（乙 872）的头面。这图和下图都采自泽尔费教授，以示头毛在部署和发展上的奇特

不能想象它们对这些动物会在日常生活里有任何实际的用处。如果如此，则它们之所以被取得，大概是通过性选择了，尽管在遗传的时候两性是几乎同等地传到的，也不妨碍这样一个结论。就四手类的许多种动物说，我们还有更多的证据来说明性选择的作用，诸如公的比母的身材高大些、体力强壮些、犬牙也更为发达些。

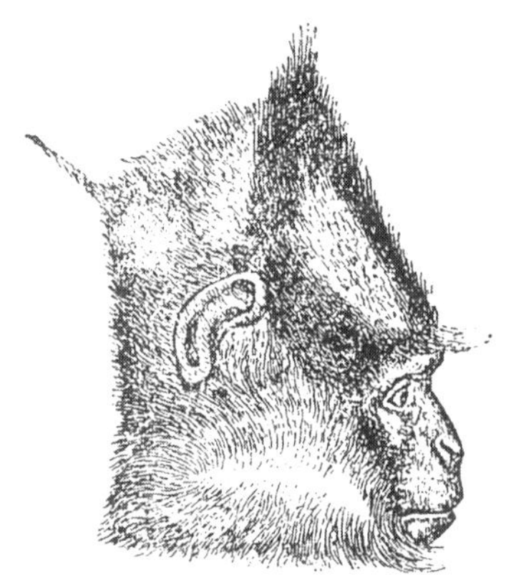

图 73　细猴的一个种(乙 868)的头面

图 74　卷尾泣猴(乙 186)的头面

图 75　蛛猴的一个种(乙 104)的头面

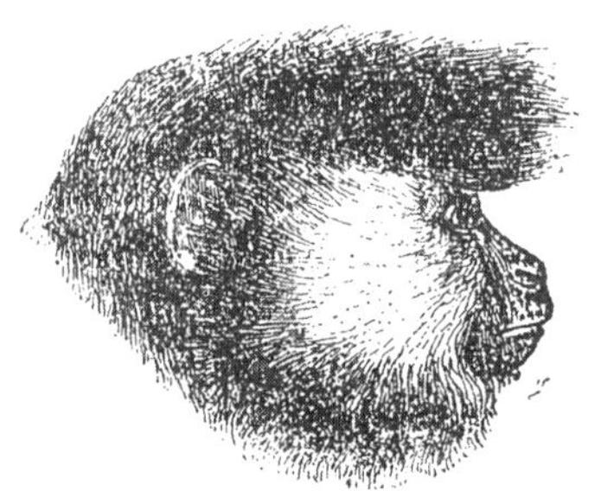

图 76　髯泣猴(乙 187)的头面

只需少数几个例子就足够说明有些猿猴种的两性在颜色的配备上以奇胜，而另一些则以美胜。小白鼻猴(乙 204)(图 77)是漆黑的，而须与颊须是白的，鼻子上还有一个界限分明的白圆点，由一

图 77　小白鼻猴(乙 204)。采自勃瑞姆

小片短白毛构成，给这种猴子以几乎可以引人发笑的一面。细猴的又一个种，秃额猴(乙 869)也有一副相当黑的脸，长长的黑须，额上有一大片没有毛的皮肤，颜色是蓝里带白。在猕猴属中有一

个种(乙 584),脸是一种龌龊的肉的颜色,两颊各有一个界限分明的圆的红斑。长尾泣猴属的一个种(乙 197)的形貌是难以名状的,黑脸,白颊须,白领圈,头毛是栗色的,左右上眼皮上面各有一个大圆斑,无毛而作白色。在很多的猴种里,须、颊须和脸部四周作山岳形的毛圈的颜色是和其他头毛的颜色不同的,不同在比其他头毛的颜色总要浅淡一些,㊺往往有谈到纯白的,有时候也作金黄色或带些红色。南美洲产的短尾猴或突额猴(乙 139)的整个的脸作"猩红色,烨烨有光",但要到这种动物将近成熟的时候,这种色泽才出现。㊻不同的猴种的无毛的脸皮各有不同的颜色,不同得出奇。这部分的颜色往往是棕色或脱皮的肉色,其间有些纯白的部分,也往往有像最黑的黑人似的同样是烟煤一般的黑。在短尾猴或突额猴属(乙 138),猩红的脸色比欧罗巴的妙龄女子因羞涩无地而面红的红还要红得有光彩。猴子脸也有橙黄的,橙黄得比任何蒙古利亚人更要显明,而在若干猴种里脸色是蓝的,更有转成紫色或灰色的。在巴特勒特先生所熟悉的公母两性都有强烈的有色脸皮的所有的猴种里,幼猴的脸皮总是暗淡的,或说不上有什么特别的颜色的。这一观察也适用于大狒狒(乙 318)和恒河猴属(乙 832)的各个猴种,在这两类猴子里,脸和身体后部的颜色都很鲜艳,不过只两性之一有这种特征,不是两性都有。就这后面两类猴子说,我们有理由认为这种颜色是通过性选择才取得的。而从这个据点出发我们就自然而然地倾向于把我们的看法引申而适用到上面所曾叙述到的一切猴种,尽管在它们中间,成年猴子的脸皮颜色并不因性别而有所不同。

尽管许多种猴子,用我们的鉴赏标准来衡量,远远不能算美,有几种却不然，形貌的美丽和颜色的鲜艳是人人称赞的。细猴属的又一个种，圈胡猴（乙 871），虽然颜色有些奇怪，是极其好看的；橙黄的脸，边上镶着一大圈又长又白丝绒一般发亮的胡子，眉毛上面有一道栗红色的线纹，背上的毛作嫩灰色，左右腰各有四方的一块、尾巴和前半臂却是一种纯白，一片栗红色的毛像护胸甲似的包围着前胸，大腿是黑的，小腿也作栗红色。我只再谈两个其他的猴种，来说明它们的美。我挑选的例子是两性在颜色上略有不同的，而这种不同在某种程度上也可以说明两性的所以各有其美是要归功于性选择的。在髭猴（乙 200），通身的毛是作一个驳杂的绿色，而喉部是白色的；公猴子的尾巴尖是栗色的，但打扮得最多的是脸，脸皮主要是青灰色，自两颊上行，直抵眼下，逐渐变得发黑，而下行至上唇，是一片嫩青色，直到唇边的一横道短而稀疏的黑髭为止；颊须作橙黄色，但上半段也是黑的，构成一条宽阔的横幅，直伸到耳朵背后，而耳朵上的毛却是白的。在动物学会所附设的兽苑里我时常从旁听到参观的客人们称赏另一种猴子，嫦娥猴或白须猴（乙 202）（图 78）之美，嫦娥之称可以说是实至名归的：通身的毛是灰色的，胸部和前腿的阴面是白的，背上的后半部有一个大三角，界限分明，而毛是浓棕色的，在公猴子，大腿的阴面和腹部是嫩茶色，而头顶是黑的，脸和两耳是乌黑的，和眉上一横条小山岭似的白毛，以及根黑梢白的倒圆锥形的长须，成为很好的一个对照。[47]

在这些以及其他猴种里，颜色的美好和在身体各部分安排的奇特，而尤其是头部种种成峰成帚的毛的部署迫使我们不得不心悦诚服地认为这些特征是端的为了装饰之用通过性选择而

取得的。

图 78　嫦娥猴(乙 202)。采自勃瑞姆

总说——为了占有母的动物而进行战斗的这一法则看来是在整个的哺乳动物一大纲里通行无阻的。大多数的自然学家会承认,公的动物的较大的身材、体力、勇气和好斗,他的进攻用的武器,以及种种自卫的特殊手段之所以取得,或所由变化得越来越合适,是通过了我所称为性选择的那一种选择方式的。这种选择所凭借的,不在一般生存竞争中的优势,而在两性之一,一般是雄性中的某些个体,在和其他雄性个体的战斗中,取得了成功,从而比

那些不那么成功的雄性个体遗留下更大数量的后代来传递他们的优越性。

也还存在着另一种比较和平的竞争或竞赛的方法，就是公的动物用不同的媚惑的手段来试图激发和引诱母兽的方法。在有些例子里，这大概是由公的在繁育季节里通过发放强烈的臭气来进行的，而制造与盛放臭气的臭腺也是通过性选择而早已取得了的。同样的看法是不是可以被引申而适用于嗓音，是不这么肯定的，因为公的动物的发音器官不那么现成，一定要在成熟的年龄之内，在恋爱、嫉妒或盛怒的强烈的刺激之下，不断地使用而取得加强，然后又把这个结果传给下一代的公兽。种种不同的像小山峰、像拭帚、像斗篷之类的毛丛，有的只限于公的有，有的以公的更为发达，在大多数的例子里似乎只有装饰之用，但有的在和对手们战斗之际也有些保护的用处。我们甚至有理由猜想，牡鹿的分许多丫杈的角、某几种羚羊长得很漂亮的角，尽管正常是攻守用的武器，也曾为了装饰的用途而经历过一些变化。

如果公、母动物的颜色有所不同，一般总是公的要表现得更浓厚些或不同颜色之间的对照更强烈些。我们在这一个纲里，一般碰不到鸟类和其他许多的动物的雄的所表现得如此其普遍的那种鲜明纯正的红、蓝、黄、绿等颜色。但这只是就毛色而言，若就无毛部分的肤色而言，则某几种四手类动物必须作为例外，因为，在有些动物里，这些部分，往往也是在部位上很古怪的部分，是很鲜艳的。在一些别的例子里，公的动物的颜色也许由单纯的变异所造成，和选择的推动力量并不相干。但若一身之上的颜色是多种多样，而其中有的又是特别鲜明浓郁，其出现与发达又必须迟到将近成熟的年龄，而阉割的手术又一定会把它们弄得销声匿迹，永不出现，那么，我们就很难躲开这样一个结论，就是，它们之所以被取得是作为装饰品而通过了性选择的，并且，在遗传的时候，是专传给同一性别的后代的，也有不传的，但不传的例外绝少。如果两性的颜色相同，包括花色的相同在内，而不同的颜色在程度上既深浅分明、在部署上又离奇古怪，显然说不上有丝毫保护之用，并且尤其值得注意的是，和颜色同时存在而结合在一起的还有其他各种不同的装饰品如毛丛、如各种附赘悬疣之类——那么，通过类比的推论方法，我们也就被带领到和上面所说的同样的一个结论，就是，它们之所以成为特征也未尝不是通过了性选择的，尽管在遗传的时候，不同性别的后代同样地传授得到，也无伤于这一结论。显豁和花样多端的颜色配备，无论限于一性或为两性所共有，在同属于一目或同属于一科、一属的动物里，一般成为例规的和其他服务于战斗或服务于美观的第二性征结合在一起——这样一个事实初不限于少数的例子，我们只需回头看一下本章中所已叙述到的许多不同的例子，和前面在末章中将要看到的一些例子里，是广泛地可以找到的。

特征对两性同等遗传而不分高低优劣的这一法则，至少就颜色和其他装饰性的特点而言，在哺乳类中的流行要比在鸟类中远为广泛得多，但哺乳动物的武器如锐角长牙之类往往只传给公的，或在公的身上的发展要比母的身上完整得多。这是有些奇怪的，因为公的动物既一般地使用这些武器来在各式各样的敌人面前保卫自己，这种武器照说对母的动物也该有用。就我们所能认识到的来说，母的动物之所以没有这种武器，或有而不全，只能说是由于在这方面所通行的那种遗传方式的限制，此外就不好解释了。最后，在四足类中间，同一性别之间的个体与个体的竞争，和平的也好，流血的也好，除了极少数的例外不论，总是限于公的一方，因此他们通过性选择而经历到的特征上的变化，无论变化的目的是为了彼此之间的斗争，或者为了诱发异性，要比母的一方远为通常得多。

原 注

① 欧文，《脊椎动物解剖学》，第三卷，页 585。

② 同上书，页 595。

③ 关于麋和野生驯鹿的习性，见克音上校（《行猎者在加拿大》，1866 年，页 53、131）。

④ 同上注①所引书，第三卷，页 600。

⑤ 见格瑞恩先生文，载《林纳学会会刊》（丙 76），第十卷，动物学之部，1869 年，页 362。

⑥ 马尔廷，《哺乳动物自然史诸论》，1841 年，页 431。

⑦ 见所著《巴拉圭境内哺乳动物自然史》，1830 年版，页 15、21。

⑧ 关于海象，见勒森所著条，载《自然史分类词典》，第十三卷，页 418。关于冠类海豹（乙 331，此属属名亦作乙 897），见德凯（甲 185）博士文，载《纽约自然史学园纪事刊》（丙 11），第一卷，1824 年，页 94。彭南特也曾就这一类动物从海上捕猎的人那里收集了一些资料。但勃朗先生在这方面的记载最称详备，载《动物学学会会刊》（丙 122），1868 年卷，页 435。

⑨ 海狸用来分泌海狸香的腺就是这样，见摩尔根先生所著极为有趣的一本书，《美洲的海狸》，1868 年版，页 300。帕拉斯对哺乳动物的臭腺的讨论也相当好（《动物学拾遗集》，第八分册，1779 年，页 23）。欧文（《脊椎动物解剖学》，第三卷，页 634）也叙到这些臭腺，包括大象的和（页 763）鼹鼠的在内。关于蝙蝠，见多勃森先生文，载《动物学学会会刊》（丙 122），1873 年卷，页 241。

⑩ 仑格尔，《巴拉圭境内哺乳动物自然史》，1830 年版，页 355。这位观察家也曾就臭气举了一些奇特的具体资料。

⑪ 欧文，《脊椎动物解剖学》，第三卷，页 632。参看默瑞博士对这些腺体的一些观察，载《动物学会会刊》（丙 122），1870 年卷，页 340。紧接着的下文中所引德马瑞的观察，见《哺乳动物学》（“*Mammalogie*”），1820 年版，页 455。

⑫ 帕拉斯，同上注⑨中所引书，第八分册，1799 年（注⑨中作 1779 年，似刊

误——译者),页 24。又德摩楞所著条,载《自然史分类词典》,第三卷,页 586。

⑬　格雷博士,《诺士雷动物苑观赏掇拾录》,图片第 28。

⑭　法官凯屯关于美洲麋的观察,见《渥太华自然科学院》院刊(丙 106),1868 年,页 36、40。关于山羊属中的角羚(乙 167)也有这种表现,见勃莱思文,《陆与水》(丙 87),1867 年,页 37。

⑮　见欧文编、亨特尔著,《议论与观察》,1861 年,第一卷,页 236。

⑯　见格雷博士,《不列颠博物馆哺乳动物目录》,第三篇,1852 年,页 144。

⑰　仑格尔,《巴拉圭境内哺乳动物自然史》,页 14。又德马瑞,《哺乳动物学》,页 66。

⑱　见我所著《家养动植物的变异》第一卷有关这几种动物的各章;又第二卷,页 73;又关于半文明的民族也进行人工选择,见第二卷第二十章。关于柏尔布腊山羊,见格瑞博士,上引《……目录》,页 157。

⑲　赤袋鼠(乙 692),见古耳德,《澳大利亚的哺乳动物》,1863 年,第二卷。关于下文的有袋负鼠,见德马瑞,《哺乳动物学》,页 256。

⑳　见《自然史纪事与杂志》(丙 10),1867 年 11 月,页 325。关于公鼠,见德马瑞,同上引书,页 304。

㉑　见阿楞文,载英国剑桥《比较动物学博物馆公报》(即丙 38),1869 年,页 207。多勃森论蝙蝠类(乙 237)的性征,见文载《动物学学会会刊》(丙 122),1873 年卷,页 241。格瑞博士论树懒,见同上引书,1871 年卷,页 436。

㉒　德马瑞,《哺乳动物学》,1820 年,页 220。关于山猫(乙 411),见仑格尔,同上书,页 194。

㉓　默瑞(见上注⑪)论海狮,见《动物学会会刊》(丙 122),1869 年卷,页 108。关于格林兰海豹见勃朗先生,同上引书,1868 年,页 417。关于海豹类的颜色,亦见德马瑞,同上引书,页 243、249。

㉔　见法官凯屯(见上注⑭)文,载同上刊物,1868 年卷,页 4。

㉕　格瑞博士,同上《……目录》,第三篇,1852 年,页 134、142;亦见格瑞博士,《诺士莱动物苑观赏掇拾录》,其中有关于岬麇的那一个种(乙 677)的一幅图,画得逼真;又有关于丛灌羚(乙 954)的一段文字。关于好望角产的岬麇(乙 676),见斯米思,《南非洲动物学》,图片 41、42。在我们的动物园里也保养着这里所叙到的羚羊类里的好多个种。

㉖　关于黑羚(乙 66),见《动物学会会刊》(丙 122),1850 年卷,页 133。又关于与此关系相近而两性之间在颜色上的差别也相等的另一种羚羊,见贝克尔爵士,《阿尔伯特湖》,1866 年版,第二卷,页 327。关于滑腻羚(乙 69),见格瑞博士,同上《……目录》,页 100。又德马瑞尝论到狷羚(乙 60),见《哺乳动物学》,页 468。又斯米思,《南非洲动物学》中也叙述到了角马。

㉗　见《渥太华自然科学院》院刊(丙 106),1868 年 5 月 21 日,页 3、5。

㉘　关于"斑腾牛",见缪勒尔,载《印度洋群岛动物学》,1839—1844 年,分册 35;亦见勃莱思文,《陆与水》(丙 87)(1867 年,页 476)中所引腊弗耳斯(甲 542)的话。关于

各种山羊，参见格瑞，《……目录》，页 146；与德马瑞，《哺乳动物学》，页 482。关于泽地鹿(乙 217)，见仑格尔，同上引书，页 345。

㉙　见斯克雷特尔文，载《动物学会会刊》(丙 122)，1866 年卷，页 1。泊楞和达姆(甲 177)两位先生亦曾对这一事实充分地加以确定。亦见格瑞文，载《自然史纪事与杂志》，(丙 10)，1871 年 5 月，页 340。

㉚　关于吼猴属，见仑格尔，同上书，页 14；和勃瑞姆，《动物生活图说》，第一卷，页 96、107。关于蛛猴属，见德马瑞，《哺乳动物学》，页 75。关于长臂猿属，见勃莱思文，《陆与水》(丙 87)，1867 年，页 135。关于细猴属，见缪勒尔，注㉘已引书，分册 10。

㉛　见泽尔费，《哺乳动物自然史》，1854 年，页 103。书中并附有公狒狒的头颅的图，不止一幅。亦见德马瑞，《哺乳动物学》，页 70。又见泽弗沃圣迪莱尔与居维耶，《哺乳动物自然史》(“*Hist. Nat. des Mamm.*”)，1824 年版，第一卷。

㉜　《家养动植物的变异》，1868 年，第二卷，页 102、103。

㉝　欧文编、亨特尔著，《议论与观察》，1861 年，第一卷，页 194。

㉞　贝克尔爵士，《在阿比西尼亚境内的尼罗河各支流》，1867 年版。

㉟　麝鼠一称麝鼾(即乙 412)，见奥杜朋与巴赫曼合著，《北美洲的四足类动物》，1846 年，页 109。

㊱　见帕拉斯，《从睡鼠目出来的四足类新种》，1778 年，页 7。我在这里所称的 roc(译文作“西比利亚鹿”——译者)，在帕拉斯是 Capreolus slbiricus subeaudatus。

㊲　见其所著《自然学家在尼加拉瓜》，页 249。

㊳　见斯米思，《南非洲的动物学》中的一些很好的图片，和格瑞博士，《诺士莱动物苑观赏掇拾录》。

㊴　见《威士特明斯特尔评论》(丙 153)，1867 年 7 月 1 日，页 5。

㊵　见所著，《南非洲旅行记》，1824 年版，第二卷，页 315。

㊶　格瑞博士，《诺士莱动物苑观赏掇拾录》，页 64。勃莱思先生在谈到锡兰的豚鹿(hog deer)的时候，说这种鹿在换新角的季节，白斑点要比一般的豚鹿见得更为鲜明，见文，载《陆与水》(丙 87)，1869 年，页 242。

㊷　参见福耳肯纳尔与考特雷(甲 142)合著文，载《地质学会会刊》(丙 117)，1843 年卷；又福耳肯纳尔，《古生物学回忆录》，第一卷，页 196。

㊸　《家养动植物的变异》，1868 年，第一卷，页 61—64。

㊹　斯克雷特尔文，载《动物学会会刊》(丙 122)，1862 年卷，页 164。又参看马尔特曼(甲 447)博士，《农业纪事刊》(丙 13)，第四十三卷，页 222。

㊺　我自已在动物学会的动物园里观察到这一事实；而在泽弗沃圣迪莱尔与居维耶，《哺乳动物自然史》(第一卷，1824 年)的彩色图片中也可以看到许多的例子。

㊻　见贝茨，《自然学家在亚马孙河上》，1863 年，第二卷，页 310。

㊼　我在动物学会的动物园里看到过文中所叙的各个猿猴种的大多数，未见的只是少数。关于圈胡猴(乙 871)的一段话采自马尔廷先生的《哺乳类自然史》，1841 年版，页 460；同书页 475、523，也可以参看。(即上注⑥中的作者与书——译者。)

译 注

1. Berbura，疑即 Berbera，东非索马里地名，当是此种山羊产地。
2. Cayenne，南美圭亚那地区小岛。

第三篇　性选择与人类的关系，并结论

第十九章　人类的第二性征

男女之间的差别——这一类的差别以及两性所共有的某些性状，是怎样来的——战斗的法则——心理能力方面的一些差别，与噪音——论姿色之美对决定人类婚姻的影响——野蛮人对装饰手段的注意——野蛮人心目中的女子美——夸大本种族每一个独特之点的倾向。

在人类，两性的差别比大多数四手类（乙 816）动物要大些，但比起某几个种来，却要小些，例如大狒狒（即乙 318）。男子平均颇为明显地要比女子高些、重些、力气大些、肩膀方些、而肌肉鼓得更为清楚些。由于肌肉发达和前额突出之间所存在的关系，① 男子的眉脊一般要比女子的更为显著。男子身上、尤其是脸上，有着更多的毛，喉音也不同，男音的声调更为重厚有力。在某些族类里，据说女子在肤色上和男子只有轻微的差别。例如，希伐恩福尔特（甲 589）在谈到聚居在赤道以北只有几个纬度的非洲腹部的一族黑人、叫做孟勃图人（Monbuttoos）中间的一个妇女的时候说："像她族中所有的女子一样，她的皮肤要比她丈夫的浅上好几度，多少有几分像烤得半熟的咖啡的颜色。”[②]但妇女们在田里劳动，而且不穿什么，照说不会因受天气的侵蚀而和男子们的肤色有所不同。欧洲的妇女，在两性之中，也许是肤色更为浅淡的一性，在两性同样受到暴露的情况下，这是可以看出来的。

男子比女子更为勇敢、好斗，更有精力，而在发明的天才上，也要强些。他的脑子是绝对地要大些，但他的身体既然也高大些，据我所知，这些较大较强的情况是不是光表示一个比例的关系，还没有得到充分的确定。在女子，面部要圆浑些，上下颚和头颅的底部要小些，躯干的轮廓也圆浑些，而某些部分突出得多些，她的骨盆要比男子的宽阔些，[③]但后面这一特征也许不该算作一个第二性征，而更恰当地说是个第一性征。女子发育成熟的年龄要比男子为早。

雄性动物的一些足供辨别其为雄性的特征一直要到将近成熟的年龄才充分发展出来，不论属于哪一纲的动物全是如此，人也是如此；但若中途受到阉割，它们就再也不出现了。举胡髭为例，胡髭是一个第二性征，男孩子是没有胡髭的，尽管从幼小的年龄起，头上的毛，即发，一直很多，却不生髭。在生命过程中，有些陆续发生的变异是出现得比较晚的；通过这一类的变异，男子才取得了他的男性的一些特征，而大概也正因为它们出现得晚，所以只传男而不传女，胡须就是一个例子了。男孩和女孩是彼此很相像的，好比许多其他动物的幼辈一样，而这些动物，一到成年，公母之间是有很大的差别的。男女孩和成熟的男子或女子相比，则与后者的相像程度要比与前者的相像程度高得多，幼小的公和母的动物也有这种情况。但女孩子终于成长而取得某些分明的特征，而就她的颅骨的形成而言，据专家说，她所处的是孩子和成年男子之间的一个中间状态。[④] 再有一点，在相近而不同的物种之间，幼辈和幼辈相比，差别虽大，却不如成年者和成年者相比之甚。如今人的各个不同的族类之间的孩子也有同样的情况。有些人甚至主张，我们无法从婴儿的颅骨上发现种族的差别。[⑤] 至于肤色，新生的黑人婴儿是红润的胡桃色，不久便转成石板石似的灰色，至于充分发展成为黑色，在苏丹，约在出生后一年之内，而在埃及，则要三年。黑人眼睛的颜色起初是蓝的，而头发则与其说是黑的，不如说是栗色的，而起初也只是发梢有些鬈曲。澳大利亚土著居民的孩子初生时是带黄的棕色，后来才变黑的。巴拉圭的瓜拉尼人[1] 的初生儿是淡黄色的，要几个星期以后才取得和他父母一样的棕里带黄的肤色。在美洲的其他地区，有人观察到过与此相类似的情况。[⑥]

我在上文具体地说明了人类男女两性的一些差别，因为这些差别和四手类动物公母之间的差别有着奇特的相似之处。在这些动物里，母的也比公的成熟得早，至少泣猴属的一个种，阿氏泣猴(乙 185)是一个可以肯定的例子。[⑦] 大多数四手类物种的公动物比母的要高大和强壮些，在这一方面大猩猩(gorilla)提供了一个大家所熟悉的例子。即便在这样一个微不足道的特征如眉脊，在某几种的猴子里，也是公的要比母的更显得突出，[⑧] 和人一样。大猩猩和另外几个种的猿猴，成年时公的在颅盖骨上呈露着一条平分左右的冠状突起，极为显著，母的却是没有的，而埃克尔在澳大利亚土著居民的两性中间发现了这一差别的一个痕迹。[⑨] 在猿猴中间，如果公母之间在喉音或叫声上有任何差别的话，总是公的更为洪亮一些。我们已经看到过，某几个猿猴种的公猴子长有很好的胡子，而在母的，不是没有，便是有也很不发达。母猴的须、胡、或髭比公猴长得还要盛大的例子还没有听到过，一例也没有。甚至在胡须的颜色上，在人与四手类之间也存在着一个有趣的并行现象。因为就人说，如果须色和发色不同，而这是普通的事，据我了解，须色几乎总是要浅些，往往带点红。我在英国屡屡观察到这一事实，但有两位先生最近写信给我，说这些是例外，不是通例。其中一位对这种例外还有个解释，认为这是由于一家的父母两方在须发的颜色上原有很大的差别的缘故。两位又说，他们长期以来一直觉察到这个须发不同的特点（有人再三指斥其中的一位自己的胡子是染过的），因而在别人身上随时注意观察，终于得到确定，认为这种例外是很难得的。呼克尔博士为我在俄国留心到这个小问题，发现没有任何例外。在加尔各答植物园里任职的斯科特先生惠然见许，替我观察那里来往的各个族类的人，同时也注意到印度内外其他地区的人，如锡金的两个族类，又如蕃提亚人（Bhoteas）[2]、天竺人、缅甸人、中国人，这些民族的脸部大多数是很少有毛的，而他的发现是，凡遇有须发颜色有所不同的例子，总是须的颜色要浅淡些，绝无例外。如今上面所说到的猿猴也正是如此，胡须的颜色常常和头毛的颜色迥然不同，总是要淡些，往往有淡到纯白的，有时候是黄的或带红的。⑩

至于身体上一般的毛的有无和多少的情况，在所有的种族里，女子都比男子为少。而就少数几种四手类动物而言，母的腹部的毛要比公的为少。⑪最后，各种猿猴的公的，像男人一样，比母的要勇敢些、凶猛些。在队伍中，他们是带头者，遇有危险，直接打头阵。从这些，我们看到人的两性差别与四手类的两性差别之间所存在的并行现象是如何地亦步亦趋了。但在不多的几个物种里，如某几个种的狒狒、如猩猩、如大猩猩，公母之间的差别要明显地大得更多，例如公的有更大的犬牙、毛的发展和颜色也浓密些，而尤其显著的是，不生毛的部分的皮肤来得特别浓艳，而这些，人类男女之间不是没有，就是要差得多。

人类所有的第二性征，即便在同一种族的范围之内，也有高度的变异性，而在种族与种族之间，第二性征的差别是大的。这两条规矩本来是一般地适用于全部的动物界的，人类自不例外。在诺伐拉号(Novara)船上所作出的种种观察里，⑫我们看到澳大利亚土著居民的男子在身材上比女子只高出65公厘，而在爪哇人，则男子平均要超过218公厘，因此，爪哇人在身材上的两性差别比澳大利亚人要大三倍而有余。在各个不同的种族里，人们对身材、颈围、胸围、背脊长、臂长等等作出了许许多多次的仔细的测定，而几乎所有的测定都表明男子与男子之间的差别比女子与女子之间的要大得多。这一事实指示出来，至少就这一类所曾测定的特征而论，自这若干种族从一个共同的祖系分化而出以来，主要是男子一方起过许多变化。

在不同种族的男子身上，胡须和体毛的发展有着显著的差别，即便在属于同一种族的各个部落或家族之间也复如此。我们欧洲人在自己中间就可以看到这一点。在圣克耳达岛[3]上，据马尔廷(甲444)说⑬男子一直要到三十岁或过三十岁才生出须来，而在这年龄里还只是疏疏落落的几根。在欧罗巴和亚细亚作为一整片的大陆上，自西往东，胡须的盛行，一直到走出印度境外才告一段落，尽管作为印度范围以内的锡兰的土著居民的须是往往不长的，远在古代，迪奥多茹斯(甲194)便已注意到这一点。⑭印度以东，多须的情况就不见了，暹罗人、马来人、卡尔默克人(kalmuck)、中国人和日本人都是如此。然而一到日本群岛极北诸岛上的虾夷人(Aino)，⑮我们却碰上了世界上最多毛的男子。黑人的须是很少的，或者没有，颊须或严格的胡子是难得的；黑人的男女两性在身体上也几乎完全缺乏那层细软的茸毛。⑯反之，马来群岛上的巴布亚人(Papuan)，论肤色是几乎同黑人一样的黑，却有很发达的胡须。⑰在太平洋区域以内，斐济(Fiji)群岛的居民有着蓬蓬松松的大胡须，而相去不太远的东加(Tonga)和萨摩亚(Samoa)两个岛群上的居民是没有几根的，但这几种人是分属于几个不同的种族的。至于埃力思群岛[4]上的居民则全都属于同一个种族，而单单在其中的一个岛上，即努尼马亚岛(Nunemaya)，“男子们长着极为漂亮的胡须”，同时在其余的岛屿上，男子们却只有寥寥的十几茎，也算是胡子了。⑱

在整个广大的美洲大陆上，男子可以说是没有胡须的，但在几乎所有的部落[5]里，男子脸上都会长几根短毛，尤其是一到老年。就北美洲的一些部落说，喀特林估计，二十个男子中有十八个是天生的完全不长胡须的，但间或可以看到个把男子，由于在发育的时候忽略了把几根嘴边的毛拔除，居然有一撮细软的长不过一两英寸的小胡子。巴拉圭(此下皆南美洲的印第安人——译者)的瓜拉尼人[6](Guarany)，和他们周围的所有的部落不同，也有一小撮短须，甚至体毛也有一些，但没有颊须。⑲福尔勃斯先生特别留意过这问题，他告诉我，连山叠岭区域的艾玛拉人(Aymaras)和奇楚亚人(Quichuas)是特别地少毛的，但到了老年，下颌上间或出现零落的几茎。在这两个部落的男子身上，连欧洲人长毛长得很多的某些部分也只有很少的毛，妇女在这些相应的部分则根本没有。然而男女两性的头发却都长得异乎寻常的长，差不多可以挂到地面上。北美洲的有一些部落也有同样的情况。在毛量的多寡上，在身体的一般形状上，美洲土著居民的男女两性之间的差别，比大多数的种族要小些。[20]这一事实和某几种关系相近的猿猴类的情况也可以相提并论：例如黑猩猩(chimpanzee)的公母之间的差别就没有猩猩(orang)或大猩猩(gorilla)的公母之间的那么大。[21]

在前面的几章里我们已经看到，就哺乳、鸟、鱼、昆虫等等各类动物而言，种种理由使我们相信，许多特征是通过性选择由两性之一取得，然后又分移到两性的又一性身上。而就人类来说，同样方法的传递既然也显然地流行过，并且所牵涉到的特征也不少，我们在讨论男性所独具的一些特征的起源、并兼论两性所共有的某些其他特征的时候，就可以省去一些无谓的重复的话了。

战斗的法则——在野蛮人中间，即以澳大利亚的土著居民为例，妇女成为部落成员之间和部落与部落之间所由发生战斗的一个经常的原因。我们自己古代的情况无疑地也是如此："因为早在海伦(Helen)以前，妇人就是可怕的战争的原因了"。在有些北美洲的印第安人中间，这种战争已经被提炼成为有系统的一套，据那位出色的观察家赫尔恩(甲 309)说：[22]"在这些人中间一向有这样一个风俗，就是，男子们为所系恋的女子彼此进行角力，而终于把胜利果实带走的当然总是最健壮有力的一方了。一个软弱的男子，除非是个好猎手，而要赢得女子的欢心，要保持一个别的男子认为值得注意的老婆，是难得有的事。这一风俗在所有的部落里全都通行，成为青年人中间一股巨大的鼓舞和效法的力量，使他们从儿童时代起，一遇逢年过节的机会，就相聚角力，一试身手。”南美洲的瓜那人(Guana)，据阿札腊说，男子在二十岁或二十多岁以前是难得结婚的，因为在此以前，他们不可能把情敌们打下去。

可供列举的其他类似的事实还有。但即使我们在这方面没有什么例证，我们根据较高等的四手类动物所提供的可以相比的材料，[23]也就几乎可以肯定，人在他早期的若干发展阶段里，也一般地遵行过这条战斗的法则。即在今天，我们还间或发现有人的犬牙或虎牙特别发达，比其他的牙齿突出得多，并且牙端还有供上下犬牙扣合之用的锯齿状空隙，这完全有可能是一个返祖遗传的性状，退回到当初我们的祖先，像今天还存活的许多四手类的公的动物一样，经常装备着这些武器的那个状态。我们在上文有一章里已经说过，当人逐渐地变得直立，而为了战斗和其他的生活目的不断地用他的手和臂来掌握木棍和石块的时候，上下颚和齿牙就用得愈来愈少了。这一来，上下颚和有关的肌肉，不用则退，就缩减下去，而齿牙，通过我们还不很了解的相关的原理和生长中节约的原理，也是如此，因为我们到处看到，身体上凡是已经不再派用处的部分都要减缩。通过这一类的步骤，人类两性之间在上下颚与齿牙方面原先存在着的不平等就终于消除了。这一情况和许多公的反刍类动物的情况几乎也成一个并行现象，在后者，显然是由于角的发展，原有的犬牙不是减成一些残留，便是根本不见了。在猩猩和大猩猩，公母两性的颅骨是大小悬殊的，而这一情况又和公猩猩的巨大的犬牙的发展有着密切的关系，既然如此，我们就可以作出推论，认为人类早期男祖先的上下颚的减削，对于他的面貌，一

定引起了一番最显著而有利的变化。

男子与女子相比，有较大的身材和体力，又有更宽阔的肩膀、更发达的肌肉、棱角更多的全身轮廓、更勇敢好斗，所有这一切，我们可以了无疑义地认为主要是从他的半人半兽的男祖先那里遗传而来的。但这些特征，在人的漫长的野蛮生活的年代里，通过最壮健、最勇敢的男子们，不仅在一般的生存竞争中，并且在为取得妻子的争夺战中——双重的成功，而保存了下来，甚至还有所加强，因为这种成功保证了他们能够比同辈中不那么壮勇的弟兄们留传下更多的后代。有一种看法认为男子体力之所以较强，主要是由于他，为了自己与家小的生活，比女子劳动得更辛勤些，而辛勤劳动的影响终于遗传了下来；我认为这样一个看法大概是不对的，因为在所有半开化的种族里，妇女被迫而劳动的辛勤程度并不亚于男子，或且过之。一到文明的种族里，依靠战斗作为仲裁方法来取得妻子的作风早就废止不行。但到此，作为一个通例来说，男子为了养活一家大小，却要比妇女付出更为辛勤的劳力，而他们的更大的体力却也因此而得以维持不变。

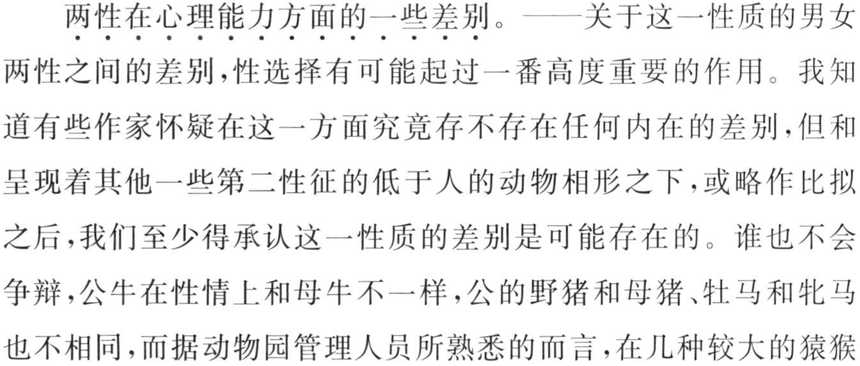

两性在心理能力方面的一些差别。——关于这一性质的男女两性之间的差别，性选择有可能起过一番高度重要的作用。我知道有些作家怀疑在这一方面究竟存不存在任何内在的差别，但和呈现着其他一些第二性征的低于人的动物相形之下，或略作比拟之后，我们至少得承认这一性质的差别是可能存在的。谁也不会争辩，公牛在性情上和母牛不一样，公的野猪和母猪、牡马和牝马也不相同，而据动物园管理人员所熟悉的而言，在几种较大的猿猴里，公的和母的也有差别。女子的心理倾向似乎是和男子的有些不同，主要表现在更为温柔和不那么自私等方面。而这话甚至也适用于野蛮人，帕尔克的《旅行记》里有一段大家所熟悉的文字以及其他许多旅行家的话都能证明这一点。由于她的有关母性的一些本能，妇女通常要向她的婴儿极为突出地表现这些品质，因而就有可能把它们引申而适用到其他同类的人。而男子则不然，他是其他男子的对手，他和别人进行竞争而引以为快事，而这就可以引起野心，更从野心过渡到自私自利是太容易的事了。对他来说，这些品质似乎是些自然的东西，而也是不幸地与生俱来而又分有应得的东西。一般也承认，女子在直觉，在辨认事物的敏捷以及也许在模仿或模拟等方面，能力要比男子的更为显著。但这些性能中，至少有一部分标志着较低的种族的一些特点，因而是属于一个过去而较低的文明状态的。

两性之间在理智能力方面主要的区别是，男子无论从事什么，造诣所及，都要比女子高出一筹——所从事的业务所要求的或许是深沉的思考，是推理、是想象，或许只是感官及两手的运用，都是一样。如果我们选编两张名单，一张男的，一张女的，把历来最杰出的诗人画家、雕塑家、音乐家（包括作曲和演奏在内），每一类下面都选列半打人名，这两张单子是经不起一比的。我们又不妨根据平均离差的这一法则，有如高耳屯先生在他的著作《遗传的天才》中所曾一清二楚地表明的那样，而加以推论，认为如果一部分男子在许多学科上有能力比一部分女子达成一个无可置疑的高度的造诣的话，那么，一般男子的平均心理能力一定要在一般女子的平均之上了。

在人的人兽参半的祖先中间，和在野蛮人中间，男子久历世代地为了占有女子而一直进行过竞争。但只靠身材之高与体力之大是不能保证胜利的，除非同时结合上勇敢、毅力、有果断的精力等品质。在社会性的动物中间，在赢得一个母的做配之前，年轻的一代公的必须经历许多次的战斗，而年老的一辈公的，为了保持他们的母的，也须重新参加一些战斗。到了人类，他们还有必要保卫他们的妻子和幼小的子女，使不遭各种敌人与野兽的侵袭，同时又要猎取食物来养活全家大小。但要避免敌害，或成功地攻击它们，要捕取飞禽走兽，要制作武器，不能没有较高的心理性能有如观察、推理、发明、想象等的帮助。这些不同的性能，在一个人的成年时期里，会不断地受到考验而被选择到手，而同时，即在生命的同一时期内，又因随时运用而得到加强。其结果是，按照我们再三引用到的那条原理，我们可以指望它们至少会倾向于传给主要是男性的下一代，而在下一代的同一个年龄期内表现出来。

如今让我们设想，如果把两个男子，或一男一女，安放在一个相竞争的境地之中，而这两个人，在每一种心理品质上，都是一模一样地完善无缺，所不同的只是其中的一个精力多些、毅力强些、而勇气大些，竞争的结果是可想而知的，大抵精力和勇毅过人的那一个，不论所从事的是什么行道，会崭露头角而高出另一个人的头地。[24]这个人简直不妨说是拥有天才——因为有一位伟大的权威曾经宣称过，天才就是忍耐；而忍耐，在这里，就意味着不屈不挠、无所畏惧的毅力。但这样一个对于天才的看法也许是有缺点的；因为如果没有比较高度的想象能力和推理能力，谁也不可能在许多科目方面取得卓越的成功。后面这两个性能，想象与推理，和前面那一个、忍耐一样，之所以在人身上得到发展，部分是通过了性选择——那就是，通过敌对男子之间的竞争，而部分也通过了自然选择——那就是，由于在一般生存竞争中的成功；而这两种选择所牵涉到的竞争既然都需要在生命的成熟期内进行，则所取得的特征在往下代传的时候，传到得更充分些的大概是男的一性，而不是女的一性了。我们的种种心理性能有许多是通过性选择而发生变化与得到加强的这样一个看法是和下面两个情况十分明显地吻合的：第一，这些性能在春机发轫期（puberty）中会经历相当大的改变，[25]而这是尽人皆知和多少有些惹人讨厌的一件事；第二，太监或其他受过阉割的男子，在这些性能上，一辈子要比别人为低劣，不能发展。总之，男子就是这样地终于变得比女子更为优越。但，就总的情况来说，幸运的是，在一切哺乳动物中间，更为广泛流行的是两性遗传均等的这一法则。否则，男子在心理天赋上的超越于女子就有可能像雄孔雀在翎毛装饰上的超越于雌孔雀一般，那就不免太悬殊了。

我们必须记住：两性中此一性或彼一性在生命较晚时期所取得的特征或性状倾向于只传给同一性别的后代，即父则传子，母则传女，而在子或女的身上在同样的年龄发展出来，而较早取得的特征则所传不分性别，即子女都可以传到——这些，尽管是两条一般的规则，却未必一贯地通行。如果一贯通行，我们就不妨作出结论（但在这里我的话是越出了我应有的范围的），认为男女孩子早年教育的影响会在结婚以后同样地传给他们的子女。因此，目前存在于两性之间的心理能力上的不平等就不能用同样或大致相似的一套早年训练的课程来加以消除。反过来，如果课程有两套，男女不同，这种不同也不可能成为导致两性在心理能力上所以不平等的原因。为了使女子得以够上和男子同等的标准，她在将近成年的时候，应该在加强魄力和毅力方面受些特殊的训练，而她的推理和想象的能力也需通过锻炼，尽量提高，这样，她也许有可能把这些品质主要地传给她的成年的女儿。但不是所有的女子都可以这样地提升起来，除非，在许多世代之内，凡是具有上述的这些强毅的品德的女子，都能够结婚，而比起别的女子来，能够生育更大量的子女才行。像上文讨论体力时所已说过的那样，尽管今日之下，男子们已不再为妻子而进行斗争，因而这一方式的选择已一去不复返，但是，他们在成人之后，为了维持自己和他们的家庭，一般还需经历一番严厉的竞争；而这就倾向于把他们的心理能力保持不败，甚或还有所加强，而这样一来，目前存在于两性之间的不平等也就得到了保持，甚至有些变本加厉。[26]

嗓音与音乐能力。——在有几种四手类动物里，成年的公母之间在发音能力与发音器官上有着巨大的差别。人在这方面的类似的差别看来是从他的早期的祖先那里传下来的。成年男子的声带，比成年女子的，或比男孩子的，约长出三分之一，而阉割对他的影响是和对低于他的动物的影响一样的，就是“使甲状腺等等应有的突出的发展中途停止下来，而这些结构的发展原是和声带的延伸同时并进的”。[27]至于这一差别所由来的原因，我在前章已经说过，大概是由于公的动物，在恋爱、暴怒、嫉妒等心情的刺激之下，经常不断地使用发音器官所致，此外我更没有什么可以补充的话。据吉勃斯(甲 264)爵士的研究，[28]嗓音和喉头的形态在人类的各个种族里各有不同。但据说在鞑靼人、中国人以及其他一些民族中间，比起大多数别的种族来，男、女音的差别不那么大。

歌唱或音乐的爱好和在这一方面的能力虽不是一个性的特征，我们在这里却决不能轻轻放过。一切动物发声的目的尽管不止一端，我们却有充分的理由认为，发音器官的用途与其发展之趋于完善是和有关物种的繁殖分不开的。各种昆虫和少数几种蜘蛛是能够自动发出够得上称为声音的几种最低等的动物，而这是通过构造得很美的磨音器官发出的，并且往往只有雄虫才有这种器官。所发出的声音，据我了解，全都是由同一个音符构成，通过重复而产生节拍，㉙这种鸣声有时候对人也颇为悦耳。在有些例子里，鸣声的主要目的，乃至唯一的目的，像是在对异性发出呼唤或施加引逗。

鱼类的鸣声，据说在有些例子里只有雄鱼才能发出，而且只限于繁育的季节。一切呼吸空气的脊椎动物必然有一套把空气吸进来与呼出去的器官，备有一根在一端可以关闭的管道。因此，当脊椎动物的最原始的成员受到强烈的刺激而肌肉突然收缩的时候，几乎肯定地会发出一些没有目的而不由自主的声音来，而这些声音，如果经验证明其为多少有些用处，就会很容易通过适合者存的道理——即凡是能作出正常适应的各种变异得到保存的道理——而不断地逐步变化或得到加强。直接呼吸空气的最低等的脊椎动物是两栖类，而此类之中，蛙类和蟾蜍类是备有发音器官的，一到繁育季节，就昼夜不休地使用上了，而就两性比较起来，雄的发音器官往往要比雌的更为发达。在龟类，只有雄龟能鸣，而这也只在求爱的季节里。雄的鳄鱼，在同一季节里，能做吼声，像牛鸣。谁都知道，作为调情的手段，鸟类是怎样不惮其烦地运转它们的歌喉的，而有几种鸟还能演奏不妨称为器乐一类的音乐。

我们在这里所更为特别注意的哺乳类这一纲中间，几乎所有物种的公的，一到繁育的季节，总要使劲地运用他们的嗓音，用得比任何别的时候多得多，而有几种动物的公的，一过这个季节，便绝对不发声。在别的一些物种里，则公母两性，或只有母的一性，把嗓音用作恋爱的号角。我们在考虑到这些事实之后，再想到在有些四足类动物里，公的发音器官比母的要更为发达得多，有的是经久的现象，有的是短期的，只限于繁育的一季，再联想到在大多数的低于哺乳类的各类动物里，雄的或公的所发出的声音的用处不仅在于叫唤他的对象，而且要激发她、诱惑她——既考虑到这些，我们感觉到奇怪的是，为什么直到今天，我们还没有取得良好的例证来说明，公的哺乳动物的发音器官也未尝没有类似的用途。美洲属于吼猴属的一个种（乙 647）在这方面也许构成一个例外，而和人相接近的人猿、长臂猿的一个种，敏猿（乙 495）或许也是。这种长臂猿的嗓音是极其响亮而富有音乐味的。沃特尔哈乌斯（甲 686）先生说：[30]“据我听来，猿啼在音阶上的抑扬上下之间，每一顿挫总是不超过、也不少于半音，而我可以肯定地说，啼声中最高音与最低音之间恰好相差八度。各个音的品质是好的，很有音乐韵味，我不怀疑一个有工力的提琴家会在他的乐器上把长臂猿的曲谱示意性地而却还准确地演奏出来，所差的只是嘹亮的程度不及而已。”沃特尔哈乌斯先生接着又把啼声用音符录了出来。解剖学家欧文教授同时也是个音乐家，坐实了上引的话，并且说，这只长臂猿“是野兽之中堪称真正能唱的绝无仅有的一例了”，这

样说当然是错了的。这只人猿曾当众表演过，而在表演之后显得很紧张。不幸的是，对这一猿类在自然状态中的生活习惯从未有人作过仔细的观察，不过，和其他动物相比而加以推测，可知他大概也是把他的音乐才能主要地用于求爱的季节里的。

但长臂猿属中能唱的还不光是这一个种，因为我的儿子弗·达尔文曾在动物园里悉心倾听过另一个种，银猿（乙 498）歌唱一只三个音的调子，真是音程匀整，有着清切的音乐韵味。更教人惊奇的一个事实是，某几种啮齿类（乙 840）动物也能发出音乐的声音。常有人谈起或展览能唱歌的小老鼠但也常有人怀疑这是骗人的玩意儿。但我们最后却也看到一个有名的观察家，洛克沃德（甲408）牧师[31]所写的一篇清楚的记载，说到美洲的一个小型的鼠种，鸣鼠（乙 476）的音乐能力，这种小鼠是和英国普通的小型鼠种不同一属的。这只小动物是有人养着的，曾经屡次表演给人听。她在唱两支主要的歌曲中的一支时，“往往把最后一段节线拉到两段或三段那么长，而有时候她还要从 C 调高半音和 D 调改变到 C 本调和 D 调，然后又在这两个音调上颤抖着嗓音流连一个时候，而终于在原来的 C 调高半音和 D 调上啾的一声而戛然收场。半音与半音之间界限分明，毫不含糊，也是很显著的一点，在耳朵有训练的人很容易领会”。洛克沃德先生把这两只歌曲都谱了出来，并且说，这只小老鼠虽“没有辨别节拍的耳朵，她却懂得守住 B 的音键（两个变音或低半音）和严格维持在一个主要的音键之内……她的柔软而清楚的嗓音每下降八度时，是降得再精确没有的；然后，在收场时，嗓音又转而上升，在 C 调高半音和 D 调上发出突然的颤声而结束”。

一个评论家曾提出问题：人的耳朵（他应当同时提到其他动物的耳朵）怎么会通过选择而终于能对音乐上音的辨别作出适应。但这个问题说明提出的人在思想上有些混乱。首先应该知道什么是声，空气中若干“单纯的震荡”的同时存在所造成的一个感觉就是一个声，各个震荡的周期不同，而彼此又如此其不断交错，致使我们的耳朵无从辨认它们的个别的存在，所以听去只是一声。只是在这些震荡断而不续和各个震荡之间缺乏和谐的两种情况之下，声始终只是声，而不成音乐的所谓音。所以，凡是有能力辨声的耳朵——而大家都承认，对一切动物来说，这样一种能力有其高度的重要性——也就能感觉到音乐的音，也就是知音。即便在动物阶梯的各个低下的层级里，我们也可以找到这种能力的例证。即如甲壳类动物就备有若干根长短不同的为听觉服务的毛，有人看到过，只要适合的乐音一响，这些毛就颤动起来。㉜上文有一章里已经说到过，对蚊蚋触须上的细毛，也有人观察到过同样的情况。另一些可以信赖的观察家也曾确凿地说蜘蛛也能接受音乐的吸引。很多人也熟悉有的狗在听到某些特别的音调的时候会吠叫起来。㉝“看来海豹也能领会音乐，海豹对音乐的爱好是古代人便已熟悉的一件事，而直到今天，还时常为海上猎人所利用。”㉞

因此，只就对音乐的音的单纯的辨认而论，无论所说的是人也好，是其他动物也好，我们似乎没有什么特别的困难。黑耳姆霍耳兹曾根据生理学的原理，来解释为什么人的耳朵听到和谐的音调就觉得舒服，而不和谐的则不舒服。但这对我们没有多大关系，因为音乐讲求和谐毕竟是近代的一个发明。我们更关心的是旋律，而在这里，也以黑耳姆霍耳兹为据，为什么我们要用到音阶上的各个音，也是不难理解的。原来我们的耳朵总要把一切声响分解成为所由构成它们的许多“单纯的震荡”，尽管人并不觉察到这种分解的过程，分解总是经常进行着的。在一个乐音中间，各个震荡之中调子最低的那个震荡一般总是最占优势，而其他不那么显著的一些是第一至第八的音程、第十二、第二个八度，等等，对那个基本而占优势的低调都是和谐得来的。在我们音阶上的任何两个音都有许多共同的可以的和谐的泛音。如此一说，我们似乎可以看得很清楚，如果一只动物老爱唱某一支歌曲，而且总是这一支，它就会就那些拥有许多共同的泛音的音连续不断地加以试发这样一个方向来引导自己——那就是说，它会替它的歌曲挑选那些属于音阶的一些音。

但若有人进一步地问，为什么音调这样东西，排成了一定的次序，具备了一定的节奏，就会引起人和其他动物的快感，那我们所能提出的理由就和某些滋味、某些香气之所以能引起快感一样，再多也就说不上了。但音调确乎能为动物提供某一种的快感是不成问题的，在求爱的季节里，许多种昆虫、蜘蛛、鱼、两栖类和鸟类动物都能产生音调，我们认为不成问题的根据就在这里。因为，如果这些动物的母的不懂得领会这些音声，又不从而得到激发，受到媚惑的话，那么，公的一方的一番苦心孤诣，以及那些往往为公的一方所独具的复杂的发音结构就成为徒劳无用；而这是不能想象的。

一般都承认人的歌唱是器乐的基础或起源。音乐的音的人工的生产或创制是有其乐趣的，也是需要能力的，此种乐趣与能力是心理性能的一部分，但这两个性能，就人的日常生活的习惯来说，可以说是最没有什么用处的，既然如此，我们就不得不把它们纳入人的种种天赋中若干最神奇而不可理解的天赋之列。这种制造器乐的爱好与能力是在一切种族的人中间都可以找到的，哪怕是最野蛮的，尽管最初的制作是很粗糙的；完全不能制作的例子是没有的。但各个种族对器乐的欣赏能力却又大不相同，我们的器乐不能为野蛮人提供任何乐趣，而他们的器乐对我们来说也是不堪入耳和不知所云。塞曼（甲 597）博士在这题目上说过一些有趣的话，㉟他说："即便在西欧的若干民族中间，尽管由于近便与经常的来往而彼此之间有着密切的联系，其中任何一个民族的器乐，如果交给其他各个民族来欣赏，而把体会说出来，体会到的意义是不是和本民族的体会相同，是可以怀疑的。更由此向东旅行，我们发现所遇到的肯定是一种不同的音乐语言。表示欢乐的歌唱和舞蹈的伴奏不再像我们一样地维持在主要的音键之内，而总是维持在次要的音键或低调之内。"不论人的半人半兽的祖先是不是像雅擅歌唱的长臂猿一样，具有发出音乐的音的能力和因而也有领会音律的能力，我们知道，它的开始具备此种能力在时代上还是很早很早的。拉尔代先生曾经叙述到过用驯鹿的骨与角制成的两支笛子，它们是从洞穴里和火石制的一些工具以及早已灭绝的一些动物的骨殖一起被发现的。总之，歌唱和舞蹈的艺术都很古老，而今天全部的或几乎全部的最低等的种类都或多或少地能歌善舞。诗的艺术可以看做是从歌唱的艺术演进而来的，也是极为古老，许多人看到诗的兴起极早，早在我们有任何材料可资参证的时代便已有了诗篇的记录，而为之感到惊奇。

我们看到，任何种族都具有的或多或少的音乐性能是可以很快而在短期之内获得高度的发展的，例如霍登脱特人[7] 和其他的

黑人，尽管在他们本土难得从事于我们所承认为音乐的东西，已经有成为出色的音乐家的。但希伐恩福尔特表示他对在非洲内地所听到的一些简单的带旋律的歌曲感到愉快。不过，在人中间，音乐性能暂时蛰伏而不发展的情况是不足为怪的，动物中也有这种情况，有几种在自然状态中向来不鸣的鸟，通过教练，也会唱，而且教练起来并无多大困难。例如一只普通的麻雀就曾学会红雀（linnet）的鸣声。这两个鸟种既然有近密的亲族关系，并且同属于一个目，鸣禽目（乙518），而这一目包括世界上几乎所有的能歌唱的鸟类在内，有可能麻雀的老祖先本来是个歌手。各种鹦鹉就更奇了，它们是鸣禽类以外的另一类的鸟种，发音器官的构造也不一样，经过教练，它们不但会说话，并且会歌唱或歌啸人所创制的曲调，这说明它们不可能没有一定的音乐能力。但若我们遂因此而假定鹦鹉也是从某种古老的能歌唱的飞禽嬗递而来，那就很冒失了。我们可以提出许多例证，来说明原先为了适应某一目的的要求而发展出来的一些器官和一些本能后来被运用来适应另一个目的的要求。[36]因此，各个种族的野蛮人所具有的可以高度发展的音乐能力就可以有两个不同的由来，或者是由于我们人兽参半的祖先们本来就习于一些粗浅的形式的音乐，或者仅仅是由于他们取得了一副虽然适合于声音的发展而本来的目的却不在此的发音器官。不过为了后一由来之说得以成立，我们还必须补充假定，像上文说到的鹦鹉的例子那样，而在动物之中同样的例子似乎还有许多，就是我们半人半兽的先辈当时也已经具有对于音调的一些感受力。

音乐在我们身上唤起种种情绪，但惊骇、恐惧、暴怒等等更为可怕的情绪不在其内。它所唤醒的是一些比较文雅的情感，如温柔、如恋爱，而这些又很容易转进到忠恳。中国史籍里有这样一句话，“音乐有力量使天神降到地上”。[8] 它也能从我们心上激发胜利而光荣的同仇敌忾的战斗热情。这些有力而融合在一起的感情很有可能进而产生高明与壮烈之感。像塞曼博士说的那样，仅仅在一个单一的乐音之中我们可以比在连篇累牍的文字之中集结更为浓厚的感情。当一只雄鸟，在和他的情敌争风斗胜之中，把他的全部歌曲向雌鸟倾倒从而把她争取到手的时候，我们设想他所感觉到的大概几乎是同样的一些情绪，只是强度和复杂的程度要低得多罢了。在我们的歌曲里，恋爱至今还是最普通的主题。像斯宾塞尔说的那样，“音乐唤起一些蛰伏着的感情，在唤起以前，我们连它们的可能存在都认为不可思议，我们也不了解它们有什么意义。或者像瑞希特尔说的一般，音乐把我们所从未看到而也不会看到的东西告诉我们”。和这一过程相反，当一个演说家感觉而表达一些生动的感情的时候，乃至在寻常谈话之间遇到同样的情况时，音乐的抑扬顿挫和一些节拍就会出乎本能地被运用出来。非洲的黑人，感情一激动，往往会不由自主地唱起歌来，而“另一个黑人会用歌唱来回答，霎时间，在场的同类，像触了音乐的电波似的，会异口同声、和谐无间地哼出一曲和歌来”。[37] 甚至猴子也用不同的声调来表达强烈的感情——愤怒和急躁用低调——恐惧和痛苦则用高调。[38] 音乐，或讲演中所表现的高下徐疾的声调，这样地在我们身上所激起的感觉和意念，由于它们的模糊不清而却又发乎心灵深处，看去像是退回到了一个已经过去得很悠久的时代里的一些情绪和思想。

如果我们可以假定，当初我们人兽参半的祖先辈，在求爱的季节里，像其他一切种类的动物一样，不但由于恋爱的刺激，并且受到嫉妒、争风赢得胜利等强烈的情欲的鼓动，而用到过音乐的声调和节奏的话，我们对上文所说的关于音乐和富有情感内容的言辞的种种事实就在一定程度上容易理解了。由于遗传的联想是深沉的这一原理，音乐的声调到这里就会模模糊糊地、隐隐约约地唤起千百万年以前的种种强烈的情绪。我们既然有一切的理由来认为有音节的语言是人所取得的最晚近、而也肯定是最高级的艺术之一，而发为音调和节奏的本能性的才力又既然是在动物系列的基层里便已发展了出来，那么，如果我们承认人的音乐能力是从带有感情的语言的声调中发展而来的话，我们将完全违反进化的原理。不，我们必须倒转过来，而认为演讲中的抑扬顿挫是从早经发展了的音乐才能之中派生出来的。[39]这样我们就可以懂得为什么音乐、舞蹈、歌曲、诗词会是如此十分古老的艺术。甚至我们还可以比此更走进一步，而像上文有一章里所已说到的那样，认为音乐的声调为语言文字的发展提供了基础的一个方面。[40]

既然好几种的四手类动物的公的有着比母的更为发达得多的发音器官，而其中之一，也是似人的猿类之一，长臂猿，又既然能倾泻一整套的八度的音调，而居然可以擅歌手之名，那么，我们人的祖先辈，无论男女。在取得具有音节的语言来表达相互的爱慕的能力之前，看来大概也曾试图用音调和节奏的发声来彼此互相诱引。可惜我们对于四手类动物在恋爱的季节里如何运用它们的嗓音这一方面知道得实在太少，使得我们无从判断，当初我们祖先中开始取得歌唱的习惯的究竟是男的一方还是女的一方。一般认为女子的嗓音要比男子为甜美，如果这一点可以作为任何线索的话，我们不妨认为女子为了吸引男子，是首先取得音乐的才能的。[41]但如果我们推测得对，这一情况的发生一定也是很早很早的，大抵要在我们的祖先变成够格的人、而懂得只把女子当做有用的奴隶之前。后世情词并美的演说家、游方的歌手或器乐演奏家，当他们用音调铿锵的歌词或言辞在他的听众中激起各种最强烈的情绪的时候，大概决不会想到他所用的方法正是他的半人半兽的祖先，在求爱和对付情敌的时候，用来把彼此的情欲打动得火热的方法。

美貌对决定人类婚姻的影响。——在文明生活里，男子在选择他的妻子的时候，左右他的影响主要是女子的外貌，当然也不排斥其他的影响；但我们在这里所关心的主要是原始时代的情况，而要在这题目上作出一个判断，我们唯一的方法是研究当前还存在的一些半文明和野蛮氏族的习惯。如果我们可以指明，在这些不同的氏族里，男子所看中的是具有各式各样特点的女子，而女子对男子亦复如此，我们接着就可以探问，这样的彼此挑选在持续了许多世代之后，会不会按照遗传所进行的不同的方式，只在一性身上，或兼在两性身上，产生一些可以感觉得出的种族方面的影响。

首先，我们不妨比较详细地指出，野蛮人是极其注意他们的个人的外表的。[42]他们渴爱打扮是无人不知无人不晓的；一个英国的哲学家甚至于发为理论地说，衣服的创制不是为了保暖，而是为了装饰。像伐伊兹教授说的那样，“无论一个人如何穷愁潦倒，对打扮自己总感到一分乐趣”。这有一个例子可以说明，南美洲裸体的印第安人真是不惜工本地来装饰自己，“一个身材高大的男子，不辞两星期的辛勤劳动，来赚取足够的交换价值，为的是换得把他全身涂成红色的必要的‘赤卡’(chica)[9]”。㊸在驯鹿时代里，欧洲古代的半开化的人把碰上而捡到的任何有彩色或奇特的东西带回洞穴里。今天各地的野蛮人都用羽毛、颈圈、手镯、耳环等等装点自己。他们在自己身上脸上涂满各种颜色、涂成各式花样。洪姆博耳特说得好，“如果涂身文面的各民族像穿衫着裤的各民族在我们的研究里得到同样的注意的话，我们会认识到最丰富多彩的想象和千奇百怪的巧思曾经活动过而创出了这些涂身文面的时髦的式样来，和服装式样的由来初无二致”。

在非洲有一个地区，人们要在上下眼皮上涂抹黑色；在另一个地区，男子的眼皮是涂黄色或紫色的。在许多地方，头发是要染的，颜色各有不同。在许多不同的邦国里，牙齿要染过，有黑的、红的、蓝的，等等，而在马来群岛，人有“像狗那样的”白牙齿是被认为可耻的事。北从北极圈各地区，南至新西兰，任何大国里都有些文身、文面或雕题的土著居民，例外是提不出来的。古代的犹太人和不列登人[10]也有过这个习俗。在非洲，有些土著居民也文身，但更为普通得多的是在身上不同的地方用刀划开，在划处抹进盐，从而造成若干隆起的长条疙瘩；而这一类的疙瘩，在考尔多番(Kordofan)和达尔佛尔(Darfur)[11]等地方的居民心目中是“个人容貌上大为漂亮的东西”。在各个阿拉伯国家里，如果脸庞上和“两鬓上没有划上几条刀痕”，㊹则美中还有所不足，最是遗憾。洪姆博耳特说，在南美洲，“如果做母亲的忽略了用人工的方法把小孩小腿上的那块肉弄成当地所要求的那个式样，她就是犯了对下一代漠不关心的罪过，要受到指责”。在新旧两大陆，以前都有人要在婴儿时期把头颅挤压成各种奇形异状，至今在不少的地方，也还有这种风尚，而这种变形的头颅是被认为有美容的作用的。哥伦比亚的野蛮人㊺就是这方面的一个例子，他们认为压得很扁的脑袋是“美的一个主要的组成部分”。

在许多不同的地方，头发的处理是特别仔细的；有的让它长长，以至于拖到地上，有的把它梳成“紧凑而鬈曲蓬松的帚状的一大把，例如巴布亚人[12]便把这种发式看做自己的一种骄傲和光荣”。㊻在北非洲，“一个男子需要费上八年到十年的工夫来完成他的发式”。在还有一些民族里，头是剃光的，而在南美洲和非洲的有些地方，甚至连眉毛和睫毛都给取消了。尼罗河上游的土著居民把四只门牙打掉，说他们不愿意像野兽那样的龇牙咧嘴。更往南，巴托卡人[13]只敲掉上面的两个门牙，据利芬斯东说，㊼这使得他们的脸见得非常难看，因为这样一来，下颚就显得更为突出，而他们自己却认为这两只门牙的存在是最不雅观的事，而在见到几个欧洲人的时候，叫嚷着说，“瞧那大牙！”他们的首领，塞比图阿尼（甲 595）试图改变这个风气，但没有成功。在非洲和马来群岛的一些不同的地方，土著居民在门牙上锉出若干尖头，像锯子的锯齿，或者钻个窟窿，镶上扣子。

我们文明人讲美貌，把脸当做鉴赏的中心，野蛮人也是如此，于是脸就成为斫丧的集中之所。在世界各地，鼻梁或鼻的两翼上要戳洞，鼻梁上更是普通，然后在洞里贯穿上圈圈、小棍子、羽毛以及其他饰物。耳朵是到处要穿孔而同样地加上装饰品的，而在南美洲的波托库多人[14]和楞古亚人中间，耳朵上的窟窿被这些装饰品弄得越来越大，其下面的边缘可以碰到肩膀。在南、北美洲和非洲，上唇或下唇要穿孔，而也是在波托库多人中间，下唇的窟窿大得可以嵌进一个直径四英寸长的木制饼。曼特戛札有过一段有趣的记录，说到一个南美洲的印第安人，在他把他的"滕姆巴他"(tembata)——即用来穿过耳朵的大片涂色的木头——卖掉之后，是如何地难为情和如何地受到旁人的奚落。在中非洲，女子在下唇上穿窟窿，窟窿里戴上一块水晶，"说话的时候，由于舌头转动，这块水晶也就跟着蠕动，那股蠢劲真是无法形容地可笑"。拉图卡(Latooka)部落的酋长的妻子对斯·贝克尔爵士说，[48]"如果爵士夫人肯把下颚的四只门牙拔掉，然后在下唇上穿戴一根尖长而磨光的水晶，她就会漂亮得多"。由此更往南，到麦卡罗罗人(Makalolo)中间，穿孔的是上唇，而孔中穿过的是金属和竹制的一只大环，叫做"贝勒雷"(pelelé)。在有一个例子里，这使得上唇向前突出，超出了鼻尖有两英寸之远，而当这位女主人嫣然一笑的时候，肌肉的收缩更把它抬起，抬得比眼睛还要高些。有人向年高德劭的酋长琴塞尔迪(甲 150)发问，"为什么妇女要穿戴这些东西？"这位酋长很诧异地回答说："为了好看呀！妇女们所有美丽的东西就是这些；男人有须，女人没有。如果没有了'贝勒雷'，她会是什么一种人呢？嘴和男人一样，却又没有须，她就根本不成其为一个女人了。"这位酋长的所以表示诧异，显然是因为他觉得客人的问题提得太蠢。[49]

但全身的各部分都可以成为这种不自然的变革的对象，几乎没有一处得以幸免。这种变革所造成的痛楚，在分量上一定是极大的，因为有的手术需要好几年才能完成，而从此也就可以知道，对这些种族来说，这一类的习惯在观念上是如何地必要而不容违拗。它们的动机当然不止一端，男子通身涂上颜色，在战争中可以见得狰狞可怕；某几种肢体的毁伤是和宗教礼俗分不开的，有些是男子进入发育年龄、或男子达成某种品级的标志，有些则用来区别不同的部落，成为部落的番号。在野蛮人中间，一种时行的习尚的所谓时是拖得很久很久的，[50]因此任何身体上的毁伤，初不论起因如何，一经作出，不久就受到重视而成为所以别异于一般人的标志。但自我修饰、虚荣心和邀取别人的赞赏，似乎是些最普通的动机。关于文身文面，在新西兰的传教士们对我说过，当他们试图劝说土著的年轻女子放弃这一类的习惯的时候，她们的回答是："我们在嘴唇上总得有上几个条条；要不然，我们一到老年，就会变得很丑。"至于新西兰的男子，一位最有判断能力的人士[51]告诉我们："文面要文得好是一个年轻男子的一大雄心，一则它可以使自己取得姑娘们的欢心，再则使自己在战场上显得头角峥嵘。"在非洲有一个地方，男子额上雕一个星星和下颌上刻一个点点，这对被追求的女子们看来，有着无法抗拒的美的威力。[52]在全世界大多数的地方，但不是所有的地方，男子要比女子打扮得更多一些，而且男子与男子之间往往打扮得不一样。有时候，女子几乎是全不打扮，但这种情况是难得的。野蛮人既然让女人负起绝大部分的劳作的责任，又既然不让她们享受最好的各种食物，那么，他们也就不会让女人取得和使用上等的装饰品了，因为这样做，都是符合于男子的自私自利的特性的。最后，上面所征引的种种，也证明一个显著的总的事实，就是，在改变头颅的形状上，在头发的打扮上，在涂色、文身、穿鼻、穿唇、穿耳上，在打牙、锉牙等等上，同样的一些形式会在全世界相距极远的各个地区里长期地流行过，而有的地

方至今还在流行。若说那么许多不同的民族中所曾通行过或尚在通行的这些习俗是由一个同源的传统而来，那是极度不可能的事。不，它们所指证的是，尽管分成了若干种族而各有所隶属，人在心理方面有着密切的相类似的性格，其他也几乎是普遍通行的一些习尚如舞蹈、假面具和粗率的绘画等所指证的也无非是人心相同的这一层道理。

关于野蛮人对各式各样文饰的事物所感觉到的爱慕，乃至对我们所认为极其难看的身体上的伤残也艳羡不已，我们已经说了这些为下文做准备的话，现在让我们看一看，在男子方面又是怎样地为他们的女子之美所吸引的，而他们的美的观念又是些什么。我曾经听说，有人主张野蛮人对他们妇女的美不美是很冷漠而不关心的，仅仅是因为她们可以用作奴隶才看重她们；我们不妨首先说明这样一个结论性的主张是与实际不符的，她们实际上很费心力地打扮自己，或者说，实际上她们也有她们的虚荣心。柏尔契耳（甲 121）[53]有过一段教人发笑的记录，说一个布希曼人的妇女 15
所用的油膏、赭土和发亮的粉，其分量之大，“足以使一个普通而不是很富有的丈夫宣告破产”。她在神情上也表现得“很爱虚荣，并且毫不掩饰她那种自觉的优越感”。瑞德先生告诉我，非洲西海岸的黑人时常谈论她们的妇女之美。有几个有资格的观察家曾经把流行得可怕的溺婴的风俗部分地归因到妇女自己，说她们感觉到一种愿望，要更长久保持她们自己的美貌。[54]在若干地区，妇女身上带有各种符咒之类的迷人之物，还有媚药之类，为的是要取得男子的欢心。勃朗先生说过，北美洲西北部的土著妇女备有四

种被认为足以媚人的植物。[55]

赫尔恩[56]是个出色的观察家，曾同美洲印第安人多年生活在一起，他说，谈到女人，“试问一个北部的印第安男子什么是美，他会回答说：一副宽阔而扁平的脸；小眼睛，高颧骨、左右两颊各有三四条宽黑的横纹；一个低平的额角、一个又大又宽的下颚、一个重厚的鹰爪鼻子、一身黄褐色的皮肤，和一对长长的、可以下垂到裤腰带的乳房”。帕拉斯访问过中华帝国的北方地区，说：“那些长得有些像满洲（Mandschú）人的女子容易被人看中；那就是说，脸要宽，颧骨要高，鼻子要很阔，耳朵要特别大。”[57]而据福赫特说，中国人和日本人原有的外梢斜上的眼睛在画张上是被夸大了的，为的是，据他“看来，要展示它的美，恰好和红毛番人[16]的眼睛的不美成个对照”。像迂克（甲 333）再三说过的那样，许多人都知道中国内地的中国人认为欧洲人白皮肤、高鼻子，丑得可怕。按照我们的观念，锡兰土著居民的鼻子远不能算太高，然而“第七世纪的中国人，习惯于看到蒙古[17]各族的扁平的面貌，对僧伽罗人（Cingalese）的高鼻子不免表示惊讶，而奘（Thsang）甚至于用‘鸟喙而人身’的话来描绘他们”。[18]

在极为详细地叙述了交趾支那的各族人民之后，芬雷森（甲 239）说，圆圆的头和脸是这些人的主要的特点。他又说：“全部面貌的浑圆在女子方面尤为显著，女子越是能表现这一形态的脸，就越以美貌见称。”暹罗人的鼻子是小的，两个鼻孔有些左右岔开，嘴宽，嘴唇相当厚，脸特别大，颊骨很高很宽阔。因此，不足为怪的是，“我们所了解的美对他们说来是陌生的。然而他们认为他们自己的女子要比欧洲的女子美丽得多”。[58]

很多人都知道，在霍登脱特人(Hottentots)中间，许多妇女躯干的后部是鼓出得很奇特的，她们具有所谓脂肪臀(steatopygous)。而斯米思爵士肯定地知道，这一特点是当地男子们所大大赞赏的。[59]他有一次看到一个被公认是个美人的妇女，臀部发展得如此之大，使她在平地上坐下来以后无法再站起来，只好向前匍匐一段距离，直到有高坡的地方才行。在若干不同的黑人部落里，有的妇女也有这个同样的特点。而据柏尔屯说，索马里(Somal)的男子"在挑选女子为妻的时候，据说要把她们列成一排，然后就其中挑取背面鼓出得最远的那一位。对这里的黑人男子来说，没有比这种形态的反面更为可憎的了"。[60]

至于皮肤的颜色，黑人们曾经取笑过帕尔克的白皮肤和高鼻子，他们认为这两样东西都是"既不雅观又不天然的构造"。帕尔克却报以一番称赞，说润泽有光的漆黑的皮肤和平陷的鼻子是如何地可爱，黑人们说，这是"嘴甜"挖苦人，但他们还是给了他吃的。非洲的摩尔人[19]见了帕尔克的白皮肤，也"皱着眉头，并且还像有些发抖"。非洲东海岸的黑人男孩子们，当他们看到柏尔屯的时候，嚷着说，"瞧那白人，他不是像一只白的猩猩么?"在西海岸，据瑞德对我说，黑人对皮肤很黑的人，要比对任何浅色皮肤的更为赞赏。但他们之所以憎厌白色，据这个旅行家的意见，也是有缘故的，部分是由于大多数的黑人相信精灵鬼怪都是白色的，部分则因为他们认为白皮肤是健康不佳的一个标志。

巴尼埃人(Banyai)是非洲更迤南地区的黑人。名为黑人，"其中很大的一部分人的肤色却是像咖啡加上牛奶的一种浅褐色，而且，说实在话，这在当地整个区域里被公认为是漂亮的"；这一来我们就又有了一个鉴赏的标准了。喀非尔人(Kaffirs)是和黑人很不相同的,“他们的肤色,除了靠近德拉哥亚湾[20]的一些部落之外,通常不是黑色,而是红黑相混,最普通的是可可色。这样深色的脸既然最为普通,自然而然地是最受人赏识。如果有人被别人说到肤色很浅,像一个白人,这在喀非尔人听来是句很不高明的恭维话。我曾经听说过一个不幸的男子,因为皮肤实在太白,弄得没有女子肯嫁给他”。朱鲁人[21]的国王的尊号里,有一个是“黑的殿下”。[61]高耳屯先生向我谈到南非洲的土著居民,说他们的美的观念似乎和我们的很不相同;因为在有一个部落里,有两个苗条、纤小而可爱的女子受到部落中人的冷待。

转到世界上的另外一些地区:在爪哇,据法伊弗尔(甲 523)夫人说,黄皮肤的女子是个美人,而白皮肤的不是。一个交趾支那的男子“用瞧不起的口气说到英国大使的夫人,说她牙齿白得像狗牙齿,而皮肤红得像马铃薯花”。我们已经看到,中国人是不喜欢我们的白皮肤的,而北美洲的印第安人则赏识“一张黄褐色的皮”。在南美洲,住在东部连山叠岭地区荫翳而潮湿的山坡上的尤拉卡拉人(Yuracaras),有着很苍白的肤色,而他们自己的名称,在他们的语言里就表示了这一点,然而在他们的眼光里,欧洲女子还是远不如他们自己的女子美。[62]

在北美洲的若干部落里,头发可以长得出奇。喀特林提供过一个有趣的例证,说明长发是何等地受到重视,原来克茹人(Crow)的酋长就是因为他在全部落的男子中长着最长的头发而被推举出来的,他的发长是十英尺七英寸。南美洲的艾玛拉人(Aymara)和奇楚亚人(Quichua)的头发也很长,据福尔勃斯先生告诉我，头发之美是如此可贵，使得他可以用割发作为最严厉的刑罚来对付他们。在美洲的南北各一半的大陆上，土著居民有时候还要用各种纤维编进头发使它显得格外地长。尽管头上之发是如此受到爱护，而嘴脸上的毛，在北美洲印第安人眼中却是“俗不可耐”有一根要拔一根的。拔须的风俗事实上通行于美洲大陆全境，北自温哥华岛，南至火地岛，没有例外。贝格尔号船（The Beagle）上服务的明斯特尔是一个火地人，当他被遣回家乡的时候，当地人告诉他应该把脸上的几根短毛拔掉。这些人也曾威胁过暂时独自留在当地的一个年轻的传教士，要剥光他的衣服，拔他脸上和身上的毛，而这个年轻人根本不是一个多毛和多须的人。流风所至，巴拉圭的印第安人竟然把眉毛和睫毛也拔得一干二净，说是他们不愿意像马那样浑身是毛。[63]

值得注意的一种情况是，世界上凡是几乎完全没有胡须的各个种族都不喜欢脸上和身上有毛，总是竭力地把它清除掉。卡尔默克人[22]是没有胡须的，而他们出名的一件事就是，像美利坚土著居民一样，要把零星出现的毛完全拔光；玻利尼西亚人[23]、某些马来人以及暹罗人也是如此。伐伊奇（甲 664）先生说，日本姑娘“全都反对我们的络腮胡子，认为很丑，要我们剃光，学日本男子那样”。新西兰的土著居民现在蓄有短而鬈曲的须，但在从前，他们也是要摘掉的。他们有一句俗话说“世上没有女子来配上一个多毛的男子”。但看来也许是由于来了欧洲人，新西兰原有的风气已经变了，有人肯定地告诉我，美奥利人（Maories——即新西兰土著居民——译者）现在对胡须是欣赏的。[64]

反过来，凡是有须的种族都赞赏和十分珍爱他们的胡须；在盎格鲁-撒克逊人中间，身体的每一部分都有一定公认的价格，“弄掉人家的胡须估计要赔二十便士，而折断大腿只定为十二便士”。[65]在东方，人们用胡须来赌咒。我们已经看到非洲麦卡罗罗人(Makalolo)的酋长琴塞尔迪认为胡须是一大美饰。在太平洋区，斐济人(Fijians)的胡须是“茂密而蓬松的，是他们最大的引以为豪的东西”；而邻近的东加(Tonga)和萨摩亚(Samoa)两处群岛的人是“没有胡须而怕见一个毛糙的下颌的”。而在埃力思(Ellice)岛群中，仅就一个岛而言，“男子都有大胡须，而不免为此夸耀一番”。[66]

这样一看，我们就知道不同的族对于什么是美在看法上是如何的大相径庭了。每一个文明有了足够进展的民族都要为他们的神道或神化了的帝王造像，造像的雕塑匠无疑地会试图把他们的美丽和庄严的最高理想表达出来。[67]在这样一个观点之下，我们不妨在我们心里把古希腊人的尤辟特尔或阿普罗[24]和埃及人或亚述人在这方面的造像在想象中比拟一下，再把这些和中美洲残存的建筑上面的狰狞可怕的浮雕来一个比较。

我所碰到的反对美的观念各有不同这一结论的说法是绝少的。但瑞德先生的说法不同，他曾经有过广泛的观察的机会，他观察所及的黑人，不但有非洲西海岸的、并且有从来没有和欧洲人来往过的非洲内地的黑人。他肯定地认为他们的一些美的观念，总起来看，和我们的没有什么不同。而柔耳弗斯博士写信给我，就波尔诺(Bornu)和泊罗人(Pullo)诸部落所居住的各个地区的情况说话，所见和瑞德相同。瑞德发现，在对当地土著女子的美的估计上，他是和黑人男子们不约而同的；又发现，他们对欧洲女子之美的领会和我们自己的也没有什么不符。他们也赞成头发要长，并且还用人为的方法使头发显得丰盈，他们自己的胡须虽然很稀少，却也欣赏别人有好胡子。到底哪一种鼻子最受欢迎，在这点上瑞德先生没有太搞清楚，但他说有人听到一个女子说："我不爱同他结婚，他没有鼻子。"这说明过于扁平的鼻子是不受欢迎的。但我们应当记住，在非洲的居民里，西海岸黑人的宽扁的鼻子和突出的上下颚，也毕竟是些例外的类型，因而遭到拒绝。但尽管有上述的这些话，瑞德先生也承认，黑人是"不喜欢我们的肤色的，他们用猜疑的眼光来看我们的蓝眼睛，他们又认为我们的鼻子太长而嘴唇太薄"。他又认为，仅仅根据体格方面的一些秀美的表现，黑人大概宁愿看中一个好看的黑人女子，而不会看中一个最美的欧洲女子。[68]

好久以前，洪姆博耳特[69]所坚持的原则——就是，人总是要对自然所赋予他的任何特征表示赞赏，并且往往还要试图加以夸大——一般说来，是真实不虚的，这从许多方面可以得到证明。无须的种族习惯于清扫任何须髭的痕迹，甚至往往殃及身上所有的毛，就是一个例证。古今各时代里，在许多民族手里，头颅经受过很大的变化。无疑的是，这种人为的矫揉造作之所以也成为一种习尚，尤其是在南、北美洲，无非是要把某一个自然而受人赞赏的特点变本加厉地夸大出来。有人知道，不少的印第安人称赏扁到极度而在我们看来却认为一个白痴才会有的脑袋。美洲西北海岸的土著居民把脑袋挤压成尖顶的圆锥体，而他们又经常地惯于把头发在颅顶上打成一个结，为的是，像威耳森（甲 709）博士所说的那样，"使他们所喜爱的圆锥体可以见得特别高耸"。阿腊克罕地方[25]的居民"赞赏一个宽阔而光滑的前额，而为了塑造它，他们在新生儿的头上绑上一块铅板”。在另一方面，斐济诸岛上的土著居民却以“一个宽阔而浑圆的后脑包为绝美”。⑳

头颅如此，鼻子也如此，阿帖拉（Attila）年代[26]的古匈奴人习惯于用绷带把婴儿的鼻子捆得扁扁的，“为的是夸大一个自然生成的形态”。在塔希帖人中间，“长鼻子”是个骂人之词，所以他们为了美观要把小孩的鼻子和前额加以压缩。苏门答腊的马来人、霍登脱特人、某几种黑人和巴西的土著居民，㉑也是如此。中国人的脚生来就是异乎寻常地小的，㉒而大家都熟悉，他们上层的妇女还要使它变形而缩得更小。最后，洪姆博尔特认为美洲印第安人之所以要用红色的涂料涂遍全身也无非是为了要夸大他们天然的肤色，而直到不久以前，欧洲的女子也喜欢在天然鲜明的颜色之上变本加厉地添些胭脂白粉，[27]但一般半开化的种族是不是也有这一类涂脂抹粉的要求是可以怀疑的。

在我们自己的服装的时式方面，我们所看到的也恰恰是同样的一条原则和把一切特点推向极端的一种同样的愿望，我们也表现同样的争奇斗胜的精神。但野蛮人的时式要比我们的远为持久得多，而凡是牵涉到要用人工来改变身体形态的一些时式势所必至地要维持很长的时期。尼罗河上游的阿拉伯妇女要花差不多三天的工夫梳一个头；她们从来不模仿其他的部落，“而只是在自己人中间，在自己的梳妆风格上争奇斗胜”。威耳森博士，在谈到各个美洲种族挤压头颅的风俗时说：“这一类习俗是在最不容易根除之列的，革命的震撼可以改朝换代，可以扫清一些更为重大的民族特点，而这一类习俗却可以安然无恙。”㉓在育种的艺术里，同一个原则也在活动，明白了这条原则，我们也就不难了解，像我在另一场合已经说明的那样，[74]为什么许多只供和专供观赏的动植物品种会取得如此惊人的发展了。好奇猎艳的这方面的育种家总希望每一个特征多少再加强一点点，或提高一点点，他们不赞成任何中平的标准，他们当然也不指望他们的品种在特征上发生巨大与突然的变化；他们只欣赏所已习惯于欣赏的特点，而渴望此种特点在每一个世代里多发展那么一小点。

人和低等动物的感官的组成似乎有这样一个特质，使鲜艳的颜色、某些形态或式样以及和谐而有节奏的声音可以提供愉快而被称为美；但为什么会如此，我们就不知道了。若说人对于自己的身体，在心理上自有一个普遍的美的标准，初不管这标准是什么，那肯定地是不真实的。但，有可能的是，在漫长的时间过程里，某些鉴赏的能力或许会变得能够遗传，尽管现在还没有有利于这样一个信念的证据，而如果真可以遗传的话，每一个族就会有自己内在而固有的美的理想标准。有人提出过这样一个论点，[75]认为丑之所以为丑是由于人身的结构有接近于低等动物之处，人其名，兽其实，所以丑；这一论点，就文明已经相当发达而能以理智为重的民族来说，无疑地有一部分正确性；但要解释一切方式的丑，这就大有困难了。每一个种族的男子总是看中平时所习惯的东西；他们不能忍受任何太大或急剧的变更；但他们也喜欢变化和赞赏有所推进而不走极端的每一个特点。[76]有的人习惯于几乎是椭圆的脸形、平直而端正的面貌和鲜明的肤色，而如果这些特点发展得更显著一些，他们就要进而加以赞美，我们欧洲人就是这样。在另一方面的人们则习惯于宽阔的脸、高颧骨、扁平的鼻子和黑皮肤，而如果这些特点发展得强烈一些，他们也要加以欣赏。一切特征，

如果发展过分，则反而成为不美，这也是无疑的。因此，一个完整无缺的美人，即所以成其为美的许多特征全都发展得恰如其分，在任何种族里是个绝无仅有的尤物。像大解剖学家比夏（甲 57）很久以前说过的那样，如果每一个人是用同一个模子陶铸出来的话，那世间就不会有所谓美这件事了。如果每一个女子都变得像梅迪契年代所发现的金星爱神造像（Venus dé Medici）那样的美，我们在一定的时期之内会目眩神迷，但不久之后，我们又将要求来些变化，而一旦有了变化，我们很快又愿意看到某些特点能够比现有的寻常标准再略微夸大一些。

原　注

① 见英译夏弗哈乌森所著文，载《人类学评论》（丙 21），1868 年 10 月，页 419、420、427。

② 《非洲的心脏》，英译本，1873 年版，第一卷，页 544。

③ 见英译埃克尔文，载《人类学评论》（丙 21），1868 年 10 月，页 351—356。埃克尔之后，这一项男女颅形的比较研究由菲耳克尔继续进行，工作很是周密。

④ 同上注③文，页 352、355。又福赫特《关于人的演讲录》，英译本，页 81。

⑤ 同上注①文，页 429。

⑥ 见福赫特《关于人的演讲录》，英译本，1864 年，页 189 引卜吕奈尔贝论黑人婴儿的话。欲知关于黑人婴儿的更多的事实，参看劳仑斯《生理学……演讲集》，1822 年，页 451 所引温特尔博屯姆（甲 710）的资料。关于瓜拉尼人的婴儿，参仑格尔，《哺乳类动物……》，页 3。亦见高德戎《人种论》，第二卷，1859 年版，页 253。关于澳大利亚土著居民，见伐伊兹《人类学引论》（*Introduct. to Anthropology*），英译本，1863 年，页 99。

⑦ 仑格尔，《哺乳类动物……》，1830 年版，页 49。

⑧ 例如猕猴属的爪哇猕猴（乙 583），见德马瑞，《哺乳动物学》，页 65；又如敏猿（乙 495），见泽弗沃圣迪莱尔与居维耶，《哺乳动物自然史》，1824 年版，第一卷，页 2。

⑨ 《人类学评论》（丙 21），1868 年 10 月，页 353。

⑩ 勃莱思先生告诉我，猴子有须、颊须等等的例子，他只见过一个，而由于年龄已老，须髭已在变白，像人到老年的情况一样。但这事发生在一只关在笼子里的老年的猕猴属的爪哇猕猴（乙 583）身上，它的上唇的髭特别长，而且很像人的髭。这只猴子

的总的面貌和同时在位的一个欧洲的君主有着十分可笑的相似之处,因而一般都用这个君主的尊号作为混名来称呼它。在人的某些种族里,头发几乎永不变灰变白,例如在艾玛拉人(Aymara)和奇楚亚人(Quichua)中间,据福尔勃斯先生告诉我,他从来没有见到过任何例子。

⑪ 好几个种的长臂猿(乙 494)的母猿就是如此;见泽弗沃圣迪莱尔与居维耶,《哺乳动物自然史》,第一卷。又,关于白掌猿(乙 497),见《小百科词典》(Penny Cyclopaedia),第二卷,页 149、150。

⑫ 这些结果是由伐伊斯巴赫博士从谢尔泽尔与希伐尔兹两博士所作的测定推究出来的,见《诺伐拉号航程录:人类学之部》,1867 年,页 216、231、234、236、239、269。

⑬ 《圣克尔达岛行程记》(第二版,1753 年),页 37。

⑭ 滕能特爵士,《锡兰》,第二卷,1859 年,页 107。

⑮ 戛特尔法宜文,载《科学之路评论》(丙 127),1868 年 8 月 29 日,页 630;又福赫特,《关于人的演讲录》,英译本,页 127。

⑯ 关于黑人的胡须,见福赫特,《……演讲录》,页 127;伐伊兹,《人类学引论》,英译本,1863 年,第一卷,页 96。又值得注意的是,在美国(《美国士兵军事学与人类学的统计的调查》,1869 年,页 569),纯种的黑人和他们的混血的后代,身上似乎像欧洲人一样地多毛。

⑰ 沃勒斯,《马来群岛》,第二卷,1869 年,页 178。

⑱ 载维斯博士,《关于海洋洲的诸种族》,载《人类学评论》(丙 21),1870 年 4 月,页 185、191。

⑲ 喀特林,《北美洲的印第安人》,第三版,1842 年,第二卷,页 227。关于瓜拉尼人,见阿札腊,《南美洲旅行记》,第二卷,1809 年,页 58;又见仑格尔,《巴拉圭的哺乳动物》,页 3。

⑳ 阿该西兹教授与夫人(《巴西行记》,页 530)说,美洲印第安人两性之间的差别比黑人和各较高种族的两性之间的差别为小。关于瓜拉尼人,亦见仑格尔,同上书,页 3。

㉑ 茹迁提迈尔,《动物世界的界限;一个合于达尔文学说的看法》,1868 年版,页 54。

㉒ 见《发自威尔斯太子堡行程记》,八开本,德勃林版,1796 年,页 104。勒博克爵士(《文明的起源》,1870 年版,页 69)提供了北美洲的其他而同样的一些例子。关于南美洲的瓜那人(Guanas),见阿札腊,《……旅行记》,第二卷,页 94。

㉓ 关于公的大猩猩之间的斗争,见赛费奇博士所著文,载《波士顿自然史刊》(丙 34),第五卷,1847 年,页 423。关于毶猴或龄猴属的一个种(乙 802),参《印度阵地》(丙 67),1859 年卷,页 146。

㉔ 穆勒说(《妇女的屈服》,1869 年版,页 122):“男子最超越于女子的是那些要求最黾勉不休的脑力劳动和在一定思考范围内千锤百炼的事物。”这是什么?还不是精力和毅力吗?

㉕ 见毛兹雷,《心与身》,页 31。

㉖ 福赫特有一段观察所及的话和这题目有关；他说："值得注意的一个情况是，就脑腔来说，两性之间的差别是随种族的演进而俱进的，所以欧罗巴人的男子所超越于欧罗巴人女子的比黑人男子所超越于黑人女子的要多得不止一点。这原是呼希克(甲 339)的一个说法，菲耳克尔根据他对于黑人和德国人头颅的测定又曾加以坐实。"但福赫特也承认(《关于人的演讲录》，英译本，1864 年，页 81)，在这一点上更多的观察还是有需要的。

㉗ 见欧文，《脊椎动物解剖学》，第三卷，页 603。

㉘ 文载《人类学会会刊》(丙 73)，1869 年 4 月，序页 57、66。

㉙ 见斯克德尔博士，《虫鸣(磨刮作声)札记》，载《波士顿自然史学会纪事刊》(丙 113)，第十一卷，1868 年 4 月。

㉚ 见引于马尔廷，《哺乳动物自然史绪论》，1841 年版，页 432；亦见欧文，《脊椎动物解剖学》，第三卷，页 600。

㉛ 见《美国自然学人》(丙 8)，1871 年卷，页 761。

㉜ 见黑耳姆霍耳兹，《音乐的生理学说》(*Théorie Phys. de la Musique*)，1868 年，页 187。

㉝ 与此有着同样意义而业已发表的记录已经有好几篇。皮奇(甲 517)先生写信给我说，他屡次发现他那只畜养已久的狗一听到笛子吹 B 低半音就要叫，而对其他的音则无此反应。我自己还可以举另一只狗的例子，这只狗听到有人拉一只有某一个音出调的手风琴的时候总要呜呜咽咽地叫起来。

㉞ 见勃朗先生文，载《动物学会会刊》(丙 122)，1868 年，页 419。

㉟ 见《人类学会会刊》(丙 73)，1870 年 10 月，序页 155。又可参看勒博克爵士，《史前时代》(第二版，1869 年)的后面几章，其中包含有关野蛮人风俗习惯的很值得称赞的一些记录。

㊱ 本章付印之后，我又看到腊埃特先生的一篇有价值的文章(载《北美评论》，丙 104，1870 年 10 月，页 293)，他在讨论到上述题目时说："自然界的一些最终极的法则或一致性有着许多后果，通过这些后果，一项有用的能力的取得会带来许多好处，同时也造成许多可能的或实际的有限制性的不利之处，而这是功利的原则在其活动中所未必能包括进去的事。"像我在本书前半有一章里所试图说明的那样，这条原则对于人在心理方面取得某些特点是有重要的关系的。

㊲ 出瑞德，《人的殉道》，1872 年，页 441，和《非洲拊掌录》，1873 年，第二卷，页 313。

㊳ 仑格尔《巴拉圭的哺乳动物》，页 49。

㊴ 参看斯宾塞尔先生《文集》(1858 年，页 359)中关于《音乐的起源与功用》那篇很有趣的讨论。斯宾塞尔先生所得出的结论和我所达成的恰恰相反。他所说的和从前迪德茹(甲 193)所说的一样，认为富有情感的演说中所用的抑扬徐疾的声调提供了音乐所由发展的基础；而我却说，音律和节奏是首先由人类的男祖先或女祖先，作为引诱异性的手段，而取得的一些特征。因此，音乐的音调和一只动物所力能感受到的最为强烈的某些情欲变得十分固结，难解难分，而当语言之际有需要表现强烈的情绪

的时候，它们也就出乎本能的，或者是通过联想作用而被运用起来。斯宾塞尔先生没有能，而我也没有，提出任何满意的解释，为什么，对人和对低于人的动物一样，高昂或低沉的音调最能表达某些情绪。斯宾塞尔先生对于诗、朗诵和歌咏之间的关系也作了一番有趣的讨论。

㊵　我在芒博多(甲 469)勋爵的《语言的起源》，第一卷(1774 年)，页 469 中发现勃拉克洛克(甲 65)博士也认为“人类中间最早的语言就是音乐，而在用有音节的发声来表达我们的意念之前，我们只根据不同的严重程度或尖锐程度用些声调来予以传达而已”。

㊶　参见海克耳在《普通形态学》(*Generelle Morph*)，第二卷，1866 年版，页 246 上关于这题目的一段有趣的讨论。

㊷　全世界各地的野蛮人是怎样打扮自己的，意大利旅行家曼特戛札教授在《拉帕拉塔河：南方旅行记》，1867 年，页 525—545，有一长篇充分而出色的记载。这里和下文所引各事例，除非另外注明出处，全都是从这本书中征引而来的。(拉普拉塔河在乌拉圭与阿根廷之间——译者。)同时可参看伐伊兹《人类学引论》，英译本，第一卷，1863 年，页 275，又散见别页。劳仑斯在他的《生理学……演讲集》(1822 年)里也作了很详细的介绍。自我写完这一章之后，勒博克爵士的《文明的起源》出版了(1870 年)，这本书中有富有趣味的一章是专叙我们当前的题目的，关于野蛮人染牙、染发、和牙上钻孔的有一些事例是采自这本书里的(页 42、48)。

㊸　见洪姆博耳特，《阅历录》，英译本，第四卷，页 515；关于涂身所表现的想象能力，见页 522；关于使小腿的肌肉变形，见页 466。

㊹　见《尼罗河各支流》，1867 年版：又《阿尔柏特湖》，1866 年版，第一卷，页 218。

㊺　普里查尔德，《体质的人类史》，第四版，第一卷，1851 年，页 321 上引此。

㊻　关于巴布亚人，见沃勒斯，《马来群岛》，第二卷，页 445。关于非洲人的发式，见贝克尔爵士，《阿尔伯特湖》，第一卷，页 210。

㊼　见其所著《旅行记》，页 533。

㊽　见《阿尔伯特湖》，1866 年，第一卷，页 217。

㊾　见利芬斯东所为文，载《不列颠科协》会刊(即丙 35)，1860 年；又报告，载《学艺》(丙 28)，1860 年，7 月 7 日，页 29。

㊿　贝克尔(同上引书，第一卷，页 210)谈到中非洲的土著居民，说“每一个部落有它的不同而也不变的梳理头发的式样”。关于亚马孙河流域印第安人文身式样的持久不变，见阿该西兹(《巴西行记》，1868 年，页 318)。

(51)　见泰勒尔牧师，《新西兰与其居民》，1855 年，页 152。

(52)　曼特戛札，《……南方旅行记》，页 542。

(53)　见所著《南非洲旅行记》，1824 年，第一卷，页 414。

(54)　此方面参考书文，见格尔兰特，《关于野蛮民族的族外婚》，1808 年，页 51、53、55；又阿札腊，《……旅行记》，第二卷，页 116。

(55)　关于北美西北部印第安人所用的植物性媚药，见《制药学刊》(丙 107)，第十卷所载文。

(56) 见《发自威尔斯太子堡行程记》,八开本版,1796 年,页 89。

(57) 见引于普里查尔德,《体质的人类史》,第三版,第四卷,1844 年,页 519;又福赫特,《关于人的演讲录》,英译本,页 129。关于中国人对僧伽罗人的意见,见滕能特,《锡兰》,1859 年版,第二卷,页 107。

(58) 普里查尔德(《体质的人类史》,第四卷,页 534、535)引自克饶弗尔德与芬雷森。

(59) 同是这一位著名的旅行家告诉过我,从前,这种妇人的腰围或坐臀,虽然在我们看来是很丑恶可怕的,却受到本部落人们的高度赞赏。现在情况改变了,人们已经非常不喜欢这种体态了。

(60) 见《人类学评论》(丙 21),1864 年 11 月,页 237。更多的参考资料见伐伊兹,《人类学引论》,英译本,1863 年,第一卷,页 105。

(61) 帕尔克,《非洲旅行记》,四开本,1816 年,页 53、131。柏尔顿的话则见引于夏弗哈乌森(见注①)文,载《人类学文库》(丙 24),1866 年,页 163。关于白尼埃人,见利芬斯东(甲 405),《旅行记》,页 64。关于喀非尔人,见休特尔(甲 606)牧师,《纳塔尔的喀非尔人与朱鲁人的乡土》,1857 年版,页 1。

(62) 关于爪哇人和交趾支那人,见伐伊兹,《人类学引论》,英译本,第一卷,页 305。关于尤拉卡拉人,见普里查尔德,《体质的人类史》(第五卷,第三版,页 476)引道尔比涅的话。

(63) 见喀特林,《北美洲的印第安人》,第三版,1842 年,第一卷,页 49;又第二卷,页 227。关于温哥华岛的土著居民,见斯普若特,《对野蛮人生活的见闻与研究》,1868 年,页 25。关于巴拉圭的印第安人,见阿札腊《……旅行记》,第二卷,页 105。

(64) 关于暹罗人,见普里查尔德,同上引书,第四卷,页 533。关于日本人,见《圃人载记》(丙 62),(1860 年,页 1104)所载伐伊奇的记录。关于新西兰人,见曼特戛札,《……南方旅行记》,1867 年,页 526。此处所讨论到的各民族,见劳仑斯,《生理学……演讲集》,1822 年,页 272 所引资料。

(65) 见勒博克,《文明的起源》,1870 年,页 321。

(66) 这些关于玻利尼西亚人的事例是载维斯(见注⑱)博士从普里查尔德先生和其他作家那里引来的,载维斯文载《人类学评论》(丙 21),1870 年 4 月,页 185、191。

(67) 孔德(甲 160)在他的《立法专论》(第三版,1837 年,页 136)中表示了同样的意见。

(68) 见《非洲拊掌录》,第二卷,1873 年,页 253、394、521。一个在火地人中间住过很久的传教士告诉我,火地人认为欧洲女子是绝美的;但从我们所已见到的其他美洲土著民族在这方面所表示的判断看来,我不能不认为这一定是个错误,除非他这话是指同欧洲人相处过一些时候,而把我们看做超出于他们而比人还要高的一类东西的那些火地人,但这是为数不多的。我不妨指出,柏尔屯上尉,一位最有经验的观察家,相信凡是我们所认为美的女子全世界的人也都是承认为美的,见《人类学评论》(丙 21),1864 年 3 月,页 245。

(69) 见《阅历录》,英译本,第四卷,页 518,又散见他页。又曼特戛札在他的《……

南方旅行记》(1867 年)中同样坚持这一条原理。

⑳　关于美洲各部落的头颅,见诺特与格利登合著,《人类的诸种类型》,1854 年,页 440;又普里查尔德,《体质的人类史》,第一卷,第三版,页 321;关于阿拉克罕的土著居民,见同书,第四卷,页 537。又威耳森,《体质民族学》斯米逊尼学会版,1863 年,页 288;关于斐济人,页 290。勒博克爵士(《史前时代》,第二版,1869 年,页 506)在这题目上提供了一个出色的提要。

㉑　关于匈奴人,见高德戎(见注⑥),《人种论》,第二卷,1859 年,页 300。关于塔希帖人,见伐伊兹,《人类学引论》,英译本,第一卷,页 305;又普里查尔德,《体质的人类史》(第三版,第五卷,页 67)又引有马尔斯登(甲 440)的话。又劳仑斯,《生理学……演讲集》,页 337。

㉒　这一事实载《诺伐拉号航程录:人类学之部》,1867 年,页 265 上,经伐埃斯巴赫博士(见上注⑫)的手而得到了确定。

㉓　见《斯米思松尼学会》报告(丙 134),1863 年,页 289。关于阿拉伯妇女的发式,见贝克尔爵士,《尼罗河诸支流》,1867 年,页 121。

㉔　《家养动植物的变异》,第一卷,页 214;第二卷,页 240。

㉕　见夏弗哈乌森文,《人类学文库》(丙 24),1860 年,页 164。

㉖　贝恩先生(《心理与道德科学》,1868 年版,页 304—314)收集了十个以上多少各有不同的有关美的观念的学说;其中没有一个和这里所说的完全一样。

译　注

1. Guarany,印第安人的一个族类。

2. 印度称我国藏族人用此名,尤其是藏人的居住在印度、尼泊尔、不丹、锡金等境内者。译音"蕃提亚"的"蕃"应读如藏族人读"吐蕃"之音中的"蕃"。

3. St. Kilda,苏格兰迤西海中,居民为少数操开尔特(Celt 或 Gaelic)语的人。

4. Ellice,太平洋西南部。

5. 全部指印第安人。

6. Guarany,今都写作 Guarani,南美洲的印第安人,下面的艾玛拉人和奇楚亚人也是印第安人。

7. Hottentot,南非的一个黑人种族。

8. 此语出处未详。疑出《周礼》春官,春官司乐下说:"乐变而致象物及天神";又说,"若乐六变,则天神皆降,皆得而礼矣。"引语应是此二语,尤其是后一语的意译。

9. 一种从植物叶提取的橙红色染料。

10. Briton,盎格鲁-撒克逊人到达英伦时当地原有的土著居民。

11. Kordofan 和 Darfur 两地均在苏丹。

12. papuan,在旧称新几内亚岛东部,今印度尼西亚的西伊里安迤东。

13. Batoka,在津巴布韦境内。

14. Botocudos,印第安人的一个族,在巴西东部。下文的楞古亚人(Lenguas)也是印第安人的一个族，具体居地未详。

15. Bushwoman，布虚曼人是南非的一个黑人的族。

16. 指当时中国人眼中的西欧人。

17. 应作“蒙古利亚”（Mongolia）。

18. 语出滕能特《锡兰》一书，见原注57，腾能特语盖本辩机撰而玄奘译的《大唐西域记》。《大唐西域记》卷十一僧伽罗国下说，“国南浮海数千里，至那罗稽罗洲，洲人卑小，长余三尺，人身鸟喙……”然据此，此种人所居在僧伽罗国南逾海数千里，不一定就是僧伽罗人。这说明，要么此语尚别有出处，要么《锡兰》一书作者粗疏不察。文中“Thsang”自是人名，且为中国人，疑即“玄奘”的脱译，姑译作“奘”。

19. Moors，非洲西北地区阿拉伯人的一个族。

20. Delagoa Bay，地处东非，入印度洋。

21. Zulus，南非的一个族。

22. Kalmuck，西伯利亚的一个族。

23. Polynesian，太平洋中区岛民总称。

24. 尤辟特尔（Jupiter）和阿普罗（Apollo）均为希腊神话中的天神名。

25. Arakhan，在南美洲西部，其人即称阿腊克罕人。

26. 公元第五世纪前半叶。

27. 我国南北朝年代，南朝统治阶层有一段时期流行“匀面尚黄”，男女皆然，见《颜氏家训》等书；恐亦是此意。

第二十章　人类的第二性征——续

关于不同种族的不同审美标准对女子的长期持续的选择所产生的影响——关于文明和野蛮种族中干扰性选择的一些因素——原始时代对性选择的若干有利条件——关于性选择在人类中的活动方式——关于野蛮部落中的女子所拥有的挑选丈夫的某些权利——体毛的缺乏，与胡髭的发展——皮肤的颜色——两章总述。

我们在前一章里已经看到，就所有的未开化的种族来说，饰物、服装和外貌都是受到高度重视的东西。也看到，各族男子对他们的妇女的所以为美，各有不同的判断标准。现在我们有必要探讨一下，这种男子对妇女的美丑之辨，与从而产生的取舍之别，而所取的当然是在男子眼里最美丽的一些妇女，经过了许多世代之后，在各族之中，究竟在妇女一性身上，或男女两性身上，引起了性格上的改变没有。就哺乳动物而言，一般的规矩似乎是，不论哪一类的特征公母两性都是同样地遗传到的；因此，我们可以指望，在人类，男子一方或女子一方通过性选择所取得的任何特征也一般地会被转移到后一代，不分子女。如果性选择确曾这样地引起过任何改变，则几乎可以肯定的情况是，由于不同的种族有着各不相同的美的标准，它们也就不免于发生各不相同的变化。

就人类说，特别是就野蛮人说，许多原因可以干扰性选择在体格或形态方面的活动。文明社会里的男子被女子所吸引，主要是通过她们心理方面一些秀美的特点、通过她们的财富，尤其是通过她们的社会地位。原因是这种社会里的男子看重社会等级，难得和比他自己的阶层低得太多的女子通婚。能娶上更美貌的女子为妻的男子，比起娶上平常些的女子为妻的其他男子来，未必有更好的机会留下一大串的子孙，其中只有要按照长子权的制度来处理遗产的少数男子不在此限。至于与此相对的选择方式，即女子对更为美好的男子所进行的选择，则文明民族的女子有着完全的自由或接近于完全的自由来从事，而半开化种族的女子则不然。然而在有选择自由的女子，当进行选择之际，在很大程度上也要受到男子的社会地位和财富的影响，而此种男子之所以有此地位和财富，多半是凭借了他们自己的智能和精力，或者凭借了他们的先辈的智能精力所产生的成果。在这题目上多作些讨论是用不着请求谅解的，因为，像德国哲学家叔本华(甲 587)说过的那样，“一切恋爱公案的目的，无论公案是喜剧性的或悲剧性的，实际上要比人生任何其他的目的尤为重要。原来一桩公案转来转去，终于要转进下一代的组成这样一个问题，而不是比它更小的问题。……其为祸为福，不是任何一个人的问题，而是人的种族整个前途的问题”。①

尽管如此，我们有理由相信，在某些文明和半文明的民族里，性选择，在一小部分成员的体格和形态方面，是引起过某些少量的变化的。许多人肯定地认为，而在我看来也是肯定得有理由的，我们英国的贵族，包括，在这名词之下，一切有财富而长期以来实行长子继承权制的家族，由于许多世代以来一直从一切阶层之中挑选更为美貌的女子为妻，已经比中产阶级变得更为漂亮些了，而所

谓漂亮，所据的当然是欧洲人的标准，而事实上中产阶级所处的生活环境是同等地有利于身体的完善发展的。库克说到，“在一切岛屿(太平洋各岛屿)上所看到的当地称为‘伊瑞’(eree)的人，即贵族分子”，在面貌体态上都要优越一些的这种情况“在散得维奇诸岛屿上也可以看到，并不例外”；但据我看来，这主要是由于他们的食物和生活方式更比别人好些。

老资格的旅行家夏尔丹(甲 147)在叙述到波斯人的时候说，他们的“血统，由于经常和体貌之美冠绝世界的乔其亚人(Georgian)与式耳加西人(Circassian)那两个民族交相婚配，如今是细腻改进许多了。有地位的波斯男子几乎没有一个不是由乔其亚或式耳加西母亲生下来的”。他又说，这些男子之美所以遗传的“并不是他们原有的祖先，因为如果没有上述的混血关系，这些有地位的波斯人将是纯粹的鞑靼人的后裔，而鞑靼人是奇丑的”。[2]下面是更为奇特的一个例子：在西西里的圣纠里亚诺地方(san-Giuliano)古代有座专供埃瑞西那金星女神(Venus Erycina)的庙，在庙里侍应的各个女祭师都是从希腊全境精选出来的美女，她们并不是因供奉香火而守身的童贞女，而据谈到这件事的戛特尔法宜[3]说，到现在，西西里岛上的女子，以出生在圣纠里亚诺的为最有美名，画家们都要找她们当模特儿。但所有这些例子所提供的证据是一望而知的靠不住的。

下面一个例子，虽是关于野蛮人的，由于它的奇特，是值得提出的。瑞德先生告诉我说，非洲西海岸一个黑人的部落，交洛富人(Jollof)“以全都长得很好看而引起人们的注意”。他的一个朋友向他们中间的一个人问道，“我所碰到的每一个人都是这样好看，不但你们的男的好看，女的也好看，这是怎么一回事？”那个交洛富人回答说：“这是很容易说明的：我们一直有这样一个习惯，就是，把我们最难看的奴隶挑出来卖掉。”在一切野蛮人中，女奴隶总要充小老婆，这一层是几乎用不着再有所说明的。不管这个黑人说得对或不对，他把他的部落的所以长得好看归功于对丑陋女子的长期持续的淘汰这样一个看法，细想起来，倒也并不怎么奇怪，因为我在别处指出过，④黑人在繁育他们的家畜的时候，充分理会到选择的重要性，而我从瑞德先生那里还可以在这题目上提供更多的证据。

野蛮人中阻止或限制性选择作用的一些原因。——主要的几个原因是，第一，所谓共婚（communal marriage）或乱交；第二，溺杀女婴的一些后果；第三，过早的订婚；最后，对女子的贱视，以单纯的奴隶相看待。我们对这四点有必要加以比较详细地考虑。

显然地，如果人或其他任何动物，在婚配的时候，把事情全交给机遇，或完全碰巧，而两性中的任何一性全不作取舍的主张，那就没有性选择这回事了，而某些个体，由于这一优点或那一优点而在求爱过程中对别的个体取得胜利，从而在子女身上引起一些影响的事也就无从发生了。如今人类学者已经肯定，今天还存在着实行勒博克爵士很客气地称为共婚的那种婚姻的一些部落。所谓共婚，指一个部落之中的全部男子和妇女彼此之间都存在着夫妻关系。许多野蛮人的放纵是无疑地令人吃惊的，但依我看来，在我们对他们的性交真正是杂乱无章这一点充分地予以接受以前，更多的证据是必要的。不过所有那些最仔细地研究过这题目的人⑤，他们的判断力要比我自己的高明得多，都认为共婚（这名词是受到各式各样的掩饰的）是全世界初元而普遍的婚姻形态，包括兄妹相婚在内。不久以前去世的斯米思爵士生前曾在南非洲做过广泛的旅行，对当地和其他地方的野蛮人的生活习惯知道得很多，他曾经向我表示过一个极为坚决的意见，认为世间绝对不存在把妇女看做大家或社群（community）的公产的任何种族。我认为他这个意见大部分是受了“婚姻”这一名词的含义的影响而得出的。在下文的全部讨论里，我对这名词的用法和自然学者的用法相同。如自然学者说某些动物是一夫一妻的，意思是指一只雄性动物为一只单一的雌性动物所接受，或选上了一只单一的雌性，而少则繁育季节的一季、多则一年和她同居，用自然界唯一的法律，强力的法律占有着她；又如他们说某一物种是一夫多妻的，意思是指公的同不止一只母的生活在一起。我们在这里所关心的只有这一种的婚姻，因为为了性选择得以进行工作，这已经足够了。但我知道上文所引到的一些作家里，有几个用到“婚姻”这一名词时，不是这样，而是把有关部落所要保护的一种被公认的权利包含进去了。

有利于说明从前曾经流行过共婚这一信念的一些间接证据是强有力的，这种论证所依据的是通用于同一部落的成员之间的一些暗示亲属关系的称谓名词，而所暗示的亲属关系或联系所涉及的不是子女和一对父母的任何一方之间，而是个体与整个部落之间。但在这里，就本书范围而言，这题目太大，也太复杂，即便摘要地加以介绍也是有困难的，我只能有限度地说明几句。有一层是清楚的，就是，在这种婚姻里，或夫妇关系很松弛的其他婚姻形态里，孩子和父亲的关系是无法知道的。但孩子和母亲的关系毕竟与此不同，尤其是在大多数的野蛮人部落里，妇女对她们的婴儿要喂上长时期的奶，因此，若说母子关系也竟然会一度被搁置不问，似乎令人差不多完全不能置信。也正因为如此，在许多例子里，世系的推算是仅仅通过母亲一边，父亲一边是受到排斥的。但在其他一些例子里，用作称谓的一些名词只表现了个人和部落的联系，连和母亲的联系都受到了排斥。这似乎说明这样一个可能的情况：一个半开化的部落，到处可以遇到各式各样的危险，同一部落的成员之间，有必要互相保卫，互相帮助，因此，成员与成员之间的联系，比起母亲与孩子的联系来，会显得如此的重要得多，终于促使表达前一种联系的称谓名词成为唯一通行的一套；不过摩尔根先生肯定地认为这看法无论如何是不够的。

世界各地区所使用的表达亲属关系的称谓名词，据刚刚引过的那个作家的意见，可以分成两大类，分类性的和叙述性的——我们自己使用的是后一类。人类最初普遍实行过共婚和其他十分松弛的婚姻形态这一信念正是由前一类、即分类性的称谓体系大力促成的。但据我的愚见所及，单凭这一方面的根据，我们还没有必要的理由使我们相信绝对的乱交曾经存在过，我高兴地发现勒博克爵士的看法也是如此。男子和女子，像许多动物的两性一样，当初，在每一次生育后代的时候，也许曾经达成严格但却短暂的结合，在这样一种情况之下，亲属称谓也未尝不可以发生混乱，而其混乱的程度，比起乱交所引起的来，也没有多少差别。单单就性选择而言，只要父母两方在进行结合之前作过一些挑选的努力，便于事已足，至于结合的久暂，终身也好，只是一季也好，意义倒不大。

除了从亲属称谓方面得来的证据而外，还有一些其他方面的论据指明共婚曾经在从前广泛地通行过。勒博克爵士就拿共婚或两性的共同主义作为最原始的性交形态这一点来解释⑥那奇异而散布得很广的外婚的习俗——外婚者，指男子取妇，不取本部落的女子，而取别一部落的。因此，一个男子除非能从一个旁近而敌对的部落中劫掠到一个女子，他将永远得不到老婆，也因此，这样一个老婆就自然而然地成为他所独占而有价值的资产。劫掠而得妻或抢亲的做法大概就是这样开始的，而由于这样的做法有其光彩之处，于是最后有可能变成一种普遍的风尚。根据勒博克爵士的见解⑥，我们于是也就可以理解，为什么“有必要把婚姻看做对部落礼仪的一个冲犯而要作出赎罪的表示，原来，根据古老的观念，一个人没有权利把属于整个部落的东西占为己有”。勒博克爵士随后又提供了一堆奇特的事例，说明，在古代，淫荡不堪的女子享有高度的荣誉，而据他解释，如果我们承认乱交是部落生活中最原始、因而也是长期受到尊重的习俗的话，这是可以理解的。⑦

婚姻关系所由发展的方式是一个模糊不清的问题，我们从三个对这个问题作过最细致的研究的专家，即摩尔根、麦克勒南先生和勒博克爵士在若干论点上的意见分歧里就可以得出这样一个推论。尽管如此，根据上文的讨论以及其他方面的证据，我们承认这样一种情况似乎是可能的，⑧就是，婚姻，作为一种习俗，就其任何严格的意义来说，是逐渐发展出来的；也不妨承认，接近于乱交或高度散漫放纵的性交关系曾经一度在全世界极为普通地流行过。但由于全部的动物界都表现有强烈的嫉妒的感觉，又由于人和低于他的动物，特别是和人最为接近的那些物种，有着无数可以比拟的地方，我不能相信，在过去，在人达到他在动物阶梯上今天的地位以前不久，真正流行过百分之百的乱交。像我所已试图指出的那样，人肯定地是从某一种人猿似的动物传下来的。就现在存活的四手类而言，也就我们对它们的生活习惯所已取得的知识而言，有几个物种的公的是一夫一妻的，但一年之中只有一部分的时间是和母的生活在一起的，猩猩(orang)似乎就是这方面的一个例子。有若干种类的猴子，例如印度的和美洲的某几种，是严格的一夫一妻的，而夫妇是经年地不相分离的。其他是一夫多妻的，例如大猩猩(gorilla)和几个美洲的猴种，各有各的家族，分开居住。但尽管分居，同一地区之内的一些家族可能有些近乎社会性的活动；例如，有人碰见过，黑猩猩(chimpazzee)是不时以大队出来活动的。还有一些物种也是一夫多妻的，但与上面所说的不同，若干只公的，各自携带了好几只母的，合在一起生活，形同一体，有几种狒狒(baboon，即乙 311)就是如此。⑨根据我们所知道的关于四手类动物的情况，一则此类动物的公的全都懂得争风吃醋，再则许多物种的公的都备有和情敌搏斗的特殊武器，我们甚至可以得出结论，认为在自然状态以内，乱交是极不可能之事。两性的相配虽未必维持到老，而只以一次生育为限，但如果在同类中最为强壮有力，最能保护或通过体力以外的其他手段而最能帮助他们的妻孥的一些公的动物确能挑取到一些更为美好的母的动物，就性选择来说，也就于事已足了。

因此，如果我们追溯时间的流逝追溯得够远，再结合到人在今日之下的一些社会习惯而作出判断，十分近乎事实的看法是，最原始的人在本地以小群为生活单位，一群构成一个社群，社群之中，每一个男子有个单一的妻子，或，如果强有力的话，有几个妻子，他对妻子防卫得十分周密，唯恐别的男子有所觊觎。另一个可能的

情况是，他当时还不是一个社会性的动物，而只是和不止一个的妻子厮守在一起，有如大猩猩一般。因为所有的土著居民“异口同声地说，在一队大猩猩之中，他们所看到的成年的公的总是只有一只，等到幼的公的成长以后，队中就发生争夺霸权的战斗，而其中最强有力的公的，在把其他公的杀死和赶走之后，就自立为社群的首脑”。[10]这样被赶走而比较少壮的公的，经过一段时间的流浪之后，会终于成功地找到一个配偶，别成一个社群的起点，而这样，也就避免了在同一家族之内进行过于近密的近亲婚配。

尽管今天所看到的野蛮人是极度放纵的，也尽管它们从前有可能比较广泛地流行过共婚，许多部落却都按照一定的婚姻形态办事，不是这一种形态，就是那一种形态，这些形态要远比各文明民族所履行的为松懈，但毕竟不是没有形态可言。一夫多妻的婚姻，刚才已经说过，则几乎是每一部落中领导人物的普遍惯例。尽管如此，有一些部落，在进化阶梯上几乎是属于最下层的一些，却实行严格的一夫一妻婚姻。锡兰的维达人(Veddahs)就是这样，又据勒博克爵士的记述，[11]他们中间有句谚语：“只有死才能把夫妻分开。”这一个族的住在坎第(Kandy)地方的一个聪明的酋长，“本人当然是个一夫多妻者，却专同妻子中的一个住在一起，直到死才分开，为此他受到了同伴的诽谤，认为是十足粗野的事，闹得满城风雨”。这，他说：“恰好像瘦猴(Wanderoo，产于斯里兰卡——译者)一样。”无论现在实行某些婚姻形态的野蛮人，一夫多妻也好，一夫一妻也好，是不是从远古以来一直保留着各自的习惯，也无论他们是不是在经历过一个乱交的时期之后，又才回到了这些形态，我不敢强不知以为知地加以猜测。

溺婴。——这在今天还是全世界很普通的一个习俗，但我们有理由相信，在以前的各个时代里，它的流行比现在还要广泛得多。⑫半开化的朴野人看到了养活他们自己和他们的孩子是件困难的事，而把他们的婴儿杀死是个简单易行的办法。在南美洲，据阿札腊说，有的部落以前把婴儿杀得太多了，而且不分男女地杀，弄得几乎灭种。在玻利尼西亚的各个岛群的岛民中间，有人知道，妇女杀死自己的婴儿，有多至四个、五个、甚至十个的，而据埃利斯说，他没有能发现一个完全没有溺过婴的妇女，所溺的至少一个。凡是流行溺婴的地方，生存竞争的严酷的程度就会相应地减轻，而部落中所有的成员便会得到大致同等良好的机会来养大他们的少数留存下来的孩子。在大多数的例子里，所溺的女婴要比男婴为多，这显然是因为，对部落来说，男的价值要比女的为大，他们长大以后，既能出力保卫它，又能养活自己。不过，妇女在抚养子女时所经受的麻烦、她们生男育女之后在容颜上所受到的损失、溺杀女婴所造成的女子比数减少和女子的身价有所提高，妇女们自己，相形之下，比较幸福的命运——这些，妇女们自己和各方面的观察家都引以为溺婴的几个辅助的动机。在澳洲，溺杀女婴至今还很普遍，葛瑞（甲 283）爵士估计土著居民中，男女的比例是三对一，但别的一些观察家说是三对二。在印度东部边境上的一个村子里，麦克洛奇（甲 421）上校连一个女孩子都没有能发现。⑬

由于溺杀女婴而一个部落中女子的数量减少以后，从近邻部落掠取妻子的风气就势必兴起来了。但我们在上面已经看到，勒博克爵士却把这种习俗主要归因于过去存在过的共婚，又归因于共婚不能独享，男子们在共婚时期里便已开始从其他部落掠取妇

女，作为自己的专有财产。也还有些其他可归的原因，例如社群的范围小，适婚年龄的女子往往不够之类。劫掠婚的习俗在过去的不同时代里曾经有过极为广泛的流行，甚至各文明民族的祖先也不例外，我们从保留至今的许多奇特的民风和仪式里就可以得到清楚的证明，而麦克勒南先生就曾经提供一篇有趣的记录。我们自己婚礼中的"最好的人"（伴郎）似乎原先就是绑架新娘时的主要的帮凶。如今我们可以设想，只要人们习惯于通过暴力和机谋来取得妻子，则急不暇择，抓到任何女子，便已心满意足，女子的精粗美丑是在所不计的。但从别的部落获取妻子的方法一旦由劫掠而转为交易或买卖，像现在许多地方正发生的那样，则凡属成交的女子，一般说来，总该是比较漂亮之辈。然此风一开之后，无论交易所用的方式如何，部落与部落之间婚配频繁，交流不已，则又倾向于使居住在同一地区之内的所有的人的品格趋于整齐划一，而这就不免干扰了选择的力量，使不能在各个部落之间起着分化的作用。

溺杀女婴所造成的女子数量的减少又导致另一种习尚，就是一妻多夫的婚姻，这在世界的有几个地区至今还通行，而在以前，据麦克勒南先生的看法，则几乎是普遍流行过的，但摩尔根先生和勒博克爵士是怀疑这样一个结论性的看法的。⑭ 在两个或两个以上的男子不得不同娶一个女子为妻的情况之下，可以肯定，部落中所有的妇女是没有一个不结婚的了，而男子对比较美好的女子的一番选择工夫也就用不着了。但在这些情况之下，女子一方却无疑地会拥有挑选的权利，把比较美好的男子接纳下来。例如阿札腊就叙述到过瓜那人（Guana）中间的一个妇女，说她在接纳某一个或不止一个的丈夫以前，如何精明地讨价还价，从而取得各式各样的特权，而中选的男子们又如何用心地把自己修饰得格外好看。在印度的托达人（Toda）中间，情况也是如此，这族人也是实行一妻多夫婚的，女子们对任何男子有取舍之权。⑮在这些例子里，一个很丑的男子大概终身找不到老婆，或很晚才能找到；但由于妻子是几个男子分享的，据我们了解所及，比较美好的丈夫，比起美好程度差些的来，不见得能留下更众多的孩子而把他们的美好遗传下去。

过早的订婚和以妇女为奴隶。——许多野蛮人的种族有订婚过早的风俗，女子还在婴儿时期，就已被订上婚约，这就使男女两方都无法根据体貌的美丑而进行挑选。但这并不能阻止比较美好的女子，在成长而结婚之后，被强有力的人从她的丈夫手里偷走或用暴力抢走，而这是在澳洲、美洲和其他地方时常发生的事。另一种情况也或多或少地会产生一些性选择的后果，就是，在许多野蛮人中间，妇女之所以为重要，是几乎完全因为她们能当奴隶，或供牛马般地使唤；而我们知道，不论在什么时代里，男子们总是根据他们的审美标准而选取长得最美好的女奴隶的。

我们从上面的讨论看到，野蛮人中间所流行的几种风俗，不是在很大程度上干扰了性选择的作用，就是使这种作用完全停顿。同时在另一方面，野蛮人所不得不经受的种种生活条件，以及他们的某些习惯，却是有利于自然选择的行使。两种选择原是同时进行活动的。我们知道，野蛮人受到接二连三、周而复始的饥荒的严重磨折。他们不会用人工的方法来增加他们的食物，他们又几乎全都结婚，[16]而且一般结得很早。因此，他们势必随时要受到严酷的生存竞争的摆布，而竞争的结果是只有胜利的才存活下来。

在一个很早的时期里，当人在进化阶梯上到达他今天的位置以前，他的生活条件与情况中有许多是和今天野蛮人所具备的不一样的。根据人和低于他的动物的类比而加以推断，他在当时，不是和一个单一的母的生活在一起，便是一个一夫多妻者。其中最强有力和最能干的一些公的会在争取美好的母的的努力中得到最大的成功。在生活的一般的竞争中，在保卫他们的妻孥、使免于各方面的敌对事物的侵袭的努力中，也会得到最大的胜利。在这样早的时期里，人的祖先在智力上还没有进展到一个程度，足以展望前途而预见到种种意外之事；他们不会事前看到孩子生得太多，生一个，养活一个，尤其是他们的女孩子，会使有关部落遭受到更为严酷的生存竞争。他们比起今天的野蛮人来，所受到的本能的统治还要多些，而理性的控制还要少些。在那个时期里，他们大概还没有部分地丢失他们和一切低于人的动物所共有的一切本能中最为强有力的一个本能，就是，对婴幼子女的慈爱，因此，他们大概不会溺婴，男的不溺，女的也不溺。这样，妇女也就不会减少，而一妻多夫的婚配就不会实行。因为除了妇女不敷分配这一原因而外，似乎更没有别的原因足以冲破自然而普遍存在的那种情感，嫉妒，和每一个公的独自占有一个母的那种愿望。一妻多夫的婚配一旦流行，则由此作为跳板而过渡到共婚或接近于乱交的情况倒像是很自然的事。尽管，我知道，这方面的最好的专家不这样看，他们是认为乱交在时代上比一妻多夫婚为早的。在远古的时代里，过

早的订婚是不会有的，因为这里面牵涉到远见的问题。当时，妇女之所以为重，也不会单单因为她们能当奴隶，或提供牛马般的劳力。如果男的和女的一样地被容许自主地进行任何选择的话，两性大概会各自进行，几乎是完全根据外表的体貌，而还不是根据一些心理的优点、资产、社会地位，来选取他们的配偶。所有的成年男女都会进行婚配，而所生的子女，在可能范围以内，都会被养大成人。因此，生存竞争会发生周期性的特别严酷的情况。总起来说，在那些时代里，性选择所遇到的一切条件大概要比后来的一个时期更为有利，在此后来的时期里，人在理智能力上是长进了，在本能上却是退步了。因此，无论性选择对于人的各个种族的所由分化、即种族差别的所以产生这一方面，以及对于人和较高级的四手类之间的种种差别的所以产生这又一方面，发生过什么影响，多少影响，这种影响大概以发生在更古远的一个时代中的为多，为更有力量，一到今天，尽管这种影响可能还没有完全消失，却是变得弱小了。

人类中性选择的活动方式。——就生活在上述有利条件下的原始人来说，也就今天那些进入某些形态的婚姻关系的野蛮人来说，性选择的行使所采取的方式大概有如下文所述，而于其行使之际又不免或多或少地要受到溺杀女婴、订婚过早等等的干扰。部落之中，最强有力的男子——也就是那些最能保卫他们的家属、为家属猎取最多的食物、备有最好的武器、占有最多的资产、如大量的狗或其他动物的一些男子——会比同部落中柔弱些和穷苦些的成员们养育出更大的平均数量的子女。也必定无疑的是，这样的男子一般会挑上比较美好的女子为妻。即在今日，全世界的几乎每一个部落的酋长或首领们所娶的妻子都在一个以上。曼帖耳(甲438)先生告诉我，直到最近以前，在新西兰，几乎每一个长得好看些、或有希望长得好看的女孩子都是某一个酋长的"塔铺"(——土语 tapu，首领专有，不得触犯之意，可译"禁脔"——译者)，别人不得染指。在非洲喀非尔人(Kaffir)中间，据汉密耳顿先生说，⑰"周围许多英里之内所有的女子，一般都归首领们优先挑选，首领们对他们这样一个特权的树立与巩固是毫不放松的"。我们已经看到，每一个族都有它自己所崇尚的美的风格，我们也知道，人都有一种自然的倾向，就他的家畜、服装、饰物和个人的修饰等方面的每一个特点加以赞赏，只要这些特点之所以为特点是在比通常的程度略胜一筹就行。既然如此，也就是说，如果我们承认上面所提出的命题，而我又看不出这些命题有什么可疑之处，那么，如果每一部落里比较有力量的男子们挑取了比较美好的女子们为妻，从而养育了高出于一般平均的子女数量，而经过许多世代以后，在这个部落的性格方面，竟然丝毫不引起一些变化，那真是一个不可解释的情况了。

如果一个地域里向来所没有的一个家畜新品种被引进到这地域里来，或如果一个本地的品种曾经长期而仔细地得到培育，无论是有经济用途的品种也好，或供玩赏的也好，人们发现，在若干世代之后，只要有以前的材料可供比较，便已或多或少地起了一些变化。这种变化是一大串世代之间通过不自觉的选择得来的——所谓不自觉，指育种的人一面把品种中最惹人喜爱的个体逐代保留下来，而一面却并没有存心指望这样做。由于同样的原因，如果两个精细的育种家，多年培育着同一品种的动物，而各不相谋，平时彼此之间既不相比较，又都不用一个共同的标准来准绳，而一旦取来相比，两家的主人会吃惊地发现这品种已经发生了一些轻微的差别。[18]像纳图休斯所说的那样，每一个育种家已经把他自己心意上的性格——即自己的赏鉴力和判断力——印到了动物身上。那么，我们又能根据什么理由而说，每一个部落中有能力的男子们，通过长期持续地选取最引人爱慕的女子为妻，从而生养了较大数量的子女，就不能产生同样的结果呢？这也未尝不是一种不自觉的选择，因为它所引起的后果是那些选择美好女子为妻的男子们始料所不及的，是和他们的任何意愿或期待无关的。

让我们设想一下，一个实行着某种婚姻形态的部落的成员们有机会在一个从未有人居住过的大陆上分布开来，不久之后，他们就会分裂成若干分得清楚的原群(horde)，彼此被山川之类的险阻所间隔着，尤其是受到半开化民族之间那一类不断的战争的影响，而至于不相往来。这样，各个原群就不得不和各有些不同的环境条件相周旋，和养成各有些不同的生活习惯或风尚，而迟早在各自的性格上变得有些差别，差别的程度起初是不大的。这种情况一经发生，每一个分隔开的由原群变成的部落就会替它自己形成一个和别的部落略有不同的美的标准，[19]而从这时候起，不自觉的选择，通过比较强有力而处领导地位的男子对不同女子的取舍，就开始发生作用了。这一来，部落与部落之间原有的轻微的差别，就会逐渐而不可避免地得到不同程度的增加。

就在自然状态中的动物说，公的动物正常应有的许多特征或性状，如身材、体力、特殊的武器、勇敢、好斗，是通过战斗的法则取得的。人的半人半兽的祖先，同他的亲族，四手类一样，几乎可以肯定地是通过这法则而取得了变化的。而野蛮人，既然一直还为了占有他们的妇女而从事着战斗，一番同样的选择过程大概在大小不同的程度上一贯进行着，直到今天。其他正常属于低等动物的公的动物的一些特征，如鲜艳的色彩和各式各样的装饰，则通过母的动物的看上了眼，而为一些更惹喜欢的公的动物所取得。但也有一些例外之例，在这些例子里，公的是选择者，而不是被选择者。通过母动物的装饰比公动物还要来得华丽——这种装饰的特征的遗传是仅仅或主要传给了雌性一方的——我们就可以认出这些例外来。在人所归属的这一目的范围以内，就有人叙述到过这样一个例外，即恒河猴(乙 832)。

男子在身体与心理方面要比女子更为有力量，而在野蛮状态中，男子对女子的欺压与束缚要比任何动物中的公的对待母的厉害得多，因此，他的所以能取得选择异性的权利是不足为怪的。不论何时何地，女子总是自觉地珍惜他们自己的美好，而只要条件许可，她们会用各式各样的装饰品打扮自己，而从中取得的快乐要比男子所取得的多得多。她们还向各种雄鸟借取自然所以使他们取媚于雌鸟的翎毛。女子既然曾经长期地因其美丽而受到选择，则下面所要说的全都是意料之中的情况，并不足为怪了：一是后来在她们身上所陆续发生的种种变异，在下传之际，有些是只传给女孩子的，男孩子没有份；二是一般的美好，男女后代虽同样地传，但由于刚才所说的传女不传男的情况，女的后代所传到的总要比男的后代略多一些；而由于这些，凡属女子，即使用一般的标准来衡量而不限于各种族自己的标准，要比男子美得一些。不过，女子在传代之际，肯定要把大多数的特征，其间包括一些美的部分，既传给女，也传给子。因此，每个种族的男子，根据其本族的鉴赏标准，以及长期以来所持续提出的对女性美的要求，势必曾经对种族中所有的个体身上，不分男女，在美的程度上，全都引起过一些变化。

至于另一方式的性选择（这在人以下的动物中间要寻常得多），即以雌性为挑选者而挑选雄性中最善于激发和媚惑她们的那一方式，我们有理由相信以前在我们的祖先中间也活动过。装饰用的胡子，以及也许还有其他一些特征极有可能就是这样取得的，就是，祖先之中有人有此特征，中了选，把它遗传了下来。但这种方式的选择在后来的一些时代里也有可能间或地活动过。因为开化程度极低的一些部落里的女子有权挑选、拒绝和引逗向她们求爱的人，也有权在已婚之后另换丈夫，其权利之大为我们始料所不及。这一层是相当重要的，因此，我准备把我所能收集到的例证详细地提供出来。

赫尔恩叙述到美洲北极地区一些部落里属于某一个部落的一个妇女如何如何屡次从她丈夫那里逃走而投奔她的情人。而据阿札腊，在南美洲的查茹阿人（Charruas）中间，离婚是颇为随便的。在阿比泊尼人（Abipone——与查茹阿人均为印第安人部落——译者）中间，一个男子在择偶的时候，在彩礼上总要和女方的父母反复地讨价还价，但“受聘的女子可以不认这笔成交的账，坚决不让再提婚姻问题，而这是时常发生的事”，她还往往出走，躲起来，避免对方的纠缠。默斯特尔斯上尉曾经在帕塔哥尼亚人（Patagonian）中间住过，说到他们的婚姻总是通过本人的意向而解决的，

“如果父母出面订定的婚约违反女儿的意志，而女儿加以拒绝，她从来不会被逼来屈从这桩婚事”。在火地岛（Tierra del Fuego）上，一个青年男子，首先通过为对方的父母做些劳役之事，取得了他们的同意，然后试图把女子带走。“但若女子不愿意，她就到树林中躲起来，直到爱慕她的人疲于寻找而最后心甘情愿放弃他的追求为止，但这种事情是难得发生的。”在斐济（Fiji）诸岛上，男子把看中了的妻子人选用暴力或假装用暴力抢走，但“在抢到家以后，如果女子不同意这婚事，她可以投奔某一个能够保护她的人。反之，如果她认为满意，这事情就当场办定了”。在西伯利亚的卡尔默克人（Kalmuck）中间，未来的新娘与新郎之间竟然进行着一场正规的赛跑，新娘可以先发脚，而克拉尔克（甲 152）“确实地被告知，除非女子对追求者已存有几分相悦之心，真正被赶上而抓住的例子是一个也没有的”。在马来群岛上的一些野蛮部落里，也有赛跑为婚之事，但勒博克爵士说，据布瑞昂（甲 90）先生的记录看来，“赛跑的结果‘既不是捷足者先登，也不是强壮者必胜’，而是最能取悦于他的意想中的新娘的那个青年成了幸运儿”。在东北亚洲的寇腊克人（Korak）里，也通行这种同样的风俗，其结果也是一样。

转到非洲：喀非尔人是通过买卖而取得妻子的，如果女子不接受这样选定的丈夫，就要挨她父亲的一顿毒打；然而据牧师休特尔先生所提供的许多事实，显而易见的是，女儿们有着相当大的选择的权利。因此，有钱而长得很丑的男子娶不到老婆之事是不乏其例的。女子们在同意订婚之前，还要求相亲，强勉求婚的男子表演自己一番，先看前面，再看背面，还要求他们“展示一下步履的姿态”。有人知道，她们甚至自动向男子提出婚姻的要求，同情人私奔之例也时有所闻。勒斯利(甲 397)先生同喀非尔人很熟悉,也说道:“如果我们听到一家父亲把他的女儿卖了,便以为他那种卖法,他作为卖主的权利,和他打发开他的一条牛一样,那就错了。”在南非洲退化了的布希曼人(Bushman)中间,“如果一个女子已经长大成年而还没有订婚的话——这是不大发生的事,但也还有——她的情人,于取得她的父母的许可之外,还必须取得她本人的同意”。[20]瑞德先生曾为我在西非洲的黑人中间进行访问,告诉我说:“至少在比较聪明的不信基督教的一些部落里,女子要取得合乎她们自己的情意的丈夫,是没有困难的,但若自己向男子提出婚事的要求,那就被认为不是妇道人家该做的事了。她们是很会发生恋爱的,也善于结成温柔、热爱和贞固的姻缘。”其他可以而无须提出的例子还有。

由此可见,野蛮人中间的女子在婚姻问题上所处的地位并不像有人所往往设想的那样下贱与屈辱。她们对所喜爱的男子可以逗引,而对不喜爱的男子有时候也得以拒绝,婚前可,婚后也可。女子对男子的取舍,而取舍又遵循着某些一定的趋向,日子一久,稳步地累积起来,最后就会影响一个部落的性格。因为女子一般所看中的男子不光是最漂亮的,所谓漂亮当然是根据她们自己的鉴赏标准,同时也是最有能力来保护和养活家小的。这样天赋良好的男女配在一起,比天赋不那么好的来,通常会多生养几个子女。如果选择是两方面的话,即不止女选男的美好与能干,而男也选女的美好所得的结果显而易见是一样的,并且还要显得显著。而这种双重的选择似乎不光是理论,而是真正发生过的情况,尤其是在我们悠久的历史的比较早的几个时期里。

现在我们要把将人的若干种族彼此区别开来，也把人和低于他的动物区别开来的某几个特征比较仔细地考查一下，这就是，不同程度的体毛缺乏和皮肤的颜色。关于各个种族之间面貌和头颅的形式的变化分歧，难以名状，我们用不着说什么，我们在前一章里已经看到，面貌与颅形之所谓美好就可以有许多不同的标准。这些特征既如此的不同，可知它们也曾通过性选择而可能起过变化，但我们无法判断，选择的活动究竟是从男的一方抑或女的一方入手的。人的音乐才能，我们在上文也已经讨论过了。

体毛的缺乏和面部头部须发的发展——人的胎儿是全身有毛的，一种茸毛，称为奶毛(lanugo)，人到成熟年龄，全身也会零零落落地长出一些发育不全的毛来。从这些，我们可以推论，人是从某种出生时全身有毛而终生如此的动物传下来的。体毛的失落对人是件不方便之事，并且可能会引起伤害的事，即在炎热的气候里，也没有好处，晴则受烈日的熏灼，阴则容易突然受凉，雨季尤所难免。像沃勒斯先生说的那样，所有各地方的土著居民都乐于披上一些小东西来保护光着的肩背。谁也不认为光秃秃的皮肤对人有任何直接的好处，因此，人的体毛不可能是通过自然选择的作用才脱落的。[21]像上文有一章中所指出的那样，我们也没有任何证据，说明此种脱落是由于气候的直接影响，或者说明它是相关发育的结果。

体毛的缺乏，从某种程度上说来，是一个第二性征，因为，不论在世界的任何地区，女子的体毛都比男子为少。因此，我们有理由可以猜想到这一性征之所以取得是通过了性选择的。我们知道有几个猿猴种的脸部和其他几个猿猴种身体后部的大片平面上是光秃的。这些我们可以很放心地归因于性选择，因为这些平面不仅一般地颜色鲜明，并且，有时候，以山魈的公的和恒河猴的母的为例，两性之间的色泽深浅大有不同，尤其是在繁育的季节里。巴特勒特先生告诉我，当这些动物逐渐到达成熟的时候，这几处光秃面，与全身相对地说，变得越来越扩大。但这些地方体毛之所以脱落，看来不是为了要光秃，而是好让皮肤的色泽更充分地显示出来。许多种鸟的情况也是如此，它们头上和脖子上羽毛之所以脱落看来也是通过了性选择，其目的也在于把皮肤的鲜明的颜色展现出来。

女子的体毛既然比男子为少，而这一特征又既然是各个种族的共同之点，我们不妨得出结论，认为女子体毛的减少或脱落最早是发生在我们半人半兽的女祖先身上的，而其时期则在极远的远古，当时人的各个种族还没有从一个共同的种系支分派别出来。我们的女祖先们在逐渐取得这一新的特征、即皮肤变得光秃的同时，她们也就把这特征传了下去，而且几乎是同等程度地传给了子和女，并且在幼小的子女身上就表现了出来。因此，这份遗传，像许多哺乳类和鸟类动物的一些装饰品一样，是不受性别或年龄的限制的。我们类人猿般的祖先有可能把体毛的部分失落看做一种装饰，而加以珍爱。这是一点也不奇怪的，因为我们已经看到，各种动物所看重的特征里有数不清的奇奇怪怪的东西，也正唯其受到看重，它们才通过性选择被接纳下来成为特征。也不足为怪的是，一些有着轻微的伤害性的特征也是这样地被取得了的，例如某几种鸟的长羽和某些牡鹿的大角。

上文有一章里说到过，有几种类人猿的母的，在腹部上的毛要

比公的似乎少一些，在这里我们也许就找到了全部光秃过程的一个起点。至于这过程通过性选择而达成的终点，我们只要记住新西兰的一句谚语就行了，“世上没有女子来配一个多毛的男子”。凡是看到过暹罗那一个多毛家族的相片的人会承认，和女子的爱好正好相反，极度的多毛是如何的奇丑，足以使人发噱。据说暹罗国王当初不得不买通一个男子来娶这家的第一个多毛的女子为妻，结果是她把这特征传给了下一代，男孩女孩全都有。[22]

有几个种族的体毛长得特别地多些，尤其是男子。但我们不该假定，凡是体毛特多的种族，有如欧罗巴人，比起光秃的种族来，有如卡尔默克人或美利坚人（印第安人），是更为完整地保存了原始的状态。更可能的是，欧罗巴人的多毛是一个部分地返祖遗传的现象；原来在以前某些时代里曾经长期遗传过的一些特征往往有退回来的倾向。我们曾经看到，白痴的体毛往往特别多，而他们也容易返回到某种低于人的类型所具有的其他一些特征。返祖的多毛现象，看来不是寒冷的气候影响所引起的，但在美国生长了若干世代的黑人[23]也许是个例外，而居住在日本群岛北部的若干岛屿上的蝦夷人（Aino）也有可能不在此例。不过遗传的一些法则是如此复杂，我们常常不理解它们是怎样活动的。如果某几个种族的所以特别多毛是个返祖遗传的结果，不受任何方式的选择的遏制，则其变异性的所以极大，甚至在同一种族的范围以内也大有不齐，也就算不得什么特别了。[24]

关于人的须髯，如果我们先看看我们最好的前导者，即四手类，我们发现在许多物种里，公母两性有着同样的发展，另有一些种则只是公的有，或公母都有而公的更发达些。根据这一事实，再

根据许多猿猴种的头部毛发有着一些奇特的部署和鲜明的颜色，我们很有理由像前面所已说明过的那样加以推断，认为大抵公猴子首先通过性选择取得了胡子，作为一种装饰品，然后，在大多数的例子里，不分子女地传了下去，有的时候，子女所传的分量一样，有的时候，子所传的分量略多于女。根据埃希里希特㉕，我们知道，人类的胎儿，不分男女，脸部是都有不少的毛的，尤其是在嘴的周围；这就说明我们是从男女两性都有胡子的祖先传下来的。因此，似乎一望而知地有这样一个可能的情况，即，男子从很早的一个时期起便把胡子保留了下来，而女子则是当体毛几乎全部脱落的时候跟着一起脱落了的。甚至我们的须髯的颜色也像是从类人猿一般的祖先遗传下来的。因为有时候头发和胡子的颜色不全一样，而在这种情况下，总是胡子的颜色要淡些，而这是人和一切猿猴类所共有的现象。在那些公的胡子比母的要大些多些的四手类动物中，这一特征和人类的一模一样，也要到成熟年龄才充分发展出来。而人和猿猴类相比，有可能只是把这发展过程的一些晚期阶段保存了下来。人从很早的一个时期起就一直把胡子保留了下来的这一看法却也还有讲不通的地方，就是胡子的变异性很大，在不同的种族之间固然大，而在同一种族之内也未尝不大，而变异性之大正好说明了返祖遗传的嫌疑——凡是丢失已久而重新出现的特征总是很容易发生变异的。

我们也决不该忽略性选择在后来的一些时代里所可能起过的作用，因为我们知道，在野蛮人中间，胡子少的一些种族的男子把脸上出现的每一根毛看成是有伤体面而费尽苦心地加以拔掉，而另一方面，胡多髯美的一些种族的男子却以此自豪，引为莫大的光

彩。两路种族之中的妇女无疑地也具有同样的好恶。既然如此，则性选择就有了用武之地，势必会在后来的一些时代的过程里产生一些效果。长期持续地拔毛的习俗也有可能引起一些遗传的影响。勃郎塞夸医师曾经表明过，某些动物，在经受某种方式的手术切除之后，它们的后代是会受些影响的。其他伤残的影响可以遗传的例子还有，这里不列举了。但不久以前萨耳温先生㉖所曾查明确凿的一个事例和我们手头的问题有着更为直接的关系，应当提出：他指出，在习惯于自己把两根中间尾羽上的羽枝啄掉的修尾鸟（Motmot，即乙 625）所生的后代身上，这些羽枝自然而然要见得削减了些。㉗但就人类来说，拔除须髭和体毛的习俗大概要到这些须或毛，通过其他方法，已经变得削减之后，才流行起来。

至于头发究竟是怎样在许多种族中发展到今天这样长的长度，要作出任何判断是有困难的。埃希里希特㉘说，人类胎儿长到第五个月时，脸上的毛要比头顶上的毛长得长些；这说明我们半人半兽的祖先是没有一绺一绺的长发的，长发一定是后来才取得的东西。不同种族之中头发的长度悬殊也同样说明了这一点。在黑人中间，头发短得像一片卷毛的毯子似的，我们自己的头发是很长的，而美利坚土著居民的头发往往长得可以垂地。有几个细猴属（乙 866）的猴种，头顶上盖着的毛是长而又不太长的，这大概是用来作为装饰，也是通过性选择取得的。同样的一个看法也许可以引申到人类身上，因为我们知道，发长委地一直受到人们的很大的赞赏，以前如此，现在还是如此，而这是几乎在每一个诗人的篇章里可以看到的。圣保罗（甲 570）说，“一个女人若有长发，这是她的一个荣耀”；[1] 而我们也曾看到，在北美洲，有一个酋长，不因为别的，而单单因为他的头发长，才得到了推举。

皮肤的颜色。——人的皮肤的颜色也通过了性选择而变化成为今天的情况，这方面的最好的证据还很少。因为就大多数的种族而言，两性在这方面没有什么差别，而在有的种族，有差别也不大，这我们在上文已有所见闻。但根据已经提到过的许多事实，我们知道，一切种族的男子都把肤色看成为他们所谓美貌的一个高度重要的因素。因此，像在低于人的动物中间所曾发生过的数不清的例子一样，它也未尝不是可以通过选择而起变化的一个特征。说像墨玉一般的黑人之黑也通过性选择而来，乍然听去，不免有些异想天开，但这一看法可以从动物方面许许多多可供类比的事实得到支持，而我们又知道，黑人是赞赏他们自己的肤色的。在哺乳类动物中，如果两性的颜色不同，公的往往是黑的，或其他要比母的为深一些的颜色，这只是因为这些颜色或其他色泽，在遗传之际，是兼传给后代的两性，或只传给两性之一，并没有什么奇特之处。从尾猴属（乙 772）的一个种，叫做魔猴的（乙 775），有着漆黑的皮肤、骨碌碌的白眼珠和在头顶上左右平分成为两半的长毛，真像是具体而微的一个黑人，看去令人不禁失笑。

脸部肤色的差别，其在各种猿猴类之间的，要比在人的各个种族之间的大得多得多。而我们有些理由可以依据，认为它们脸上的红、蓝、橙黄、近白、近黑等不同的颜色，即便是两性都有，以及它们体毛的各种鲜明的色泽，和头部作为装饰用的一撮一撮的丛毛，全都是通过性选择而取得了的。生长期间个体发育的次序既然一般也标志着一个物种的种种特征在以往的若干世代里，先后发展和变化所曾经历的次序。而人的各个种族的新生婴儿，在肤色上，又既然没有太大的差别，比起各个种族的成年人的差别来要小一些，尽管在体毛上它们是和成年人一样地光秃——既然如此，我们就有了一些微薄的证据，说明各个种族的肤色是在体毛已经脱落之后的一个时期里取得的，而这是在人的历史的很早的一个阶段里就发生了的。

总说。——我们可以归结说，男子与女子相比，其身材、体力、勇敢、好斗和精力等特征的更加发达，是首先在原始的一些时期里取得的，到后来，主要是通过为了占有女子而在情敌之间所发生的竞争而更有所加强。男子方面较大的理智的精力和发明的才能则大概可以归因到自然选择，结合上习惯所引起的一些遗传的影响，因为最能干的男子，在保护与养活自己和妻孥方面，也会是成就最大的。许多特征的由来问题是极其错综复杂的，但也还能容许我们作出一些判断，即以男子的须髯而论，看来我们的类人猿一般的男祖先是把它作为一种装饰品、用来取媚于异性或激发异性，而终于取得了的，而一经取得，便又转而传给只是属于男性的后一代。体毛的脱落，显然是由女子一方开始的，也是为了性的装饰之用，但在遗传之际，它成了不同性别的后代所共有的特征，其所传到的程度也几乎相等。不是不可能的一个情况是，女子在其他一些方面，为了同样的目的，通过同样的方法，也取得了一些变化，因此，女子的声音比男子要甜些，而体貌也美些。

有一点值得注意，就是，就人类说，在一个很早的时期里，当人

刚刚够上人的身份或人的级位的时候，生活情况对性选择在许多方面要比后来的一些时代更为有利得多。因为，我们可以有把握地得出结论，在当时，指导他生活的多半是发乎本能的一些情欲，远见或理性还不很管事。他会更好防卫他的妻子，一个或一个以上，唯恐有人染指。他不会有杀害婴儿的风俗，也不会把妻子只当做奴隶来使用，也不会在婴儿时期就为他们订上婚约。因此，我们可以推论，就有关性选择的一方面而言，人类各个种族的分化而出，主要是很远古的一个时代里的事。这样一个有结论性的看法是有启发的，就是使我们可以看得更清楚，为什么在已经有任何资料可供参考的最古的时期里，人的各个种族已经变得很不相同，而其不同的程度，比起今天的来，相差不多或几乎一样。

这里所提出的有关性选择在人的历史上所曾起的作用的一些看法是缺乏科学的准确性的。凡是不承认性选择这份力量对低于人的动物起过作用的读者可以不理会我在后来这几章里所写的有关人的一切。我们无法肯定地说这个特征是通过性选择才发生了变化，而那个特征不是。但我们却也已经指出，在某些特征上，人的各种族是各有其差别的，而和它们的最近的亲族，四手类动物，也是不相同的，而这些特征在他们的日常生活中又都是全无用处，这些特征，而不是别的，我们说，是极有可能通过了性选择才变化出来和继续发生着变化的。我们已经看到，在极低级的野蛮人中间，每一个部落的成员总爱赞赏他们自己的一些独特的品质——头和面的形状呀、颧骨突出得如何方正呀、鼻子的高耸或平扁以至于鼻梁的中陷呀、皮肤的色泽呀、头发的修长呀、脸部与通体的光洁无毛呀、胡子之大或须髯之美呀，等等。而赞美的结果是，这些以及其他诸如此类的特点，在每一个部落之中，又势必在那些能力强、才干多的男子手里慢慢地、逐步地得到夸大，而这些男子不是别人，正是，在每一世代里，在选取最富有这类特点、因而也是最美的女子为妻这一方面，和接着在生养最大量的子女方面，取得成功的人。就我个人的见识所及，我得出的结论是，人的各个种族或族，在体貌上的所以各有差别，以及在一定程度上人和低于人的动物的所以不同，原因固然不一而足，而在一切原因之中，要以性选择为最有效率。

原　　注

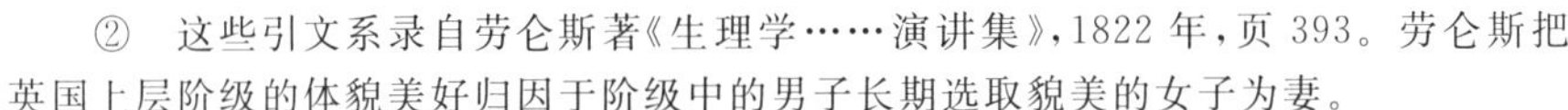

① 《叔本华与达尔文主义》，载《人类学刊》(丙 78)，1871 年 1 月，页 323。

② 这些引文系录自劳仑斯著《生理学……演讲集》，1822 年，页 393。劳仑斯把英国上层阶级的体貌美好归因于阶级中的男子长期选取貌美的女子为妻。

③ 《科学之路评论》(丙 127)，《人类学》之部，1868 年 10 月，页 721。

④ 《家养动植物的变异》第一卷，页 207。

⑤ 勒博克爵士，《文明的起源》，1870 年版，第三章，页 60—67 尤有关。麦克勒南先生，在他关于《原始婚姻》的那本极有价值的著作里(1865 年版，页 163)说道，两性的结合"在最早的若干时代里是松弛、短暂、而在某种程度上是乱交的"。麦克勒南先生和勒博克爵士都曾就今天的野蛮人的极度淫乱的情况收集了不少的例证。摩尔根先生在他的关于分类性的亲属称谓体系的有趣的报告(载《美国科学院院刊》，丙 111，第七卷，1868 年 2 月，页 475)里，作结束语说，关于各个原始时代的一夫多妻婚以及所有的婚姻形态，我们还缺乏基本的知识。从勒博克爵士在他的著作里所说的话看来，巴霍芬(甲 22)似乎也认为共婚或乱交曾在原始时代流行过。

⑥ 不列颠科学协进会会议上的演讲，《关于人类一些低等种族的社会与宗教情况》，1870 年，页 20。

⑦ 《文明的起源》，1870 年版，页 86。在上引的若干种著作里，可以找到丰富的例证，说明有的亲属关系的称谓只经历母亲一方，有的只与部落有关。

⑧ 威克先生在《人类学报》(丙 20)，1874 年 3 月，页 197 上，对这三位作家所持关于以前曾流行过几乎是纯粹的乱交这一意见提出了强烈的不同的看法；他认为分类性的亲属称谓体系可以作别的解释，而不是非此不可。

⑨ 勃瑞姆在《动物生活图说》第一卷，页 77 上说，树灵狒狒(乙 316)一大队一大队地生活在一起，每队包括的成年母狒狒要比成年的公狒狒多出一倍。关于美洲产的

一夫多妻的一些猴种，参看仑格尔，而美洲产的一夫一妻的一些猴种，则见欧文(《脊椎动物解剖学》，第三卷，页740)。其他可供参看的作品还有，不尽举。

⑩　见赛费奇博士所著文，载《波士顿自然史刊》(丙34)，第五卷，1845—1847年，页423。

⑪　见《史前时代》1869年版，页424。

⑫　麦克勒南先生所著《原始婚姻》，1865年版。尤其是参看关于外婚和溺婴的页130、138、165。

⑬　格尔兰特博士(《关于野蛮民族的族外婚》《*Ueber das Aussterben der Naturvölker*》，1868年版)收集了不少有关溺婴的资料，更集中的见于页27、51、54。阿札腊(《……旅行记》，第二卷，页94、116)对溺婴的各种动机作了详细的讨论。关于印度的一些事例，也可以参阅麦克勒南(同上书，页139)。

⑭　《原始婚姻》，页208；勒博克爵士《文明的起源》，页100。关于一妻多夫婚的以前曾经广泛流行，亦见摩尔根先生著同上所引报告。

⑮　阿礼腊，《……旅行记》，第二卷，页92—95。马尔歇耳上校，《和托达人在一起》，页212。

⑯　柏尔契耳(《南非洲旅行记》，第二卷，1824年版，页58)说，在南非洲的一些野蛮种族中间，无论男女，都从来没有在独身状态中生活的。阿札腊(《南美洲旅行记》，第二卷，1809年，页21)对于南美洲的野蛮的印第安人，说的恰恰是同样的几句话。

⑰　见《人类学评论》(丙21)，1870年1月，序页16。

⑱　见《家养动植物的变异》，第二卷，页210、217。

⑲　一个智巧的作家，就腊斐尔(甲545)、茹本斯(甲563)和近代法国画家的作品作了比较之后，提出论点，认为美的观念，即在欧洲一洲的范围以内，也不是绝对一致的；见博姆贝(甲82)(原名贝伊耳，甲55)著《海登(甲306)与莫查尔特(甲481)合传》，英译本，页278。

⑳　阿札腊，《……旅行记》，第二卷，页23。又多勃里兹霍弗尔(甲196)，《阿比泊尼人记》，第二卷，1822年版，页207。默斯特尔斯上尉的话，见《皇家地理学会纪事刊》(丙118)，第十五卷，页47。关于斐济诸岛岛民的话，本出威廉姆斯(甲708)的著作，为勒博克爵士所征引，见《文明的起源》，1870年版，页79。关于火地人，见克音与菲兹饶伊(甲242)合著《"探险"号与"猎犬"号二船行程记》，第二卷，1839年，页182。关于卡尔默克人，见麦克勒南《原始婚姻》，1865年版，页32引自他书之文。关于马来人，见勒博克，同上书，页76。黑德尔牧师著有《关于纳塔耳(Natal——南非地区——译者)的喀非尔人》，1857年版，引语见页52—60。勒斯里先生著有《喀非尔人的性格与风俗》，1871年版，引文见页4。关于布希曼人，见柏尔契耳《南非洲旅行记》，第二卷，1824年版，引文见页59。关于寇拉克人的话，原出麦肯南(甲425)，而威克所征引(《人类学报》，丙20，1873年10月，页75。)。

㉑　见所著《对自然选择论的一些贡献》1870年版，页346。沃勒斯先生又相信(页350)，"某一种智慧的力量指导和决定了人的发展"，而他认为皮肤上的无毛状态是这种总的发展的一部分。斯特宾(甲625)牧师对这种看法有所评论(《德丰郡科学协会

会报》，丙 143，1870 年）说，如果沃勒斯先生“在人的皮肤之所以无毛这一问题上运用了他平时所用的智巧的话，他大概不会不看到，由于无毛比有毛为美，又由于无毛比有毛为清洁，从而有益于健康，它就有可能是选择的结果”。

㉒　见《家养动植物的变异》，第二卷，1868 年版，页 327。

㉓　参见古耳德所著《美国士兵军事学与人类学的统计的调查》，1869 年。页 568 上说：调查对 2，129 名黑色及其他有色皮肤的士兵，当他们洗澡的时候，就把他们的体毛，作了仔细的观察；翻看所发表的统计表，“一望可知，在这方面，白种和黑种之间没有什么差别，要有的话，也是微乎其微的”。但可以肯定的是，在他们的本土、炎热得多的非洲，黑人的身体是特别光滑的。调查中有一点应该特别指出，即，上面的数字既包括纯黑人，又包括黑白混血的人；而这是一个不幸的情况，因为，按照一条我在别处已经证明其为真实的原理：人的杂交的种族特别容易返归到他们早期的类人猿般的祖先所具有的那种原始的多毛状态。

㉔　本书所提出的许多看法中，几乎没有任何一个比此更为不受人欢迎的了（参看，例如，斯彭格尔，甲 616，德文《达尔文主义的进展》，1874 年版，页 80）。人类体毛的所以失落，我们在正文中的解释是，通过了性选择；但对此解释所作出的种种反面论点，依我看来，似乎没有一点在分量上足以和我们所提出的种种事实相比；这些事实指出，皮肤的光秃，对人和对若干种四手类动物，在一定程度上是一个第二性征。

㉕　见《论人体毛发的趋向》（《*Ueber die Richtung der Haare am Manschlichen Körper*》），载缪氏《解剖学与生理学文库》（丙 98），1837 年，页 40。

㉖　《关于修尾鸟的尾羽》，载《动物学会会刊》（丙 122），1873 年，页 429。

㉗　斯普若特先生（《对野蛮人生活的见闻与研究》，1868 年，页 25）提出与此同样的意见。有几个著名的民族学家，其中包括日内瓦的高斯（甲 271）先生，认为头颅的人工变形有遗传的倾向。

㉘　见注㉕所引论文，页亦同。

译　　注

1. 出自《达哥林多人前书》，第十一章。

第二十一章　全书总述与结论

主要结论：人类是从某种低级类型传下来的——发展的方式——人类的谱系——种种理智的与道德的能力——性选择——结束语。

为了便于读者追忆本书中各个比较重要的论点，一个简短的总述也就足够了。上文所已提出的种种看法里，有许多是属于高度的臆测性的，而有一些前途将无疑会被证明为是错误的。但对于每一个看法，我为什么单把它提出来，而不提别的，我是把理由都说了的。为了要看进化的原则对于人的自然史中若干比较复杂的问题能不能有所发现，能有多少发现，我认为这样一番尝试似乎是值得的。对科学的进步来说，错误的事实有着高度的危害性，因为它们往往长期以讹传讹，得不到纠正，而有一些证据来支持的错误的看法则害处不大，因为人们全都有益地喜欢把这种错误指证出来，而一经指出，引向错误的途径之一便从此堵塞，而引向真理的道路往往在同一个时候开辟出来了。

本书所已达成的主要结论，也是许多有着足够的专长来作出健全判断的自然学者如今也都主张的结论，是：人是从某一种在组织上不那么高度的形态传下来的。衬托着这个结论的一些基础是永远不会动摇的，因为人和低等的动物相比，在胚胎的发育上，既

有着密切的相似性，而在结构和素质上，又有着无数的相似之点，其中有高度重要的，也有微不足道的，例如人体上所保留的种种遗留而发育不全的器官，以及间或发生的一些变态的返祖遗传的现象——都是无可争辩的事实。这些事实是我们早就知道了的，但直到最近以前，它们对于人的起源，丝毫未能有所说明。现在，我们用了我们所已有的全部有机世界的知识所给我们的眼光，再来看看它们，它们的意义就十分明确了。如果我们把这一宗一宗的事实和其他一些事实，诸如同一生物群中各个成员之间亲缘关系的远近、它们过去和现在在地理上的分布，以及它们在地质地层里出现的先后承接，结合起来而加以考虑，伟大的进化原则就一清二楚和坚定不移地屹立起来了。若说所有这一切事实说的都是假话，那是无法相信的。一个人只要不像野蛮人那样；不再满意于把自然界的种种现象看做各不相连，他也就不会再相信，人是造化中和其他创造不相联系的一度创举的产物。他也就不得不承认，随便举个例子吧，人的胚胎和狗的胚胎之间的密切相似这一事实，其中包括头颅、四肢的构造，以及整个的躯体骨架，不论用途如何，和其他哺乳动物都有着同样的格局，也包括各种不同的结构的间或重新出现，例如有若干根肌肉，对人来说，在正常情况下是没有的，而就四手类所有的物种来说，却是全都有的，此外还有大量可供类比的事实——全都再清楚没有地指向这样一个结论，就是人和其他哺乳动物是同属于一个共同祖先的不同支派的后裔。

我们已经看到，人，在他的身体的一切部门上面，和在他的心理能力上面，都不断呈现出个人的差别。这些差别或变异，和比较低等的动物的变异，似乎都是由同样而普遍的一些原因所引起，而又遵循着同样的一些法则。人也罢，低于人的动物也罢，在它们中间通行着相类似的一些遗传法则。人在数量上的增长率倾向于比他的生活资料的增长率为快，因此，他时常要受到一番严酷的生存竞争的折磨，而自然选择或自然淘汰就会在它威力所及的范围以内建成它所能达成的效果。自然选择进行工作，不一定要依靠世代相传的一些同性质的特别显著的变异，个体身上一些轻微而波动不定的差别已经是足够了的。我们也没有任何理由来设想，认为在同一个物种之中的一些个体，身体组织的一切部门都倾向于向着同样的一种程度发生变异。我们也许确实感觉到，身体上某些部门的长期持续使用或废置不用所产生的遗传影响，对自然选择的趋向会起不少的作用，用与废走向哪里，选择也就趋向哪里。过去有过重要作用而后来说不上再有什么用处的某些身体上的变化是长期地世代嬗递而不消失的。如果身体的某一部分发生变化，一些其他的部分，通过相关的原理，也随之而发生变化，我们在相关的畸形方面就可以找到许多这一类奇特的例子。变化所以发生的缘由，有些也许可以归到生活环境中一些条件的直接而具体的作用，例如，食物的充足、气候的炎热或空气的湿润；而最后，不少特征，有的在生理上很不重要，有的却也很有些分量，是通过性选择才取得的。

无疑地，以我们有限的知识看来，人和每一种其他的动物一样，具备着一些现在和早先似乎都是全无用处的结构，就一般生活情况来说没有用，就两性之间彼此的关系来说也没有用。这一类结构，解释起来，既不能说是由于任何形式的选择，也不能说是由于这些结构所在的身体部分的用进废退的遗传影响。不过，我们知道，有许多异乎寻常而又特别显著的结构上的奇形怪状不时在我们的家畜或人工培养的植物里出现，它们所由发生的原因我们还不知道，只知道如果这些原因活动得更为一律的话，则这些特点便会成为一个物种中所有的个体所共有的东西。今后我们可以希望对这一类不时出现的变化所由发生的原因有所了解，特别是通过对畸形的研究这一途径，因此，厚望是寄托在实验学家的辛勤劳动身上，达瑞斯特(甲 179)先生的工作便是一例。[1] 现下我们只能一般地说，尽管新的和变动了的环境条件对多种多样的有机变化的激发，肯定起着一些重要的作用，每一个微小的变异和每一种畸形所以发生的原因，寄寓在有机体素质内部的，比起在周围条件的性质方面的来，却要多得多。

通过刚才所列举的手段，也许还要加上一些我们如今还没有发现的其他手段，人终于被提升到他目前的地位。但自从他达成人的级位以来，他又分化成为若干界限分明的种族，或者叫得更恰当些，若干亚种。有些亚种，例如尼格罗种(黑人种)和欧罗巴种，是分得如此的清楚，使得一个自然学者，如果面前仅仅看到这两种人的标本，而别无其他的参考资料的话，无疑会把他们看做分属于两个不同的良好而真正的种。尽管如此，所有的种族，在那么多的哪怕是不关紧要的结构的细小节目之上，也在那么多的心理特征之上，都是不约而同，这种共同的程度，除了从一个共同的祖先遗传而来这一层而外，是再也无法解释的，而一个有到这些身心特征的共同祖先，也许就配得上称为人，够得上人的级位。

我们决不能这样设想，人种的某一个亚种与其他亚种的派分而出，乃至所有的亚种从一个共同的祖系派分而出，可以追溯到任何单一的一对祖考和祖妣身上，事情恰恰与此相反，在变化过程的每一个阶段里，凡是对周围的生活条件适应得更好些的个体，无论适应的方面与程度如何，比起适应得差些的个体来，总会有更大的数量生存下来。人们对动植物进行育种选种，如果所采取的方法不是有意识地专挑几个个体，而是把所有优胜的个体全都保留下来作为育种之用，而把低劣的搁置不问；上面刚说过的自然变化过程便和这样一个育种的过程很相像了。人就是这样慢慢地，但却也是扎实可靠地，使他自己的种系发生变化，而于不知不觉之间形成了一个新的血统。其他不通过选择而取得的变化，情况也是如此，这些变化的产生，有的是发乎有机体的本质的变异和环境条件的作用，有的是由于生活习惯的改变，而无论变化的由来如何，情况是，生活在同一地域以内的许多个体之中，没有任何一对相配的个体会比其他的各对变化得多出许多，这是因为通过自由交配，所有的个体都在不断进行着混合的缘故。

通过对人的胚胎结构的一番考虑，包括他所表现的种种可以和低于他的动物相类比的所谓同原的器官或结构、他所保留的一些遗留而发育不全的器官或结构，以及在他身上可能发生的一些返祖遗传的现象，我们，加上一番相像，就有可能部分地追忆到我们早期的祖先们所原有的状态，和有可能把他们大致不差地安放在动物系列中应有的地位之上。这样我们也就认识到，人是从一只有毛、有尾巴的四足类或兽类动物传下来的，而在习性上可能是树居的，并且是旧大陆上的一个居住者。如果一个自然学者有可能检查到这只动物的全部结构而加以分类的话，它就会被毫不犹豫地纳入四手类（乙 816）或猿猴类之内，一如比它更为古老的一个祖先，即新、旧大陆全部猴类的祖先被纳入那样。四手类和一切高等哺乳动物（乙 597）有可能是从一种古老的有袋类（乙 600）动物派生出来的，而此有袋动物则通过一长串的繁变不同的动物形态，可以追溯到某一种近似两栖类（乙 27）的动物，再由此向前追溯，便要追溯到一种类似鱼的动物了。回顾荒远难稽的太古，我们也可以看到，所有脊椎动物的共同祖先一定是个水居动物，有着鳃的装备，雌雄同体，而身体中最为主要的器官（诸如脑和心脏）发展得还不完全，甚至根本没有发展。这种水居动物和现有的水居动物相比，似乎是与海鞘（乙 99）的幼虫有着比我们所知的任何其他动物形态或类型更多的相像之处。

在我们身不由己地达到这样一个关于人的起源的结论之后，在我们面前呈现的最大的难题是我们的高标准的理智能力和道德性情又是怎样来的这一个问题。但凡属承认进化原理的人一定会看到，高等动物的心理能力和人的比较起来，尽管在程度上如此高下不齐，在性质上却同属一类，因此，低的就有向高处推进的可能。即如，在心理能力上，一只高等类人猿与一条鱼之间，或一只蚂蚁和一只鳞翅类昆虫之间的差距是极其大的，然而它们的发展却并不提出任何特殊的困难；原来，即以我们的家畜为例，心理能力是肯定会发生变异的，而变异是遗传的。谁也不怀疑，心理能力，对自然状态中的动物来说，是极关重要的东西。因此，通过自然选择，它们有着向前发展的种种有利条件。同样的结论可以引申而适用到人；对于人，即使在很荒远的古代，这些能力是万分重要的，具备了他们，人才能发明和使用语言，才能制作武器、工具、圈套，等等，而通过了这些，又加上他们在社会习性方面所得到的协助，人才在很久以来在一切生物之中，成为最能主宰的力量。

一旦半属艺术、半属本能的语言开始通用之后，理智的发展就跨进了一大步，因为语言的持续使用会影响大脑发生反应而产生一番遗传的影响，而这又转而反应到语言的使用，使逐步趋于完善。像腊埃特先生①曾经很好地说过的那样，人的大脑，无论和他自己的躯干相对来说，或者和低于他的动物相比较来说，是特别大的，其主要的原因可以归结到某种简单形式的语言的使用——语言是台奇异的机器，会在各种各类的事物和品质上粘贴不同的符号，从而激发仅仅是感官所得的诸般印象所永远不能引起的一连串一连串的思想，或即使引起一些，也是些有头无尾，无法追踪下去的活动。人的一些较高的理智能力，诸如推理、抽象、自觉等等的能力有可能是从其他的一些心理能力不断地改进与练习而发展起来的。

道德品质的发展是一个更为有趣的问题。这方面的基础要到社会性的一些本能中去寻找，而所谓社会性的本能也包括家庭中的伦常关系在内。这些本能是高度复杂的，而就低于人的动物来说，它们为某些具体的动作指出了一定的趋向，但其中较为重要的一些因素不外乎爱和另一种分明而觉察得出的情绪，同情心。赋有社会性本能的动物能在相处之中感到伴侣的乐趣，危险当前，能彼此警觉，并多方面地互相保护，互相帮助。这些本能的表现并不扩充到物种的全部的成员，而只限于属于同一个聚居区以内的一些个体。它们既然对有关的物种有着很大的好处，一切理由似乎说明有关的物种会通过自然选择而取得它们，作为遗传品性的一部分。

天地间一个有道德性的生物和其他生物不同，它懂得回顾它过去的种种行动和这些行动的动机——也就是懂得对某些动作与动机表示同意，而对另一些表示不同意；而人在天地间的一切物体之中是唯一配得上称为有道德性的生物这样一个事实就构成他和低于他的各种动物之间的一切区别之中的最大的区别。但我在上文第四章曾经试图指出，道德感这样东西有着若干不同的来源，首先来自动物界中维持得已经很久而到处都有的种种社会性本能的自然本性，第二来自人对他的同类所表示的赞许或不赞许能有所领会，第三来自他的心理才能的高度活动能力，加上过去生活中种种印象的能够始终维持其极度的生动活泼，而在后述这两方面，他是和低于他的动物不同的。由于这样一种心理状态，人不可能不既要向前看看，又要向后看看，而把过去所接纳的种种印象比较一番。因此，当某些欲望或情欲暂时把他的社会性本能一度制胜之后，他会反省一下，而把这一类已过的情欲冲动在当时业已削弱了的印象为一方，和无时无刻不存在的社会性本能为另一方，而进行一番比较，然后他就会感觉到这后一种本能在得不到满足时所遗留在后面的那种不满和慊然的心情，从而下定决心将来必须要改变作风——而这就是良心了。任何一种本能，如果比另一个本能一贯地更为强大有力或在时间上维持得更久的话，就会引起一种感觉，使我们，如果要把它表达出来的话，我应该听从这本能之命。一只专用鼻子来指点猎物所在方位的猎犬(pointer dog)，如果会对它过去的操行作出反省的话，就会自怨自艾地说(事实上我们是这样说到它的)，我本应该指向那只野兔，而不应该屈从于想猎获的一时欲望的引诱而把它猎取了下来。

社会性的动物在一定程度上要受到一种愿望的推动，来为它们聚居区里的成员出些一般性的彼此协助的力量，但更为普通的是，它们得做出某些具体的行动来。人也受同样的一般性的愿望的驱策来帮助他的同类，但他在这方面几乎没有什么特殊的本能可言，甚至可以说一个都没有。这是他和低于他的动物不相同的。还有不相同的一层是，他有能力用语言来表达他的欲望，语言就这样地成为所责成于他而他所能提供的助力的导引。人所由为他的同类提供协助的动机也有许多变化而不是一成不变的，它不再单单由一个盲目的本能性的冲动所构成，而是多方面地可以被他的同类的称赞或责怪所影响。称赞或责备的施与受两者俱建立在同情心之上，而我们在上文已经看到，这一情绪是各个社会性本能中最为重要的因素之一。不错，同情心，是作为一种本能而取得的，但它也可以通过练习或习惯而得到不少的加强。既然所有的人都为自己谋求幸福，那么，人们对种种行动和动机所提出的赞许或责备就有了依据，就是它们能否导向幸福这一目的；而幸福又既然是人类共同的好生活的一个精要部分，那么，绝大多数人的最大幸福这一原则便间接地提供了一条接近于稳妥的标准，可以作为判别是非之用。在推理能力向前推进和经验逐步累积的同时，人们认识到了某些操行路线或作风对个人的品格，乃至对大众的利益的一些更为深远的影响，于是一些独善其身的品德就进入了舆论或公议的范围，从而受到称誉，而与之相反的德操，则受到谴责。但在文明不甚发达的民族里，推理往往错误，许多不良的风俗和粗鄙的迷信也就进入了公众舆论的范围，从而作为高尚的品德而获得推崇，而反之，对此类风俗与迷信的违反则成为严重的犯

罪行为。

一般总是把道德能力比理智能力看得高些，认为有着更高的价值，而这也是恰当的。不过我们应该记住，心理的活动，由于它能生动地追忆过去的种种印象，对良心的所由兴起来说，其为基础之一，尽管是第二性的，却还是根本的。这就提供了最为强有力的论据要我们千方百计来启发和激励每一个人的理智能力。一个心理上迟钝的人，如果他的种种社会性的爱好和各种同情心得到良好的发展，无疑地也会接受指引而做出良好的行动来，同时也会具有一个相当敏感的良心。但凡属可以使想象力更趋生动活泼、使追忆和对比过去印象的习惯能够得到加强的事物，也会使良心变得更为敏锐，甚至可以敏锐到一个程度，或多或少足以弥补种种社会爱好和同情心的不足。

人的道德本性的所以能达成今日的标准，部分是由于他的推理能力得到了提高和由此而来的公众舆论的日趋正确合理，但更为重要的是，由于他的各种同情心，通过习惯、仿效、教导和反省等多方面的影响，变得更为温柔、更为普及。经过长期实践之后，一些合乎道德的行为趋向会成为遗传的品性，看来这不是不可能的一件事。就一些更为文明的民族来说，对一个无所不察的神的存在的笃信，对于道德的提高，也曾产生过有力的影响。人对于他的同类所表示的赞许或责备是谁都接受的，谁也难于回避这方面的影响的，但归根结底，这并不是他的行动的唯一的指导。最最妥善的行动准则还须来自他自己的由习惯成为自然、而从理智得到控制的一些坚定的信念。到此地步，他的良心才成为最高的判决和警戒的力量。但话得说回来，道德感的最初元的基础，或道德感的起源要向包括同情心在内的各个社会性本能中去寻找，而这些本能无疑地是第一性的东西，在低于人的动物里便已通过自然选择而取得了。

时常有人提出，人有对上帝的信仰，而低于人的动物则无，这不但是两者之间的最大的区别，并且是最完整而截然的区别。但我们已经看到，我们不可能把人的这个信仰说成是先天的或属于本能的东西。但从另一方面看，这一类对一些无所不在的神灵力量的信仰似乎是到处都有；而它的由来一看就像是和人的理性的一定程度的进展，以及和他的想象力、好奇心、在大事物前面表示的惊愕心情这一类比理性更为发展的心理能力有着前因后果的关系。我觉察到，许多人把对上帝的信仰是出乎人的本能的这一假定用来作为上帝存在的一个论据。但这是一个轻率的论据，因为，这样一来，我们对于那些在威力上仅仅略高于人、即神通并不广大、而却又残暴凶恶的各种精灵鬼怪，也就不得不加以信仰，因为对这些精灵鬼怪的信奉，比起对一个慈爱的天神的信奉来，事实上更为普遍广泛。一个普遍而慈祥的创始者的这样一个理想，似乎一直要到长期而持续的文化已经把人提高之后，才在人的心理上出现。

凡是相信人是从一种低级的生物组织形态进展而来的人会自然地提出这样一个问题：这和灵魂永生的信仰的关系又是怎样？勒博克爵士曾经指出过，半开化而朴野的各个种族并不拥有这一类很分明的信仰；但我们刚才已经看到，从野蛮人的原始信仰中得来的一些论据是没有多大用处或全无用处的。几乎没有什么人对如下的这样一个问题感到任何不安，就是，我们没有办法断定，一个人在从一个微小的胚泡(germinal vesicle)的一丝痕迹开始的发育过程中，究竟在哪一个明确的阶段里才成为一个永生的生物；既然如此，那么，在整个逐渐上升的生物的进化的阶梯之上，有生之物究竟在哪一个段落里才取得永生资格的这一问题的无从断定，也就更没有理由教我们忐忑不安了。②

我理会到，本书所达到的各个结论将被某些人斥责为严重地违反了宗教。但斥责这些结论的任何人有责任向我们说明，对于个别的人的出生，我们既然可以根据生殖的一些通常的法则加以解释而不发生反宗教的问题，如今我们根据变异和自然选择的一些法则来解释人，作为一个分明的物种，是怎样从某一种比较低级的形态嬗递演变而取得他的起源，何独就对宗教有所违反了呢？物种的出生和个人的出生，同样是古往今来那伟大的一系列事件推移的一些部分，我们对此，衷心地不甘于承认是盲目机遇的结果。有人说，结构上每一个轻微的变异——每一对婚姻的结合——每一颗种子的散播——和诸如此类的其他事件，全都是为了某些特殊的目的由神道注定的，对这话我们能相信也罢，不能相信也罢，但对一切事物产生于盲目的机遇这样一个结论，我们的理解力却只有起而反抗的一途。

在本书里，我对性选择作了不厌其详的处理，因为，我在上文已经试图加以说明，它在生物世界的历史里曾经起过重要的作用。我也觉察到，这里面可疑的地方还是不少，但我已经尽力对整个问题提供了一个公平的看法。在动物界的较低的各部门里，性选择似乎没有什么作为：这些部门里的动物有的往往终身胶着而停留在一个地点之上，有的是雌雄同体的，而尤其重要的是，有的连觉察和理智的能力还没有进展到足以产生恋爱和嫉妒的感觉、或有到足够的能力对异性对象进行挑选的那样一个地步。然而，当我们进行到节肢动物（乙 97）和脊椎动物（乙 995），哪怕是这两大亚界中的最低级的几个纲的时候，我们便看到性选择作出了不少的成就。

在动物界的几个大的纲——即哺乳类、鸟类、爬行类、鱼类、昆虫类和甚至甲壳类——中间，两性的差别所遵循的规矩几乎是一样的。调情求爱的一方几乎总是公的或雄的。也只有公的或雄的才装备有向他们的情敌进行战斗的特殊武器。他们一般要比母的或雌的长得强壮些、高大些，并且天生备有勇敢善斗的必要的品质。他们又备有声乐或器乐的器官，有的是独有的，即母的完全没有，有的虽两性都有，公的所具备的在程度上却要高得多；他们又备有发出臭气的气腺。他们有着光怪陆离的种种附赘悬疣，又有着种种鲜艳夺目的颜色，而这些颜色又往往编排成各种漂亮的花样，而母的却是朴朴素素，全不打扮。如果两性在重要的结构上有所不同，那也总是公的才装备有便于发现对象的特殊的感觉器官，便于追逐她的行动器官，又往往备有便于抓住她的把握器官。这些用来媚惑或抓取母的动物的形形色色的结构又往往只在每年的某一个时期，即在繁育的季节里，才发展出来。在许多例子里，这一类的结构在母的身上也或多或少地出现，但往往只是一些发育不全的残留。如果公的经过阉割，这些结构就会消退，或终身不会出现。一般地说，公的也要到生殖年龄以前不久才发展这些结构，

在青年的初期里是没有的。因此，就绝大多数的例子说，两性在幼年时代是彼此相像的，而母的毕生就多少和她的幼年子女有几分相像。几乎在每一个大的纲里；少数个别的反常的例子也是有的，甚至发生两性特征几乎是完全对调的情况，母的竟然取得了正常属于公的动物的一些特征。但总起来说，调节两性差别的一些法则是划一的，而调节的范围既包括这样众多而彼此渺不相涉的纲，这种划一性也是大得出奇的。但如果我们承认一个共同原因的作用，即性选择的作用，这种划一性也就不难理解了。

性选择的作用有赖于物种的某些个体，在传代与繁殖方面，在与其他同性别的个体的竞争中取得了胜利。而自然选择则不然，它的作用有赖于物种中某些个体，不分性别，也不分年龄，在一般生活方面，在对一般生活条件的适应方面，在和其他个体的竞争中，取得了成功。性的竞争有两类：一类是在同一性别的个体之间，一般是在雄性与雄性之间，为的是要把情敌赶走或除掉，雌的始终是被动而观望的。另一类也是在同一性别的个体之间进行的，为的是要激发和媚惑异性的个体，这异性一般总是雌的，到此，雌的也就不再观望，而进而选取更为惬意的配偶了。这后一类性的竞争所产生的选择作用和我们虽无意识却有效地在家养生物身上所起的选择作用有密切的可以比拟之处，人畜养或培育一些生物，对所培养的物种初虽没有加以改变之意，却能把最悦目或最有用的个体长期保存了下来。

遗传的一些法则决定：两性之中不拘哪一性通过性选择所取得的一些特征在向下代传递的时候，是只传给同性，即子或女，抑或不分性别，即子和女；也决定，这些特征，在子女身上，将在什么

年龄发展出来。情况似乎是，个体身上出现得晚的一些变异一般只传给和它属于同一性别的后一代，即父则传子，母则传女。变异性是选择所由发生作用的必要的基础，也是独立于选择作用之外的。正由于这个道理，在物种的繁衍方面，通过性选择的途径，同时又在一般的生活目的方面，即为了更适合于生存，通过自然选择的途径，凡属同样而一般性的种种变异都往往被利用上而得以累积起来。因此，只有通过一番类比之后，我们才能把两性同样会遗传到的一些第二性征从一些寻常而也可以具体指出的特征之中区别出来。通过性选择所获得的一些变化往往表现得特别显著，显著到可以使人常常把同一物种的两性看成分属于两个不同的种，甚至不同的属。这一类特别鲜明或突出的差别一定有它们的重要性，哪怕我们还说不清楚它们究竟重要在哪里。我们只知道，就某些例子来说，这些差别的取得是付过代价的，不仅是不方便的代价，甚至是暴露给实际危险的代价。

我们之所以相信性选择的力量，主要是基于如下的几点考虑。某些特征只一性有之，只此一点就有可能说明，就绝大多数的例子来说，这种特征是和生殖的举动有关系的。数不清的例子表明，这些特征总要到个体成熟的年龄才十足地发展出来，而且往往只限于每一年的某一个时期，就是繁育的季节。雄的个体(少数个别的例外搁置不提)在调情过程中是更为主动的一方；他们也是武装得更好，用各式各样的办法打扮得更为漂亮的一方。值得特别注意的是，雄的总要把这些富有诱惑力的特点细心周到地在雌的面前卖弄出来，而一过叫春的季节，却又难得或根本不再卖弄了。我们很难相信所有这一切会是无所为而为的。最后一点，就某些四足类和鸟类动物来说，我们有着确凿的证据，说明此一性别的个体，对于另一性别的某些个体，会有强烈的厌恶或喜爱之感。

记住了这些事实，再加上人在家畜和人工培育的植物身上通过不自觉的选择所取得的一些显著的成果，我看我们几乎可以肯定地认为，如果两性中一性的一些个体，在一长串的世代之中，一贯趋向于和具有某些奇异的特点的异性个体结成配偶，那么，所产生的后代将会慢慢地、但却又拿得稳地，发生变化而表现出同样的特点来。在雄性的个体在数量上超过雌性的个体、或一夫多妻的配偶方法流行的情况下，上面这番话是可以成立的，但若情况不是如此，则比较漂亮的雄性个体，比起不那么漂亮的来，是不是会成功地留下更多的后代而把优越的装饰和其他能吸引异性的特点遗传下来，是值得怀疑的，这一层我在上文中没有试图加以掩饰。但我也曾指出，这一层也许不必过虑，我们还须转而考虑雌性的一方，雌性的个体，尤其是一些更为健壮的雌性，而这些也正是有更早的机会来开始繁育后代的雌性，所挑取的，不仅是更为漂亮的雄性，而同时也是更为健壮和在和同辈争雄的过程之中更为优胜的雄性。

尽管我们有一些正面的证据说明鸟类能欣赏鲜明而艳丽的物件，例如澳洲的凉棚鸟（bower-bird），也尽管它们确实能领会歌唱的吸引力，我还须充分地承认，许多鸟类和某些哺乳类的母的动物居然会有天赋的足够的鉴赏能力来领略装饰之美，总是一件值得惊奇之事，至于所谓天赋，我们有理由认为就是性选择的创造了。而尤其令人叫绝的是，在爬行类、鱼类和昆虫类中间也竟然有这种情况。不过我们对于人以下各类动物的心理状况实在了解得太少。例如，我们无从设想，风鸟或孔雀的公鸟会在母鸟面前如此其费尽功夫地把美丽的翎羽竖起、敞开、颤动起来，而全无用心于其间。我们还该记得上文有一章里所叙述到的有着极可靠的权威作后盾的那桩事实，就是，有几只母孔雀，在被拒绝和一只她们所已看中了的公孔雀接近之后，便宁愿守上一整个季节的寡，而不和另一只公孔雀配合。

但还有比这更奇怪的，在我所知的自然史里，没有比百眼雉(Argus Pheasant)的母雉的鉴赏能力更为出奇的了。在这个雉种里，公雉两翅上的羽毛呈现着许多由浅入深的球臼扣合型的关节状的圆斑，极其精美，而总起来又构成一片漂亮的图案。母雉所欣赏的就是这片圆斑图案。凡是相信自从上帝创造他的日子起，这只公雉就一直具有像今天这样花色的人一定得承认，上帝把这些奇美的羽毛赋给他，确乎是专门为了打扮他，因为这些羽毛对飞行反而是个累赘，又因为一到求爱的季节，公雉确乎把它们抬出来卖弄一番，而卖弄的姿态又是十分奇特，为这一物种所独有，等到求爱季节一过，这一套却又全都收拾了起来。既然如此，则这个人还须进一步承认，上帝在创造母雉的时候，也一定把欣赏这一类装饰品的能力赋给了她。我也承认这些，唯一不同之点是在信念方面，我则相信，公的百眼雉的美丽是通过母雉，在许多世代之中，不断挑取装饰得更为美好的公雉，而逐渐取得的。而母雉的审美能力则通过练习与习惯也逐步获得了进展，像我们自己的鉴赏能力逐步得到改进一样。何以知道这类变化是逐步取得的呢？幸运的是，在公雉两翅上今天还保留着几根未经变化的羽毛，使我们不难清楚地追踪一下，一些朴素的小圆点，加上陪衬在一边的几道暗黄

色的浅晕，是怎样一小步一小步地向前发展，而终于有可能达成今天奇美的球臼扣合型的关节状的圆斑所构成的花色来的，而实际发展的过程大概也确乎是这样。

哺乳、鸟、爬行、鱼各类动物的雌性能领略雄性的美丽，肯定地说明她们的鉴赏力是高的；但为什么这样高，又为什么在审美标准上大致和我们自己的很相符合，这一种能力究竟是怎样取得的——对这些问题的答案是不是真像上文所说的那样，这即使在已经接受进化原理的人，也还感觉到很难接受。这样的人应该回想一下，在全部脊椎动物的系列里，上自最高的成员，下至最低的成员，大脑的神经细胞都是从这一庞大的动物界的共同祖先那里派生出来的。因为这样我们才可以看到，无论种类如何不同，无论彼此之间的界限如何分明而各不相涉，某些心理能力的发展却采取了几乎是同样的方式和达到了几乎是同样的程度这一过程究竟是怎样来的。

本书的读者，如果把专门讨论性选择的各章都读过一遍，当能作出判断，我所达成的若干结论所得到的证据的支持究竟充分到什么程度。如果他接受这些结论，我想他会把它们引申到人类身上，而不至于有阻碍不通的地方。在这里，再把我不久以前已经说过的重复说一遍——说明性选择是用什么方式在人的身上，男人身上和女人身上，显然发挥它的作用，从而使两性之间在体格上与心理上都发生了区别，又使各个种族之间在各方面的特征上也呈现了差异，以及使这些种族和他们古老的、在组织上更为低级的祖先之间也有了不同——是没有必要的了。

凡是承认了性选择的原理的人会被带领到这样一个引人注目

的结论,就是,神经系统不仅调节着身体上绝大多数的现有的机能,而且也间接地影响身体上各种结构以及某些心理品质的前进的发展。勇敢、好斗、毅力、体力、身体的大小高矮、各种攻守用的器官、声乐和器乐的器官、各种鲜明的颜色以及装饰用的附带结构,都通过进行挑选时所使出的力量,通过恋爱和妒忌,通过对声音、颜色或形态之美的领悟,而为这一性别或那一性别的个体所取得,而这些心理上的能力一望而知地有赖于大脑的发展。

人在对他的马、牛、狗进行配种之前,总要不遗余力地把它们的性格和谱系仔细察看一番;但一到他自己的婚姻,却极难得、或从来不肯费上任何这一类的心思。尽管由于他高度地欣赏心理上和道德上的种种优美的品质,他要比这些低于他的动物卓越得多,但就驱使他走上婚姻之路的一些动机而言,他却和不受人工驯育的限制而得以自由选偶的这些动物几乎是一样的。然而人的配偶选择却是另一路的,对他有着强烈的吸引力的未必是一些优美的品质,而是单纯的财富或社会地位。但通过真正的选择,他对他的后代,不仅在身体的素质和形态方面,而且在理智和道德的品质方面,是可以做出一些成就来的。无论男女,如果在身体方面或心理方面有着显著程度的缺陷,便应该自己克制,放弃结婚;但在遗传的一些法则彻底地被人发现以前,这一类的希望是乌托邦一路的空想,即便是部分地加以实现也是不可能的。任何人能向着这个目的出一点力,就算是有了良好的贡献。有一天人们对育种和遗传的一些原理有了更好的了解,我们将不再听到议院里不学无术的议员先生们,用着嘲笑的态度,把确定近亲结婚是否对人有害的

这样一个调查研究计划推出院门之外了。

人类幸福的推进是一个极为错综复杂的问题：为未来的子女设想，凡是没有能力养育他们而无法使他们免于赤贫生活的人全都应该放弃结婚，因为贫困不仅本身是件大坏事，而且通过对婚姻的率意进行，不负责任，倾向于滋长更多的贫困。在另一方面，像高耳屯先生说过的那样，如果能深思远虑的人回避结婚，而凡事漫不经心的人却结了婚，则社会上较差的成员势将取较好的成员而代之。人像其他每一种动物一样，其所以能达到他今天的崇高的地位，无疑地是由于，继他的快速繁殖之后，他曾经阅历过一番生存竞争，而如果他指望百尺竿头更进一步的话，怕还需在严酷的竞争之中继续受些折磨。要不然，人将沉沦于怠惰懦弱，而天赋比较好的，在生活的斗争中，比天赋差的未必取得更大的成功。因此，我们的自然增长率，尽管目前正引向许多明显的弊病，还无论如何不宜于降低得太多。人人应当有公开竞争的机会，而最有能力的人不应当受到法律和习俗的限制，使其不克做到最大的成功和养育最大数目的子女。过去的生存竞争虽然重要，而就在今天，也还并不是不重要，若就人性中最高的一部分的发展而言，还有比它更为重要的一些力量在。各种道德品质的进展，直接间接通过习惯、各种推理的能力、教导、宗教等等的影响而取得的，要比通过自然选择而取得的多得多。不过我们可以有把握地把各种社会性本能的出现归功于自然选择而这些本能又为道德感的发展提供了基础。

本书所达到的主要结论，即，人是从某种在组织上比较低级的

形态传下来的，我抱憾地想到，对许多人来说，将是不合脾胃的。但我们是从半开化的朴野人传下来的，这应该是无可置疑的了吧。我将永远不会忘记，当我在一处荒凉而破碎的海岸上，第一次看到一队火地人(Fuegian)的时候所感觉到的一阵惊诧的心情，因为当时立刻涌上心头的想法是——原来这就是我们的祖先。这些人真是一丝不挂，全身涂上颜料，又长又乱的头发纠缠成许多结子，陌生人在他们中间所引起的激动使他们口流白沫，他们的神情是旷野、张皇而狐疑的。他们几乎没有什么手工艺，并且，像野兽一样，抓到什么就吃什么，他们没有政治组织，除了他们自己的小部落中人以外，对谁都可以加以残杀。任何在自己的本土见到过一个野蛮人的人，如果被迫而不得不承认在他自己的血脉里也未尝不流动着一些比他自己更为卑微的人的血液，他不会感觉到太多的羞辱。但就我个人而言，如果要我在猿猴类祖先与野蛮人祖先之间作一抉择的话，我宁愿认猿猴，而不愿认野蛮人。有一些真实的故事说一只英勇的小猴子，为了救他的看守者，冒了自己的生命危险和它的可怕的敌人周旋，又说一只年老的狒狒从山上直冲而下，从一伙惊愕而措手不及的猎犬中间，胜利地把它的年轻的同伴抢了回去。而野蛮人呢？他拿虐待敌人、看敌人的婉转哀号自己开心，他用生人作为祭品，他没有心肝地维持着溺婴的恶俗，他把众多的妻子作为奴隶看待，他不识廉耻为何物，他被一些最粗鄙不堪的迷信弄得失魂落魄。

人这样地兴起而攀登了生物阶梯的顶层，固然并不是由于他自己有意识的努力，但若他为此而感到几分自豪，也是可以理解而受到原谅的；这样地兴起，而不是一开始就现成地被安放在地面上

这一事实会给他希望：他还可以提高，提向遥远未来中的一个更大的幸运。但我们在这里所关心的，不是希望与恐惧之类，而只是真理，我们的理性能容许我们发现多少，我们就关心多少，而我也尽力地加以证明了。不过我以为我们总得承认，人，尽管有他的一切华贵的品质，有他高度的同情心，能怜悯到最为下贱的人，有他的慈爱，惠泽所及，不仅是其他的人，而且是最卑微的有生之物，有他的上帝一般的智慧，能探索奥秘，而窥测到太阳系的运行和组织——有他这一切一切的崇高的本领，然而，在他的躯干上面仍然保留着他出身于寒微的永不磨灭的烙印。

原　注

① 《关于自然选择的限度》，载《北美评论》(丙 104)，1870 年 10 月，页 295。

② 皮克屯(甲 525)牧师，在他所著书《新学说与旧信仰》(1870 年版)中，讨论及此，看法相同。

译　注

1. 十九世纪七十年代以前，西方对畸形现象的研究，只限于解剖学和胚胎学方面的一些现成资料的描绘和叙述。至达瑞斯特等才开始进行实验。达尔文十分清楚地看到了这方面的发展前途，所以特地把达瑞斯特的名字一度提出，作为例子。到 1891 年，达瑞斯特终于把他的实验成果写成专书问世，即《关于畸形现象的人工产生的研究，或畸形发生实验论》，从而实际上在生物科学里创立了一门新的学科，即实验胚胎学。然而达尔文已经不及见了。

补论 性选择与猿猴的关系

(原载《自然界》,丙 102,1876 年 11 月 2 日,页 18。)

在我的《人类的由来》一书里关于性选择的讨论当中,在许多情况里,最使我感兴趣而又难以理解的情况莫过于某几种猿猴的颜色鲜艳的臀部和它的周围部分。这些鲜艳的部分既然在两性的身上并不相等,总是一性的尤为鲜艳,而此种鲜艳的程度,一到恋爱的季节,又变得有所增加,于是我的结论是,这些颜色之所以取得,不是偶然的,而是用来作为引诱异性的一种手段。一只孔雀既然可以卖弄他的壮丽的尾巴,难道一只猿猴就不可以炫耀他的鲜红的臀部么?尽管事同一辙,并不为奇,我当时自己却也充分地理会到,这结论不免贻笑大方。然而在那时候,我还没有能取得什么证据,说明猿猴在调情说爱之际真会把身体的这一部分显示出来;而在鸟类方面,我们知道,这一类的炫耀的手法最能证明雄鸟的种种装饰是旨在引诱或激发雌鸟而对他们自己有用的。最近我读到哥达城(Gotha——德国中部城市,即《哥达纲领》发表的地点——译者)约·菲歇尔(甲 241)在 1876 年 4 月一期的《动物学园地》上所发表的一篇文章,专门讨论各种猿猴在不同情绪下所作出的不同表示,很值得留心这一题目的人学习,并从而看出作者是一个眼明心细的观察家。在这篇文章里有这样一段叙述,说一只年轻的

雄的大狒狒或山魈(mandrill,即乙 318)初次在一面镜子里看到他自己时的行径,并且说到,他在镜子里照了一会儿之后,转过身来,把鲜红的臀部朝向镜子。接着我就向约·菲歇尔先生通信,问他山魈这一奇怪的动作,在他看来,有什么意义。后来我接到了两次很长的回信,连篇累牍地谈到许多新奇的琐细的事实,我希望,将来他会在文章里把它们发表出来。他说他起初对山魈的这一动作莫名其妙,于是带着问题把他家里一直饲养着的其他几种猿猴的若干只逐一加以仔细观察。他发现不光是山魈这一个种的狒狒,并且还有黑面狒狒,亦称鬼狒狒(drill,即乙 317),以及其他三种狒狒(树灵狒狒,乙 316;人面狒狒,乙 320;黄狒狒,乙 313),还有黑犬猿(乙 322)、恒河猴(乙 588 或乙 832)和又一个种的猕猴(乙 586),如果它们对菲歇尔自己或其他的人感觉到高兴的话,会把它们这一部分的身体转过来向着他们,表示问候之意,而这几种猿猴的臀部无一不是颜色鲜艳,只是程度略有不同而已。他说他又曾煞费苦心,想把那只已经养了五年的恒河猴的这种不太雅观的习惯破除掉,最后终于成功了。当一只新到的猿猴参加进来的时候,这几种猿猴特别喜欢这样地致意,一面这样做,一面还装着鬼脸,对猿猴中的老朋友,也常常如此。无论对新知旧识,经此相互展示一番而致意之后,就开始一起玩耍了。至于上面所说的那只年轻的山魈,经过一段时间之后,就自动地对主人,即菲歇尔,放弃了这一套礼数,但对陌生客人和新到的猿猴还是行礼如仪。一只年轻的黑犬猿,除了有一次之外,从来不对主人来这一套,而对陌生客人则往往做此行径,一直不改。根据这些事实,菲歇尔的结论是,那几种对镜而转身相照的猿猴(一起有山魈、鬼狒狒、黑犬猿、恒河猴和猕猴的一个种)之所以如此,盖由于把自己的照影当做新交的朋友。山魈与鬼狒狒的臀部颜色特别冶艳,装饰性特强,即在很年轻的时候,比起别种猿猴来,更经常地要把它显示出来,并且更能做出卖弄的姿态。其次是树灵狒狒,在其余几个猿猴种,则此种经常的程度都要差些。但同一个猿猴种的成员,在这方面也不尽相同,其中很怕羞的若干只从来不把臀部这样地夸耀出来。特别值得注意的另一方面是,在臀部没有什么好看的颜色的一些猿猴种菲歇尔却从来没有看到过有意识地把身体后部提供观瞻的任何例子。这句话适用于爪哇猴(乙 583)和长尾猿的一个种(乙 198,而这是和上面说过的恒河猴在亲缘关系上十分相近的一个种)的许多个体,也适用于长尾猴属(乙 199)中的三个种和若干个新大陆的猴种。以臀部向旧友新知相示的致候的习惯,对我们人来说,像是十分古怪,但我们只要想到许多野蛮族类的相见的礼俗,有如用手来各自抚摩肚子,或彼此以鼻子相磨(我国江南有此习惯,但只行于大人小孩之间,以示亲爱,称为"拧鼻头"——译者),也就不觉得那么古怪了同一种显示臀部的动作,其在山魁与鬼狒狒,似乎是属于本能的,即出自遗传的,因为很幼小的动物也会这样做。不过,像其他这么多的本能一样,它会通过后天的见闻而起些变化,受些指引,因为菲歇尔说,这些猿猴也会花些工夫,把夸示的动作做得十分周到;而如果同时有两个观众在场,而对它们的注意力似乎有所不同的话,它们会把这种工夫用在注意力更多的那个观众身上。

关于这一个习惯动作的起源,菲歇尔说,他所畜的这几种猿猴喜欢把臀部供人敲敲拍拍,并从喉部发出呜呜之声,表示高兴。它们也时常把这一部分身体转向在场的伴侣,让它们把沾上了的脏

东西代为剔除，如果戳上了荆刺，无疑地也会如此。但在成年的猿猴，这一习惯动作在一定程度上也和性欲的感觉有联系，因为菲歇尔曾经通过一扇玻璃门而注视过一只雌的黑犬猿的行径，看到她，在好几天之内，不时要“把肥壮而变得通红的臀部转过来，向雄的黑犬猿展示，一面展示，一面还不断地发出呜呜的喉音来；而这是我在这只动物身上以前所一直没有看到过的。而雄猿见到这光景之后，就向他平时用来蹲着的树根使劲地捶，一面捶，一面也同样的呜呜做声，显然像是在性欲上受到了激发。”菲歇尔又认为，所有这些臀部的颜色多少有些鲜艳的猿猴种既然生活在树木鲜少而岩石嶙峋的地面，这种颜色可以使两性之一，在一定距离之外，显得突出，而为另一性所看到。但这一点看法恐怕不然，因为，依我的想法，这些猿猴既然是成群结队的动物，两性便没有在远距离之外彼此相认的需要。我认为更符合于实际的一个看法也许是，这些鲜艳的颜色，无论是在脸部或臀部，或，如在山魈之例，则两部兼而有之，是用来作为装饰的，是吸引异性的一种手段。无论如何，我们如今既然已经知道，一些猿猴种有这种把臀部转向它们的同类的习惯，我们认为，这些颜色所以装点在身体的这一部分，而不在其他部分，就丝毫没有什么可以奇怪的了。据我们现有的知识所及，似乎只有具备这些颜色的安排的几个猿猴种才于彼此相见之际履行上面所说的礼数，这样一个有局限性的事实却引起了一个疑难的问题，就是要问：它们是首先通过某种和两性关系并不相干的缘由而取得了这一习惯，而后来才在这习惯于转动的身体部分上面取得一些颜色，作为有助于两性关系的装饰的呢；还是这些颜色和转身的习惯当初是通过了变异与性选择的活动而同时取得的，而后来，通过所谓牵连遗传，即，一些牵连的关系亦足以遗传的这一条原理（principle of inherited association），而这习惯被保留了下来，作为表示高兴或相见时致意之用的呢？看来这条原理的活动机会或场合是不少的。例如，一般都承认鸟类的歌唱主要是在恋爱的季节里作为一种诱引手段之用，而有如黑松鸡的“勒克”（参上第十四章译注[1]），即嘤鸣大会，是和这种鸟的叫春或求爱的活动分不开的。然而在有些鸟种，歌唱的习惯也一直保持了下来，作为心情愉快的一种表示，例如普通的知更鸟，而黑松鸡或雷鸟也把嘤鸣大会保持了下来，在其他季节里也未尝不可以举行，而与叫春的活动无关。

请容许我谈一下与性选择有关系的另外一点，有人提出质疑，认为这一方式的选择，至少就雄性的种种色相或装饰手段而言，不得不隐括一个先决条件，就是，凡在同一个地段之内的雌性必须具备、而且发挥同样的赏鉴的能力，一点也不多，一点也不少。关于这样一个问题，首先应当说明，尽管一个物种的变异的幅度可以很大，却也不是漫无限制的。我在别处曾经就鸽子在这方面提出过一个良好的例子，说到根据颜色的殊异来看鸽子，我们至少可以把它分成一百个变种，而同样地，以家鸡为例，也大约可以分成二十个变种，然而鸽子与家鸡各有其颜色变异的幅度，各自分明，截然不混。由此可知鸽子的原种也好，家鸡的原种也好，对颜色的欣赏能力，也不可能是漫无边际的。其次，我敢说，凡是支持性选择的原理的人谁也不认为，雌性在选择雄性时，是专门挑选他的这一特点之美，或那一特点之美；不是如此，而只是在这一只雄性面前，比在那一只雄性面前，受到更大程度的激动或吸引而已，而这一层所凭借的，特别是在鸟类，似乎往往是鲜艳的颜色的总的印象。即便是我们人，也许除了个别的艺术家而外，也不会对他所可能赏识的一个女子的姿色之所以为美细皮薄切地一小点一小点地加以分析。上文说到的那只雄的山魈不但有冶艳的臀部，并且脸部也是色彩缤纷，左右颊上又有些斜行而隆起的横条纹，颌下又有一撮黄色的须髯，以及其他一些点缀（商务印书馆编印的《动物学大辞典》附有彩图，北京动物园畜有活标本，可供观赏——译者）。根据在家养动物中间所看到的变异的情况，我们不妨加以推论，认为山魈的这些装饰手段，最初是由某一只个别的雄性朝着某一个方面变异了一小点点，而另一只个别的雄性朝着另一个方面变异了一小点点，这样一步一步地积累，才终于取得的。凡是在雌山魈眼里最为美丽而最有吸引力的雄山魈就会有最多的取得配偶的机会，并且要比其他的雄山魈留下更多的后一代。到了这后一代，无论他们的父亲或他们自己所与交配的是什么样的山魈，他们自己传到而又传给更后一代的，或者是父亲辈身上的这些特点本身，或者是向着同样一些方面变异的更为加强的倾向，二者必居其一。结果是，凡在同一个地域里生活的全部的雄山魈，由于不断地交配来交配去的影响，倾向于经受一些同样的变化而趋于几乎一致，只是有的在某一个性状或特征方面，而有的在另一个性状方面变化得略微多一些罢了，而所有这些变化的过程都是极度缓慢的。到了最后，大抵所有的雄性都通过这一过程而在雌性的眼光里都变得更为美好，更有吸引的力量。这一过程和我以前所提出的所谓不自觉的人工选择有些相像，并且我也曾为此而举过若干例子。其中的一个是，某一个地区或国度的居民喜爱体轻而能疾走的狗或马，而在另一处，则喜爱身体坚实而健壮有力的这类动物。而无论在哪一处，谁也没有花过工夫，专就狗马之中挑取肢体轻快或重实的个体；然而过了相当长的年代之后，我们会发现两地的狗或马的几乎全部成员都起了变化，一则成为轻快，一则成为重实，各自如愿以偿。同一个物种可以分别生活在两个绝对分开而不相交通的地区里，因此，在漫长的年代里，两地同种的个体不可能发生任何交混的事情，而且，由于地区不同，两处所发生的变异大概也不会完全一样——在这样一个形势之下，性选择有可能使两处的雄性变得不同，而这一来，两处雌性的审美能力也自然而然地不会完全相同了。再有一种想法，据我看来，也不是完全凭空想象的，就是，同一物种的雌性，也可因所处的环境很不相同而分成两批，而正因为两地环境的差别很大，她们对形态、对声音、对颜色，会取得多少有些不同的喜爱的标准。尽管有这一类可能的情况，我在《人类的由来》一书中已经举出过一些例子，说明在生活于很不相同的地域里的亲缘关系十分近密的一些鸟种中间，幼鸟和成年雌鸟是彼此都相像而不易分辨的，而成年雄鸟则因地而有所不同，并且不同的分量还不太小，而这是很可以归因到性选择的作用而不怕离开实际太远的。

潘、胡译《人类的由来》书后

胡寿文同志送来他和潘光旦先生共同翻译的达尔文著《人类的由来》一书的清样，并告知此书出版有日矣。他知道我熟悉这书翻译和出版的经过，要我在书后写几句话。这是我义不容辞的事，略写几页以记其始末。

这本书的翻译是潘光旦先生一生学术工作中最后完成的一项业绩，充分体现了他锲而不舍、一丝不苟的治学精神。我师从先生近四十年，比邻而居者近二十年。同遭贬批后，更朝夕相处，出入相随，执疑问难，说古论今者近十年。这十年中，先生以负辱之身，不怨不尤，孜孜矻矻，勤学不懈，在弃世之前，基本上完成了这部巨著的翻译。

记得早在1956年商务印书馆的友人来访，谈及翻译介绍西方学术名著事，先生即推荐达尔文一生的著作，并表示愿意自己担任《人类的由来》的翻译。随后他即函告在国外的友人，嘱代购该书原版。书到之日，他抚摩再四，不忍释手，可见其对该书的情深。先生早岁在美国留学时，学生物学，并亲听遗传学家摩尔根之课。他结合自己人文科学的造诣，发挥优生学原理和人才的研究。后来在执教各大学讲社会学课程，亦特别着重社会现象中人类自然因素的作用。他推崇达尔文由来已久。

达尔文是十九世纪英国学术上破旧立新的大师。他身患痼疾，为探讨自然规律，苦学终身。1859 年他的《物种起源》一书问世，总结了他自己多年在世界各地亲自观察生物界的现象，发现自然选择在物种变化上起的作用，探索了物种的起源和进化的规律。达尔文忠实于反映客观实际，勇于把见到的自然现象公布于世，成为人类共同的知识。尽管达尔文当时并没有把物种起源直接联系于人类，他只说了一句话：通过《物种起源》的发表，“人类的起源，人类历史的开端就会得到一线光明。”但是这书的发表，对上帝造人的宗教神话和靠神造论来支持的封建伦理却不啻发动了空前未有的严重挑战。当时保守势力的反扑顽抗和社会思想界的巨大震动，使一贯注意不越自然科学领域雷池一步的达尔文也不能默然而息。他发愤收集充分的客观事实来揭发人类起源的奥秘。终于在 1871 年(《物种起源》出版后的十二年)，发表了《人类的由来》这本巨著，用来阐明他以往已形成的观念，即对于物种起源的一般理论也完全适用于人这样一个自然的物种。他不仅证实了人的生物体是从某些结构上比较低级的形态演进来的，而且进一步认为人类的智力，人类社会道德和感情的心理基础等精神文明的特性也是像人体结构的起源那样，可以追溯到较低等动物的阶段，为把人类归入科学研究的领域奠定了基础。这是人类自觉的历史发展上的一个空前的突破。

一百多年过去了，对人类的由来研究已有许多新的发现，这本书中有些论点很可能已经过时，正如达尔文在本书第二版序言中说过的那样：“我作的许多结论中，今后将发现有若干点大概会是，乃至几乎可以肯定会是错了的。一个题目第一次有人承当下来，

加以处理，这样的前途也是难以避免的。”这并不是白璧微瑕，人类对客观事物的认识总是这样逐步完善的，难能可贵的正是像达尔文这样，能适应时代的需要，提出新的问题，予以科学的探讨，而取得对基本规律不可撼摇的认识。这一代科学巨匠和伟大思想家所留下《人类的由来》一书，一个世纪来毫不逊色地称得上是科学研究人类的起点。对达尔文这种贡献的倾心推崇，促使潘光旦先生决心要翻译这本书，使它成为推动中国科学发展的一个力量，他也愿意用这个艰巨的工作来为我国现代化的社会主义建设事业作出一点贡献。

翻译像《人类的由来》这样一本学术上的经典著作，毫无疑问地是一件艰巨的工作。没有坚持长期高度脑力劳动的决心是不会敢于尝试的，即使上了马也难于始终一致地毕其功于一生的。潘先生不仅在学术上有担任这项工作的准备，而且具有完成这项工作的修养。从业务上说，达尔文的博学多才，广征博引，牵涉到自然、人文、社会的各门学科，要能一字一句地理解原意，又要能用中文正确表达出来，不是一般专业人才所能胜任的。潘先生之于国学有其家学渊源的，他自幼受到严格的庭训，加上他一生的自学不倦，造诣过人。他在清华留美预备班学习时即受知于国学大师梁启超，梁在他课卷的批语中，曾鼓励他不要辜负其独厚的才能。学成返国后，他对我国传统学术的研究也从来没有间断过。一有余力就收购古籍，以置身于书城为乐。他几经离乱，藏书多次散失，但最后被抄封的图书还有万册。他收书不是为了风雅，而是为了学习。在一生中的最后十年，为了摘录有关中国少数民族史料，他又从头至尾地重读了一遍二十四史。他所摘录和加上注释的卡片积满一柜，可惜天不予时，他已不能亲自整理成文了。

在他同代的学者中，在国学的造诣上超过潘先生的固然不少，但同时兼通西学者则屈指难计。他弱冠入清华受业，清华当时是专为留美学生做准备的学校，所以对学生的外文训练要求极严。他在校期间，因体育事故，断一腿，成残废，而依然保送出国留学者，是因为他学业成绩优异，学校和老师不忍割爱。据说他英语之熟练，发音之准确，隔室不能辨其为华人。返国后，他曾在上海执教，又兼任著名英文杂志《中国评论周报》的编辑。他所写的社论，传诵一时。文采风流，中西并茂，用在他的身上实非过誉。他自荐担任翻译达尔文这部巨著，是他审才量力的结果，有自知之明。朋辈得知此事，没有不称赞译事得人，文坛之幸的。

我常谓翻译难于创作。创作是以我为主，有什么写什么。而翻译则既要从人，又要化人为己，文从己出，是有拘束的创作。信达雅的信，就是要按原文的一字一句不能多不能少地和盘译出。译者要紧跟密随著者的思路和文采，不允许有半点造作和走样。凡是有含混遗漏的，就成败笔；凡是达意而不能传情的，就是次品。翻译的困难就在此，好比山山要越，关关要破，无可躲避。翻译的滋味也就在此，每过一山，每破一关，自得其境，其乐无穷。潘先生每有得意之译，往往衔着烟斗，用他高度近视的眼睛，瞪视着我，微笑不语。我知道他在邀我拍案叹服，又故意坦然无动于衷，以逗他自白。师生间常以此相娱。此情此景，犹在目前。先生学识的广博，理解的精辟，文思的流畅，词汇的丰富，我实在没有见过有能与他匹敌之人。而这还不是他胜人之处，卓越于常人的是他为人治学的韧性。他的性格是俗言所谓牛皮筋，是屈不折，拉不断，柔中之刚；力不懈，工不竭，平易中出硕果。

潘先生喜以生物基础来说人的性格，我们也不妨以此道回诸夫子。他这种韧性和他的体残不可能不存在密切的联系。以他这样一个好动活泼、多才善辩的性能，配上这样一个四肢不全的躯体，实在是个难于调和的矛盾。他在缺陷面前从不低头，他一生没有用体残为借口而自宥；相反的，凡是别人认为一条腿的人所不能做的事，他偏要做。在留美期间，他拄杖爬雪，不肯后人。在昆明联大期间，骑马入鸡足山访古，露宿荒野，狼嚎终夜而不惧。在民族学院工作时期，为了民族调查偕一二随从伏马背出入湘鄂山区者逾月。这些都表示他有意识地和自己的缺陷作斗争的不认输的精神。但是另一面，他也能善于顺从难于改变的客观条件来做到平常人不易做到的事，那就是身静手勤脑不停。他可以夜以继日地安坐在书桌前埋头阅读和写作，进行长时间的高度集中的脑力劳动而不感疲乏。我常说，他确实做到了出如脱兔，静如处子。所以能如是者体残其故欤？没有这种修养，要承担翻译这一本难度很高、分量极重的科学巨著是决不能胜任的，事实确是如是，即以潘先生这样的才能和韧性，在这件工作上所费的时间，几近十年。现在还有多少学者能为一项学术工作坚持不懈达十年之久的呢？

潘先生从事翻译这本书的十年并不是风平浪静的十年。文章憎命达，风波平地起。1957 年，他承担翻译这巨著的翌年，反右扩大化的狂潮累及先生。我和他比邻，从此难师难徒，同遭这一历史上的灾难。可是我们的确没有发过任何怨言，这不能不说是出于先生的循循善诱以身作则的缘故。他的韧性在这种处境里又显出了作用。对待不是出于自己的过失而遭到的祸害，应当处之坦然。

不仅不应仓皇失措，自犯错误，而应顺势利导，做一些当时条件所能做的有益的事。他等狂潮稍息，能正常工作时，就认为这是完成翻译达尔文这部巨著的机会到来了。我当然还记得曾有人提醒他，这书即便翻译了出来，还会有出版的可能么？这似乎是一个现实的问题，但是先生一笑置之。我体会到在他的心目中，乌云是不可能永远遮住太阳的，有益于人民的事不会永远埋没的。司马迁著《史记》岂怕后世之不得传行？只有视一时的荣辱如浮云的人才能有这种信心，而我则得之于先生。他从戴上右派帽子后，十年中勤勤恳恳做了两件事，一件就是上面提到的重读二十四史，一件就是翻译本书。这两件事都是耗时费日的重头工作，正需要个没有干扰的可以静心精磨细琢的环境，政治上的孤立正提供这种条件。当然，他之能利用这个条件来完成这些工作，正说明了他襟怀坦白，心无杂念。

在着手翻译时，他就得其长婿胡寿文同志参与其事。翻译这样的名著，一般是不宜别人插手的，凡从事过翻译工作的人必然懂得最怕是校阅别人的译稿。认真的校阅别人的译文，不仅要摸透原文还要摸透需要校阅的译文，多此一番手脚，何如自己动手之便？各人行文笔法总是不同，如果多人执笔，势必使全书笔调驳杂，降低质量。先生不避此忌而得胡共译，目的当然不在减轻自己的工作量，而实在于培养青年人。以我目击而言，他先是对胡就原文反复讲解，然后对胡所交译稿逐字逐句地修改，又要向胡逐一讲明修改的原因，再发回重抄。先生所费之力倍于自译。他循循善诱，不厌其烦地进行面对面的教育者，除对下一代的栽培外，岂有他哉？他在胡寿文同志身上用这功夫，当然不能说其中没有亲属之谊的成分，但是与他对其他学生的态度并无不同。以他对我来说，我们长期比邻，以致我每有疑难常常懒于去查书推敲，总是一溜烟地到隔壁去找“活辞海”。他无论自己的工作多忙，没有不为我详细解释，甚至拄着杖在书架前，摸来摸去地找书作答。这样养成了我的依赖性，当他去世后，我竟时时感到丢了拐杖似的寸步难行。

邀胡参与译事，加以培养，主要是因为胡原在清华大学学生物学，后来留北京大学执教。先生认为一个学生物学的人，对这门学科的历史如果心中无底，必然难于深造。在生物学中像达尔文的著作那样丰富的智力宝库更有熟读的必要。他希望于胡寿文同志那样的青年，不应满足于成为一个已有知识的传递者，而应当以一个继往开来的学术环节自任。要培养这样的学者，就得要让他重复一次这门学科前人所走过的道路，才能懂得什么叫推陈出新。胡寿文同志这一代人在校期间所得到的营养不如前一代，特别于外文缺少功夫，所以先生用参与译事的机会，亲自指导他补足其短缺。这番用心，其意深远。

先生平素主张通才教育，那就是认为作任何学术领域里的专业研究必须具备广泛的知识基础。他本人能游刃于自然、人文、社会诸学科之间，而无不运用自如者，正得力于基础较广的学术底子。这种主张在新中国成立初期正与当时流行的专业训练相左，他也因此受到批判。三十年后，这种理工分离，文理分离的教育体制已成了必须通过实践进行检验的对象，到了我们有必要破除成见重新对通才教育加以认真考虑的时候。先生之译达尔文名著，推其意当不在仅仅传播一些一百年前达尔文得到的科学知识，而是瞩望于我们国家的新一代中能产生自己的达尔文。达尔文正是他所说通才教育的标本。

1966 年初潘先生和我一起瞻仰革命圣地井冈山返京。他干劲百倍地急忙整理抄写他业已基本译成的这部译稿。他的文章原稿都要自己誊写。蝇头小楷，句逗分明。他高度近视，老来目力日衰，伏案绝书，鼻端离纸仅寸许。最后除了一些有待请教专家协助的原著中拉丁文和法文引文外，全稿杀青。敝帚自珍，按他的习惯必定要亲自把全稿整整齐齐地用中国的传统款式分装成册。藏入一个红木的书匣里，搁在案头。他养神的时候，就用手摸摸这个木匣，目半闭，洋洋自得，流露出一种知我者谁的神气。

晴天霹雳，浩劫开始。1966 年 9 月 1 日，红卫兵一声令下，我们这些所谓"摘帽右派"全成阶下囚。潘先生的书房卧室全部被封，被迫席地卧于厨房外的小间里。每日劳改不因其残废而宽待。到翌年 6 月 10 日因坐地劳动受寒，膀胱发炎，缺医无药，竟至不起。我日夕旁侍，无力拯援，凄风惨雨，徒呼奈何。

先生既没，其住所将启封作另用，其女入室清理，见遗稿木匣被弃地下，稿文未散失，但被水浸，部分纸张已经破烂，急携归保存。当是时，林江妖氛正浓，潘氏一门全被打成"黑帮"，批斗方剧。这部遗稿能存于世，实属侥幸。1972 年胡寿文同志从江西返京，才有机会于劳动之余着手整理这部遗稿，破烂部分重新翻译补足。1974 年又参照德文和俄文两种译本加以对校，作了一些订正。然后发动在京亲属，重予抄写。劫后存稿，总予复全。

1976 年粉碎"四人帮"之后，胡寿文同志来商此书出版事宜。诸友好为此奔走，到 1979 年三中全会后才取得商务印书馆的同意，恢复早年的合同，安排出版。1982 年见到清样。果然实现了潘先生动手翻译时的信念。这是一场保全文化和摧残文化的大搏斗,乌云终究是乌云,不会永远遮住光明的。此书的出版,至少对于我,是这个真理的见证,我相信一切善良的人们一定能从中取得启发。

费孝通

1982 年 5 月 19 日于
东方红 37 号长江轮

译名对照表

译者说明

一、本书原书篇末备有冗长的索引，约占全书总篇幅的14%；兹利用它的内容编成两个译名对照表：甲、人名；乙、动物名。

二、本书征引浩繁。书目虽多，比较冗长的书题却往往不完全照录，除在有关原注中依其不完全的程度照译外，译文中不另附原题文字，亦不另立对照表。所援引论文更多，惟十九不提论文题目，而只提论文所从出的刊物，前后多至一百五六十种，散见各章原注中。兹逐一摘出，另立第三个对照表：丙、刊物名。

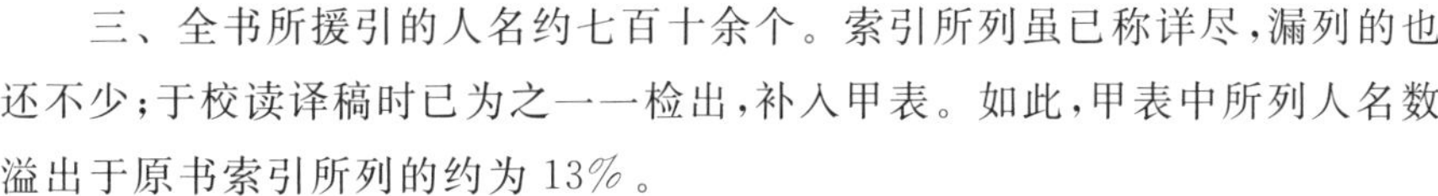

三、全书所援引的人名约七百十余个。索引所列虽已称详尽，漏列的也还不少；于校读译稿时已为之一一检出，补入甲表。如此，甲表中所列人名数溢出于原书索引所列的约为13%。

四、乙表，动物名，所列以分类用的专门名词为限。其他如日常通用的名称、地方特有的土名、家养动物的品种或变种的名称，无论译意或译音，其原称，尤其是不经常见的一些，皆随文附见，不入此表，亦不另列表。

五、乙表所列分类用名词共约一千有零。其中一些较小的、即有关属或种的，译名是颇有问题的。我国或不产这一种、甚或这一个属的动物，汉语中自不可能有其相应的现成的名称；是不是已有经规定而受到公认的译名，一时也无从查考，至少目前通用的动物学辞书里是不列的。也间或有这种情况，即，已有此种译名，然百年以来，或从林纳的年代以来，分类名词颇多改易，又不尽统一，同指一个物属或物种，专名往往不止一个，而新旧又复往往互用，在未能访求足以核对的资料的情况之下，即有现成译名，亦复无法采用。凡此之例，或据西文专名所由命定的原意，勉就所知，酌定临时译名，或只注明其在分类中的隶属关系，或根本暂阙，留待将来补订。

此千余名词中，约有16%至17%为原书索引所漏列。

六、人类或人种分化而成为许多族类，大自达尔文在书中所称的亚种，中经一些民族，小至各地的部落，索引中所列约有六七十个，其中不常见的约有四十个；它们的译名、原名和少量必要的说明也随文附见，不另立表。

七、本书所涉及的地名虽亦不少，大部分是常见的一些；至其中较小、较偏僻而不常见的一些，有关译名、原名、所在及其他少量必要的说明亦只随文附见，不另立表。

八、译名表所以便读者核对西文原名，然究应如何排列，才便于检视，是一个问题。经再三斟酌，决定仍以英文字母的次序为本，另立号码，列为对照表的第一栏；读者于译文（正文或注文）中遇到“甲 1”、“乙 2”或“丙 3”一类字样时，如有必要，按号查阅，一索可得。

九、凡译音的译名，所用汉字基本上采用近年来报刊译文所通用的字眼；但为了力求接近于原有的音读，也间或作了些变通，读者谅之。

甲、人名

A

1 阿博特 Abbott, C.
2 阿贝尔克饶姆比 Abercrombie
3 亚当斯 Adams A. L.
4 伊贝 Aeby
5 阿该西兹 Agassiz, L.
6 艾契森 Aitchison
7 阿耳德尔 Alder
8 阿利 Alix
9 阿楞，杰· Allen, J. A.
10 阿楞，斯· Allen, S.
11 阿耳伐瑞兹 Alvarez
12 阿木诺福三世 Amunoph III
13 安德尔森 Anderson
14 阿尔吉耳公爵 Argyll, Duke of
15 奥多温 Audouin, V.
16 奥杜朋 Audubon, J. J.
17 奥格伊 Aughey
18 奥斯屯 Austen, N. L.
19 阿札腊 Azara

B

20 拜贝吉 Babbage, C.
21 巴赫曼 Bachman
22 巴霍芬 Bachofen
23 培根 Bacon
24 巴埃朗 Baëlen

25 拜尔 Baer,K. E. von
26 贝却特 Bagehot,W.
27 贝雷 Bailly,E. M.
28 贝恩 Bain,A.
29 贝尔德 Baird,W.
30 贝克尔 Baker
31 贝克尔,斯· Baker,S.
32 巴尔 Barr
33 巴腊苟 Barrago,F.
34 巴尔仑屯 Barrington,D.
35 巴茹 Barrow
36 巴特耳斯 Bartels
37 巴特勒忒 Bartlett
38 巴特勒特,阿· Bartlett,A. D.
39 巴尔特腊姆 Bartram
40 贝特 Bate,C. S.
41 贝特曼 Bateman
42 贝茨 Bates,H. W.
43 贝万 Beavan
44 贝赫斯坦因 Bechstein
45 贝杜 Beddoe
46 贝耳奇尔 Belcher,E.
47 贝耳,西· Bell,C.
48 贝耳,特· Bell,T.
49 贝耳特 Belt
50 贝奈特 Bennett
51 贝奈特,阿· Bennett,A.
52 柏尔尼斯 Bernys
53 贝尔 Bert
54 贝托尼 Bettoni,E.
55 贝伊耳 Beyle
56 比安科尼 Bianconi
57 比夏 Bichat
58 比克斯 Bickes
59 比克尔斯 Bikkers
60 柏尔奇 Birch
61 柏尔克贝克 Birkbeck
62 比肖福 Bischoff
63 比肖普,阿· Bishop,A.
64 比肖普,介· Bishop,J.
65 勃拉克洛克 Blacklock
66 勃拉克沃耳 Blackwall,J.
67 勃雷恩 Blaine
68 勃雷尔 Blair
69 勃雷克 Blake,C. C.
70 勃雷基斯屯 Blakiston
71 勃朗夏尔 Blanchard
72 勃雷休斯 Blasius
73 勃利克 Bleek
74 勃冷基朗 Blenkiron
75 勃洛赫 Bloch
76 勃路门巴赫 Blumenbach
77 勃莱思 Blyth,E.
78 包尔德曼 Boardman
79 博德 Bodd
80 勃沃达尔 Boitard
81 博耳德 Bold
82 博姆贝 Bombet
83 博纳帕尔特 Bonaparte,C. L.
84 邦德 Bond,F.
85 博纳尔 Boner,C.
86 博尼齐 Bonizzi,P.
87 邦威克 Bonwick,J.
88 博瑞圣文桑 Bory St. Yineent
89 布舍德贝尔特 Boucher de Perthes,J.
90 布瑞昂 Bourien
91 勃瑞斯 Brace
92 勃腊德雷 Bradley
93 勃腊根里奇 Brakenridge
94 勃朗特 Brandt,Alex.
95 勃饶乌巴赫 Braubach
96 勃饶乌尔 Brauer,F.

97 勃瑞德耳本 Breadelbane
98 勃瑞姆 Brehm,[A.]
99 勃瑞姆 Brehm,[C. L.]
100 勃仑特 Brent
101 勃里奇曼 Bridgman,L.
102 勃柔卡 Broca,P.
103 勃柔迪 Brodie,B.
104 勃朗 Brown,H. G.
105 勃朗 Brown,R.
106 勃朗恩 Browne,C.
107 勃朗塞夸 Brown-Sequard
108 勃茹斯 Bruce
109 勃吕雷里 Brulerie,P.
110 勃吕恩尼赫 Brünnich
111 勃腊恩特 Bryant
112 勃腊恩特 Bryant
113 比迁希奈尔 Büchner,L.
114 布霍耳兹 Bucholz
115 勃克兰德 Buckland,F.
116 勃克兰德 Buckland,W.
117 勃克勒尔 Buckler,W.
118 比迁丰 Buffon
119 布威斯特 Buist,R.
120 勃勒尔 Buller
121 柏尔契耳 Burchell
122 柏尔克 Burke
123 柏尔恩斯 Burns
124 柏尔屯 Burton
125 布希 Busch
126 勃斯克 Busk
127 勃特勒尔 Butler,A. G.
128 勃屯 Button,Jemmy
129 勃克斯屯 Buxton,C.
130 比诺 Bynoe
131 拜伦 Byron

C

132 坎姆勃里奇 Cambridge,O. P.
133 坎姆贝耳 Campbell,J.
134 坎姆普尔 Camper
135 卡奈斯特里尼 Canestrini,G.
136 坎菲尔德 Canfield
137 戛邦尼耶 Carbonnier
138 卡尔 Carr,R.
139 凯茹斯 Carus,V.
140 喀特林 Catlin,G.
141 凯屯 Caton,J. D.
142 考特雷 Cautley
143 卡福利尼 Cavolini
144 强普尼斯 Champneys
145 恰普曼 Chapman
146 夏布伊 Chapuis
147 夏尔丹 Chardin
148 查尔斯沃思 Charlesworth
149 奇弗尔 Cheever,H. T.
150 琴塞尔迪 Chinsurdi
151 克拉巴瑞德 Claparède,E.
152 克拉尔克 Clarke,J. W.
153 克拉尔克森 Clarkson
154 克拉乌斯 Claus,C.
155 寇恩 Coan
156 考勃 Cobbe
157 考林沃德 Collingwood,C.
158 考耳孔 Colquohoun
159 孔德 Comte,Aug.
160 孔德 Comte,Ch.
161 库克 Cook
162 科普 Cope,E. D.
163 高比耶 Corbie
164 考尔奈留斯 Cornelius
165 考尔斯 Corse

166 库耳特尔 Coulter
167 科克斯 Cox
168 克朗兹 Cranz
169 克饶弗尔德 Crawfurd
170 克饶契 Crotch, G. R.
171 克楞 Cullen
172 克普耳斯 Cupples
173 克尔提斯 Curtis, J.
174 居维耶 Cuvier, F.
175 居维耶 Cuvier, G.

D

176 达利 Dally
177 达姆 Dam, von
178 丹念耳 Daniell
179 达瑞斯特 Dareste, Camille
180 达尔文,弗· Darwin, F.
181 戴维斯 Davis, A. H.
182 戴维斯 Davis, J. B.
183 德坎多耳 de Candolle, A.
184 德奚尔 De Geer, C.
185 德凯 Dekay
186 德洛仑齐 Delorenzi, G.
187 德尼森 Denison, W.
188 德尼 Denny, H.
189 德马瑞 Desmarest
190 德摩楞 Desmoulins
191 德索尔 Desor
192 德贝恩 Despine, P.
193 迪德茹 Diderot
194 迪奥多茹斯 Diodorus
195 迪克森 Dixon, E. S.
196 多勃里兹霍弗尔 Dobrizhoffer
197 多勃森 Dobson
198 当泽耳 Donzel
199 道尔比涅 D'Orbigny, A.
200 道费耳 D'Orville, H.
201 德布耳代 Doubleday, E.
202 德布耳代 Doubleday, H.
203 德格拉斯 Douglas, J. W.
204 道乌恩 Down, L.
205 唐宁 Downing, J.
206 德迂福塞 Dufossé
207 德迂亚丹 Dujardin
208 邓肯 Duncan
209 德迂邦 Dupont
210 德迂让 Durand, J. P.
211 德迂茹 Dureau de la Malle
212 德迂伏塞耳 Duvaucel

E

213 埃克尔 Ecker
214 埃德沃茨 Edwards
215 埃格尔屯 Egerton, P.
216 埃仑贝尔格 Ehrenberg
217 埃克斯特吕姆 Ekström
218 埃利厄特 Elliot, D. G.
219 埃利厄特 Elliot, R.
220 埃利厄特 Elliot, W.
221 埃利斯 Ellis
222 埃耳芬斯东 Elphinstone
223 恩格耳哈尔特 Engleheart
224 厄尔科拉尼 Ercolani
225 埃希里希特 Eschricht
226 埃斯葵兰特 Esquilant
227 奥伊勒尔 Euler
228 艾屯 Eyton, T. G.

F

229 法勃尔 Fabre
230 法勃里休斯 Fabricius
231 福耳肯纳尔 Falconner, H.

232 法尔 Farr
233 法腊尔 Farra,F. W.
234 法阿尔 Farre
235 菲伊 Faye
236 芬屯 Fenton
237 弗尔格森 Ferguson
238 菲克 Fick,H.
239 芬雷森 Finlayson
240 菲歇尔 Fischer
241 菲歇尔 Fischer,J. von
242 菲兹饶伊 Fitzroy
243 弗赖希曼 Fleischmann
244 弗林特 Flint
245 弗劳沃尔 Flower
246 福尔勃斯 Forbes,D.
247 福尔德 Ford,G.
248 福瑞耳 Forel,F.
249 福瑞斯特尔 Forester,O. W.
250 福克斯 Fox,W. D.
251 弗瑞塞尔 Fraser,Ch.
252 弗瑞塞尔 Fraser,G.
253 弗瑞尔 Frere,H. J.

G

254 高耳屯 Galton
255 戛尔德奈尔 Gardner
256 盖尔特奈尔 Gärtner
257 高德瑞 Gaudry
258 给根巴沃尔 Gegenbaur,C.
259 泽弗沃圣迪莱尔 Geoffroy-Saint-Hilaire,I.
260 泽尔勃 Gerbe
261 格尔兰特 Gerland
262 泽尔费 Gervais,P.
263 奚阿德 Giard
264 吉勃斯 Gibbs,D.
265 吉耳 Gill
266 吉腊尔德 Girard
267 奚饶杜隆 Giraud-Teulon
268 格利登 Gliddon
269 高德戎 Godron
270 古德塞尔 Goodsir
271 高斯 Gosse,M.
272 高斯 Gosse,P. H.
273 古耳德 Gould,B. A.
274 古耳德 Gould,J.
275 古茹 Goureaux
276 格腊巴 Graba
277 格腊休雷 Gratiolet
278 格雷 Gray,Asa
279 格雷 Gray,J. E.
280 格瑞恩 Green,A. H.
281 葛瑞格 Greg,W. R.
282 葛瑞高瑞 Gregory
283 葛瑞 Grey,G.
284 葛瑞耳 Grill
285 格茹贝尔 Gruber
286 古威尼 Guenée,A.
287 格伊耳丁 Guilding,L.
288 格迂恩塞尔 Günther

H

289 海克耳 Häckel,E.
290 哈根 Hagen,H.
291 哈耳柏尔兹马 Halbertsma
292 汉密耳屯 Hamilton,C.
293 汉科克 Hancock
294 汉科克 Hancock,A.
295 汉迪赛德 Handyside
296 哈尔科尔特 Harcourt,E. V.
297 哈尔德威克 Hardwicke
298 哈尔兰 Harlan

299 海瑞斯 Harris, J. M.
300 海瑞斯 Harris, T. W.
301 哈尔廷 Harting
302 哈尔特门 Hartman
303 哈尔特曼 Hartmann
304 哈尔特肖翁 Hartshorne
305 霍屯 Haughton, S.
306 海登 Haydn
307 黑斯 Hayes
308 黑蒙德 Haymond, R.
309 赫尔恩 Hearne
310 黑德尔 Heddle
311 黑赫特 Hegt
312 黑林斯 Hellins, J.
313 黑耳姆霍耳兹 Helmholtz
314 黑姆斯巴赫 Hemsbach, Meckel von
315 黑普柏尔恩 Hepburn
316 黑朗 Heron, R.
317 黑威特 Hewitt
318 希耳根道夫 Hilgendorf
319 霍尔 Hoare, J. N.
320 霍奇森 Hodgson, S.
321 霍弗贝尔格 Hoffberg
322 霍弗曼 Hoffmann
323 霍兰德 Holland, H.
324 呼克尔 Hooker
325 呼坎姆 Hookham
326 霍尔恩 Horne, C.
327 呼乌 Hough, S.
328 呼乌屯 Houghton
329 乌珠 Houzeau
330 霍沃尔德 Howard
331 霍沃尔思 Howorth, H. H.
332 洪贝尔 Huber, P.
333 洪克 Huc
334 洪姆博耳特 Humboldt, A. von
335 休谟 Hume
336 亨姆弗瑞斯 Humphreys, H. N.
337 亨特尔 Hunter, J.
338 亨特尔 Hunter, W. W.
339 呼希克 Huschke
340 呼斯 Huss, Max
341 赫西 Hussey
342 赫琴森 Hutchinson
343 赫屯 Hutton
344 赫胥黎 Huxley, T. H.
345 赫尔特耳 Hyrtl

J

346 亚基诺 Jacquinot
347 耶格尔 Jaeger
348 詹森 Janson, E. W.
349 贾尔丁 Jardine, W.
350 贾柔耳德 Jarrold
351 贾尔弗斯 Jarves
352 介弗瑞斯 Jeffreys, J. G.
353 靳纳尔 Jenner
354 靳宁斯 Jenyns, L.
355 杰尔登 Jerdon
356 杰冯斯 Jevons, W. S.
357 江斯东 Johnstone
358 琼斯 Jones, A.

K

359 康德 Kant, I.
360 基恩 Keen
361 凯勒尔 Keller
362 肯尼迪 Kennedy, Alex.
363 肯特 Kent, W. S.
364 哈尼科夫 Khanikof
365 克音 King, W. R.
366 克音斯雷 Kingsley, C.

367 克尔贝 Kirby
368 诺克斯 Knox,R.
369 克迁利克尔 Kölliker
370 克迁耳饶伊特尔 Kölreuter
371 克迁彭 Köppen,F. T.
372 克迁尔特 Körte
373 考伐勒弗斯基 Kovalevsky,A.
374 考伐勒弗斯基 Kovalevsky,W.
375 克饶乌塞 Krause
376 克饶耶尔 Kroyer
377 库普弗尔 Kupffer

L

378 拉弗瑞斯尼 Lafresnaye,de
379 拉马克 Lamarck
380 拉芒特 Lamont
381 兰杜沃 Landois,H.
382 兰德尔 Landor
383 兰格尔 Langer
384 兰凯斯特尔 Lankester,E. R.
385 拉尔代 Lartet,E.
386 来撒姆 Latham,R. G.
387 劳瑞拉尔德 Laurillard
388 劳仑斯 Lawrence,W.
389 拉亚尔德 Layard,E. L.
390 雷科克 Laycock
391 勒基 Lecky
392 勒孔特 Leconte,J. L.
393 利伊 Lee,H.
394 勒圭 Leguay
395 勒莫万 Lemoine,A.
396 勒若沃 Leroy
397 勒斯利 Leslie,D.
398 勒森 Lesson
399 勒桑那 Lessona,M.
400 劳伊卡特 Leuckart,R.
401 利希屯斯坦因 Lichtenstein
402 利耳福尔德 Lilford
403 林兹塞 Lindsay,W. L.
404 林纳 Linnaeus
405 利芬斯东 Livingstone
406 劳伊德 Lloyd,L.
407 洛克沃德 Lockwood
408 洛克沃德 Lockwood,S.
409 朗斯代尔 Lonsdale
410 劳尔德 Lord,J. K.
411 娄登 Loudon
412 娄恩 Lowne,B. T.
413 勒博克 Lubbock,J.
414 吕卡 Lucas,P.
415 隆特 Lund
416 路希卡 Luschka
417 赖伊耳 Lyell

M

418 麦卡利斯特尔 Macalister
419 麦坎 McCann,J.
420 麦克勒兰德 McClelland,J.
421 麦克洛奇 Macculloch
422 麦克洛奇 Macculloch
423 麦克吉利弗瑞 Macgillivray,W.
424 麦肯托希 McIntosh
425 麦肯南 McKennan
426 麦克肯托希 Mackintosh
427 麦克拉克兰 MacLachlan,R.
428 麦克勒南 McLennan
429 麦克纳马腊 Macnamara
430 麦克尼耳 McNeill
431 梅亚尔德 Maillard
432 梅恩 Maine,H.
433 梅吉尔 Major,C. Forsyth
434 马勒尔勃 Malherbe

435 马尔塞斯 Malthus,T.
436 曼塞耳 Mansel
437 曼特戛札 Mantegazza
438 曼帖耳 Mantell,W.
439 奥瑞流斯 Marcus Aurelius
440 马尔斯登 Marsden
441 马尔歇耳 Marshall
442 马尔歇耳 Marshall
443 马尔歇耳 Marshall,W.
444 马尔廷 Martin
445 马尔廷 Martin,W. C. L.
446 马尔丹 Martins,C.
447 马尔特曼 Martmann
448 毛兹雷 Maudsley
449 迈伊尔 Mayer
450 迈伊尔斯 Mayers,W. F.
451 梅休 Mayhew,E.
452 梅纳尔德 Maynard,C. J.
453 迈格斯 Meigs,A.
454 迈恩奈克 Meinecke
455 梅耳多拉 Meldola
456 梅姆囊 Memnon
457 米弗斯 Meves
458 迈尔 Meyer
459 迈尔 Meyer,A.
460 迈尔 Meyer,L.
461 穆勒 Mill,J. S.
462 米尔恩埃德沃兹 Milne-Edwards, H.
463 明斯特尔 Minster,York
464 米契耳 Mitchell
465 米特福尔德 Mitford
466 米伐尔特 Mivart,St. G.
467 缪比乌斯 Möbius
468 莫格里奇 Moggridge,J. T.
469 芒博多 Monboddo,J.
470 芒塔古 Montagu,G.
471 芒太茹 Monteiro
472 芒特德欧卡 Montes de Oca
473 摩尔根 Morgan,L. H.
474 茅尔雷 Morley,J.
475 茅尔洛 Morlot
476 茅尔里斯 Morris,F. O.
477 茅尔斯 Morse
478 茅尔塞利 Morselli,E.
479 茅尔屯 Morton
480 莫希考乌 Moschkau
481 莫查尔特 Mozart
482 缪勒尔 Müller
483 缪勒尔 Müller,Ferd.
484 缪勒尔 Müller,Fritz
485 缪勒尔,赫· Müller,Hermann
486 缪勒尔,介· Müller,J.
487 缪勒尔 Müller,Max
488 缪勒尔 Müller,S.
489 默瑞 Murie,J.
490 默尔瑞 Murray,A.
491 默尔瑞 Murray,T. A.
492 默斯特尔斯 Musters

N

493 奈盖利 Nägeli
494 纳图休斯 Nathusius,H. von
495 奈森 Neison
496 诺伊迈斯特尔 Neumeister
497 牛顿 Newton,A.
498 牛顿 Newton,I.
499 尼科耳森 Nicholson
500 尼科耳斯 Nicols,A.
501 尼耳森 Nilsson
502 尼策 Nitsche
503 尼茨 Nitzsch,C. L.

504 诺尔德曼 Nordmann, A.
505 诺特 Nott

O

506 欧格耳 Ogle, W.
507 奥利费耶 Olivier
508 欧文 Owen

P

509 佩吉特 Paget, J.
510 帕拉斯 Pallas
511 潘希 Pansch
512 帕尔克 Park, Mungo
513 帕尔克尔 Parker
514 帕特尔森 Patterson
515 帕特森 Patteson, J. C.
516 佩延 Payan
517 皮奇 Peach
518 皮耳 Peel, J.
519 彭南特 Pennant
520 贝杭 Péron
521 贝瑞耶 Perrier
522 贝尔桑纳 Personnat
523 法伊弗尔 Pfeiffer, Ida
524 皮克尔仑 Pickering
525 皮克屯 Picton, J. A.
526 派伊克 Pike, L. O.
527 比奈耳 Pinel
528 普雷费尔 Playfair
529 普厄匹赫 Poeppig
530 泊楞 Pollen, M. F.
531 泡尔兹默思 Portsmouth
532 布谢 Pouchet, G.
533 泡威耳 Powell
534 帕沃尔 Power
535 泊威斯 Powys
536 普赖厄尔 Preyer
537 普里查尔德 Prichard
538 卜吕奈尔贝 Pruner-Bey

Q

539 奎恩 Quain, R.
540 戛特尔法宜 Quatrefages, A. de
541 格德雷 Quetelet

R

542 腊弗耳斯 Raffles, S.
543 腊米西斯二世 Rameses II
544 腊姆西 Ramsay
545 腊斐耳 Raphael
546 瑞德 Reade, W.
547 瑞克斯 Reeks, H.
548 仑格尔 Rengger
549 瑞夏 Richard
550 瑞查尔曾 Richardson, J.
551 瑞希特尔 Richter, J. P.
552 瑞伊德耳 Riedel
553 腊伊雷 Riley
554 瑞巴(马国贤) Rip[p]a
555 饶柏尔曾 Robertson
556 饶比尼 Robinet
557 柔耳弗斯 Rohlfs
558 饶勒 Rolle, F.
559 饶勒尔 Roller
560 饶勒斯屯 Rolleston
561 略斯勒尔 Rössler
562 若沃耶 Royer, C.
563 茹本斯 Rubens
564 茹道耳斐 Rudolphi
565 茹迁佩耳 Rüppell
566 茹申贝尔格尔 Ruschenberger
567 茹迁提迈尔 Rütimeyer

S

568 撒克斯 Sachs
569 圣约翰 St. John
570 圣保罗 St. Paul
571 萨耳温 Salvin,O.
572 萨尔斯 Sars,O.
573 赛费奇 Savage
574 萨菲欧提 Saviotti
575 夏弗哈乌森 Schaaffhausen
576 夏乌姆 Schaum,H.
577 谢耳弗尔 Schelver
578 谢尔泽尔 Scherzer,K.
579 欣姆佩尔 Schimper
580 休厄特 Schiödte
581 希雷格耳 Schlegel
582 希雷格耳 Schlegel,F.
583 希赖赫尔 Schleicher,Aug.
584 斯米特 Schmidt
585 商姆柏尔克 Schomburgk
586 斯古耳克腊弗特 Schoolcraft
587 叔本华 Schopenhauer
588 希伐尔兹 Schwarz
589 希伐恩福尔特 Schweinfurth
590 斯克雷特尔 clater,P. L.
591 斯科特 Scott
592 斯科特 Scott,J.
593 斯克茹普 Scrope
594 斯克德尔 Scudder,S. H.
595 塞比图阿尼 Sebituani
596 塞奇威克 Sedgwick,W.
597 塞曼 Seemann
598 赛德利兹 Seidlitz
599 塞耳贝 Selby,P. J.
600 塞姆普耳 Semple,J. W.
601 谢勒尔 Shaler
602 夏尔普 Sharpe
603 夏尔普 Sharpe,R. B.
604 希奥 Shaw
605 希奥 Shaw,J.
606 休特尔 Shooter,J.
607 余卡尔德 Shuekard,W. E.
608 西奇威克 Sidgwick,H.
609 西博耳特 Siebold,C. T.
610 辛普森 Simpson,J.
611 斯密,亚丹 · Smith,Adam
612 斯米思 Smith,And.
613 斯米思 Smith,F.
614 斯宾士 Spence
615 斯宾塞尔 Spencer,H.
616 斯彭格尔 Spengel
617 斯普壬格耳 Sprengel,C. K.
618 斯普若特 Sproat
619 斯泰因屯 Stainton,H. T.
620 斯泰雷 Staley
621 斯坦斯柏瑞 Stansbury
622 斯塔尔克 Stark
623 斯叨丁兀尔 Staudinger
624 斯当东 Staunton
625 斯特宾 Stebbing,T. R.
626 斯汀斯特茹普 Steenstrup
627 斯滕达耳 Stendhal
628 斯提芬 Stephen,L.
629 斯托克斯 Stokes
630 斯托利兹卡 Stoliczka
631 斯托瑞 Story
632 斯特仑奇 Strange
633 斯特瑞奇 Stretch
634 斯特茹瑟斯 Strnthers
635 斯特尔泽勒基 Strzelecki
636 塞利文 Sullivan,B. J.
637 塞姆奈尔 Sumner

638 斯威斯兰德 Swaysland
639 斯温霍 Swinhoe,R.

T

640 泰特 Tait,L.
641 坦克尔菲耳 Tankerville
642 泰勒尔 Taylor,G.
643 泰勒尔 Taylor,R.
644 提贝 Teebay
645 特格特迈尔 Tegetmeyer
646 特明克 Temminck
647 滕能特 Tennent,J. E.
648 特尼森 Tennyson,A.
649 泰伊勒 Theile
650 特奥格尼斯 Theognis
651 汤姆森 Thompson,J. H.
652 汤姆森 Thompson,W.
653 托瑞耳 Torell,T.
654 德迁瑞 Thury
655 托德 Todd
656 图克 Tooke,Horne
657 托恩比 Toynbee,J.
658 特瑞门 Trimen,R.
659 特瑞斯特腊姆 Tristram,H. B.
660 特洛克 Tulloch
661 特尔奈尔 Turner,W.
662 特特耳 Tuttle,H.
663 泰伊勒尔 Tylor,E. B.

V

664 伐伊奇 Veitch
665 菲尔茹 Verreaux
666 菲耶尔梅 Villermé
667 文森 Vinson,Aug.
668 威尔休 Virchow
669 维瑞 Virey
670 弗拉科维奇 Vlacovich
671 福赫特 Vogt,Karl
672 伏耳比安 Vulpian

W

673 伐赫奈尔 Wagner,R.
674 伐伊兹 Waitz
675 威克 Wake,C. S.
676 伐耳肯尼尔 Walckenaer
677 伐耳代伊尔 Waldeyer
678 沃克尔 Walker,Alex.
679 沃克尔 Walker,F.
680 沃勒斯 Wallace,A.
681 沃勒斯 Wallace,A. R.
682 沃耳希 Walsh,B. D.
683 沃尔德 Ward
684 威仑屯 Warington,R.
685 沃特尔哈乌斯 Waterhouse,C. O.
686 沃特尔哈乌斯 Waterhouse,G. R
687 沃特尔屯 Waterton,C.
688 威伊耳 Weale,J.
689 威勃 Webb
690 威德尔柏恩 Wedderburn
691 威奇沃德 Wedgwood,H.
692 威尔,赫· Weir,H.
693 威尔,介· Weir,J. J.
694 伐伊斯巴赫 Weisbach
695 伐伊斯曼 Weismann
696 菲耳克尔 Welcker
697 威耳斯 Wells
698 威斯特仑 Westring
699 威斯特若普 Westropp
700 威斯特沃德 Westwood,J. O.
701 惠特雷 Whately
702 惠威耳 Whewell
703 怀伊特 White,F. B.

704 怀伊特 White,G.
705 惠特尼 Whitney
706 菲耳肯斯 Wilckens
707 瓦伊耳德尔 Wilder,Burt
708 威廉姆斯 Williams
709 威耳森 Wilson
710 温特尔博屯姆 Winterbottom
711 沃耳夫 Wolf
712 吴夫 Wolff
713 沃拉斯屯 Wollaston
714 翁福尔 Wonfor
715 沃德 Wood,J.
716 沃德 Wood,T. W.
717 乌耳奈尔 Woolner
718 沃尔茅耳德 Wormald
719 腊埃特 Wright
720 腊埃特 Wright,C. A.
721 腊埃特 Wright,Chuancey
722 腊埃特 Wright,Wm. von
723 瓦伊曼 Wyman,J.

X

724 塞纳尔克斯 Xenarchus
725 塞诺芬 Xenophon

Y

726 亚瑞耳 Yarrell,W.
727 尤阿特 Youatt
728 杨格 Younge,C. M.
729 尤曼斯 Youmans

Z

730 青克 Zincke
731 楚特菲恩 Zouteveen

乙、动物名

A

1 鲷鱼的一个种 Abramis brama
2 甲虫的一个属 Acalles
3 扁虱属 Acarus
4 棘趾蜥蜴的一个种(南非) Acanthodactylus capensis
5 硬鳍鱼类 Acanthopterigii
6 鹨的一个种,篱雀 Accentor modularis
7 蟋蟀科 Achetidae
8 水甲虫的一个种,即条纹龙虱 Acilius sulcatus
9 雉类的一个属 Acomus
10 飞蝗科或蝗科 Acridiidae
11 海葵属 Actinia
12 红翼欧椋鸟(北美) Ageloeus phoeniceus
13 蝶类的一个种(南美) Ageronia feronia
14 豆娘(螅)的一个属 Agrion
15 阮氏螅 Agrion ramburii
16 豆娘科或色螅科 Agrionidae
17 糖蛾的一个种 Agrotis exclamationis
18 蜂鸟的一个种 Aïthurus polytmus
19 剃刀嘴鸟 Alca torda(林)
20 鱼狗属 Alcedo
21 掌状角麋 Alces palmata
22 纺织鸟的一个属 Amadina
23 赖氏纺织鸟 Amadina lathami
24 纺织鸟的一个种 Amadina castanotis

25 细腰蜂的一个属 Ammophila
26 砂羊 Ammotragus tragelaphus
27 两栖类 Amphibia
28 蛞蝓鱼属 Amphioxus
29 端足类 Amphipoda
30 凫属 Anas
31 针尾凫 Anas acuta
32 鸭 Anas boschas
33 晨凫 Anas histrionica
34 斑凫 Anas punctata
35 张口鹳属 Anastomus
36 张口鹳的一个种 Anastomus oscitans
37 凫鸭科 Anatidae
38 狸蜓属 Anax
39 狸蜓的一个种 Anax junius
40 蜜蜂类的一个种，金黄地花蜂 Andraena fulva
41 环节类 Annelida
42 番死虫的一个种 Anobium tessellatum
43 树蜥蜴属 Anolis
44 树蜥蜴的一个种(南美) Anolis cristatellus
45 三斜尾属 Anor thura
46 加拿大雁 Anser canadensis
47 原鹅，中国鹅 Anser cygnoides
48 雪雁 Anser hyperboreus
49 蜜蜂类的一个种 Anthidium manicatum
50 黄衽蝶的一个种 Anthocharis cardamines
51 同上的又一个种 Anthocharis genutia
52 同上的又一个种 Anthocharis sara
53 蜜蜂类的一个种 Anthophora acervorum
54 同上的又一个种 Anthophora retusa
55 人亚目或亚科 Anthropidae (赫胥黎)
56 类人猿猴类 Anthropomorpha
57 木鹨属 Anthus
58 美洲叉角羚 Antilocapra amerlcana
59 粪石羚 Antilope bezoartica
60 狷羚 Antilope caama
61 善女羚 Antilope dorcas
62 善女羚的一个变种 Antilope dorcas corine
63 跳羚(南非) Antilope euchore
64 母夜叉羚，即斛(非) Antilope gorgon
65 高山羚 Antilope montana
66 黑羚 Antilope niger
67 女山神羚，即岬麋 Antilope oreas
68 亚北羚 Antilope saiga
69 滑腻羚(非) Antilope sing-sing
70 捻角羚，或纰角羚 Antilope strepsiceros
71 香泪羚 Antilope subgutturosa
72 无尾类，蛙类 Anura
73 啮虫的一个种 Apatania muliebris
74 蜜蜂类的一个属 Apathus
75 闪紫蝶 Apatura iris
76 蜜蜂 Apis mellifica
77 朝霞鹦鹉 Aprosmictus scapulatus
78 鲎虫属 Apus
79 鹫 Aquila chrysaëtos
80 蜘蛛类 Arachnida
81 树鹧鸪属 Arboricola
82 始祖鸟 Archaeopteryx
83 灯蛾科 Arctiidae
84 钩爪类(猿猴) Arctopitheci
85 鹭类的一个属 Ardea
86 苍鹭 Ardea asha
87 青鹭 Ardea coerulea
88 灰鹭 Ardea gularis
89 大白鹭，即风标公子 Ardea herodias
90 卢氏鹭 Ardea ludoviciana

91 苍鸦 Ardea nycticorax (林)
92 鸡鹊 Ardea rufescens
93 鹭类的一个属 Ardeola
94 麻鸦属 Ardetta
95 豹蝶属 Argynnis
96 蝶类的一个种 Aricoris epitus
97 节肢动物 Arthropoda
98 关节动物 Articulata
99 海鞘类 Ascidia
100 驴属 Asinus
101 半斑马 Asinus taeniopus
102 蛛猴属 Ateles
103 髭蛛猴 Ateles beelzebuth
104 蛛猴的一个种 Ateles marginatus
105 瓣角甲虫的一个属 Ateuchus
106 同上属的一个种 Ateuchus cicatricosus
107 锯蜂的一个属,芫菁蜂 Athalia
108 白书生 Atropus pulsatorius

B

109 野猪的一个属,即豚鹿 Babirusa
110 蛙类 Batrachia
111 南冰洋雁 Bernicla antarctica
112 燕雀类的一个属 Bhringa
113 毛蝇属 Bibio
114 两手类 Bimana
115 椰蟹 Birgus latro
116 骏犎属 Bison
117 麝凫属(澳) Biziura
118 麝凫的一个种 Biziura lobata
119 隐翅虫的一个属 Bledius
120 同上属的一个种 Bledius taurus
121 蚊科的一个种,繁星虫 Blethisa multipunctata
122 圆花蜂属 Bombus
123 蚕蛾科 Bombycidae
124 念珠鸟 Bombycilla carolinensis
125 樗蚕蛾 Bombyx cynthia
126 家蚕蛾 Bombyx mori
127 柞蚕蛾 Bombyx pernyi
128 日本天蚕蛾 Bombyx yamamai
129 假跳虫的一个种 Boreus hyemalis
130 无角牛 Bos etruscus
131 犦 Bos gaurus
132 麝香牛 Bos moschatus
133 原生牛 Bos primigenius
134 爪哇牛 Bos sondaicus
135 牛科 Bovidae
136 腕足类 Brachiopoda
137 短尾类 Brachyura
138 突额猴属(南美) Brachyurus
139 同上属的一个种 Brachyurus calvus
140 胸角甲虫 Bubas bison
141 猴犺(南非) Bubalus caffer
142 骏马蛇(南非) Bucephalus capensis
143 犀鸟的一个属 Buceros
144 二角犀鸟 Buceros bicornis
145 槽喙犀鸟 Buceros corrugatus
146 垂肉犀鸟 Bucorax abyssinicus
147 槽颚犀鸟 Bucorax corrugatus
148 瑞氏鹡鸰 Budytes raii
149 锡金蟾蜍 Bufo sikkimmensis
150 印度鹭属 Buphus
151 同上属的一个种 Buphus oaromandus

C

152 麝香凫 Cairima moschatus
153 异螯虾属(亦名美人虾属) Callianassa
154 蝶类的一个属,仙女蝶 Callidryas
155 鼠衔属 Callionymus

156 琴䲗 Callionymus lyra
157 小泣猴属 Callithrix
158 硬鼻海豹 Callorhinus ursinus
159 蜥蜴类的一个种 Calotes maria
160 同上的又一个种 Calotes nigrilabrus
161 骆驼科 Camelidae
162 半白尾蜂鸟 Campylopterus hemileucurus
163 河蟹的一个种 Cancer pagurus
164 萤的一个属 Cantharis
165 脚杯鱼 Cantharus lineatus
166 三宝鸟科 Capitonidae
167 角羚 Capra aegagrus
168 麆 Capreolus sibiricus subcaudatus
169 夜鹰属 Caprimolgus
170 夜鹰的一个种 Caprimolgus virginianus
171 蚑科,或步甲科 Carabidae
172 翠鸟的一个属 Carcineutes
173 岸蟹 Carcinus maenas
174 欧椋鸟的一个种(北美) Cardinalis virginianus
175 金翅雀(欧) Caraduelis elegans
176 肉食类 Carnivora
177 蝶类的一个属(南美) Castnia
178 食火鸡的一个种 Casuarius galeatus
179 狭鼻类 Catarrhini
180 兀鹰的一个种 Cathartes aura
181 同上的又一个种 Cathartes jota
182 泣猴科 Cebidae
183 泣猴属(南美) Cebus
184 同上属的一个种 Cebus apella
185 阿查腊氏泣猴 Cebus azarae
186 卷尾泣猴 Cebus capucinus
187 毵泣猴 Cebus vellerosus
188 瘿蝇科 Cecidomyiidae
189 头足类 Cephalopoda
190 顶伞鸟 Cephalopterus ornatus
191 领巾鸟 Cephalopterus penduliger
192 天牛的一个种 Cerambyx heros
193 肺鱼的一个属(澳) Ceratodus
194 角蜥蜴的一个种 Ceratophora aspera
195 斯氏角蜥蜴 Ceratophora stoddartii
196 砂蜂属 Cerceris
197 长尾猿属的一个种(西非) Cercocebus aethiops
198 同上的又一个种 Cercocebus radiatus
199 长尾猴属(东非) Cercopithecus
200 髭猴 Cercopithecus cephus
201 犬尾猴 Cercopithecus cynosurus
202 白须猴 Cercopithecus diana
203 青灰猴 Cercopithecus griseo-viridis
204 小白鼻猴 Cercopithecus petaurista
205 牧羊神雉 Ceriornis temminckii
206 旋木雀属 Certhia
207 羌鹿属(东亚) Cervulus
208 麝羌鹿 Cervulus moschatus
209 北美麋 Cervus alces
210 白点鹿 Cervus axis
211 原野鹿 Cervus campsetris
212 美洲麋的又一个种 Cervus canadenisi
213 赤鹿 Cervus elaphus
214 缅甸鹿 Cervus eldi
215 满洲鹿 Cervus mantchuricus
216 麝 Cervus moschatus
217 泽地鹿(南美) Cervus paludosus
218 九转角鹿 Cervus strongyloceros
219 白尾鹿 Cervus virginianus
220 斑鴗属 Ceryle
221 游水类 Cetacea
222 金鸠属 Chalcophaps
223 印度金鸠 Chalcophaps indicus

224 铜甲虫 Chalcosoma atlas
225 避役属 Chamaeleo
226 叉头避役 Chamaeleo bifurcus
227 欧氏避役 Chamaeleo owenii
228 避役的一个种 Chamaeleo pumilus
229 鹑鸡类的一个种 Chamoepetes unicolor
230 臆羚 Chamois
231 鸻或鸻的一个种 Charadrius hiaticula
232 雨鸻 Charadrius pluvialis
233 钟声鸟属(南美) Chasmorhynchus
234 白羽钟声鸟 Chasmorhynchus nireus
235 秃颈钟声鸟 Chasmorhynchus nudicollis
236 三疣钟声鸟 Chasmorhynchus tricarunculatus
237 翼手类,即蝙蝠类 Cheiroptera
238 蠵龟类 Chelonia
239 埃及鹅 Chenalopex aegyptiacus
240 寡妇鸟(南非) Chera progne
241 大颚甲虫的一个属(南美) Chiasognathus
242 格氏交颚虫 Chiasognathus grantii
243 怪鳍 Chimaera monstrosa
244 凉棚鸟的一个种(澳) Chlamydera maculata
245 牧女蜉蝣属 Chloëon
246 雁的一个属 Chloephaga
247 螽斯的一个种 Chlorocoelus tanana
248 雀鲷科 Chromidae
249 泥鳖(北美) Chrysemys picta
250 青蜂属 Chrysis
251 鸤鸠的一个属 Chrysococcyx
252 金花虫科 Chrysomelidae
253 蝉属 Cicada
254 敷粉蝉 Cicada pruimosa
255 十七年蝉 Cicada septemdecim
256 蝉科 Cicadidae
257 淡水硬鳍鱼的一个属 Cichla
258 天鹨的一个种 Cincloramphus cruralis
259 河乌属 Cinclus
260 鹣凫 Cinclus aquaticus
261 蔓脚类 Cirripedia
262 旋木雀的一个种(澳) Climacteris erythrops
263 四星蛑 Clythra 4-punctata
264 胭脂虫属 Coccus
265 腔肠动物 Coelenterata
266 鞘翅类,即甲虫类 Coleoptera
267 粉蝶的一个种 Colias edusa
268 越年蝶 Colias hyale
269 疣猴属 Colobus
270 鸽属 Columba
271 鸽的一个种 Columba passerina
272 绯色阿比(潜水鸟) Colymbus glacialis
273 桡脚类 Copepoda
274 锡兰蜥蜴 Cophotis ceylanica
275 小犀头科 Copridae
276 小犀头属 Copris
277 同上属的一个种 Copris isidis
278 同上属的一个种 Copris lunaris
279 佛法僧属 Coracias
280 蜥蜴类的一个种(南非) Cordylus
281 乌鸦 Corvus corone
282 乌鹊类的一个种 Corvus graculus (林)
283 喜鹊 Corvus pica (林)
284 脉翅类的一个种 Corydalis cornutus
285 夜鹰属 Cosmetornis
286 夜鹰的一个种(非) Cosmetornis vex-

illarius
287 黄连雀科 Cotingidae
288 鲉的一个种 Cottus scorpius
289 细腰蜂 Crabro cribrarius
290 圆齿隆头鱼,即营巢鱼的一个种 Crenilabrus massa
291 同上的又一个种 Crenilabrus melops
292 海百合类 Crinoidea
293 羊角虫科 Crioceridae
294 鳄类 Crocodilia
295 耳雉 Crossoptilon auritum
296 响蛇属 Crotalus
297 甲壳类 Crustacea
298 蚊科 Culicidae
299 像甲虫科 Curculionidae
300 走禽类 Cursores
301 翠鸟的一个属(澳) Cyanalcyon
302 瑞士蓝胸雀 Cyanecula suesica
303 驼蚑 Cychrus
304 战神子蛾(欧) Cycnia mendica
305 鹄,即天鹅的一个种 Cygnus ferus
306 同上的又一个种 Cygnus immutabilis
307 普通天鹅 Cygnus olor
308 母后蝶(南非) Cyllo leda(林)
309 蜂鸟的一个属 Cynanthus
310 没食子蜂科 Cynipidae
311 狒狒属 Cynocephalus
312 尖嘴狒狒(北非) Cynocephalus anubis
313 黄狒狒 Cynocephalus babouin
314 "山都"的一个种 Cynocephalus chacma
315 狒狒的一个种 Cynocephalus gelada
316 树灵狒狒 Cynocephalus hamadryas
317 鬼狒狒,或黑面狒狒 Cynocephalus leucophacus
318 大狒狒,"山魈" Cynocephalus mormon
319 "山都" Cynocephalus porcarius
320 人面狒狒 Cynocephalus sphinx
321 类犬猿猴类 Cynomorpha
322 黑犬猿 Cynopithecus niger
323 海萤的一个属(南美) Cypridina
324 鲤科 Cyprinidae
325 软鳍鱼科 Cyprinodontidae
326 金鲤鱼 Cyprinus auratus
327 普通鲤鱼 Cyprinus carpio
328 腺状介虫属 Cypris
329 雨燕属 Cypsalus
330 弓趾蜥蜴 Cyrtodactylus rubidus
331 冠海豹 Cystophora cristata

D

332 笑鸿属(澳) Dacelo
333 同上属的一个种 Dacelo gaudichaudi
334 白额羚属 Damalis
335 同上属的一个种 Damalis albifrons
336 同上属的一个种 Damalis pygarga
337 斑蝶科 Danaidae
338 水蚤属 Daphnia
339 奈毒蛾 Dasychira pudibunda
340 螽斯的一个属 Decticus
341 树鹄属 Dendrocygna
342 五十雀的一个种(印度) Dendro phila frontalis
343 鲞蠹或蚶的一个种 Dermestes murinus
344 冕蝶属 Diadema
345 内柱虫科 Diastylidae
346 伯劳类的一个属 Dicrurus
347 同上属的一个种 Dicrurus macrocereus

348 负鼠或鼦的一个种 Ddidelphis opossum
349 恐龙类 Dinosauria
350 双犀角虫 Dipelicus cantori
351 马倍足类 Diplopoda
352 犬牙蛇(印度) Dipsas cynodon
353 双翅类 Diptera
354 飞龙属 Draco
355 斑鸸鹋 Dromaeus irroratus
356 善走鸟属 Dromolaea
357 槲林猿 Dryopithecus
358 像甲虫独角仙科的一属,即 Dynastes
359 龙虱科 Dystiscidae
360 榜螅属 Dytiscus

E

361 针鼹属 Echidna
362 海胆属 Echinus
363 棘皮动物 Echinodermata
364 龙骨蛇(印度) Echis carinata
365 贫齿类 Edentata
366 燕雀类的一个属 Edolius
367 筒蛾的一个种 Elachista rufocinerea
368 双翅类的一个属(东南亚) Elaphomyia
369 拟斑蝥 Elaphrus uliginosus
370 眼镜蛇属 Elaps
371 蛛的一个属 Elater
372 叩头虫科 Elateridae
373 鹀属 Emberiza
374 鹀的一个种 Emberiza miliaria
375 白领鹀 Emberiza schoeniclus
376 鹀科 Emberizidae
377 切甲类 Entomostraca
378 脏虫类 Entozoa
379 海蛞蝓科 Eolidae
380 黑蜘 Epeira nigra
381 蜉蝣属 Ephemera
382 蜉蝣科 Ephemeridae
383 螽斯的一个种 Ephipigger vitium
384 巨蝶属(南美) Epicalia
385 马科 Equidae
386 蹇驴 Equus hemiones
387 枪刺[illegible]El的一个属 Erateina
388 虻的一个属 Eristalis
389 鸲属 Erithacus
390 长角甲虫的一个属 Esmeralda
391 梭子鱼的一个种 Esox lucius
392 同上的又一个种 Esox reticulata
393 燕雀类的一个种(印度) Estrelda amandava
394 蝶类的一个属 Eubagis
395 长角甲虫的一个种,长臂虫 Euchirus longimanus
396 小咔鸻 Eudromias morinellus
397 蜂鸟的一个种 Eulampis jugularis
398 修尾鸟(中美) Eumomota superciliaris
399 蜂鸟的一个种,大尾蜂鸟 Eupetomena macroura
400 鹦鹉的一个种 Euphema splendida
401 火背鸡 Euplocamus erythropthalmus
402 欧夜鹰的一个属 Eurostopodus
403 广齿虫属 Eurygnathus
404 蜂鸟的一个属 Eustophanus

F

405 白头隼 Falco leucocephalus
406 普通隼 Falco peregrinus
407 茶隼 Falco tinnunelus
408 猫属 Felis
409 加拿大猞 Felis canadensis

410 豹猫 Felis pardalis
411 山猫 Felis mitis
412 麝香鼫 Fiber zibethicus
413 蜂鸟的一个种 Florisuga mellivora
414 蛆蛎属 Forficula
415 赤蚁 Formica rufa
416 掘沙蜂类 Fossores
417 碛鹨的一个种 Fringilla cannabina
418 同上的又一个种 Fringilla ciris
419 蓝碛鹨 Fringilla cyanea
420 碛鹨的一个种 Fringilla leucophrys
421 金翅雀 Fringilla spinus
422 碛鹨的一个种 Fringilla tristis(林)
423 雀科 Fringillidae
424 灌木鹟属 Fruticola
425 白蜡虫科或光蝉科 Fulgoridae

G

426 凫翁属 Gallicrex
427 凫翁的一个种 Gallicrex cristatus
428 鹑鸡类 Gallinaceae
429 秧鸡,或鷭 Gallinula chloropus
430 鹧鸪鸡属 Galloperdix
431 雉类的一个属 Gallophasis
432 鸡属 Gallus
433 原鸡 Gallus bankiva
434 斯坦雷氏鸡 Gallus stanleyi
435 钩虾属 Gammarus
436 钩虾属的一个种 Gammarus marinus
437 樫鸟的一个种 Garrulus glandarius
438 腹足类 Gasteropoda
439 丝鱼属 Gasterosteus
440 丝鱼的一个种 Gasterosteus leiurus
441 丝鱼的又一个种 Gasterosteus trachurus
442 蛾类的一个属(澳) Gastrophora
443 小海鸥属 Gavia
444 招潮蟹属 Gelasimus
445 尺蠖的一个属 Geometra
446 食土鱼属 Geophagus
447 蜣螂属 Geotrupes
448 同上的一个种 Geotrupes stercorarius
449 千鸟的一个属 Glareola
450 球马陆属的一个种 Glomeris limbata
451 蜻蜓的一个属,岩蜓 Gomphus
452 硫黄蝶属 Gonepteryx
453 蚶蝶 Gonepteryx rhamni
454 大猩猩属 Gorilla
455 涉禽类 Grallatores
456 鹊鹨鸟属(澳) Grallina
457 美洲鹤 Grus americanus
458 蓑羽鹤 Grus virgo
459 田蟋或田蟋蟀 Gryllus campestris
460 家宅蟋或家蟋蟀 Gryllus domesticus
461 蜂鸟的一个属 Grypus
462 蛾类的一个种(南非) Gynanisa isis

H

463 狨属 Hapale
464 狨科 Hapalidae
465 长尾凫 Harelda glacialis
466 神山蝶科 Heliconidae
467 拟蚑的一个属,感日虫 Heliopathes
468 同上属的一个种 Heliopathes gibbus
469 同上的又一个种 Heliopathes striatus cribratos
470 蜂鸟的一个种 Heliothrix auriculata
471 罗马蜗牛 Helix pomatia
472 半翅类 Hemiptera
473 短角山羊亚属(南亚) Hemitragus
474 蝙蝠蛾的一个种 Hepialus humuli

475 鹭类的一个种 Herodias bubulcus
476 鸣鼠(美) Hesperomys cognatus
477 蜻科的一个属 Hetaerina
478 蛾类 Heterocera
479 甲虫的一个属 Heterocerus
480 马王蝶属 Hipparchia
481 马王蝶的一个种 Hipparchia janira
482 海马属 Hippocampus
483 海马的一个种 Hippocampus minor
484 河马属 Hippopotamus
485 燕属 Hirundo
486 人属 Homo
487 同翅类 Homoptera
488 铠翼鸟的一个种 Hoplopterus armatus
489 人科 Huminidae
490 水孔虫属 Hydroporus
491 豚鹿 Hyelaphus porcinus
492 湿生鱼属 Hygrogonus
493 雨蛙属 Hyla
494 长臂猿属 Hylobates
495 敏猿 Hylobates agilis
496 阿萨姆猿 Hylobates hoolock
497 白掌猿 Hylobates lar
498 银猿 Hylobates leuciscus
499 骈联趾猿 Hylobates syndactylus
500 草绿蛾 Hylophila prasinana
501 膜翅类 Hymenoptera
502 原鹿属 Hyomoschus
503 原鹿 Hyomoschus aquaticus
504 蛾类的一个属 Hyperythra
505 半裸蛾 Hypogymna dispar
506 合欢蝎属 Hypopyra

I

507 大角野山羊的一个属 Ibex
508 朱鹭,或红鹤 Ibis
509 朱鹭的一个种 Ibis fantalus
510 姬蜂科 Ichneumonidae
511 鱼鳍类 Ichthyopterygia
512 鱼龙类 Ichthyosauria
513 鬣蜥属 Iguana
514 鬣蜥的一个种 Iguana tuberculata
515 无胎盘类 Implacentata
516 印度啄木鸟 Indopicus cartotta
517 食虫类 Insectivora
518 鸣禽类 Insessores
519 蝶类的一个种 Iphias glaucippe
520 血雉属 Ithaginis
521 血雉的一个种 Ithaginis cruentus

J

522 马陆属 Julus
523 天后胥属 Junonia
524 同上属的一个种 Junonia andremiaja
525 酒胥 Junonia cenone

K

526 木叶蝶属 Kallima
527 袋熊属 Koala
528 羚羊类的一个种(南非) Kobus ellipsiprymnus

L

529 甲壳类的一个种 Labidocera darwinii
530 隆头鱼的一个属 Labrus
531 同上属的一个种 Labrus mixtus
532 同上属的一个种 Labrus paro
533 蜥蜴类 Lacertilia
534 瓣鳃类 Lamellibranchiata
535 瓣角甲虫 Lamellicornia
536 蜂鸟的一个种 Lampornis porphyru-

rus
537 萤科 Lampyridae
538 伯劳,或鵙属 Lanius
539 赤褐鵙 Lanius rufus
540 鸥属 Larus
541 枯叶蛾的一个种 Lasiocampa quercus
542 狐猴属 Lemur
543 黑狐猴 Lemur macaco
544 狐猴科 Lemuridae
545 狐猴类 Lemuroidea
546 鳞翅类 Lepidoptera
547 肺鱼的一个属(南美) Lepidosiren
548 粉蝶的一个属 Leptalis
549 长吻甲虫 Leptorhynchus augustatus
550 花�革的一个种 Leptura testacea
551 瓣角甲虫的一个属 Lethrus
552 同上属的一个种 Lethrus cephalotes
553 鲫鱼 Leueiscus phoxinus
554 蜻蛉属 Libellula
555 蜻蛉的一个种 Libellula depressa
556 蜻科 Libellulidae
557 欧西北鹬 Limosa lapponica
558 红雀属(北欧) Linaria
559 红鹨 Linaria montana
560 石蜈蚣属 Lithobius
561 虎蛄蟖属 Lithosia
562 玉黍螺 Littorina littorea
563 跳凫属 Lobivanellus
564 跳凫的一个种 Lobivanellus lobatus
565 螽斯科 Locustidae
566 长角甲虫类 Longicornia
567 总鳃类 Lophobranchii
568 雉类的一个属 Lophophorus
569 风鸟的一个种 Lophorina atra
570 蜂鸟的一个种 Lophornis ornatus
571 懒猴属 Loris(=Stenops)
572 交喙鸟属 Loxia
573 锹蜋科 Lucanidae
574 锹蜋或麋蜋属 Lucanus
575 麋蜋 Lueanus cervus
576 麋蜋属的一个种 Lucanus elaphus
577 小灰蝶属 Lycaena
578 小灰蝶的一个种 Lycaena aricn
579 同上的又一个种 Lycaena agestis
580 同上的又一个种,弹筝蝶 Lycaena oegon

M

581 猕猴属 Macacus
582 短尾猕猴 Macacus brunneus
583 爪哇猕猴 Macacus cynomolgus
584 叟猴 Macacus ecaudatus
585 猕猴的一个种 Macacus lasiotus
586 猕猴的一个种 Macacus nemestrinus
587 女帽猴 Macacus radiatus
588 恒河猴(亦别作一属) Macacus rhesus
589 弯刀鸟属 Machetes
590 流苏鹬 Machetes pugnax
591 斗鱼属的一个种,火烧鳊 Macrop[od] us
592 海伽耶(即海象) Macrorhinus proboscideus
593 鲑鱼的一个种 Mallotus peronii
594 同上的一个种,香鱼, Mallotus villosus
595 鸣禽类的一个科(澳),即琴鸟 Maluridae
596 同上科的一个属 Malurus
597 哺乳动物 Mammalia
598 螳螂属 Mantis
599 赤颈凫 Mareca penelope

600 有袋类 Marsupialia
601 长尾鸟 Mecistura
602 水母属 Medusa
603 大啄木鸟 Megapicus validus
604 巨躯甲虫属 Megasoma
605 绣眼儿科 Meliphagidae
606 异脚类的一个属 Melita
607 地胆属 Melöe
608 琴鸟的一个属 Menura
609 阿氏琴鸟 Menura alberti
610 同上琴鸟属的一个种 Menura superba
611 秋沙鸭属 Merganser(旧称)
612 海鸥 Merganser serrator
613 秋沙鸭属 Mergus
614 秋沙鸭的一个种 Mergus cucullatus
615 秋沙鸭 Mergus merganser
616 蜂虎属 Merops
617 蜂鸟的一个属,金光尾属 Metallura
618 掘沙蜂的一个种 Methoca ichneumonides
619 鹰类的一个属 Milvago
620 同上属的一个种 Mivago leucurus
621 反舌鸟(北美) Mimus polyglottus
622 小软鳍鱼类的一个种 Mollienesia petenensis
623 软体动物 Mollusca
624 拟软体动物 Molluscoida
625 修尾鸟属 Momotus
626 鲀属的一个种 Monacauthus scopas
627 贝氏鲀 Monacanthus peronii
628 像虫的一个种 Mononychus pseudacori
629 单孔类 Monotremata
630 岩鸫 Monticola cyanea
631 麝 Moschus moschiferus
632 鹡鸰的一个属 Motacilla
633 白鹨 Motacilla alba
634 黄鹨 Motacilla boarula
635 同姓爷鼠(参第三章译注) Mus coxinga
636 巢鼠 Mus minutus
637 大苍蝇 Musca vomitoria
638 鹟属 Muscicapa
639 鹟的一个种 Muscicapa grisola
640 斑鹟 Muscicapa luctuosa
641 鹟的一个种 Muscicapa ruticilla
642 食蕉鸟属(非) Musophaga
643 鼬鼠属 Mustela
644 蚁蜂的一个种 Mutilla europaea
645 蚁蜂科 Mutillidae
646 吼猴属 Mycetes
647 吼猴的一个种 Mycetes caraya
648 赤吼猴 Mycetes seniculus
649 多足类 Myriapoda

N

650 蚿属,或埋葬虫属 Necrophorus
651 绣眼儿科 Nectariniae
652 条虫或纽虫类 Nemertini
653 蜂鸟的一个属(新西兰) Neomorpha
654 蜘蛛类的一个属即络新妇属 Nephila
655 脉翅类 Neuroptera
656 同上类的一个属,网翅属 Neurothemis
657 地蚕属 Noctua
658 夜蛾科 Noctuidae
659 裸鳃类 Nudibranchiata

O

660 鸽类的一个种(澳) Ocyhaps lophotes
661 蜻蛉类 Odonata

662 薯蛄蟖 Odonestis potatoria
663 邯郸或树蟀的一个种 Oecanthus nivalis
664 邯郸或树蟀的一个种 Oecanthus pellucidus
665 黑凫属 Oidemia
666 勃仑氏甲虫的一个种 Omaloplia brunnea
667 残角甲虫属 Onitis
668 同上属的一个种 Onitis furcifer
669 黑团蜣属 Onthophagus
670 同上属的一个种 Onthophagus rangifer
671 蛇类 Ophidia
672 响板鱼属 Ophidium
673 跳钩虾属 Orchestia
674 达氏跳钩虾 Orchestia darwinii
675 跳钩虾属的一个种 Orchestia tucuratinga
676 大羚或岬麋的一个种(南非) Oreas canna
677 岬麋的一个种 Oreas derbyanus
678 金莺属 Oriolus
679 黑头金莺 Oriolus melanocephalus
680 鸟翼蝶属的一个种(马来亚) Ornithoptera craesus
681 鸭獭属 Ornithorhynchus
682 林鸫 Orocetes erythrogastra
683 甲虫的一个种,莽汉虫 Orsodacna atra
684 直翅类 Orthoptera
685 鹧鸪的一个种(印度) Ortygornis gularis
686 土掘虫属 Oryctes
687 同上属的一个种 Oryctes gryphus
688 同上属的一个种 Oryctes nasicornis
689 同上属的一个种 Oryctes senegalensis
690 羚羊类的一个属 Oryx
691 同上属的一个种 Oryx leucoryx
692 赤袋鼠 Osphranter rufus
693 海狮或海驴属 Otaria
694 海狮 Otaria jubata
695 海狮的一个种 Otaria nigrescens
696 孟加拉鸨 Otis bengalensis
697 硕鸨 Otis tarda
698 麝香牛 Ovibus moschatus
699 旋角羊 Ovis cycloceros
700 伯劳的一个属(南亚岛屿) Oxynotus

P

701 厚皮类 Pachydermata
702 普通蝗虫,或蟎 Pachytylus migratorius
703 寄居蟹属 Pagurus
704 长臂虾属 Palaemon
705 鹦哥属 Palaeornis
706 爪哇鹦哥 Palaeornis javanicus
707 红鹦哥 Palaeornis rosa
708 翼距秧鸡属 Palamedea
709 翼距鸟 Palamedea cornuta
710 凤蝶属 Papilio
711 凤蝶的一个种,小英蝶 Papilio ascanius
712 凤蝶的一个种 Papilio childrenae
713 凤蝶的一个种 Papilio sesostris
714 凤蝶的一个种 Papilio turnus
715 凤蝶科 Papilionidae
716 风鸟 Paradisea apoda
717 新几内亚风鸟 Paradisea papuana
718 山雀科 Parinae
719 山雀属 Parus

720 青山雀 Parus coeruleus
721 荏雀 Parus major
722 麻雀属 Passer
723 短趾雀(西亚) Passer brachydactylus
724 家雀 Passer domesticus
725 树雀 Passer montanus
726 白头翁的一个属 Pastor
727 孔雀 Pavo cristatus
728 爪哇孔雀 Pavo muticus
729 黑羽孔雀 Pavo nigripennis
730 虱属 Pediculus
731 游原鸟(澳) Pedionomus torquatus
732 鹈鹕属 Pelecanus
733 红喙鹈鹕 Pelecanus erythrorhynchus
734 鹈鹕 Pelecanus onocrotalus
735 水甲虫的一个属 Pelobius
736 同上属的一个种 Pelobius hermanni
737 贞妇鸟属的一个种 Penelope nigra
738 霉蛰属 Penthe
739 加拿大樫鸟 Perisoreus canadensis
740 旋毛蛂属 Peritrichia
741 蜜鸢(印度) Pernis cristata
742 石鸫 Petrocincla cyanea
743 一种鸟(译名未详——译者) Petrocossyphus
744 石雀属 Petronia
745 疣头猪 Phacochaerus aethiopicus
746 鲱鹬 Phalaropus fulicarius
747 红领鹬 Phalaropus hyperboreus
748 瓣角甲虫的一个属 Phanaeus
749 同上属的一个种 Phanaeus carnifex
750 同上属的一个种 Phanaeus faunus
751 同上属的一个种 Phanaeus lancifer
752 袋熊(澳) Phaseolarctus cinereus
753 螽斯的一个种 Phasgonura viridissima
754 赤翟雉 Phasianus soemmeringii
755 东雉 Phasianus versicolor
756 瓦氏雉 Phasianus wallichii
757 竹节虫科 Phasmidae
758 格林兰海豹 Phoca graenlandica
759 凤尾朗鹟 Phoenicura ruticilla
760 石蚕科 Phryganidae
761 黑蟾蜍 Phryniscus nigricans
762 啄木鸟科 Picidae
763 啄木鸟属或䴕属 Picus
764 䴕的一个种 Picus auratus
765 赤䴕 Picus major
766 粉蝶科 Pieridae
767 粉蝶的一个属 Pieris
768 嘀嗒虫的一个种 Pimelia striata
769 侏儒鸟,或骈趾鸟属(中南美) Pipra
770 同上属的一个种 Pipra deliciosa
771 唧蟵 Pirates stridulus
772 丛尾猴属 Pithecia
773 白头丛尾猴 Pithecia leucocephala
774 绵猴 Pithecia monarchus
775 魔猴 Pithecia satanus
776 八色鸫科 Pittidae
777 有胎盘类 Placentata
778 片蛭属 Planaria
779 篦鹭属 Platalea
780 蟋蟀的一个属 Platyblemus
781 小鹦鹉的一个属 Platycercus
782 螽斯的一个种 Platyphyllum concavum
783 广鼻类 Platyrohini
784 鲶或鲇的一个属 Plecostomus
785 胡嘴鱼 Plecostomus barbatus
786 距翼雁的一个种 Plectropterus gambensis
787 织布鸟属(南亚) Ploceus

788 飞蝗科的一个属(南非) Pneumora
789 蹼足鸟或鹛鹛的一个属(南美) Podica
790 孔雀雉属 Polyplectron
791 同上属的一个种 Polyplectron chinquis
792 同上属的一个种 Polyplectron hardwickii
793 同上属的一个种 Polyplectron malaccense
794 同上属的一个种 Polyplectron napoleonis
795 苔藓虫类 Polyzoa
796 雀鲷的一个属 Pomotis
797 甲壳类的一个种(西北欧) Pontoporeia affinis
798 银币水母 Porpita
799 巨羚羊 Portax picta
800 魔蟹的一个种 Portunus puber
801 河猪(非) Potamochaerus Penicillatus
802 毫猴的一个种 Presbytis entellus
803 灵长类 primates
804 锯蠰科 Prionidae
805 蜥蜴类的一个种(南美) Proctotretus multimaculata
806 同上的又一个种(南美) Proctotretus tenuis
807 原生动物 Protozoa
808 拟脉翅类 Pseudonouroptera
809 啮虫科 Psocidae
810 象蚜虫属 Psocus
811 鹎的一个种(印度) Pycnonotus haemorrhous
812 夏红雀(北美) Pyranga aestiva
813 长角甲虫的一个属，赤翅虫属 Pyrodes
814 同上属的一个种 Pyrodes pulcherrhinus
815 蚺蛇属 Python

Q

816 四手类 Quadrumana
817 针尾凫 Querquedula acuta
818 船形鸟(中美) Quiscalus major

R

819 耙魟属 Raia
820 耙魟的一个种 Raia batis
821 耙魟的一个种 Raia clavata
822 耙魟的一个种 Raia maculata
823 蛙 Rana esculenta
824 食虫椿象科或螭科或猎蝽科 Reduvidae
825 螭的一个种 Reduvius personatus
826 爬行类 Reptilia
827 空锥形甲虫属 Rhagium
828 巨嘴鸟或鵎鵼科 Rhamphastidae
829 巨嘴鸟或鵎鵼的一个种(中南美) Rhamphastos carinatus
830 美洲鸵鸟 Rhea
831 游鸵 Rhea darwinii
832 恒河猴属 Rhesus
833 犀属 Rhinoceros
834 白犀 Rhinoceros simus
835 蝶类 Rhopalocera
836 玉鹬或彩鹬属 Rhynchaea
837 澳洲玉鹬 Rhynchaea australis
838 孟加拉玉鹬 Rhynchaea bengalensis
839 南非玉鹬 Rhynchaea capensis
840 啮齿类 Rodentia
841 反刍类 Ruminantia
842 石头鸡的一个种 Rupicola crocea

843 朗鹟属 Ruticilla

S

844 松鼠猴属 Saimiri
845 斑鳟的一个种，牛鳟 Salmo eriox
846 斑鳟的一个种 Salmo lycaodon
847 斑鳟的一个种 Salmo salar
848 斑鳟的一个种 Salmo umbla
849 鲑科 Salmonidae
850 切甲类的一个属 Saphirina
851 雁或鹅的一个种（印度） Sarkidiornis melanonotus
852 天蚕蛾的一个种 Saturnia carpini
853 同上的一个种 Saturnia io
854 天蚕蛾科 Saturniidae
855 岩鹟属 Saxicola
856 同上属的一个种 Saxicola rubicola
857 石首鱼的一个种 Sciaena aquila
858 无环节蠕形动物 Scolecida
859 山鹬的一个种 Scolopax frenata
860 普通鹬 Scolopax gallinago
861 爪哇鹬 Scolopax javensis
862 山鹬的一个种 Scolopax major
863 威氏鹬 Scolopax wilsonii
864 杜松蠹属 Scolytus
865 蜂鸟的一个种 Selasphorus platycercus
866 细猴属 Semnopithecus
867 细猴的一个种 Semnopithecus chrysomelas
868 细猴的一个种 Semnopithecus comatus
869 秃额猴 Semnopithecus frontalis
870 天狗猴 Semnopithecus nasica
871 圈胡猴 Semnopithecus nemaeus
872 皂隶猴 Semnopithecus rubicundus
873 鲈属 Serranus
874 蛾类的一个属 Setina
875 扁螯属 Siagonium
876 鲶或鲇属 Siluridae
877 猿猴科 Simiadae
878 海牛类 Sirenia
879 树蜂的一个种 Sirex juvencus
880 树蜂科 Siricidae
881 蜥蜴类的一个属，大喉襄蜥蜴 Sitana
882 同上属的一个种 Sitana minor
883 圆跳虫的一个种 Smynthurus luteus
884 鸸属 Sitta
885 漂潮鱼或剃刀鱼属 Solenostoma
886 鼩鼱属 Sorex
887 蜘蛛类的一个种 Sparassus smaragdulus
888 蜂鸟的一个种 Spathura underwoodi
889 竹节虫的一个种 Spectrum femoratum
890 天蛾科 Sphingidae
891 樱载蛾 Spilosoma menthastri
892 雀科的一种鸟，即靛兰彩鹀 Spizacyanea
893 雀科的一种鸟，即丽色彩鹀 Spizaciris
894 虾蛄属 Squilla
895 同上属的一个种 Squilla stylifera
896 隐翅虫科 Staphylinidae
897 冠海豹属 Stemmatopus
898 蚼母 Stenobothrus pratorum
899 懒猴 Stenops(= Loris)
900 燕鸥或鸥属 Sterna
901 纰角鹿（羚羊）的一个种 Strepsiceros kudu
902 白鸱鸺 Strix flammea
903 鸵鸟属 Struthio
904 田椋鸟的一个种（北美） Sturnellalu-

doviciana
905 白头翁属 Sturnus
906 白头翁的一个种 Sturnus vulgaris
907 野猪科 Suidae
908 莺属 Sylvia
909 黑冠莺 Sylvia atricapilla
910 莺的一个种 Sylvia cinerea
911 合一海鞘属 Synoicum
912 鸨的一个种(印度) Sypheotidesauritus

T

913 虻科 Tabanidae
914 渎凫的一个种,盾耙凫 Tadornavariegata
915 渎凫的一个种 Tadorna vulpanser
916 夏红鸟 Tanagra aestiva
917 美洲红鹟 Tanagra rubra
918 异足水虱属 Tanais
919 翠鸟的一个属 Tanysiptera
920 同上属的一个种(澳) Tanysiptera sylvia
921 畸嘴甲虫 Taphroderes distortus
922 跗猴 Tarsius
923 拟蚑科 Tenebrionidae
924 锯蜂科 Tenthredinidae
925 伯劳的一个属 Tephrodornis
926 白蚁科 Termitidae
927 像龟的一个种(印度) Testudo elegans
928 像龟的一个种(东太平洋) Testudo nigra
929 雷鸟、松鸡或鹧鸪属 Tetrao
930 雷鸟的一个种 Tetrao cupido
931 雉形鹧鸪 Tetrao phasianellus
932 红松鸡 Tetrao scoticus
933 黑松鸡 Tetrao tetrix
934 雷鸟的一个种 Tetrao umbellus
935 准鸡尾雷鸟 Tetrao urogalloides
936 鸡尾雷鸟 Tetrao urogallus
937 雉尾松鸡 Tetrao uroplasianus
938 黄连雀的一个属 Thamnobia
939 蚬蝶属 Thecla
940 同上属的一个种 Thecla rubi
941 窝茧蛾 Thecophora fovea
942 蜘蛛类的一个属,即球腹蛛属 Theridion
943 球腹蛛属的一个种 Theridion lineatum
944 蜘蛛类的一个属,即蟹蛛属 Thomisus
945 同上属的一个种 Thomisus citreus
946 同上属的一个种 Thomisus floricolens
947 袋狼 Thylacinus
948 缨尾目 Thysanura
949 裂口甲虫 Tillus elongatus
950 长命鱼 Tinca vulgaris
951 蝨的一个属,或大蚊属 Tipula
952 树髓虫的一个种 Tomicus Villosus
953 鹬类的一个属 Totanus
954 羚羊的一个属,丛灌羚 Tragelaphus
955 同上属的一个种(南非) Tragelaphus scriptus
956 蛇类的一个种(印度) Tragops dispar
957 树蜂的一个种,鸽形树蜂 Tremex columbac
958 蛢的一个属,毛蛢 Trichius
959 竹麦鱼的一个属 Trigla
960 蝮蛇属 Trigonocephalus
961 鹬类的一个属 Tringa
962 同上属的一个种 Tringa cornuta

963 蛾类的一个属,“后翅黄” Triphaena
964 同上属的一个种 Triphaena fimbria
965 同上属的一个种 Triphaena pronuba
966 蝾螈的一个种,高脊螈 Triton cristatus
967 同上的一个种,蹼足螈 Triton palmipes
968 同上的一个种,斑点螈 Triton punctatus
969 蜂鸟科 Trochilidae
970 非洲猩猩属 Troglodytes
971 鷦鹩的一个属 Troglodytes
972 鷦鹩的一个种 Troglodytes vulgaris
973 热带啄木鸟科(美) Trigonidae
974 瘤蜣 Trox sabulosus
975 鸫的一个属 Turdus
976 黕鸟 Turdus merula
977 美鸫 Turdus migratorius
978 普通鸫 Turdus musicus
979 哓舌鸟 Turdus polyglottus(林)
980 鸫的一个种 Turdus torquatus
981 三斑鹑属 Turnix
982 同上属的一个种(印度) Turnix taigoor
983 甲虫的一个属 Typhaeus

U

984 石首鱼属 Umbrina
985 戴胜属 Upopa
986 戴胜 Upopa epops
987 燕蛾科 Uraniidae
988 海鸠 Uria troile
989 有尾类 Urodela
990 蜂鸟的一个属 Urosticte
991 同上属的一个种 Urosticte benjamini

V

992 田凫 Vanellus cristatus
993 胥属或蛱蝶属 Vanessa
994 蠕形动物 Vermes
995 脊椎动物 Vertebrata
996 寡妇鸟属 Vidua
997 同上属的一个种 Vidua axillaris
998 同上属的一个种 Vidua progne

Y

999 蚼鸫属 Yunx

X

1000 鹳的一个属 Xenorhynchus
1001 软鳍鱼的一个种,尾剑鱼 Xiphophorus hellerii
1002 木蜂属 Xylocopa

Z

1003 胎生蜥蜴 Zootica vivipara
1004 斑蛾科 Zygaenidae

丙、刊物名

1《巴伐利亚皇家学院文刊》(德) *Abhandlungen der K. Bayerischen Akademie*
2《学院》*Academy*
3 布隆亚《科学院》院刊(意) *Accad. della Science, Bologna*
4《圣彼得堡学院院刊》(俄) *Act. Acad.*

St. Petersburg

5《适意学会》会刊 *Amaenitates Acad.*

6《美国农艺学人》*American Agriculturist*

7《美国昆虫学人》*American Entomologist*

8《美国自然学人》*American Naturalist*

9《自然科学纪事刊》(法) *Annales des Sciences Nat.*

10《自然史纪事与杂志》*Annals and Mag of Nat. Hist.*

11《纽约自然史学园纪事刊》(美) *Annals of Lyceum of Nat. Hist. N.Y.*

12《孟加剌乡村纪事刊》(印) *Annals of Rural Bengal*

13《农业纪事刊》(德) *Ann. d. Landw.*

14《昆虫学会纪事刊》(法) *Ann. Soc. Entomolog., France*

15《政府……年度公报》(法) *Annuaire pour l'An..., France*

16《苏格兰出生、死亡……年度报告》*Annual Report of Births,... in scotland*

17《英格兰、威尔斯注册总监年度报告》*Annual Repot of The Registrar-General, Eng. and Wales*

18《哈佛学院皮博迪博物馆年度报告》(美) *Annual Report of Peabody Museum, Harvard College*

19 莫迪那城《自然学人协会年报》(意) *Annuario della Soc. d. Nat., Modena*

20《人类学报》*Anthropologia*

21《人类学评论》*Anthropological Review*

22《实验动物学文库》(法) *Archives de Zoologie Experimentale*

23《荷兰文库》*Archives Neerlandaises*

24《人类学文库》(德) *Archiv für Anthropologie*

25《病理学、解剖学、与生理学文库》(德) *Archiv für Path., Anat., und Phys.*

26《人类学文库》(意) *Archivio per l'Anthropologia*

27《亚洲研究》丛刊 *Asiatic Researches*

28《学艺》*Athenaeum*

29《意大利自然科学会会刊》*Atti della Soc Italiana di Sc. Nat.*

30《威尼斯、特仑特自然科学会会刊》(意) *Atti della Soc. Veneto-Trentina di Sc. Nat.*

31《澳亚》杂志 *Australasian*

32《伯明翰新闻》*Birmingham News*

33《万有文刊》*Bibliotheque universelle*

34《波士顿自然史刊》(美) *Boston Journal of Nat. Hist.*

35《不列颠科学促进协会》会刊 *British Assoc. for Adv. of Sc.*

36《不列颠国内外医学与外科学评论》*British and foreign Medico-Chirurg. Review*

37《不列颠评论季刊》*British Quarterly Raview*

38 哈佛学院《比较动物学公报》(美) *Bull. Comp. Zoolog., Harvard Col.*

39《圣彼得堡皇家学院公报》(俄) *Bull. de l'Acad. Imp. de St. Petersbourg*

40《水土适应学会公报》(法) *Bull. de la Soc. d'Ac. climat.*

41《佛杜沃宗派信徒自然科学会会报》(意) *Bull. de la Soc. Vaudoise des Sc. Nat.*

42 莫斯科《皇家自然学人会公报》*Bull.*

Soc. Imp. des. Nat., Moscou

43《加尔各答自然史刊》(印) *Calcutta Journ. of Nat. Hist.*

44《查氏自然史杂志》*Charlesworth's Mag. of Nat. Hist.*

45《中华纪实探疑报》(香港) *Chinese Notes and Queries*

46《基督教审察者报》*Christian Examiner*

47《科学、……汇报》(法) *Compte-rendu des Sciences, . . .*

48《当代评论》*Contemp. Review*

49《每日新闻》*Daily News*

50《都柏林医学季刊》(爱尔兰) *Dublin Quart, Journ. of Med. Sc.*

51《爱丁堡科学刊》(苏格兰) *Edinburgh Journ. of Science*

52《爱丁堡医学刊》(苏格兰) *Edinburgh Med. Journ.*

53《爱丁堡评论》(苏格兰) *Edinburgh Review*

54《爱丁堡兽医学评论》(苏格兰) *Edinburgh Veterin. Review*

55《昆虫学杂志》*Entomological Magazine*

56《昆虫学人月刊》*Entomologist's Monthly Mag.*

57《昆虫学人周报》*Entomologist's Weekly Intel.*

58《农夫》*Farmer, The*

59《田野》*Field*

60《双周评论》*Fortnightly Review*

61《弗氏杂志》*Fraser's Mag.*

62《圃人载记》*Gardener's Chronicle*

63 都仑《临床公报》(意) *Gazzetta della Cliniche, Turin*

64《哈氏科学闲话》*Hardwick's Sc. Gossip*

65《火奴鲁鲁报》(檀香山) *Honolulu Gazette*

66《朱鹭》(鸟类学刊物) *Ibis*

67《印度阵地》*Indian Field, The*

68《印度医学报》*Indian Medical Gazette*

69《学社》(法) *L'Institut.*

70《理智的观察家》*Inletteclual Observer*

71《耶纳时报》(德) *Jenaischen Zeitschrift*

72《林纳学会文刊与事志》*Journ. and, Proc. Linn. Soc.*

73《人类学会会刊》*Journ., Anthroplog. Soc.*

74《孟加剌亚洲学会会刊》(印) *Journ., Asiatic Soc. of Bengal*

75《昆虫学会会刊》*Journ., Entomolog. Soc.*

76《林纳学会会刊》(此疑复出,应即上72) *Journ., Linn. Soc.*

77《解剖学与生理学刊》*Journ. of Anat. and Phys.*

78《人类学刊》*Journ. of Anlhropology*

79 伦敦《民族学会会刊》*Journ. of Ethnolog. Soc., London*

80《园艺学刊》*Journ. of Horticulture*

81《印度群岛杂志》*Journ. of Indian Archipelago*

82《心理科学刊》*Journ. of Mental Science*

83《昆虫学会纪事刊》(此疑复出,或即上75) *Journ. of Proc., Entomolog. Soc.*

84《旅行杂志》*Journ. of Travel*

85《皇家地理学会会刊》*Journ., R. Geograph. Soc.*

86《刀针》(外科刊物) *Lancet, The*

87《陆与水》*Land and Water*
88《农业周报》(德) *Landwirtschaft Wochenblatt*
89《娄氏自然史杂志》*Loudon's Mag. of Nat Hist.*
90《麦氏杂志》*Macmillan's Mag.*
91《麻省医学会》会报 *Mass. Med. Soc.*
92《医学时报》*Medical Times*
93 伦敦《医学与外科学报》*Medico-Chirurg. Transact., London*
94《人类学会报告》*Mem., Anthropolog. Soc.*
95《圣彼得堡科学院报告》(俄) *Mem., L'Acad. des Sciences de St. Petersbourg*
96 巴黎《人类学会报告》(法) *Mem., Société d'Anthropologie, Paris*
97《普鲁士皇家学院月报》(德) *Monatsbericht, K. Preuss. Akad*
98《缪氏解剖学与生理学文库》(德) *Müller's Archiv fur Anat. und Phys*
99《全国社会科学促进协会》会刊 *Nat. Assoc. for promotion of Soc. Sc.*
100《自然史评论》*Nat. Hist. Review*
101《自然学人时报》*Nat. Tidskrift*
102《自然界》*Nature*
103《荷兰动物学文库》(荷) *Niederland. Archir für Zoologie*
104《北美评论》*North American Review*
105《北不列颠评论》*North British Review*
106《渥太华自然科学院院刊》(加拿大) *Ottawa Acad. of Nat. Sc.*
107《制药学刊》*Pharmaceutical Journ.*
108《大众科学评论》*Pop. Science Review*
109 费城《实用昆虫学人》(美) *Practical Entomologist, philadelphia*
110 费城《自然科学院院刊》(美) *Proc., Acad. Nat. Sc., Philadelphia*
111《美国科学院院刊》*Proc., Amer. Acad. of Sc.*
112《孟加剌亚洲学会纪事刊》(印) *Proc., Asiatic Soc. of Bongal*
113《波士顿自然史学会纪事刊》(美) *Proc., Boston Soc. Nat. Hist.*
114 伦敦《昆虫学会纪事刊》*Proc., Ent. Soc., London*
115 费城《昆虫学会会刊》(美) *Proc., Ent. Soc., Philadelphia*
116《民族学会纪事刊》*Proc., Ethnolog. Soc.*
117《地质学会会刊》*Proc., Geolog. Soc.*
118《皇家地理学会纪事刊》*Proc., R. Geograph. Soc.*
119《皇家爱尔兰学院院刊》*Proc., Royal Irish Academy*
120《皇家学会会刊》*Proc., Royal Soc.*
121 爱丁堡《皇家学会会刊》(苏格兰) *Proc., Royal Soc., Edinburgh*
122《动物学会会刊》*Proc., Zoological Soc.*
123《科学季刊》*Q. Journ. of Sc.*
124《动物学文献汇刊》*Record of Zoolog. Literature*
125《赖氏与杜氏文库》*Reichert'sand Dubois-Raymond's Alchiv*
126《人类学评论》(法) *Revue d'Anthropologie*
127《科学之路评论》(法) *Revue des Cours Scientifiques*
128《新旧两世界评论》(法) *Revue des deux Mondes*

129《科学评论》(法) *Revue scientifique*

130《大不列颠皇家学社》社刊 *Royal Institution of G. Britain*

131《科学意见》*Scientific Opinion*

132《苏格兰自然学人》*Scottish Naturalist*

133《西氏北美科学杂志》*Silliman's N. Amer. Journ. of Sc.*

134《斯米思松尼学社》报告(美) *Smithsonian Institution*

135《法兰西昆虫学会》会刊 *Soc. Ent. de France*

136 费城《社会科学协会》会刊(美) *Social Sc. Assoc., Philadelphia*

137《意大利自然科学会》会刊 *Soc. Ital. des Sc, Nat.*

138《旁观者》*Spectator*

139《斯特汀城昆虫学时报》(德) *Stettin Ent. Zeitung*

140《学者》*Student, The*

141《神学评论》*Theological Review*

142《泰晤士报》*Times, The*

143《德丰郡科学协会会报》*Transact., Devonshire Assoc. for Science*

144《荷兰科学院院报》*Transact., Dutch Acad. of Sciences*

145 伦敦《昆虫学会会报》*Transact., Entomolog Soc., London*

146《国际史前考古学会议报告》*Transact., Lntern. Cong. of Prehist. Archaeology*

147《林纳学会会报》*Transact., Linn. Soc.*

148《新西兰学院院报》*Transact., New Zealand Institution*

149《哲学会会报》*Transact., Philosoph. Soc.*

150 爱丁堡《皇家学会会报》(苏格兰) *Transact., Royal Soc., Edinburgh*

151《动物学会会报》*Transaet., Zoolog, Soc.*

152《自然科学协会会刊》(德) *Verh. d. n. V. Jahrg.*

153《威斯特明斯特尔评论》*Westminster Review*

154《西马场疯人院报告》*West Riding Lunatic Asylum Reports*

155《动物科学时报》(德) *Zcitschrift für Wissen. schaft Zoologie*

156《动物学纪录报》*Zoological Record*

157《动物学人》*Zoologist, The*

图书在版编目(CIP)数据

人类的由来/(英)达尔文著;潘光旦,胡寿文译.—北京:商务印书馆,2017
(汉译世界学术名著丛书:120年纪念版:珍藏本)
ISBN 978-7-100-14707-1

Ⅰ.①人… Ⅱ.①达… ②潘… ③胡… Ⅲ.①人类起源—研究 ②达尔文学说 Ⅳ.①Q981.1 ②Q111.2

中国版本图书馆CIP数据核字(2017)第158028号

汉译世界学术名著丛书
(120年纪念版·珍藏本)
人类的由来
(全二册)
〔英〕达尔文 著
潘光旦 胡寿文 译

商 务 印 书 馆 出 版
(北京王府井大街36号 邮政编码100710)
商 务 印 书 馆 发 行
北 京 冠 中 印 刷 厂 印 刷
ISBN 978-7-100-14707-1

2017年12月第1版 开本710×1000 1/16
2017年12月北京第1次印刷 印张62½
定价:315.00元